U0958255

"十四五"普通高等教育规划教材

财务管理学

江少波 李彦庆◎主编
郑志远 雷双成 石浩◎副主编

立信会计出版社
LIXIN ACCOUNTING PUBLISHING HOUSE

图书在版编目(CIP)数据

财务管理学 / 江少波，李彦庆主编. —上海：立信会计出版社，2021.7(2022.12 重印)

ISBN 978-7-5429-6859-3

Ⅰ. ①财… Ⅱ. ①江… ②李… Ⅲ. ①财务管理 Ⅳ. ①F275

中国版本图书馆 CIP 数据核字(2021)第 168592 号

策划编辑　王斯龙
责任编辑　王斯龙
封面设计　南房间

财务管理学
CAIWU GUANLIXUE

出版发行	立信会计出版社		
地　　址	上海市中山西路 2230 号	邮政编码	200235
电　　话	(021)64411389	传　　真	(021)64411325
网　　址	www.lixinaph.com	电子邮箱	lixinaph2019@126.com
网上书店	http://lixin.jd.com		http://lxkjcbs.tmall.com
经　　销	各地新华书店		

印　　刷	浙江天地海印刷有限公司	
开　　本	787 毫米×1092 毫米	1/16
印　　张	23.5	
字　　数	543 千字	
版　　次	2021 年 7 月第 1 版	
印　　次	2022 年 12 月第 2 次	
印　　数	3 101—6 200	
书　　号	ISBN 978-7-5429-6859-3/F	
定　　价	49.00 元	

如有印订差错，请与本社联系调换

前　言

随着资本市场的日益发展，以及知识经济和信息技术的应用，社会对企业财务管理理论、财务管理实务及各类财务人才的培养提出了更高的要求。尤其是随着我国社会主义市场经济体系的不断完善，企业面临的将是一个复杂多变、竞争激烈的市场，竞争将成为企业生存和发展的重要机制，建立以财务管理为中心的管理制度已成为现代企业的普遍共识；与此同时，企业财务管理水平影响企业管理水平，进而影响到企业经济效益。为此，拓展财务研究的深度和广度、提高企业理财能力、挖掘企业理财功能，对实现企业价值、促进经济发展具有重要的意义。自教育部设立"财务管理"本科专业以来，越来越多的高校设立了这一专业，在这种背景下，编写一系列理论联系实际、具有中国特色的财务管理教材具有重要的意义。

随着党中央、国务院及教育部对高校人才培养改革的指导意见及相关政策的实施，人才培养目标和导向也必须与时俱进，尤其是应用技能型院校更应该及时结合经济社会变化情况作出适当改革，教材内容与特色不仅要体现专业基本知识、能力的培养，更要与经济社会变化相适应，解决当前经济社会对各类财务人才的需求。财务管理作为高等院校会计学、财务管理、审计学等工商管理类专业的一门主干课程，教学的重点应致力于培养学生分析问题和解决问题的能力。因此，本书从结构到内容，力求有所突破，尽量做到理论性与实践性并重，并突出其实践性。本书具有如下几个特点：

1. 体系更加完整

本书内容涵盖了许多经管类专业涉及财务课程的知识体系，如《财务管理基础》《资产评估基础》《投资项目评估》《财务学》，以及《高级财务管理》等多门课程，可以满足不同专业、层次和方向学习财务知识的基本需求。

2. 内容更加全面

本书依据最新《企业会计准则》《企业财务通则》等一系列制度规范，结合国内外财务、金融理论与实践动态，尤其是增加了二维码辅助教学实践，并增加了"课程思政"的内容，具有一定的创新价值，也符合新时代培养高素养的财务人才的需求。

3. 更加突出实践性

本书除了基本概念和基本原理以外，更加注重培养学生解决实际问题的能力，在书中分析了许多小型案例和综合案例，这些案例都是客观真实的，对理解内容具有重要的参考意义。

4. 教材体例合理

本书每章均安排了教学目的与要求、引导案例、思维导图、本章小结、复习思考题及案例分析，对归纳和总结每章知识点具有重要的价值。

本书各章具体分工如下：第一章、第二章、第三章、第四章、第五章、第八章由广西农业职业技术大学的江少波、郑志远编写，第六章、第七章由郑志远编写，第九章、第十章、第十一章、第十二章由桂林信息科技学院的李彦庆编写，第十三章由桂林信息科技学院的雷双成、石浩编写。最后由江少波对全书进行修改和总纂。

本书在编写过程中，借鉴了许多国内外专家和学者大量的研究成果，在此表示由衷的感谢。

我们在写作过程中，对全书的结构及章节安排反复推敲，但由于水平和时间有限，书中难免存在疏漏和不妥之处，敬请广大读者批评指正，以便今后修改。

江少波

2021年8月

目　　录

第一章 财务管理总论

教学目的与要求

1. 了解财务管理的含义、内容。
2. 掌握财务活动、财务关系。
3. 理解财务管理目标选择及评价。
4. 理解现代企业组织形式、财务环境及委托代理关系。
5. 了解财务管理与相关学科的逻辑关系。

引导案例

小明是一名财务管理专业的在校大学生，暑假期间到叔叔家的公司参观，想为将来毕业实习做好准备工作。刚到公司，叔叔就告诉他公司面临的一些问题：①公司应收账款规模较大，许多客户虽然签订了购货合同，但迟迟未付款；②公司设备陈旧，但由于缺乏必要的资金，无法更新，导致经常停工；③产品积压，资金周转困难；④公司规模较小，资产质量水平较低，银行借款难以获取；⑤每年年底，公司的股东提议进行现金分红；⑥公司员工文化水平较低，有一半左右只有高中文化水平。

小明在认真听取叔叔的介绍后，陷入了沉思。他很想通过自己所学的专业知识为叔叔的企业尽一份自己的力量。如果你是小明，你认为他叔叔提出的这些问题，哪些属于财务管理问题？这些财务管理问题具体又属于财务管理的哪些范畴？如何使用财务管理的专业知识解决小明叔叔公司的问题呢？

财务管理工作不仅要处理日常的营运资金管理活动，还要处理好筹资、投资和利润分配等重大决策活动；财务关系是经济利益关系，也是财务管理工作的重要对象，对企业财务目标的实现具有重要的影响。本章将主要关注财务管理的内容、活动及财务关系，重点理解财务环境、财务目标等内容，为全书学习提供知识概况。

重点知识思维导图

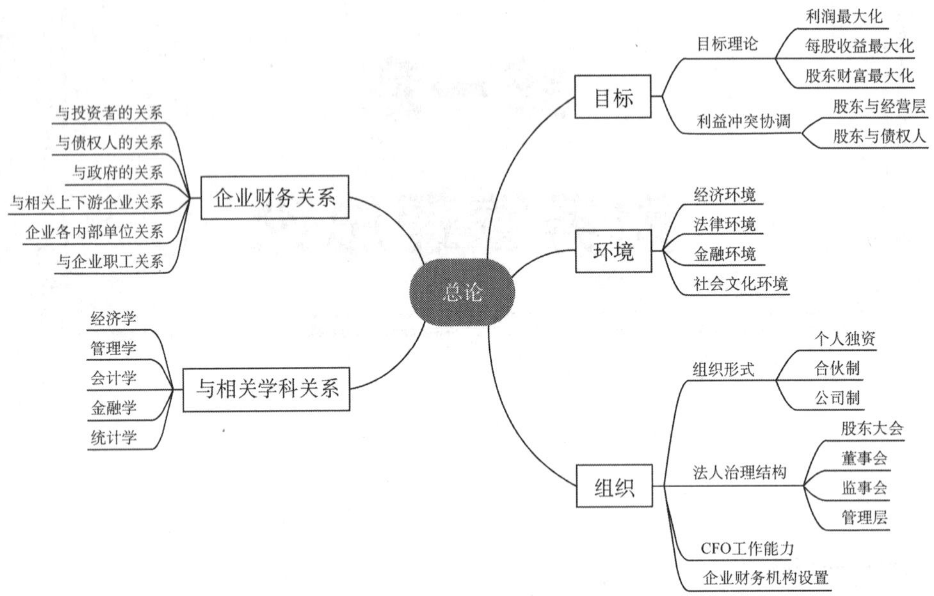

第一节　财务管理概念

企业财务是指企业因从事财务活动所引发的资金运动，以及由此所形成的财务关系的总称。因而，财务管理是组织企业财务活动、处理企业财务关系的经济管理工作，是对企业资金的取得、使用、利润分配和日常现金流转等各项财务活动所进行的管理。具体来说，财务管理是以价值形式对企业的生产经营活动进行的综合管理，它利用资金、成本费用、收入利润等价值形式来反映企业经济活动中的劳动占用量、劳动消耗量和劳动成果，进而反映出企业经济效益的好坏。财务管理的对象是企业再生产过程中的资金活动，财务管理的内容就是财务管理对象的具体化。

一、企业财务活动

（一）企业财务活动的客观基础

在商品经济条件下，企业客观上存在着资金以及资金的运动。企业要开展经营活动必须具备生产资料、人力资源、技术和管理资源等生产要素，在商品经济条件下，这些生产要素用货币形式进行计价，就形成了企业的资金。在这个过程中，劳动者运用劳动资料对劳动对象进行加工制造而形成一定的劳动产品。这些劳动产品都具有一定的价值量，其中，既包含已耗费的生产资料的价值，也包含着劳动者新创造的价值。在社会主义商品经济条件下，企业的劳动产品和各种物资的价值也应当以货币形式表现出来，资金就是社会再生产过程中物资价值的货币表现形式。作为生产经营必备的要素条件，企业不仅需要拥有一定数量的资金，还必须经过生产、交换的过程收回资金，并重新投入再生产过程中，实现经营资金的循环与周转。

(二) 企业财务活动的内容

一般而言，企业财务活动的主要内容是筹资管理、投资管理、营运资金管理和利润分配管理。

1. 筹资管理

筹资管理是企业财务管理的首要环节，是企业投资活动的基础。事实上，在企业发展过程中，筹资及筹资管理是贯穿始终的。无论在企业创立之时，或是在企业成长过程中追求规模扩张，还是日常经营周转过程中，都可能需要筹措资金。可见筹资是企业为了满足投资和用资的需要，筹措和集中所需资金的过程。在筹资过程中，企业一方面要确定筹资的总规模，以保证投资所需要的资金；另一方面要选择筹资方式，降低筹资的代价和筹资风险。

企业的资金来源按产权关系，可以分为权益资金和负债资金。一般来说，企业完全通过权益资金筹资是不明智的，不能得到负债经营的好处不利于扩大投资规模，但负债的比例大则风险也大，企业随时可能陷入财务危机。因此，筹资决策的一个重要内容就是确定最佳的资本结构。

企业资金来源按使用的期限，可以分为长期资金和短期资金。长期资金和短期资金在筹资速度、筹资成本、筹资风险，以及借款时企业所受到的限制等方面均有所不同。因此，筹资决策要解决的另一个重要内容就是安排长期资金与短期资金的比例关系。

2. 投资管理

投资是指企业为了获得收益或避免风险而进行的资金投放活动。投资可以分为广义投资和狭义投资。广义投资包括内部使用资金（如购置固定资产、无形资产、流动资产等）和对外投资（包括购买其他公司股票、债券、基金等金融性资产，或与其他企业联营，或投资于外部项目）；狭义的投资仅指对外投资。本书中的投资指的是广义的投资。

在投资过程中，企业必须考虑投资规模；同时，企业还必须通过投资方向和投资方式的选择，确定合理的投资结构，以提高投资效益、降低投资风险。投资是企业财务管理的重要环节，投资决策的成败，对企业未来经营成败具有根本性影响。

投资按不同的标准有不同的分类：

(1) 投资按其方式，可以分为直接投资和间接投资。直接投资是指将资金投放在生产经营性资产上，以便获得利润的投资，如购买设备、兴建厂房、开办商店等；间接投资又称证券投资，是指将资金投放在金融商品上，以便获得利息或股利收入的投资，如购买政府债券、购买企业债券和企业股票等。

(2) 投资按其影响的期限长短，可以分为长期投资和短期投资。长期投资是指其影响超过一年以上的投资，如固定资产投资和长期证券投资，前者又称资本性投资；短期投资是指其影响和回收期限在一年以内的投资，如应收账款、存货和短期证券投资，短期投资又称流动资产投资或营运资金投资。由于长期投资涉及的时间长、风险大，直接决定着企业的生存和发展，因此，企业在决策分析时应更重视资金时间价值和投资风险价值。

(3) 投资按其范围，可以分为对内投资和对外投资。对内投资是对企业自身生产经营活动的投资，如购置流动资产、固定资产、无形资产等；对外投资是以企业合法资产对其他单位或对金融资产进行投资，如企业与其他企业联营、购买其他企业的股票、债券等。

3. 营运资金管理

营运资金是指流动资产和流动负债的差额。营运资金管理可以分为营运资金投资和营运资金筹资两部分。营运资金投资管理主要是制定营运资金投资政策，决定分配多少资金用于应收账款和存货、保留多少现金以备支付，以及对这些资本进行日常管理。营运资金筹资管理主要是制定营运资金筹资政策，决定向谁借入短期资本，借入多少短期资本，是否需要采用赊购融资等。

营运资金管理的目标有以下三个：①有效运用流动资产，力求其边际收益大于边际成本；②选择最合理的筹资方式，最大限度地降低营运资金的资本成本；③加速流动资本周转，以尽可能少的流动资金支持同样的营业收入并保持公司支付能力。

营运资金管理与营业现金流有密切关系。由于营业现金流的时间和数量具有不确定性，且现金流入和流出在时间上不匹配，使得公司经常会出现现金流的缺口。公司配置较多的营运资金，有利于减少现金流的缺口，但会增加资本成本；如果公司配置较少的营运资金，有利于节约资本成本，但会增加不能及时偿债的风险。因此，公司需要根据具体情况权衡风险和报酬，制定适当的营运资本政策。

4. 利润分配管理

企业通过投资取得收入，增加收益，而分配则是股东实现其投资收益的重要体现。分配总是作为投资的结果而出现的，它是对投资成果的分配。投资成果表现为取得各种收入，并在扣除各种成本费用后获得利润，所以，广义地说，分配是指对投资收入（如销售收入）和利润进行分割和分派的过程，而狭义的分配仅指对利润的分配。利润（股利）分配管理就是要解决在所得税缴纳后的企业获得的税后利润中，有多少分配给投资者，有多少留在企业作为再投资之用。如果利润发放过多，会影响企业再投资能力，使未来收益减少，不利于企业长期发展；如果利润分配过少，可能引起投资者不满。因此，利润（股利）决策的关键是确定利润（股利）的支付率。影响企业股利决策的因素很多，企业必须根据情况制定出企业最佳的利润（股利）政策。

企业财务活动内容的逻辑顺序分别为筹资、投资、营运和分配，如图 1-1 所示。

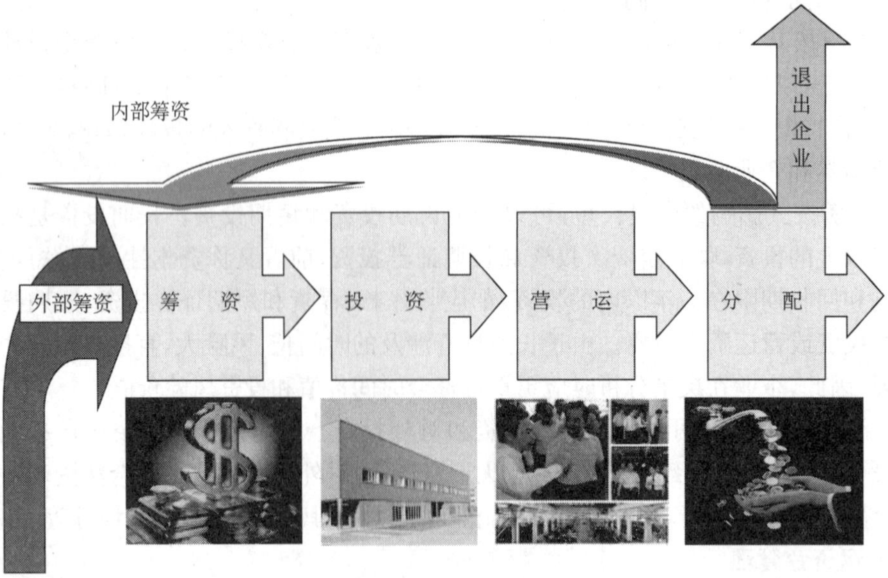

图 1-1　财务活动内容

思考:《政治经济学》中有关剩余价值产生的源泉,以及资本运动与循环过程中,资本所充当的角色和体现的职能是什么?资本循环指产业资本从一定的职能形式出发,依次经过购买、生产、销售三个阶段,分别采取货币资本、生产资本、商品资本三种职能形式,实现价值的增值,并回到原来出发点的全过程。

资本循环过程与财务活动具有非常密切的关系,可以进一步展开比较学习与研究。

二、企业财务关系

企业组织资金运动,进行资金筹集、资金运用和资金分配等财务活动,必将与有关各方发生广泛的经济联系。这种联系的核心是经济利益,是因企业的财务活动而引起的。因此,将企业在财务活动中与有关各方发生的一定经济利益关系称为财务关系。它体现了人与人之间的关系。根据契约理论,现代企业是一系列契约的总和。每一种财务关系实际上就是企业与任一利益相关者签订的一份契约。企业常见的财务关系主要表现为以下几个方面。

(一) 企业与投资者之间的财务关系

企业与投资者之间的财务关系表现为投资者(国家、其他单位、个人、外商)按约定向企业投入资金,企业向投资者支付投资报酬所形成的经济利益关系。投资者因向企业投入资金而成为企业的所有者,拥有对企业的最终所有权,享受企业收益的分配权和剩余财产的支配权;企业从投资者那里吸收资金形成企业的自有资金,拥有法人财产权,企业以其全部法人财产权,依法自主经营、自负盈亏、照章纳税,对投资者承担资产保值增值责任,向投资者支付投资报酬。所以,这实质上是一种所有权和经营权的关系。

(二) 企业与债权人之间的财务关系

企业与债权人之间的财务关系表现为债权人(银行、非银行金融机构、其他单位、个人、外商)按合约向企业投入资金,企业按合约向债权人支付利息、归还本金所形成的经济利益关系。债权人向企业投入资金的目的除了安全收回本金外,更重要的是获取固定的利息收入。企业吸收债权人的资金形成借入资金,对此企业必须按期归还,并依合约的约定支付利息。所以,这实质上是一种债权债务关系。

(三) 企业与政府之间的财务关系

企业与政府之间的财务关系主要体现在政府为行使维护社会、经济秩序以及文化、教育、公共事业等职能而向企业征收各种税金所形成的利益关系。企业按照税法规定定期向政府纳税等,政府保护企业的合法利益不受侵害,由此形成的财务关系实质上是一种分配关系。

(四) 企业与供应商、销售商之间的财务关系

企业与供应商、销售商之间的财务关系表现在三个方面:一是企业因购买材料、销售产品或劳务而与购、销客户之间发生的货币收支关系;二是企业之间相互赊购、赊销形成的短期债权债务关系;三是企业之间相互投资或因持股、控股而形成的所有权关系。企业(单位)之间的相互经济交往越密切,其间的经济利益关系也越复杂,由此形成的财务关系必将成为企业财务管理的重要方面。

(五)企业内部各单位之间的财务关系

企业内部各单位之间的财务关系表现为企业内部各单位之间因相互提供产品、劳务而形成的经济利益关系。在实行内部经济核算制和经营责任制的条件下,企业内部的各单位之间相互提供产品、劳务必须进行合理的计价结算,严格区分各单位的经济利益与经济责任,充分发挥激励机制和约束机制的作用。由此形成的财务关系实质上是一种货币收支结算关系。

(六)企业与其职工之间的财务关系

企业与其职工之间的财务关系表现为职工向企业提供劳动,企业向职工支付劳动报酬而形成的经济利益关系。企业按照按劳分配的原则,以职工提供劳动的数量和质量为依据,向职工支付工资、奖金、津贴等劳动报酬。由此形成的财务关系实质上是一种分配关系。

常见的财务关系如图 1-2 所示。

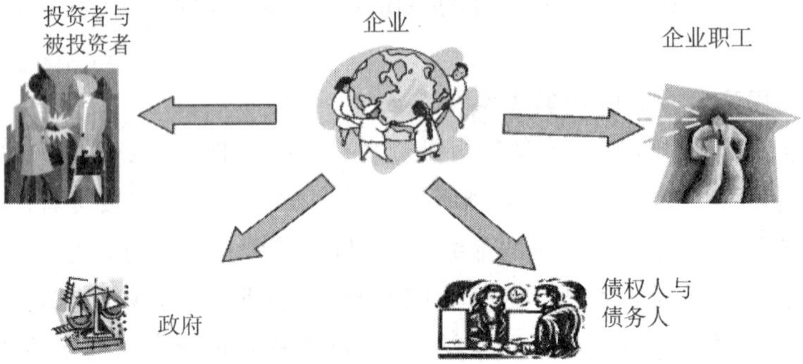

图 1-2 常见的财务关系

第二节 财务管理目标

一、财务管理的目标概述

目标是指导向和标准。没有明确目标,就无法判断一项决策的优劣。财务管理的目标决定了其所采用的原则、程序和方法。因此,财务管理的目标是建立财务管理体系的逻辑起点。

关于公司财务管理目标的表达,主要有以下三种观点。

(一)利润最大化

利润最大化就是假定企业财务管理以实现利润最大化为目标。以利润最大化作为财务管理目标,其主要原因有三个:①人类从事生产经营活动的目的是创造更多的剩余产品,在市场经济条件下,剩余产品的多少可以用利润这个指标来衡量;②在自由竞争的资本市场中,资本的使用权最终属于获利最多的企业;③只有每个企业都最大限度地创造利润,整个社会的财富才有可能实现最大化,从而带来社会的进步和发展。

利润最大化目标的主要优点是,企业追求利润最大化,就必须强调经济核算,加强管理,改进技术，提高劳动生产率，降低产品成本。这些措施都有利于企业资源的合理配置，有利于企业整体经济效益的提高。

但是，以利润最大化作为财务管理目标存在以下明显缺陷：①没有考虑货币时间价值。比如，今年100万元的利润和10年以后同等数量的利润其实际价值是不一样的，10年间还会有时间价值的增加，而且这一数值会随着贴现率的不同而有所不同。②没有考虑风险因素。不同行业具有不同的风险，同等利润值在不同行业中的意义也不相同，比如，风险比较高的高科技企业和风险相对较小的制造业企业无法简单比较。③没有反映创造的利润与投入资本之间的关系。④可能导致企业的短期行为。由于利润指标通常按年计算，因此，企业决策也往往会服务于年度指标的完成或实现。

（二）每股收益最大化

小米走出的电商之路

每股收益最大化的观点认为，应当把公司的利润和股东投入的资本联系起来考察，用每股收益（或权益净利率）来概括公司的财务管理目标，以克服利润最大化目标的缺点。

但每股收益最大化观点仍然存在局限：①没有考虑货币时间价值；②没有考虑每股收益的风险；③可能导致企业的短期行为。

如果风险相同、每股收益的时间相同，则每股收益最大化也是一个可以接受的观念。事实上，许多投资人都把每股收益作为评价公司业绩的关键指标。

（三）股东财富最大化

股东财富最大化是指通过财务上的合理运营，为股东创造最多的财富。在股份公司中，股东财富由其所拥有的股票数量和股票市场价格两方面来决定。在股票数量一定时，当股票价格达到最高时，股东财富也达到最大。所以，股东财富最大化又演变为股票价格最大化。尽管理论界存在着“股东财富最大化能否转化为股票价格最大化”的争论，但是当我们做出资本市场有效假设以后，可以认为股票价格是衡量股东财富最有力的指标。资本市场有效假设最早是由法玛提出的，他根据历史信息、全部公开信息和内幕信息对股票价格的不同影响，将市场分为弱式有效市场、半强式有效市场和强式有效市场。在有效的资本市场上，证券价格能迅速、全面地反映所有有关价格的信息，证券价格就是其价值的最好反映，此时，股东财富最大化目标可以用股票价格最大化来替代。虽然目前对资本市场有效性还存在争论，但从严格意义上说，不能否定效率市场的存在。而且，随着市场的逐渐成熟和监管措施的加强，市场也在逐渐趋向有效。

股东财富的表现形式是在未来获得更多的净现金流量，股票价格也是股东未来所获现金股利和出售股票所获销售收入的现值，所以，股票价格一方面取决于企业未来获取现金流量的能力，另一方面也取决于现金流入的时间和风险。因此，与利润最大化目标相比，股东财富最大化目标体现出以下优点：①股东财富最大化目标考虑了现金流量的时间价值和风险因素，因为现金流量获得时间的早晚和风险的高低，会对股票价格产生重要影响。②股东财富最大化在一定程度上能够克服企业在追求利润上的短期行为，因为股票的价格很大程度上取决于企业未来获取现金流量的能力。③股东财富最大化反映了资本与收益之间的关系。因为股票价格是对每一股份的标价，反映的是单位投入资本的市场价格。

特斯拉财富之道

股东财富最大化目标的缺点在于：①它只适合上市公司，而非上市公司很难有比较公允、客观的股票市场价格。②股票价格受多种因素影响，不仅包括公司的业绩，还包括外部社会经济环境因素，这些并非都是企业所能控制的，而把不可控因素引入理财目标是不合理的。③它过于强调股东的利益，而对企业其他利益关系人的重视不够。

二、财务管理目标与利益冲突

利益相关者之间可能会存在利益冲突。协调相关者的利益冲突，要把握的原则是：尽可能使企业相关者的利益分配在数量上和时间上达到动态协调平衡。而在所有的利益冲突协调中，所有者与经营者、所有者与债权人的利益冲突协调又至关重要。

（一）所有者与经营者利益冲突的协调

在现代企业中，经营者一般不拥有占支配地位的股权，他们只是所有者的代理人。所有者期望经营者代表他们的利益工作，实现所有者财富最大化，而经营者则有其自身的利益考虑，两者的目标经常会不一致。通常而言，所有者支付给经营者报酬的多少，在于经营者能够为所有者创造多少财富。经营者和所有者的主要利益冲突，就是经营者希望在创造财富的同时，能够获取更多的报酬、更多的享受；而所有者则希望以较小的代价（支付较小的报酬）实现更多的财富。

为了协调这一利益冲突，通常可采取以下方式解决。

1. 解聘

这是一种通过所有者约束经营者的办法。所有者对经营者予以监督，如果经营者绩效不佳，就解聘经营者；经营者为了不被解聘就需要努力工作，为实现财务管理目标服务。

2. 接收

这是一种通过市场约束经营者的办法。如果经营者决策失误，经营不力，绩效不佳，该企业就可能被其他企业强行接收，相应经营者也会被解聘。经营者为了避免这种接收，就必须努力实现财务管理目标。

3. 激励

激励就是将经营者的报酬与其绩效直接挂钩，以使经营者自觉采取能提高所有者财富的措施。激励通常有两种方式：

（1）股票期权。它是指允许经营者以约定的价格购买一定数量的本企业股票，股票的市场价格高于约定价格的部分就是经营者所得的报酬。经营者为了获得更大的股票涨价益处，就必然主动采取能够提高股价的行动，从而增加所有者财富。

（2）绩效股。它是企业运用每股收益、资产收益率等指标来评价经营者绩效，并视其绩效大小给予经营者数量不等的股票作为报酬。如果经营者绩效未能达到规定目标，经营者将丧失原先持有的部分绩效股。这种方式使经营者不仅为了多得绩效股而不断采取措施提高经营绩效，而且为了使每股市价最大化，也会采取各种措施使股票市价稳定上升，从而增加所有者财富。但即使由于客观原因股价并未提高，经营者也会因为获取绩效股而获利。

（二）所有者与债权人的利益冲突协调

所有者的目标可能与债权人期望实现的目标发生矛盾。首先，所有者可能要经营者改变举债资金的原定用途，将其用于风险更高的项目，这会增大偿债风险，债权人的负债价值也必然会降低，造成债权人风险与收益的不对称。因为高风险的项目一旦成功，额外的利润就会被所有者独享；但若失败，债权人却要与所有者共同负担由此而造成的损失。其次，所有者可能在未征得现有债权人同意的情况下，要求经营者举借新债，因为偿债风险相应增大，从而致使原有债权的价值降低。

所有者与债权人的上述利益冲突，可以通过以下方式解决。

1. 限制性借债

债权人通过事先规定借债用途限制、借债担保条款和借债信用条件，使所有者不能通过以上两种方式削弱债权人的债权价值。

2. 收回借款或停止借款

当债权人发现企业有侵蚀其债权价值的意图时，采取收回债权或不再给予新的借款的措施，从而保护自身权益。

（三）其他利益相关者与所有者的利益冲突与协调

狭义的利益相关者是指除股东、债权人和经营者之外的、对企业现金流量有潜在索偿权的人。广义的利益相关者包括一切与企业决策有利益关系的人，包括资本市场利益相关者（股东和债权人）、产品市场利益相关者（主要顾客、供应商、所在社区和工会组织）和企业内部利益相关者（经营者和其他员工）。

公司的利益相关者可以分为两种：一种是合同利益相关者，包括主要客户、供应商和员工，他们和企业之间存在法律关系，受到合同的约束；另一种是非合同利益相关者，包括一般消费者、社区居民以及其他与企业有间接利益关系的群体。

股东和合同利益相关者之间既有共同利益，也有利益冲突。股东可能为自己的利益伤害合同利益相关者，合同利益相关者也可能伤害股东利益。因此，要通过立法调节他们之间的关系，保障双方的合法权益。一般说来，企业只要遵守合同就可以基本满足合同利益相关者的要求，在此基础上股东追求自身利益最大化也会有利于合同利益相关者。当然，仅有法律是不够的，还需要道德规范的约束，以缓和双方的矛盾。

国美之争

对于非合同利益相关者，法律关注较少，享受的法律保护低于合同利益相关者，而公司的社会责任政策则对非合同利益相关者影响很大。

第三节 财务管理环境

财务管理环境是指对企业财务活动和财务关系产生影响作用的企业内外各种条件的通称。通过环境分析，提高企业财务行为对环境的适应能力、应变能力和利用能力，以便更好地实现企业财务管理目标。企业财务管理环境按其存在的空间，可以分为内部财务环境和外部财务环境。内部财务环境主要内容包括企业资本实力、生产技术条件、经营管理水平和决策者的素质等四个方面。由于内部财务环境存在于企业内部，是企业可以从总体上采取一定的措施加以控制和改变的因素。而外部财务环境由于存在于企业外部，无论是有形的硬环境，还是无形的软环境，企业都难以控制和改变，更多的是适应和因势利导，因此本章主要介绍外部财务环境。影响企业外部财务环境有各种因素，其中最主要的有法律环境、经济环境和金融环境等。

一、经济环境

在影响财务管理的各种外部环境中，经济环境尤为重要。经济环境内容十分广泛，包括经济体制、经济周期、经济发展水平、宏观经济政策及社会通货膨胀水平等。

(一) 经济体制

在计划经济体制下，国家统筹企业资本、统一投资、统负盈亏，企业利润统一上缴，亏损全部由国家补贴，企业虽然是一个独立的核算单位但无独立的理财权利。财务管理活动的内容比较单一，财务管理方法比较简单。在市场经济体制下，企业成为“自主经营、自负盈亏”的经济实体，有独立的经营权，同时也有独立的理财权。企业可以从其自身需要出发，合理确定资本需要量，然后到市场上筹集资本，再把筹集到的资本投放到高效益的项目上获取更大的收益，最后将收益根据需要和可能进行分配，保证企业财务活动自始至终根据自身条件和外部环境作出各种财务管理决策并组织实施。因此，财务管理活动的内容比较丰富，方法也复杂多样。

(二) 经济周期

市场经济条件下，经济发展与运行带有一定的波动性，大体会经历复苏、繁荣、衰退和萧条几个阶段的循环，这种循环叫作经济周期。

在不同的经济周期，企业应采用不同的财务管理战略。西方财务学者探讨了经济周期中的财务管理战略，现择其要点归纳如表 1-1 所示。

表 1-1　经济周期中的财务管理策略

周期	复苏	繁荣	衰退	萧条
策略	增加厂房设备	扩充厂房设备	停止扩张	建立投资标准
	实行长期租赁	继续建立存货	出售多余设备	保持市场份额
	建立库存	提高价格	停产不利产品	缩减管理费用
	引入新产品	开展营销规划	停止长期采购	放弃次要利益
	增加劳动力	增加劳动力	削减存货	削减存货
			停止扩招雇员	裁减雇员

(三) 经济发展水平

财务管理的发展水平是和经济发展水平密切相关的，经济发展水平越高，财务管理水平也越高。财务管理水平的提高，将推动企业降低成本，改进效率，提高效益，从而促进经济发展水平的提高；而经济发展水平的提高，将改变企业的财务战略、财务理念、财务管理模式和财务管理的方法手段，从而促进企业财务管理水平的提高。财务管理应当以经济发展水平为基础，以宏观经济发展目标为导向，从业务工作角度保证企业经营目标和经营战略的实现。

(四) 宏观经济政策

我国经济体制改革的目标是建立社会主义市场经济体制，以进一步解放和发展生产力。在这个目标的指导下，我国已经进行财税体制、金融体制、外汇体制、外贸体制、计划体制、价格体制、投资体制、社会保障制度等各项改革。所有这些改革措施，既深刻地影响着我国的经济生活，也深刻地影响着我国企业的发展和财务活动的运行。如金融政策中的货币发行量、信贷规模会影响企业投资的资金来源和投资的预期收益；财税政策会影响企业的资金结构和投资项目的选择等；利率政策会影响资金的投向和投资的回收期及预期收益；会计制度的改革会影响会计要素的确认和计量，进而对企业财务活动的事前预测、决策及事后的评价产生影响；等等。

(五) 通货膨胀水平

通货膨胀对企业财务活动的影响是多方面的，主要表现在：

(1) 引起资金占用的大量增加，从而增加企业的资金需求。

(2) 引起企业利润虚增，造成企业资金由于利润分配而流失。

(3) 引起利润上升，加大企业的权益资金成本。

(4) 引起有价证券价格下降，增加企业的筹资难度。

(5) 引起资金供应紧张，增加企业的筹资困难。

为了减轻通货膨胀对企业造成的不利影响，企业应当采取措施予以防范。在通货膨胀初期，货币面临着贬值的风险，这时企业进行投资可以避免风险，实现资本保值；应与客户签订长期购货合同，以减少物价上涨造成的损失；应取得长期负债，保持资本成本的稳定。在通货膨胀持续期，企业可以采用比较严格的信用条件，减少企业债权；调整财务政策，防止和减少企业资本流失等。

二、法律环境

(一) 法律环境的范畴

市场经济是法治经济，企业的一些经济活动总是在一定法律规范内进行的。法律既约束企业的非法经济行为，也为企业从事各种合法经济活动提供保护。

国家相关法律法规按照对财务管理内容的影响情况可以分如下几类：

(1) 影响企业筹资的各种法律法规，主要有公司法、证券法、金融法、证券交易法、合同法等。这些法律法规从不同方面规范或制约企业的筹资活动。

(2) 影响企业投资的各种法律法规，主要有证券交易法、公司法、企业财务通则等。这些法律法规从不同角度规范企业的投资活动。

(3) 影响企业收益分配的各种法律法规，主要有税法、公司法、企业财务通则等。这些法律法规从不同方面对企业收益分配进行规范。

(二) 法律环境对企业财务管理的影响

法律环境对企业的影响力是多方面的，影响范围包括企业组织形式、公司治理结构、投融资活动、日常经营、收益分配等。《公司法》规定，企业可以采用独资、合伙、公司制等企业组织形式。企业组织形式不同，业主(股东)权利责任、企业投融资、收益分配、纳税、信息披露等不同，公司治理结构也不同。上述不同种类的法律，分别从不同方面约束企业的经济行为，对企业财务管理产生影响。

三、金融市场环境

(一) 金融机构、金融工具与金融市场

金融机构主要是指银行和非银行金融机构。银行是指经营存款、放款、汇兑、储蓄等金

融业务，承担信用中介的金融机构，包括各种商业银行和政策性银行，如中国工商银行、中国农业银行、中国银行、中国建设银行、国家开发银行、中国农业发展银行等。非银行金融机构主要包括保险公司、信托投资公司、证券公司、财务公司、金融资产管理公司、金融租赁公司等。

金融工具是指融通资金双方在金融市场上进行资金交易、转让的工具，借助金融工具，资金从供给方转移到需求方。金融工具分为基本金融工具和衍生金融工具两大类。常见的基本金融工具有货币、票据、债券、股票等。衍生金融工具又称派生金融工具，是在基本金融工具的基础上通过特定技术设计形成的新的融资工具，如各种远期合约、互换、资产支持证券等，种类复杂、繁多，具有高风险、高杠杆效应的特点。

金融市场是指资金供应者和资金需求者通过一定的金融工具进行交易而融通资金的场所。金融市场的构成要素包括资金供应者和资金需求者、金融工具、交易价格、组织方式等。金融市场为企业融资和投资提供了场所，可以帮助企业实现长短期资金转换，引导资本流向和流量，提高资本效率。

（二）金融市场的分类

金融市场可以按照不同的标准进行分类。

1. 货币市场和资本市场

以期限为标准，金融市场可分为货币市场和资本市场。货币市场又称短期金融市场，是指以期限在 1 年以内的金融工具为媒介，进行短期资金融通的市场，包括同业拆借市场、票据市场、大额定期存单市场和短期债券市场；资本市场又称长期金融市场，是指以期限在 1 年以上的金融工具为媒介，进行长期资金交易活动的市场，包括股票市场和债券市场。

2. 发行市场和流通市场

以功能为标准，金融市场可分为发行市场和流通市场。发行市场又称为一级市场，它主要处理金融工具的发行与最初购买者之间的交易；流通市场又称为二级市场，它主要处理现有金融工具转让和变现的交易。

3. 资本市场、外汇市场和黄金市场

以融资对象为标准，金融市场可分为资本市场、外汇市场和黄金市场。资本市场以货币和资本为交易对象；外汇市场以各种外汇金融工具为交易对象；黄金市场则是集中进行黄金买卖和金币兑换的交易市场。

4. 基础性金融市场和金融衍生品市场

以所交易金融工具的属性为标准，金融市场可分为基础性金融市场与金融衍生品市场。基础性金融市场是指以基础性金融产品为交易对象的金融市场，如商业票据、企业债券、企业股票的交易市场；金融衍生品交易市场是指以金融衍生品为交易对象的金融市场，如远期、期货、掉期（交换）、期权，以及具有远期、期货、掉期（交换）、期权中一种或多种特征的结构化金融工具的交易市场。

5. 地方性金融市场、全国性金融市场和国际性金融市场

以地理范围为标准，金融市场可分为地方性金融市场、全国性金融市场和国际性金融市场。

(三) 货币市场

货币市场的主要功能是调节短期资金融通。其主要特点是:①期限短,一般为 3～6 个月,最长不超过 1 年;②交易目的是解决短期资金周转,市场的资金来源主要是资金所有者暂时闲置的资金,融通资金的用途一般是弥补短期资金的不足;③金融工具有较强的“货币性”,具有流动性强、价格平稳、风险较小等特性。

货币市场主要有拆借市场、票据市场、大额定期存单市场和短期债券市场等。拆借市场是指银行(包括非银行金融机构)同业之间短期性资本的借贷活动。这种交易一般没有固定的场所,主要通过电讯手段成交,期限按日计算,一般不超过 1 个月。票据市场包括票据承兑市场和票据贴现市场。票据承兑市场是票据流通转让的基础;票据贴现市场是对未到期票据进行贴现,为客户提供短期资本融通,包括贴现、再贴现和转贴现。大额定期存单市场是一种买卖银行发行的可转让大额定期存单的市场。短期债券市场主要买卖 1 年期以内的短期企业债券和政府债券,尤其是政府的国库券交易。短期债券的转让可以通过贴现或买卖的方式进行。短期债券以其信誉好、期限短、利率优惠等优点,成为货币市场中的重要金融工具之一。

(四) 资本市场

资本市场的主要功能是实现长期资本融通。其主要特点是:①融资期限长。至少 1 年以上,最长可达 10 年甚至 10 年以上;②融资目的是满足长期投资性资本的需要,用于补充长期资本,扩大生产能力;③资本借贷量大;④收益较高,但风险也较大。

资本市场主要包括债券市场、股票市场和融资租赁市场等。

债券市场和股票市场由证券(债券和股票)发行和证券流通构成。有价证券的发行是一项复杂的金融活动,一般要经过以下几个重要环节:①证券种类的选择;②偿还期限的确定;③发售方式的选择。在证券流通中,参与者除了买卖双方外,还有证券经纪人、证券商等活跃中介,他们在流通市场中起着不同的作用。

融资租赁市场是通过资产租赁实现长期资金融通的市场,该市场具有融资与融物相结合的特点,融资期限一般与资产租赁期限一致。

(五) 利息率

利息率简称利率,是利息占本金的百分比指标。从资金的借贷关系看,利率是一定时期运用资金资源的交易价格。在金融市场上,资金实际上是以利率为价格标准的融资,是资源通过利率实行再分配。因此,利率在资金分配及企业财务决策中起着重要作用。

1. 利率的类型

利率有多种表现形式,如银行储蓄存款利息率、银行贷款利率、市场利率、法定利率等。通常,利率可以按照以下标准进行分类。

(1) 按照利率之间的变动关系,可分为基准利率和套算利率。基准利率又称基本利率,是指在多种利率并存的条件下起决定作用的利率。西方国家的中央银行再贴现率、我国中国人民银行对商业银行贷款的利率都属于基准利率。基准利率在利率变动中起决定作用,其他利率要随基准利率的变动而变动,所以,了解利率的变动趋势,应当主要了解基准利率的变动情况。套算利率是指在基准利率确定之后,各金融机构根据基准利率和借贷款项的特点而换算出的利率。一般来说,风险较大的贷款项目套算利率要高一些;反之,风险较小的贷款项目，套算利率要低一些。例如，某金融机构规定，贷款 AAA 级、AA 级、A 级企业的利率，应分别在基准利率基础上加 0.5%、1%、1.5%，加总计算所得的利率就是套算利率。

(2) 按照利率与市场资金供求情况的关系，可分为固定利率和浮动利率。固定利率是指在借贷期内固定不变的利率。这种利率在整个借贷期内都是不需要调整的，所以对借贷双方准确地计算成本与收益都十分便利。但是，在通货膨胀比较严重的情况下，实行固定利率对债权人，尤其是对于贷放长期款项的债权人，会带来较大的损失。因此，目前越来越多的借贷都开始采用浮动利率。浮动利率是指在借贷期限内可以调整的利率。根据借贷双方的协定，通常由一方在规定的时间依据某种市场利率进行调整。浮动利率可以为债权人减少通货膨胀所带来的损失，但是手续比较繁杂，工作量较大。因此多用于 3 年以上的借贷及国际金融市场，如多数国家的房地产信贷。

(3) 按利率形成机制不同，可分为市场利率和法定利率。市场利率是指根据资金市场上的供求关系，随市场而变动的利率。在市场经济发达的西方国家，利率一般以市场利率为主，根据金融市场上资金的供需变化，利率随之变动。法定利率又称官方利率，是指由政府金融管理部门或者中央银行确定的利率。官方利率是国家进行宏观调控的一种手段。我国的利率属于官方利率，由国务院统一制定，由中国人民银行统一管理。

(4) 按照债权人取得的报酬情况，可分为实际利率和名义利率。名义利率是指票面利率，实际利率是指投资者得到利息回报的真实利率。具体又可以分为两种情况：

第一种情况：一年多次计息时的名义利率与实际利率。如果以"年"作为基本计息期，每年计算一次复利，这种情况下的实际利率等于名义利率；如果按照短于一年的计息期计算复利，这种情况下的实际利率高于名义利率。名义利率与实际利率的换算关系如下：

$$i=\left(1+\frac{r}{m}^{m}\right)-1$$

公式中：i 为实际利率，r 为名义利率，m 为每年复利计息次数。

第二种情况：通货膨胀情况下的名义利率与实际利率。名义利率，是央行或其他提供资金借贷的机构所公布的未调整通货膨胀因素的利率，即利息（报酬）的货币额与本金的货币额的比率，即指包括补偿通货膨胀（包括通货紧缩）风险的利率。实际利率是指剔除通货膨胀率后储户或投资者得到利息回报的真实利率。

2. 金融市场上利率的决定因素

在金融市场上，利率是资金这种特殊商品的交易价格，是不断变动的。影响利率变动的因素很多，归纳起来大致有平均资金利润率、借贷市场资金供求状况、经济周期和国家宏观经济政策等。

(1) 平均资金利润率。利息来自利润的一部分，一般情况下，利率要随平均利润率的提高而提高，随平均利润率的降低而降低。当工商企业从金融机构借入资金从事生产经营活动后，所得利润一部分以利息形式支付给银行或其他金融机构，作为使用借贷资金的代价；另一部分作为企业的利润。显然，利率不能高于利润率，否则，企业就会因运用借入资金所产生的利润等于零或小于零而不再从金融机构借入资金。此外，利息是提供贷款的债权人的收益，所以利率的最低界限是大于零，不能等于零或小于零，否则债权人不会拿出资金。至于利率究竟占利润率的多大比重，则取决于金融机构与工商企业之间的竞争结果。

(2) 借贷市场资金供求状况。借贷资金作为一种特殊商品出现，在市场经济条件下，同样要受到市场供求法则的制约，即作为借贷资金价格的利率要由资金的市场供求状况来决定。通常情况下，借贷资金供过于求时，利率下降；反之，利率则会上升。

(3) 经济周期。社会经济形势的变化也会对金融市场的利率水平产生影响。在经济过热时，尤其是出现通货膨胀时，资金需求增加，会使利率水平上升；反之，在经济衰退时，尤其是出现通货紧缩时，利率水平会随之下降。

(4) 国家宏观经济政策。国家的经济政策，尤其是货币政策和财政政策对金融市场上的利率有较大的影响。政府为防止经济过热，通过中央银行减少货币供应量，则资金供应减少，利率上升；政府为刺激经济发展，增加货币发行，则情况相反。

3. 利率的组成

在金融市场上，利率是资金使用权的价格。一般说来，资金的利率由纯利率、通货膨胀补偿率和风险收益率组成，其计算公式如下：

$$利率 = 纯利率 + 通货膨胀补偿率 + 风险收益率$$

(1) 纯利率。纯利率是指无风险和无通货膨胀情况下的社会平均资金利润率。例如，在没有通货膨胀时，国库券利率可以视为纯粹利率。纯利率的高低，受平均利润率、资金供求关系和国家调节的影响。

(2) 通货膨胀补偿率。通货膨胀补偿率是指当持续的通货膨胀不断降低货币的实际购买力时，为补偿其购买力损失而要求提高的利率。由于通货膨胀使货币贬值，投资者的实际报酬下降，他们在把资金交给借款人时，会在纯粹利息率的水平上再加上通货膨胀补偿率，以弥补通货膨胀造成的购买力损失。因此，每次发行国库券的利息率会随预期的通货膨胀率变化而变化，等于纯粹利息率加预期通货膨胀率。

(3) 风险收益率。投资者的实际报酬除了受通货膨胀影响以外，还受投资风险的影响。投资风险越大，所要求的收益率越高。一般而言，投资风险包括违约风险、流动性风险和期限风险。所以，风险收益率也就等于违约风险收益率、流动性风险收益率与期限风险收益率之和。

违约风险收益率是指为了弥补因债务人无法按时还本付息而带来的风险，由投资者因承担这种风险而要求提高的利率。违约风险越大，投资者要求的利率报酬越高。债券评级，实际上就是评定违约风险的大小。信用等级越低，违约风险越大，要求的利率越高。国库券因几乎不存在违约风险，所以其利率要远远低于其他债券。

流动性风险收益率是指为了弥补因债务人资产流动性不好而带来的风险，由投资者要求提高的利率。资产的流动性是指该资产的变现能力。各种有价证券的变现能力是不同的。政府债券和大公司的股票容易被人接受，投资者可以随时出售以收回投资，变现能力很强，流动性好，因此这些有价证券的流动性风险小，其流动性风险附加率也低。与此相反，一些小公司的债券鲜为人知，不易变现，流动性差，投资者要求较高的流动性风险收益率作为补偿。

期限风险收益率是指为了弥补因偿债期长而带来的风险，由债权人要求提高的利率。例如，五年期国库券利率比三年期国库券利率高。两者的流动性风险和违约风险相同，差别在于到期时间不同。到期时间越长，在此期间由于市场利率上升，而长期债券按固定利率计息，使投资者遭受损失的风险越大。期限风险收益率，是对投资者承担利率变动风险的一种补偿。

四、社会文化环境

社会文化环境是指人们在特定的社会环境中形成的习俗观念、价值观念、行为准则和文化程度，以及人们对经济、财务的传统看法等。社会文化环境包括教育、科学、文学、艺术、新闻出版、广播电视、卫生体育、世界观、习俗，以及同社会制度相适应的权利义务观念、道德观念、组织纪律观念、价值观念和劳动态度等。企业的财务活动不可避免地受到社会文化的影响，但是，社会文化的各方面对财务管理的影响程度不尽相同，有的是直接影响，有的是间接影响，有的影响比较明显，有的影响微乎其微。

例如，事实表明，在教育落后的情况下，为提高财务管理水平所做的努力往往收效甚微；又如，科学的发展对财务管理理论的完善也起着至关重要的作用，经济学、数学、统计学、计算机科学等诸多学科的发展，都在一定程度上影响着财务管理活动。同时，在不同的文化环境中经营的公司，需要对现有员工进行文化差异方面的培训，并在可能的情况下雇用文化方面的专家。忽视社会文化对公司财务活动的影响，将给公司的财务管理带来意想不到的问题与麻烦。

第四节　现代企业财务活动的组织

一、企业的组织形式

企业是一个契约性组织，是从事生产、流通、服务等经济活动，以生产或服务满足社会需要，实行自主经营、独立核算、依法设立的一种营利性的经济组织。企业的目标是创造财富（或价值）。

典型的企业组织形式有三种：个人独资企业、合伙企业和公司制企业。

（一）个人独资企业

个人独资企业是由一个自然人投资，财产为投资人个人所有，投资人以其个人财产对企业债务承担无限责任的营利性组织。

个人独资企业的优点：①创立容易，例如，无需与他人协商并取得一致，只需很少的注册资本等；②维持个人独资企业的固定成本较低，例如，政府对其监管较少，对其规模也没有什么限制，企业内部协调比较容易；③无需缴纳企业所得税。

个人独资企业的缺点：①业主对企业债务承担无限责任，有时企业的损失会超过业主最初对企业的投资，需要用其个人其他财产偿债；②企业的存续年限受制于业主的寿命；③难以从外部获得大量资本用于经营。

多数个人独资企业的规模较小，抵御经济衰退和承担经营失误损失的能力不强，其平均存续年限较短。有一部分个人独资企业能够发展壮大，但规模扩大后会发现其固有缺点日益被放大，于是转变为合伙企业或公司制企业。

(二) 合伙企业

合伙企业是由合伙人订立合伙协议,共同出资,合伙经营,共享收益,共担风险,并对合伙债务承担无限连带责任的营利性组织。通常,合伙人是两个或两个以上的自然人,有时也包括法人或其他组织。

合伙企业的优点和缺点与个人独资企业类似,只是程度有些区别。

此外,合伙企业法规定每个合伙人对企业债务须承担无限连带责任。每个合伙人都可能因偿还企业债务而失去其原始投资以外的个人财产。如果一个合伙人没有能力偿还其应分担的债务,其他合伙人须承担连带责任,即有责任替其偿还债务。法律还规定,合伙人转让其所有权时需要取得其他合伙人的同意,有时甚至还需要修改合伙协议,因此,其所有权的转让比较困难。

(三) 公司制企业

任何依据公司法登记的机构都称为公司。各国的公司法差异较大,公司的具体形式并不完全相同。它们的共同特点是均为经政府注册的营利性法人组织,并且独立于所有者和经营者。

正是由于公司是独立法人,使它具有以下优点:①无限存续。一个公司在最初的所有者和经营者退出后仍然可以继续存在。②容易转让所有权。股份有限公司的所有者权益被划分为若干股权份额,每个份额可以单独转让,无需经过其他股东同意。③有限债务责任。公司债务是法人的债务,不是所有者的债务,所有者对公司债务的责任以其出资额为限。正是由于公司具有以上三个优点,使之更容易在资本市场上筹集到资本。有限债务责任和公司无限存续,降低了投资者的风险;所有权便于转让,提高了投资人资产的流动性。这些特点促使投资人愿意把资金投入公司制企业。

以上三种形式的企业组织中,个人独资企业占企业总数的比重很大,但是绝大部分的商业资金是由公司制企业控制的。因此,财务管理通常把公司理财作为讨论的重点。除非特别指明,本书讨论的财务管理均指公司财务管理。

二、现代企业的法人治理结构

现代企业制度定义为以市场经济为基础,以企业法人制度为主体,以公司制度为核心,以产权清晰、权责明确、政企分开、管理科学为条件的新型企业制度。企业是在一定的财产关系基础上形成的,企业的行为与企业产权结构之间有着某种对应关系,企业在市场上所进行的物品或服务的交换实质上也是产权的交易。

公司制是建立现代企业制度的一种典型的组织形式。在现代公司中,由于所有权与经营权的分离,需要建立和完善公司内部管理机制。企业法人治理结构是指规范股东、董事会和执行机构权利义务关系的一系列制度体系。我国公司治理结构是采用分权制度,即决策权、经营管理权、监督权,分属于股东会、董事会、监事会。通过权力的制衡,使三大机构各司其职,又相互制约,保证公司顺利运行。

(一) 股东会或股东大会

股东会或股东大会是公司的最高权力机构,它由全体股东组成,对公司重大事项进行决策,如决定公司的经营方针和投资计划、选任和解除董事、公司重大融资和投资活动及利润分配方案等。通常，股东大会并不会直接介入企业的生产经营管理，既不对外代表企业，也不对内执行具体业务。股东大会作为一种制度安排和设计，是一种定期或者临时举行的由全体股东参与的会议，是公司制企业的最高权力机关。

（二）董事会

董事会是由全体股东通过选举产生的公司日常经营决策机构。董事会是公司的常设权力机构，向股东大会负责，是股份公司的经营决策机构，也是股东大会闭会期间行使股东大会职权的机构。董事会对外是公司进行经济活动的全权代表，对内是公司的组织、管理的领导机构。各国公司法均规定，董事长是公司的法定代表人。

董事会由股东大会选出的董事组成，股东大会对董事有撤换和罢免的权利。董事一般由本公司的股东担任，也有的国家要求安排管理专长的专家担任董事，以利于提高管理水平，维护外部中小股东的利益。董事会的主要职权有：执行股东大会的决议，向股东大会报告工作；审核和批准公司的重大经营决策和确定经营方针；任免公司的总经理、副总经理等高级职工；制订公司管理制度和决定管理机构设置；制订公司的利润分配方案和年度财务预算方案、决算方案等。

为了更好地履行职责，董事会通常会下设专门的委员会，如战略委员会、薪酬委员会、审计委员会等，这些委员会在董事会的领导下，负责在各自的领域进行专门的管理工作。

（三）监事会

监事会是股东大会领导下的公司常设监督机构，监事会与董事会并列，独立地行使对董事会、总经理、高级管理人员及整个公司管理的监督权。监事会对股东大会负责，对公司的经营管理进行全面的监督，包括审查公司的业务状况，检查各种财务情况，并向股东大会或董事会提供报告，对公司经理的行为实行监督，并对经理的任免提出建议，对公司的计划、决策及其实施进行监督等。

监事会由依法选举的监事所组成，监事的资格基本上与董事资格相同，必须经股东大会最终表决通过。监事可以是股东、公司职工，也可以是非本公司的专业人员，公司的董事长、董事、总经理、经理不得兼任监事会成员。

监事会具有如下职权：可随时调查公司生产经营和财务状况，审阅账簿、报表和文件，并请求董事会提出报告；必要时，可根据法规和公司章程，召集股东大会；列席董事会会议，能对董事会的决议提出异议，可要求复议；对公司的各级管理人员提出罢免和处分的建议等。

（四）管理层

公司的管理层由公司的高级管理人员构成，包括总经理、副总经理、执行董事等，公司高管由董事会聘任，在董事会授权范围内负责公司日常经营管理。执行机构负责人由公司总经理担任，通常称为首席执行官，有的公司也由董事长兼任。

企业通过在其内部建立健全股东大会、董事会、监事会和执行机构，使企业决策机构、执行机构、监督机构形成各自独立、责权分明、相互制约的关系，确保公司经营活动的有序运作。这种相互制衡的现代企业组织制度，既赋予经营者充分的自主权，又切实保障所有者的权益，同时又能调动生产者的积极性，它是我国企业建立现代企业制度的核心依托。

三、CFO 的主要工作与能力结构

（一）CFO 的主要工作

CFO 即首席财务官，是企业治理结构发展到一个新阶段的必然产物。没有首席财务官的治理结构不是现代意义上完善的治理结构。

CFO 的主要工作有三方面：①通过财务的手段进行战略层面的操作，如果工作出色，这带来的公司价值增值将比业务运营创造的价值更多；②把公司推销给投资者，真正决定上市公司命运的人是基金经理、大的机构投资者，因此投资者关系是 CFO 非常重视的问题；③通过兼并收购将公司的战略用最低成本实施出来。

由此可判断出一个优秀 CFO 的标准是：独立的判断，超强的商业意识，对业务的透彻了解，在资本市场游刃有余的运作，以及战略性的眼光。

（二）能力结构

能力是指能做某事的素质，或尚未发挥的天资或潜质，能学以致用。CFO 的能力应包括：

（1）CFO 的决策能力，是指根据公司目标和经济规律，针对公司重大的战略问题，进行选择和优化的能力，主要包括进行财务决策的能力和参与并为公司其他战略提供信息支持的能力。

（2）战略规划能力，是指 CFO 应从公司的全局和长远发展观察、思考和处理问题的能力，主要包括制定公司的财务目标、财务战略，以及规划财务远景的能力。

（3）CFO 的分析能力，是指为了实现公司的目标，CFO 应通过各种途径为决策、控制、考核等提供财务信息支持的能力，主要包括进行财务分析的能力和为各种决策提供支持的能力。

（4）CFO 的领导能力，是指 CFO 要建立财务人员的工作团队，并且组织整个团队高效地完成各项工作，主要包括通过招聘和筛选建立一个财务团队，组织这个团队建立高效会计核算系统和财务流程的能力。

（5）CFO 的协作能力，是指 CFO 通过传递影响他人，并且协调各种关系使工作和任务顺利完成的能力，主要包括交流沟通能力，维护和联系的能力，以及与其他高层管理人员、业务部门形成业务伙伴关系的能力。

（6）CFO 的控制能力，是指为了保障企业运作的安全与高效使用，CFO 应该采取必要管理措施的能力，主要包括以内部控制制度控制交易流程的能力，以及运用预算管理、成本管理、风险管理的能力等。

CFO 能力框架

（7）CFO 的资源管理能力，是指为了保障企业资产的安全和高效使用，CFO 应该采取必要管理措施的能力，主要包括信息资源管理、现金管理、资产管理的能力等。

四、企业财务机构的设置

（一）财务管理与会计的关系

如何有效地组织企业财务活动，需要解决两方面的问题：一是要处理好财务管理与会计的关系；二是要合理设置财务管理机构。

财务管理与会计历来被认为是“孪生”关系，两者同源同宗，管理对象都是企业资金运动，会计产生和反馈的信息在一定程度上支撑财务管理行为。对于财务管理与会计的关系，主要有三种观点：

（1）大财务论。该观点认为，会计工作是财务管理工作的一个组成部分，会计工作是为财务管理工作服务的，财务管理是企业资金管理的中心。

（2）大会计论。该观点认为，财务管理工作是会计工作的一个组成部分，财务管理工作是会计工作的延续，没有会计核算就无从进行财务管理。

（3）平行独立论。该观点认为，尽管财务管理与会计密不可分，但两者也存在相互独立的一面，从理论上看，财务管理学科与会计学科属于两种不同的管理学科；从实践上看，财务管理与会计是两种不同的工作。比如，财务管理和会计对资金运动管理的角度是有差别的：会计侧重于企业资金运动的信息流的生成、核算和披露；而财务管理则更加注重企业资金流的规划、协调和控制。

（二）企业财务机构的具体设置

在财务管理机构设置方面，企业应考虑其管理要求，需解决以下两方面问题：一是企业财务机构和会计机构是否应分别设置；二是企业财务机构设置的层次性如何处理。随着我国资本市场的建立、健全和不断完善，企业筹资渠道和融资方式在朝着多元化方向发展，企业的投资规模也日益扩大，企业与外部市场的经济关系越发复杂，企业的资金管理也越来越重要。

从财务管理的组织架构上看，在企业总经理的领导下，授权财务副总经理或者总会计师主管财务管理和会计工作，下设财务部门和会计部门，分别从事财务管理和会计工作。结合企业相关治理架构的安排，企业财务机构设置情况如图 1-3 所示。

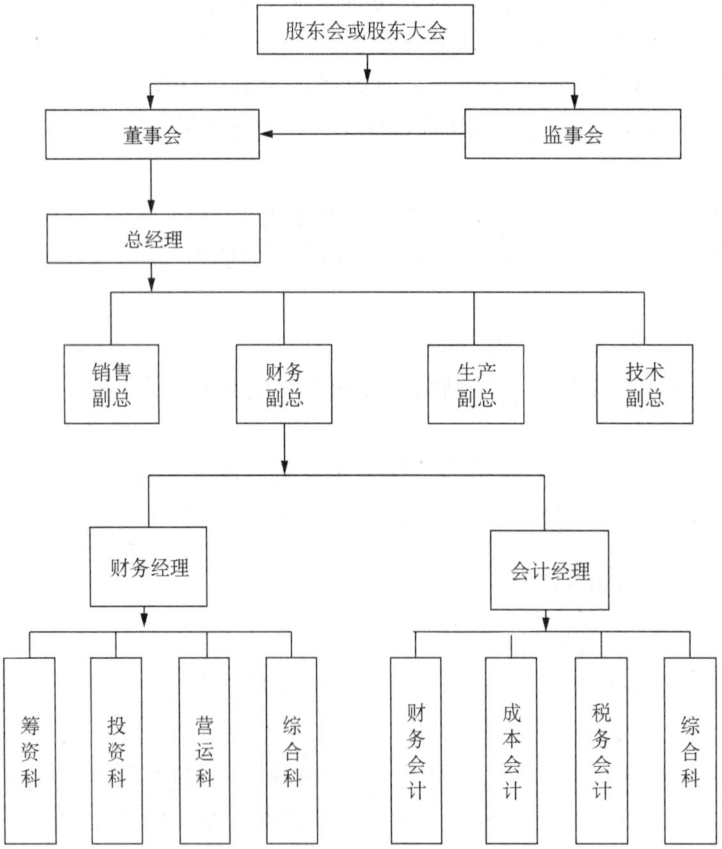

图 1-3　企业财务机构的设置

从具体分工看，企业财务部门主要有以下几方面的工作：①进行资金筹措以满足企业生产经营需要；②进行长期资产投资决策；③负责企业的营运资金管理；④负责金融资产的投资与管理；⑤负责企业的收益分配；⑥负责公司的财务预测、财务计划和财务分析工作。

企业会计部门的工作主要有：①进行会计核算、编制会计报表；②组织企业的成本核算；③负责企业的税务申报与交纳；④执行企业内部控制制度，对企业的经济活动进行监督；⑤按照内部管理要求编制内部会计报表。

财务机构和会计机构分别设置后，两者相互配合、密切协作，会计部门要及时向财务部门提供真实有用的会计信息，财务部门则利用会计部门所反馈的信息和其他相关信息，来规划和控制企业资金的存量、流量和流速等，并通过财务计划及财务分析将相关指标反馈给会计部门，作为会计监督和会计控制的依据。

第五节 财务管理与相关学科的关系

广义的财务学有三大分支，即金融学、投资学和财务管理学。这三大分支相互联系，具有相通的理论基础，但侧重领域不同。金融学侧重货币、利率和金融市场；投资学侧重投资机构的证券投资评价；财务管理学则侧重组织的投资和筹资。除此以外，财务管理作为一项经济管理工作，与生产管理、战略管理和营销管理一样是管理学科的一个分支，都是研究企业的资源和行为的管理，只是财务管理以资金作为手段或载体，研究资金在企业内部及企业和市场之间的流动及资金的增值。

财务管理的基础是经济学中的微观经济理论，其中的消费理论、生产理论、市场均衡理论及生产要素价格理论为财务管理学提供了理论基础，是财务管理理论研究的出发点。

会计学原理以及会计处理信息和分析资料的技术为财务管理提供了研究的方法和途径。大量的会计信息成为管理人员和投资者研究企业现金流和财务状况的重要依据。财务管理中经常运用的数学工具是数理统计和优化方法。数学方法的应用使财务管理中一些模糊问题和不确定性问题确定化，为财务决策提供了有力的支持。因此，数理分析是财务管理研究的重要手段。

总之，财务管理与经济学、会计学、管理学及数学这四门学科的关系密切。它是建立在经济学的理论基础之上，利用会计提供的信息资料，运用数学方法和手段，按照管理学的一般原则进行研究的科学。

一、财务管理与经济学

财务管理作为一门学科，具有经济学属性，是经济学的一个分支，即财务经济学。可以说，财务经济学已成为现代主流经济学的重要组成部分。从经济学角度看，财务管理属于微观经济学的范畴。

首先，它以微观经济中的企业为对象，以资本稀缺性为前提，研究企业的资本配置和价值创造问题。

其次，财务管理理论建立在经济学理论的基础之上，如引入了经济学中价值、边际收益、边际成本、机会成本、市场均衡、交易成本等基本概念；采用了经济学中的理性人假设、有限理性假设、市场竞争假设、市场有效性假设、个人风险偏好假设、自身利益最大化假设、交易成本假设等；采用了经济学中的边际分析、供求分析、均衡分析、实证分析、不确定性分析等方法。这些方法都是定量分析方法，为财务分析和财务决策提供了方法论基础。

最后，现代财务管理以经济学中的基本价值观作为理财观念，如时间价值观、机会成本观、风险与报酬对等观、收益与成本比较观、资本市场效率观等。这些基本价值观成为财务管理原则的理论及思想依据。

综上所述，现代财务管理理论正是以经济学理论为依托，在现代经济学理论的发展支撑下，才有了今天的发展。如果没有较好的现代经济学基础知识，要学好并真正理解财务管理是十分困难的。

二、财务管理与管理学

财务管理作为一门学科，具有管理学的属性，是管理学的一个分支。管理学是研究经济组织管理活动及其基本规律的一门学科，而企业管理针对企业这一主体是以企业组织和职能分工为研究对象的，包括组织行为学、营销管理、财务管理、人力资源管理、信息管理、战略管理、项目管理、运营管理、跨文化管理、管理沟通和价值链管理等。财务管理是企业管理的重要内容之一。

对任何组织而言，管理的核心内容不外乎两个：一个是效率问题；另一个是激励问题。财务管理作为一种管理活动，是企业管理的具体化。财务管理不仅涉及企业对资金或资本的管理，还涉及对管理者的监督、经营业绩评价、激励机制设计等。也就是说，财务管理是企业对资金或资本的管理与对人的管理的统一，其核心也是激励和效率问题。

此外，财务管理目标和战略是企业总体目标和战略的具体体现。财务管理目标和战略必须以企业总体目标和战略为依据，并服务于企业的总体目标和战略。因此，财务管理人员要想学好财务管理、做好财务管理工作，就必须学好管理学，学会沟通和协调，千方百计地提高激励效果和管理效率。

三、财务管理与会计学

会计及会计系统提供的财务信息，是财务管理所需信息的最重要部分。会计核算和会计信息是财务管理的基础，无论是进行投资决策和筹资决策，还是进行营运资本管理决策，财务管理都离不开会计系统提供的真实的财务信息。财务管理只有拥有充分、及时、真实可靠的会计信息，才能做出正确的决策，才能提高资本运营效率、优化资源配置，为企业创造价值。财务管理人员必须学会使用和甄别财务会计信息，理解会计指标的含义、计算公式、计算口径、度量标准等，并在此基础上利用会计信息进行财务分析、财务预测、财务计划和财务决策等。

四、财务管理与金融学

英文“Finance”一词具有财务、金融、财政等许多含义，财务与金融实际上是难以明确区分的。金融学侧重货币、利率和金融市场；财务管理学侧重组织的投资和筹资。财务管理和金融学两者之间的关系主要体现在以下几个方面。

第一,金融市场是企业筹资最重要、最常见的场所,是企业筹资最重要的渠道,也是企业投资的重要领域。

第二,在有效率的金融市场上,企业一切重要的信息都必须在金融市场中公开,并反映到股票价格中去。因此,金融市场所提供的关于企业的各种信息,是投资者对企业进行业绩评价、价值评估、资产估价、发行定价的重要因素或变量。

第三,在开放的金融市场中,企业的财务活动将受到资本市场、外汇市场等诸多因素变化的影响。货币供给和需求的变化、货币政策变化等对利率、汇率以及资本市场乃至国民经济增长都具有重要影响,而利率和汇率的变化对企业的投资收益、融资成本、资本结构、公司价值、股票价格等均有重要影响,进而影响企业的投资和筹资决策。

第四,财务管理或财务经济学建立起了企业与金融市场的联系。财务决策不仅仅是在企业内部,更是面对整个金融市场。金融市场的存在使企业理财从企业内部延伸到企业外部甚至整个经济领域。同时,作为金融市场的重要参与元素,企业的理财行为也会对金融市场产生一定的影响。

因此,财务管理人员要学好财务管理,必须学好货币金融学、金融学基础知识,了解金融市场的功能、要素、作用及其影响,熟悉金融市场的运作机理和交易规则,了解货币政策及其效应和传导机制,了解宏观经济政策变化对金融市场和企业财务管理决策所产生的影响。

五、财务管理与统计学

从财务管理的过程和环节来看,企业的财务分析、财务预测、财务计划和财务决策等都离不开统计分析方法。其主要表现在以下两个方面。

第一,财务管理各个环节所需要的数据,除了通过会计报表获得外,还需要大量的统计数据。这些财务数据的收集、整理、分类、汇总和识别都需要用描述统计方法来处理。

第二,财务预测、财务分析及财务决策需要用更复杂的统计分析方法,即统计推断。如相关分析、回归分析、因子分析和主成分分析、聚类分析、假设检验、时间序列分析等方法,已被大量应用于财务管理领域的各种实证研究中,并得出了许多有意义的结论,这在很大程度上丰富和发展了现代财务管理理论。

因此,财务管理人员要做好财务分析和财务决策,必须学好并能熟练运用统计学知识。作为一名大学生或研究机构的研究人员,要对财务领域的某一问题进行实证研究,学好和掌握现代统计方法和计量经济学方法就更为必要了。

本章小结

财务管理是指组织企业财务活动,处理企业财务关系的经济管理工作,是对企业资金的取得、使用、利润分配和日常现金流转等各项财务活动所进行的管理。企业财务管理的主要内容是筹资管理、投资管理、营运资金管理和利润分配管理。企业在财务活动中与有关各方发生的一定经济利益关系称为财务关系,它体现了人与人之间的关系。财务管理工作环节是指财务管理的工作步骤和一般程序。企业财务管理一般包括以下几个环节:财务预测、财务决策、财务预算、财务控制、财务分析。公司财务管理目标主要有以下三种观点:利润最大化、每股收益最大化、股东财富最大化。利益相关者之间可能会存在利益冲突。而在所有的利益冲突协调中,所有者与经营者、所有者与债权人的利益冲突协调至关重要。影响财务管理的外部环境主要包括经济环境、法律环境、金融市场环境、社会文化环境。除此以外,本章还介绍了企业的组织形式、CFO 的职责与能力结构、财务管理与相关交叉学科的关系等内容。

复习思考题

1. 财务管理的内涵是什么?
2. 财务管理目标有哪些?如何评价不同财务目标?
3. 影响财务管理的环境因素有哪些?
4. 现代企业组织形式分别有哪些?对应的优缺点是什么?
5. 财务管理与相关学科之间的关系如何?

案例分析

华宏公司财务管理目标与利益冲突案例

华宏公司是一家从事 IT 产品开发的企业,由三位志同道合的朋友共同出资 300 万元,三人平分股权比例共同创立。企业发展初期,创始股东都以企业的长远发展为目标,关注企业的持续增长能力,所以,他们注重加大研发投入,不断开发新产品,这些措施有力地提高了企业的竞争力,使企业实现了营业收入的高速增长。在开始的几年间,销售业绩以年均 60% 的速度提升。然而,随着利润不断快速增长,三位创始股东在收益分配上产生了分歧。股东李宏、张华倾向于分红,股东赵亮则认为应将企业取得的利益用于扩大再生产,以提高企业的持续发展能力,实现长远利益的最大化。这一矛盾不断升级,最终导致坚持企业长期发展的赵亮被迫出让其持有的 1/3 股份而离开企业。

但是,此结果引起了与企业有密切联系的广大供应商和分销商的不满,因为他们中许多人的业务发展壮大都与华宏公司密切相关,深信华宏公司的持续增长将给他们带来更多的机会。于是他们声称,如果赵亮离开企业,将断绝与企业的业务往来。面对这一情况,其他两位股东提出自己可以离开,条件是赵亮必须收购他们的股份。赵亮的长期发展战略需要较多的投资,这样做将导致企业陷入没有资金维持生产的困境。这时,众多供应商和分销商伸出了援助之手,他们或者主动延长应收账款的期限,或者预付货款,最终使赵亮重新回到企业,成为公司的掌门人。

经历了股权变更的风波后,华宏公司在赵亮的领导下不断加大投入,实现了企业规模化发展,在同行业中处于领先地位,企业的竞争力和价值不断提升。

案例思考题：

1. 赵亮坚持企业长远发展，而其他股东要求更多分红，你认为赵亮的目标是否与股东财富最大化的目标相矛盾？

2. 拥有控制权的大股东与供应商和客户等利益相关者之间的利益是否矛盾？如何协调？

3. 像华宏这样的公司，其所有权与经营权是合二为一的，这对企业的发展有什么利弊？重要利益相关者能否对企业的控制权产生影响？

参考答案

第二章
财务管理基础

教学目的与要求

1. 理解货币时间价值的含义及形式。
2. 掌握终值与现值的计算。
3. 理解风险的概念。
4. 掌握投资组合收益率的计算。
5. 掌握资本资产定价模型及其应用。
6. 理解成本习性及其分析方法。
7. 掌握盈亏临界点与安全边际的计算。
8. 掌握目标利润分析的计算。

引导案例

小明心中的零花钱问题

刘女士是一家公司的出纳。她的儿子小明，是一个聪明伶俐的小家伙，今年读三年级，很喜欢数学。一天晚饭桌上，刘女士和丈夫谈起来今后10年的存钱计划，因为小明10年后会考上大学，而夫妻俩也想再买套房子。“至少得50万元”刘女士说道，“从今年起，每年得存……”“5万元”小明叫起来了，“妈妈，你们去年存了4.8万元。今年叫爸爸别抽烟，我暑假也不去夏令营了。这样可以节省下2千元，加起来正好5万元。”“一年4.8万元也差不多，我的烟还可以抽，小明啊，你也可以去参加夏令营！”小明的爸爸说。“为什么呢?”小明问。“银行会给我们利息啊”爸爸说。“什么叫利息啊?”小明又问。“利息……就是……，打个比方吧，你去年过年时候存入100元，今年过年的时候你可以在银行取到110元，多出来的10元就是利息啊。”“利息率呢?”“是10%”，刘女士比划着向儿子解释。“那么，银行为什么要多给我们钱呢?”小明问。“把钱放在银行1年，它当然要给你利息了。”爸爸插嘴道。

“噢，对了，我外婆去年过年时候给我 100 元！说是零花钱的，还说存在她那里，今年过年的时候，妈妈说用那 100 元买了玩具车，妈妈还欠我利息呢！”……

小明心中的零花钱能产生利息吗？小时候你是怎么管理你的零花钱呢？利息在什么样的环境下才能产生？货币时间价值是财务管理的基础知识，是连接当前价值与未来价值的渠道，对整体上理解财务的价值观念、培养正确的理财思维具有重要的基础作用。

重点知识思维导图

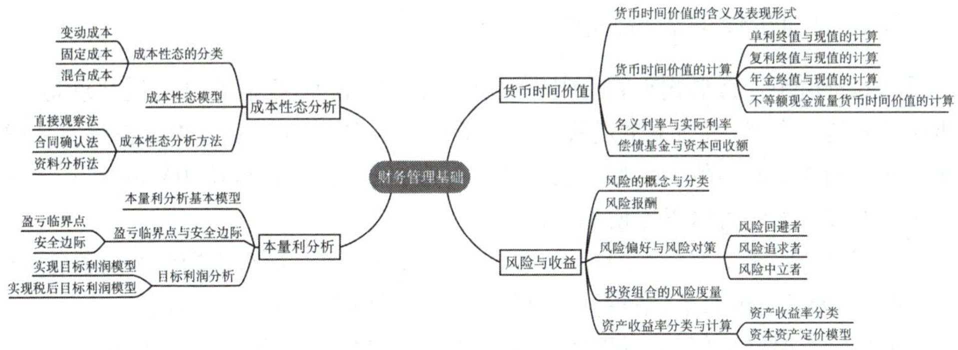

第一节　货币时间价值

一、货币时间价值的含义

我们把今天的 1 元存入银行，假如银行存款年利率为 10%，一年以后我们将会得到 1.1元。由此可见，经过一年时间，1 元发生了 0.1 元的增值，今天的 1 元和一年后的1.1元等值。这种现象就是货币时间价值的具体体现。那么，货币时间价值的含义是什么？时间为什么会产生价值？

关于货币时间价值的含义，西方传统理论“节欲论”认为在没有风险与通货膨胀情况下，投资者进行投资就必须推迟消费，对投资者推迟消费的耐心应给予报酬，这种报酬的金额应与推迟的时间成正比，这种报酬就叫作时间价值。那么，我们似乎可以这样认为：消费者耐心等待的时间越长，时间价值就越多。但把现金存贮在保险柜中或放置在家中的安全地方，这样时间越久，现金的价值也会越大吗？很显然，这是不科学的。西方传统的“节欲论”只说明了货币时间价值的具体表现，并未真正阐明货币时间价值产生的源泉。

马克思在揭示资本主义剥削制度的过程中，形成了政治经济学。政治经济学最重要的部分就是劳动创造价值理论，即劳动价值论。马克思认为剩余价值是资本家剥削工人的本质目的，也是价值增值的源泉，同时也指明了剩余价值只有在劳动过程中产生。由此，可以看出不是所有的货币都具有时间价值，货币增值额的产生必须具备一定的条件，那就是必须将货币直接或间接作为资本投入到社会生产运动过程中。

这样的现金保管不可取

当然，并不是说将货币作为资本投入社会生产过程中所获得的价值增加额全部构成了时间价值。这是因为，社会生产过程都存在风险，而投资者由于承担不同程度的风险，必须获得与之相匹配的报酬，即投资风险收益(在本章第二节讲述)；通货膨胀会造成货币的实际购买能力下降，这也会对投资报酬产生影响。因此，资金所有者在通货膨胀情况下人为增加投资收益率，从而弥补由于通货膨胀所产生的损失。因此，我们可以发现，货币作为资金进入社会进行投资，所得的收益不仅包括时间价值，还包括资金提供者所要求的风险收益报酬和通货膨胀补贴报酬。因此，我们认为货币时间价值仅指扣除投资者风险收益报酬和通货膨胀报酬之外的增值额。

二、货币时间价值的表现形式

货币时间价值用什么形式来表示呢？在日常经济生活中，我们经常听说利息是 100 元，也会听说利率是十个点，所谓十个点就是年利率 10%。那么，1 000 元本金在没有风险和通货膨胀情况下的货币时间价值用哪个表示比较好呢？答案很明显，使用年利率 10%作为货币时间价值的表示方法可以很方便地进行比较。

货币时间价值的表示方法有两种形式：绝对数和相对数。绝对数即时间价值额，用金额来表示；相对数即时间价值率，是指扣除风险和通货膨胀率后的平均报酬率。

由于使用货币时间价值率，可以比较方便地对不同时期、不同企业进行评价，具有较强的可比性和方便性，因此，本书中货币时间价值一般是用相对数来表示。

三、货币时间价值分析的工具——时间线

如何科学、正确地分析与计算货币时间价值?

我们必须清楚货币作为资金，其运动发生的时点、时间和方向，即必须搞清楚每笔资金在哪个时点上发生，资金流向是流入还是流出，资金在哪一时点上结束。

我们可以把资金流向、发生时点与时间发生的顺序结合在一起进行研究。按照时间从现在到未来的时间线，直观、便捷地反映资金运动发生的时间和方向。典型的现金流量时间线如图 2-1 所示。

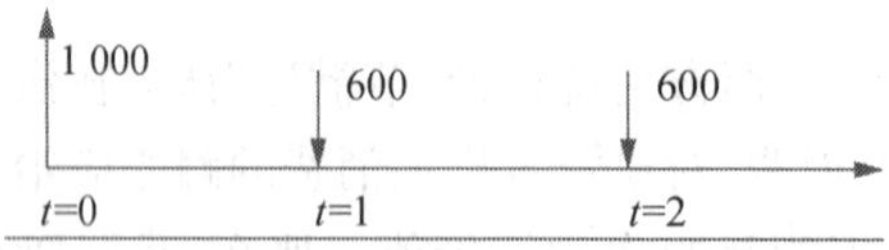

图 2-1　现金流量时间线

图中横轴为时间轴，箭头所指的方向表示时间的增加。横轴上的坐标代表各个时点，$t=0$ 表示现在，$t=1,2,\cdots$，分别表示从现在开始的第 1 期期末、从现在开始的第 2 期期末，以此类推。如果每期的时间间隔为 1 年，则 $t=1$ 表示从现在起第 1 年年末，$t=2$ 表示从现在起第 2 年年末。换句话说，$t=1$ 也表示第 2 年年初。

图中从各时间点上引出的纵向箭头线表示各时点的现金流量，流向由箭头的指向来表示。一般而言，向下的箭头表示现金流入，向上的箭头表示现金流出。现金流量的大小用箭头旁的数字表示。图 2-1 的现金流量时间线表示在 $t=0$ 时刻有 1 000 单位的现金流出，在 $t=1$ 及 $t=2$ 时，各有 600 单位的现金流入。

现金流量时间线对于更好地理解和计算货币资金的时间价值很有帮助，本书在后面章节将多次运用这一工具来解决许多复杂的问题。

四、货币时间价值的计算

货币时间价值计算解决的是不同时间点发生的现金量之间的转换问题。常见的转换形式有两种：贴现与计息，与这两种转换形式有关的货币时间价值分别称为现值(Present Value)和终值(Future Value)。现值是指以后年份收到或付出资金的现在价值，现值的计算即已知本利和倒求本金；而终值是指资金经过一段时间后的价值，包括本金和时间价值，又称本利和。具体来说，只要在计算过程中时间是往前推移的，就是求现值，也就是贴现；时间是往后推移的，就是计息。由此，我们可以看出连接终值和现值之间的桥梁就是货币时间价值，更具体来说就是货币时间价值率。

一般而言，在计算货币时间价值的过程中要遵循三个基本假设：

第一，假设现金流量均发生在每期期末。除非在题目中特别指明现金流量发生在期初。

第二，假设决策时点为 $t=0$。除非特别说明，决策时点"现在"就是 $t=0$。

第三，假设复利计息频数与付款频数相同。例如，如果收付款是按年计算，则利息也按年计算；收付款按季度计算，则利息也应该按季度计算；以此类推。

(一) 单利终值和现值的计算

单利是指仅对本金计算利息，不论时间长短，其产生的利息均不加到本金中计算利息的一种计算方法，即利息不再生息。日常生活中常见的银行存款利息的计算、购买的债券利息收益等，都是用单利计算。

1. 单利终值

单利终值的计算仅以本金为基数计算利息，即不论年限有多长，每期均按原始本金计息，而已取得的利息不再计息。假如现在有本金 P 元(现值)，i 是年利率，n 是期限，则单利的终值计算公式可以按照表 2-1 的方式推导出来。

表 2-1　单利终值计算公式的推导过程

期限	借贷资金(本金)	本期利息	本利和(终值)
1	P	Pi	$P+Pi=P(1+i)$
2	$P(1+i)$	Pi	$P(1+i)+Pi=P(1+2i)$
3	$P(1+2i)$	Pi	$P(1+2i)+Pi=P(1+3i)$
…	…	…	…
n	$P[1+(n-1)i]$	Pi	$P[1+(n-1)i]+Pi=P(1+ni)$

由此，我们可以总结出单利终值的计算公式为：

$$F=P(1+i\times n)$$

公式中：F——终值；

P——本金(现值)；

i——利率；

n——期限。

［例 2-1］ 小明将 1 000 元存入银行，存款期为 3 年，计息期为 1 年，年利率为 5%。要求：按照单利计算 1 000 元的到期本利和。

$$F = P \times (1 + i \times n) = 1\,000 \times (1 + 3 \times 5\%) = 1\,150(\text{元})$$

1 150 元就是以 1 000 元为本金，按照 5%利率计算的 3 年期的单利终值。

2. 单利现值

单利现值是指未来一定量的资金按照单利计算的现在价值，或者说未来一定量的资金按单利计算相当于现在是多少价值。单利现值的计算是单利终值的逆运算。

单利现值的计算公式为：

$$P = \frac{F}{1 + i \times n}$$

公式中：F——终值；

P——本金（现值）；

i——利率；

n——期限。

［例 2-2］ 小华向银行存入一笔款项，希望 3 年后一次性从银行取出 1 000 元，年利率为 5%，则小华现在需要一次性向银行存入多少现金？

由单利现值的计算公式可得：

$$P = \frac{1\,000}{(1 + 5\% \times 3)} = 869.57(\text{元})$$

869.57 元就是以 1 000 元为终值，按照年利率 5%，3 年期单利计算的现值。

（二）复利终值和现值的计算

复利是指资金每经过一个计息期，都要将所生利息加入本金后再计利息，逐期滚动，俗称“利滚利”。计息期是指相邻两次计息的时间间隔，如年、月、日等。除非特别指明，计息期为 1 年。

在财务管理实务工作中，货币的增值额一般都是作为追加资本，继续留在企业使用。所以，货币时间价值的计算一般采用复利。

1. 复利终值

复利终值是现在一定量的资金按照复利计算方法在若干期后所具有的本利和。假如现在有本金 P 元（现值），i 是年利率，n 是期限，则复利终值计算公式可以按照表 2-2 的方式推导出来。

表 2-2 复利终值计算公式的推导过程

期限	借贷资金	本期利息	本利和（终值）
1	P	Pi	$P + Pi = P(1+i)$
2	$P(1+i)$	$P(1+i)i$	$P(1+i) + P(1+i)i = P(1+i)^2$

（续表）

期限	借贷资金	本期利息	本利和(终值)
3	$P(1+2i)$	$P(1+i)^2 i$	$P(1+i)^2+P(1+i)^2 i=P(1+i)^3$
…	…	…	…
n	$P[1+(n-1)i]$	$P(1+i)^{n-1} i$	$P(1+i)^{n-1}+P(1+i)^{n-1} i=P(1+i)^n$

由此，我们可以总结出复利终值的计算公式为：

$$F=P\times(1+i)^n$$

公式中：F——终值；

P——本金（现值）；

i——利率；

n——期限。

公式中，我们一般称$(1+i)^n$为复利终值系数或一元的复利终值系数，用符号$(F/P,i,n)$表示，也可以用$FVIF_{i,n}$(Future Value Interest Factor)表示。该系数可以通过查阅复利终值系数表获得，详细见附表1。

［例2-3］ 张丽将1 000元存入银行，年利率为10%，每年计息一次，则两年后的本利和为：

$$F=P(1+i)^n=1\,000(1+10\%)^2=1\,210(\text{元})$$

或者可以直接查阅附表1复利终值系数表，可得$(F/P,10\%,2)=1.210\,0$，直接用$1\,000\times(F/P,10\%,2)=1\,000\times1.210\,0=1\,210$(元)。

2. 复利现值

复利现值是指未来年份一定量的资金按照复利计算的当前的价值。由终值求现值，称为贴现，贴现时使用的利息率称为贴现率，现值的计算公式可由终值的计算公式直接推导出。

即由公式$F=P\times(1+i)^n$可以发现，当前的价值为：

$$P=\frac{F}{(1+i)^n}\text{ 或者 }P=F\times\frac{1}{(1+i)^n}$$

公式中，$\frac{1}{(1+i)^n}$被称为复利现值系数或贴现系数，用$(P/F,i,n)$来表示，也可以用$PVIF_{i,n}$表示。该系数可以通过查阅复利现值系数表获得，详细见附表2。

通过对比复利终值系数与复利现值系数的计算公式，可以发现两者互为倒数关系，即：

$$(F/P,i,n)\times(P/F,i,n)=1$$

4 000元借款“滚”成20万元

［例2-4］ 华联投资项目4年后可得到40 000元，按年利率6%计算，则现在应该投入多少资金？

$$P=40\,000\times(1+6\%)^{-4}$$

$$= 40\ 000 \times (P/F, 6\%, 4)$$
$$= 40\ 000 \times 0.792\ 1$$
$$= 31\ 684(\text{元})$$

(三) 年金终值与现值的计算

1. 年金的概念及分类

年金是时间间隔相等、发生金额相等的现金流入或流出量，或者是一定时期内每次等额、定期收付款项。年金在我们的经济生活中非常普遍，如支付房屋的租金、分期付款赊购，分期偿还贷款、发放养老金、提取折旧，以及投资款项的利息支付等，都属于年金收付形式。

年金一词最初的含义是指仅限于每年一次的付款。但实际上，很多种收、付款形式与年金具有相同的性质，只是时间单位并不仅仅局限于1年，所以现在已将“年金”一词的时间意义扩展到每一固定时间(比如每半年、每季度、每月、每天)间隔发生一次。

年金根据收付款项的时点不同，可以分为普通年金、先付年金、递延年金、永续年金四种。

2. 普通年金终值和现值的计算

普通年金是指从第一期起，在一定时期内每期期末等额收付的系列款项，又称后付年金。

1) 普通年金终值

普通年金终值是指在一定时期内，每期期末等额收付的系列款项等于最后一期期末的价值，其实质是每一期收付款的复利终值之和，如图2-2所示。

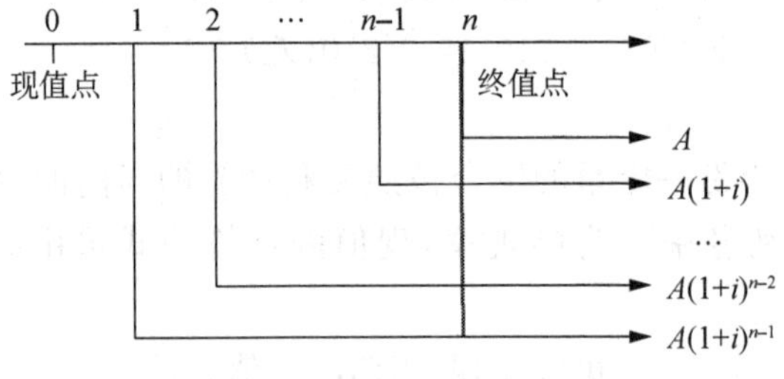

图2-2　普通年金终值计算示意

由图2-2可知，若每年的支付金额为A，利率为i，期数为n，则按复利计算的普通年金终值F为：

$$F = A + A(1+i) + A(1+i)^2 + \cdots + A(1+i)^{n-2} + A(1+i)^{n-1}$$

我们可以发现该式是一个等比数列，因此可以根据等比数列求出其前n项和，通过化简整理可得：

$$F = A \times \frac{(1+i)^n - 1}{i}$$

公式中，$\frac{(1+i)^n - 1}{i}$被称为普通年金终值系数，通常用符号$(F/A, i, n)$或FVIFA来表示，该系数可以通过查阅年金终值系数表获得，详细见附表3。

［例 2-5］ 李丽 5 年中每年年底存入银行 100 元，年存款利率为 8%，则李丽在第 5 年末可一次取出的本利和为多少？

$$F = A \times \frac{(1+i)^n - 1}{i} = 100 \times \frac{(1+8\%)^5 - 1}{8\%} = 100 \times 5.866\,6 \approx 586.7(\text{元})$$

或者 $$F = A \times (F/A, i, n) = 100 \times 5.867 = 586.7(\text{元})$$

586.7 元就是以 100 元为年金，按年利率 8%，5 年期复利计算的终值。

2) 普通年金现值

普通年金现值是指一定期间每期期末等额的系列收付款项的现值之和，其实质是每一期收付款的复利现值之和，普通年金现值的计算过程可用图 2-3 加以说明。

LPR 是什么

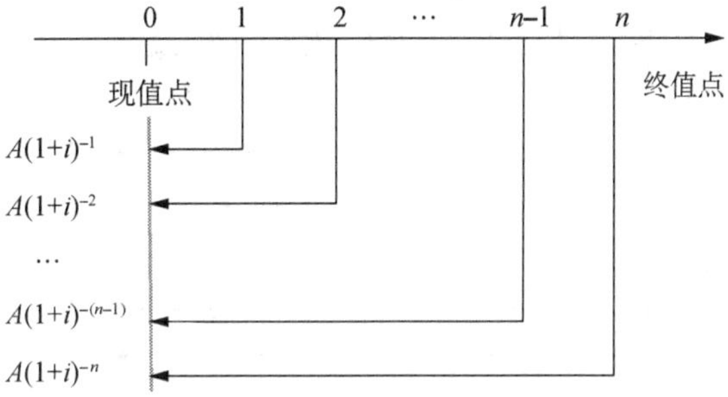

图 2-3 普通年金现值计算示意

由图 2-3 可知，若每年的支付金额为 A，利率为 i，期数为 n，则普通年金现值为：

$$P = A \times (1+i)^{-1} + A \times (1+i)^{-2} + \cdots + A(1+i)^{-n}$$

我们可以发现该式是一个等比数列，因此可以根据等比数列求出其前 n 项和，通过化简整理可得：

$$P = A \times \frac{1-(1+i)^{-n}}{i}$$

公式中，$\frac{1-(1+i)^{-n}}{i}$ 被称为普通年金现值系数，通常用符号(P/A, i, n)或 PVIFA 来表示，该系数可以通过查阅年金现值系数表获得，详细见附表 4。

［例 2-6］ 老刘夫妇想为自己刚考上大学的儿子存一笔钱，以便今后 4 年内可以在每年年末取出 5 000 元为儿子缴纳学费。假设银行的年利率为 10%，按复利计息，那么老刘夫妇现在需要一次存入多少钱？

$$P = 5\,000 \times \frac{1-(1+10\%)^{-4}}{10\%} = 5\,000 \times 3.169\,9 = 15\,849(\text{元})$$

或者 $$= 5\,000 \times (P/A, 10\%, 4) = 5\,000 \times 3.169\,9 = 15\,849(\text{元})$$

［例 2-7］ 刘华从现在起，每年存入银行 10 000 元，连续存 10 年。假设银行存款利率为 10%，按复利计息，则 10 年后的存款总额相当于现在的多少金额？

$$P = 10\ 000 \times \frac{1-(1+10\%)^{-10}}{10\%} = 10\ 000 \times 6.144\ 6 = 61\ 446(\text{元})$$

或者 $= 10\ 000 \times (P/A, 10\%, 10) = 10\ 000 \times 6.144\ 6 = 61\ 446(\text{元})$

3. 先付年金终值和现值的计算

先付年金是指发生在每期期初的等额、定期系列收付款项，又称即付年金或预付年金。与普通年金相比，先付年金在收付款次数、金额方面都是相同的，唯一区别之处就在于每期年金发生的时点，先付年金发生在每期期初，而普通年金则发生在每期期末。

1）先付年金终值计算

先付年金的终值是指每期期初定额定期的系列收付款项的复利终值之和。先付年金终值的计算过程可用图 2-4 加以说明。

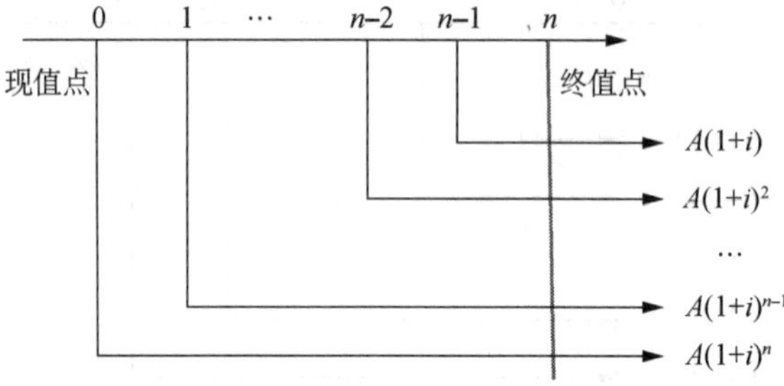

图 2-4　先付年金现值计算示意

由图 2-4 可知，若每年的支付金额为 A，利率为 i，期数为 n，则按复利计算的先付年金终值 F 为：

$$\begin{aligned} F &= A(1+i) + A(1+i)^2 + \cdots + A(1+i)^{n-1} + A(1+i)^n \\ &= (1+i)A \times [1 + (1+i)^1 + \cdots + (1+i)^{n-1}] \\ &= (1+i) \times A \times (F/A, i, n) \\ &= A \times (F/A, i, n) \times (1+i) \end{aligned}$$

由以上计算可以发现，先付年金的终值是相同期限、相同利率下普通年金终值的 $(1+i)$ 倍。当然，我们还可以发现该式是一个等比数列，因此可以根据等比数列求出其前 n 项和，通过化简整理可得：

$$\begin{aligned} F &= A \times \left[\frac{(1+i)^{n+1}-1}{i} - 1\right] \\ &= A \times [(F/A, i, n+1) - 1] \end{aligned}$$

公式中，$\left[\frac{(1+i)^{n+1}-1}{i} - 1\right]$ 或 $[(F/A, i, n+1)-1]$ 称为先付年金终值系数。比较普通年金终值系数公式和先付年金终值系数公式，可以发现，先付年金终值系数是在普通年金终值系数基础上，期数加 1，系数减 1 调整获得的；也可以利用相同期限、相同利率下普通年金终值系数再乘以 $(1+i)$ 求得。

[例 2-8]　李华每年年初为自己年幼的儿子存入银行 500 元，作为 10 年后儿子读大学的教育基金。假设银行存款利率为 8%，问第 10 年末李华可以得到的本利和应为多少？

$$
\begin{aligned}
F &= 500 \times FVIFA_{8\%,10} \times (1+8\%) \\
&= 500 \times 14.487 \times 1.08 = 7\ 822.98(\text{元})
\end{aligned}
$$

或者 $F = 500 \times (FVIFA_{8\%,11} - 1) = 500 \times (16.645 - 1) = 7\ 822.5(\text{元})$

2）先付年金现值计算

先付年金现值是指为在每一期期初取得相等收支金额而应现在投入的金额，其实质是把先付年金每个等额值都换算成第 0 期的数值，再求和，即求现值，如图 2-5 所示。

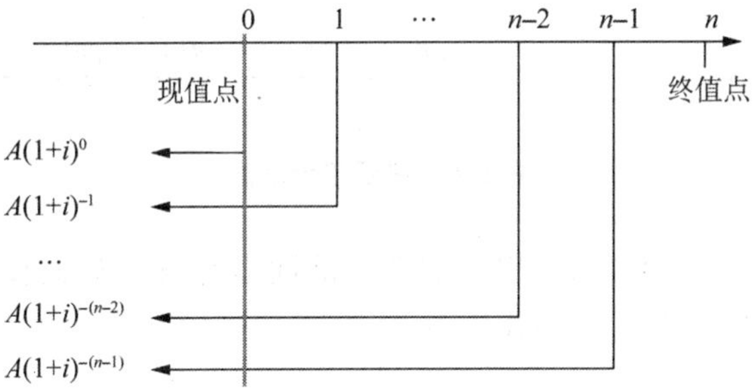

图 2-5　先付年金现值计算示意

由图 2-5 可知，若每期期初的支付金额为 A，利率为 i，期数为 n，则先付年金现值为：

$$
\begin{aligned}
P &= A \times (1+i)^0 + A \times (1+i)^{-1} + \cdots + A(1+i)^{-(n-1)} \\
&= A \times (1+i)[(1+i)^{-1} + (1+i)^{-2} + \cdots + (1+i)^{-n}] \\
&= (1+i) \times A \times (P/A, i, n)
\end{aligned}
$$

由以上计算可以发现，先付年金的现值是相同期限、相同利率下普通年金现值的 $(1+i)$ 倍。

我们还可以发现该式是一个等比数列，因此可以根据等比数列求出其前 n 项和，通过化简整理可得：

$$
\begin{aligned}
P &= A \times \left[\frac{1-(1+i)^{-(n-1)}}{i} + 1\right] \\
&= A \times [(P/A, i, n-1) + 1]
\end{aligned}
$$

公式中，$\left[\frac{1-(1+i)^{-(n-1)}}{i} + 1\right]$ 或 $[(P/A, i, n-1) + 1]$ 称为先付年金现值系数。比较普通年金现值系数公式和先付年金现值系数公式，可以发现，先付年金现值系数是在普通年金现值系数基础上，期数减 1，系数加 1 调整获得的；也可以利用相同期限、相同利率下普通年金终值系数再乘以 $(1+i)$ 求得。

[例 2-9] 张华按 6 年期分期付款购物，每年年初付款 200 元，假设银行利率为 10%，则该项分期付款相当于现在一次性付款额多少？

$$
\begin{aligned}
P &= 200 \times \left[\frac{1-(1+10\%)^{-(6-1)}}{10\%} + 1\right] \\
&= 200 \times [(P/A, 10\%, 5) + 1] \\
&= 958.2(\text{元})
\end{aligned}
$$

或

$$P = 200 \times (P/A, 10\%, 6) \times (1 + 10\%) = 958.2(\text{元})$$

4. 递延年金终值和现值的计算

1）递延年金终值

递延年金是指在最初若干期没有收付款项的情况下，后面若干期有等额的系列收付款项的年金。递延年金的收付款形式如图 2-6 所示。

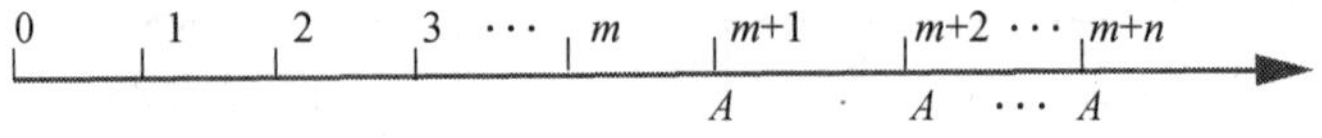

图 2-6　递延年金示意

递延年金的终值与递延期无关（递延期就是前面没有发生资金收付的期间），终值可以参照普通年金终值来计算，其计算公式为：

$$F_{m+n} = A \times FVIFA_{i,n}$$

2）递延年金现值

递延年金的现值受递延期的影响，其计算方法有两种：

第一种方法：由于其与普通年金的现值相比，没有前 m 期的年金支付，可将（$m+n$）期年金现值减去前 m 期的年金现值，即：

$$P = A(P/A, i, m+n) - A(P/A, i, m)$$

第二种方法：先把递延年金视为 n 期普通年金，求出递延年金在 n 期期初（第 m 期期末）的现值，然后将其按照复利现值调整为第一期期初的现值。计算公式为：

$$P = A \times (P/A, i, n) \times (P/F, i, m)$$

［例 2-10］　张芳为购买住房向银行借入一笔款项，银行贷款的年利率为 8%，银行规定前 10 年不需要还本付息，但从第 11 年至第 20 年每年年末偿还本息 1 000 元，则这笔款项的现值应是多少？

$$P = 1\,000 \times PVIFA_{8\%,10} \times PVIF_{8\%,10} = 1\,000 \times 6.710 \times 0.463 = 3\,107(\text{元})$$

或

$$P = 1\,000 \times (PVIFA_{8\%,20} - PVIFA_{8\%,10}) = 1\,000 \times (9.818 - 6.710) = 3\,108(\text{元})$$

［例 2-11］　有一项年金，前 3 年无流入，后 5 年每年年初流入 500 元，假设年利率为 10%，其现值是多少？

$$\begin{aligned}P &= 500 \times [(P/A, 10\%, 4) + 1] \times (P/F, 10\%, 3)\\ &= 500 \times 4.170 \times 0.751\\ &= 1\,565.86(\text{元})\end{aligned}$$

或

$$P = 500 \times (P/A,10\%,5) \times (P/F,10\%,2)$$
$$= 500 \times 3.791 \times 0.826$$
$$= 1\,565.68(\text{元})$$

5. 永续年金现值的计算

永续年金是指等额定期，且收付期限趋于无穷大的系列收付款项。永续年金的收付无止境，所以终值无穷大，无需计算。永续年金现值可以用普通年金计算，即：

$$P = A \times \frac{1-(1+i)^{-n}}{i}$$

当 n 趋于无穷大时，其计算公式近似表示为：$P = \frac{A}{i}$。

[例 2-12] 某大学设立一项永久性奖学金，每年计划颁发 24 000 元奖学金。若银行存款利率为 6%，则学校现在应该存入多少金额？

$$P = \frac{A}{i}$$
$$= \frac{24\,000}{6\%}$$
$$= 400\,000(\text{元})$$

(四) 不等额现金流量货币时间价值的计算

年金是在一定期间内，每期收付等额的系列款项，但是在实际经济生活中，往往发生的资金流是不等额的，这就需要在计算货币时间价值时进行分类考虑。在企业财务管理中，不等额现金流量的现值计算往往成为投资者最常用的决策方法。

不等额现金流量现值无法使用年金计算，必须严格按照复利现值进行折现，其计算公式为：

$$P = \frac{A_1}{(1+i)} + \frac{A_2}{(1+i)^2} + \cdots + \frac{A_{n-1}}{(1+i)^{n-1}} + \frac{A_n}{(1+i)^n}$$
$$= \sum_{i=1}^{n} \frac{A_t}{(1+i)^t}$$

公式中：A_1——第 1 年末的收付款项；

A_n——第 n 年末的收付款项。

思考：不等额现金流量终值如何计算？

[例 2-13] 有一笔现金流量如表 2-3 所示，贴现率为 5%，求这笔不等额现金流量的现值。

表 2-3 4 年期现金流量

年	0	1	2	3	4
现金流量	1 000	2 000	100	3 000	4 000

这笔不等额现金流量的现值可按下列公式求得：

$$P=\frac{A_1}{(1+i)}+\frac{A_2}{(1+i)^2}+\cdots+\frac{A_{n-1}}{(1+i)^{n-1}}+\frac{A_n}{(1+i)^n}$$
$$=1\,000\times PVIF_{5\%,0}+2\,000\times PVIF_{5\%,1}+100\times PVIF_{5\%,2}+3\,000\times PVIF_{5\%,3}+4\,000\times PVIF_{5\%,4}$$
$$=1\,000\times 1.000+2\,000\times 0.952+100\times 0.907+3\,000\times 0.864+4\,000\times 0.823$$
$$=8\,878.7(\text{元})$$

五、名义利率与实际利率

名义利率是指票面利率。实际利率是指投资者得到利息回报的真实利率。

（一）一年多次计息时的名义利率与实际利率

如果以“年”作为基本计息期，每年计算一次复利，这种情况下的实际利率等于名义利率。如果按照短于一年的计息期计算复利，这种情况下的实际利率高于名义利率。名义利率与实际利率的换算关系如下：

$$i=\left(1+\frac{r}{m}\right)^m-1$$

公式中：i——实际利率；

r——名义年利率；

m——每年计息次数。

［例 2-14］ 小刘存入银行 1 000 元，年利率是 8%，每季复利一次，试计算实际利率。

该题目是每季节复利一次，因此，给出的年利率 8%就是名义利率，而把相当于一年复利一次的利率称为实际利率，所以，每季度的利率是 $8\%\div 4=2\%$，一年复利四次，则一年后的本利和为：

$$F=1\,000\times(1+2\%)^4=1\,000\times 1.082\,4=1\,082.4(\text{元})$$

所以，实际利率为：

$$(1\,082.4-1\,000)\div 1\,000\times 100\%=8.24\%$$

或者根据公式 $i=\left(1+\frac{r}{m}\right)^m-1$ 也可以直接求出，即：

$$i=\left(1+\frac{8\%}{4}\right)^4-1=1.082\,4-1=0.082\,4=8.24\%$$

（二）通货膨胀情况下的名义利率与实际利率

名义利率，是央行或其他提供资金借贷的机构所公布的未调整通货膨胀因素的利率，即利息（报酬）的货币额与本金的货币额的比率。也就是说名义利率是包括补偿通货膨胀（包括通货紧缩）风险的利率。实际利率是指剔除通货膨胀率后储户或投资者得到利息回报的真实利率。

名义利率与实际利率之间的关系为：

$$1+\text{名义利率}=(1+\text{实际利率})\times(1+\text{通货膨胀率})$$

所以，实际利率的计算公式为：

$$实际利率=\frac{1+名义利率}{1+通货膨胀率}-1$$

［例 2-15］ 2021 年我国商业银行一年期存款年利率为 3%，假设通货膨胀率为 2%，则实际利率为多少？

$$\begin{aligned}实际利率&=\frac{1+名义利率}{1+通货膨胀率}-1\\&=\frac{1+3\%}{1+2\%}-1\\&=0.98\%\end{aligned}$$

100 万元被通胀悄悄“偷走”85 万元

六、利率与期数计算

货币时间价值的计算不仅包括终值和现值的计算，还包括计息或贴现利率和期数的计算。

(一) 利率的计算

前面计算现值和终值时，均假定利率是给定的，但在财务管理中，经常会遇到已知计息期数、终值和现值，求贴现率的问题。

一般来说，求贴现率可以分为两步：第一步求出换算系数，第二步根据换算系数和有关系数表求贴现率。根据前述有关公式，复利终值、复利现值、年金终值和年金现值的换算系数可分别用下列公式计算：

$$FVIF_{i,n}=\frac{F}{P}$$

$$PVIF_{i,n}=\frac{P}{F}$$

$$FVIFA_{i,n}=\frac{FVA}{A}$$

$$PVIFA_{i,n}=\frac{PVA}{A}$$

以普通年金为例，说明推算贴现率的步骤：

(1) 计算出 $FVA_n\div A$ 的值，假设 $FVA_n\div A=a$。

(2) 查普通年金终值系数表。沿着 n 所在的那一行横向查找，若恰好找到表中某一系数等于 a，则该系数所在的利率，便是所要求的 i 值。

(3) 如果无法找到恰好等于 a 的系数值，就要在表中 n 行上找出与 a 最接近的两个上下临界系数值，取其中与 a 值更接近的一个系数作为要选用的 i。

(4) 如果要求贴现率计算的更加准确，则可以用插值法来进行计算。假设在表中 n 行上找出与 a 最接近的两个临界系数值为 β_1 和 β_2（$\beta_1>a>\beta_2$ 或 $\beta_1<a<\beta_2$），查出与 β_1 和 β_2 对应的临界利率 i_1 和 i_2，则可以用插值法计算 i，其计算公式为：

$$i=i_1+\frac{\beta_1-a}{\beta_1-\beta_2}\times(i_2-i_1)$$

［例 2-16］ 若现在向银行存入 5 000 元，问年利率 i 为多少时，才能保证在以后 10 年每年得到 750 元？

$$PVIFA_{i,10} = 5\,000 \div 750 = 6.667$$

从年金现值系数表中可以看到，在 $n=10$ 年的各系数中，i 为 8%时，系数是 6.710；$i=$ 9%时，系数是 6.148。可见，利率应该是在 8%和 9%之间。由上述公式可知：

$$\begin{aligned} i &= i_1 + \frac{\beta_1 - a}{\beta_1 - \beta_2} \times (i_2 - i_1) \\ &= 8\% + \frac{6.710 - 6.667}{6.710 - 6.148} \times (9\% - 8\%) \\ &= 8.147\% \end{aligned}$$

(二) 期限的计算

期数 n 的推算原理和步骤与贴现率 i 的推导相同；期间的推算原理和步骤与折现率的推算相同。假定系数值为 B，当期数为 n_1 时，系数 $B_1 > B$，则说明 n_1 太小，应该进一步调大期数到 n_2，再利用 n_2 测试，得系数 $B_2 < B$，则可求得 n 为：

$$n = n_1 + \frac{B - B_1}{B_2 - B_1} \times (n_2 - n_1)$$

[例 2-17] 华泰企业拟购买一台柴油机，用以更换目前的汽油机。柴油机价格较汽油机价格高出 2 000 元，但每年可节约燃料费 500 元。若利率为 10%，计算柴油机应至少使用的年限。

根据柴油机高出汽油机所花成本等于每年节约燃料费用总现值，由年金现值计算公式可得 $2\,000 = 500 \times (P/A, 10\%, n)$，$(P/A, 10\%, n) = 2\,000 \div 500 = 4$。

根据插值法计算，必须找到两个相邻的系数，分别是 $B_1 = 3.790\,8$，此时 $n_1 = 5$；$B_2 = 4.355\,3$ 时，$n_2 = 6$，所以：

$$\begin{aligned} n &= n_1 + \frac{B - B_1}{B_2 - B_1} \times (n_2 - n_1) \\ &= 5 + \frac{4 - 3.790\,8}{4.355\,3 - 3.790\,8} \times (6 - 5) \\ &= 5.37(\text{年}) \end{aligned}$$

七、偿债基金

偿债基金是指为了在约定的未来某一时点清偿某笔债务或积聚一定数额的资金而必须分次等额形成的存款准备金，其实质是为使年金终值达到既定金额的年金数额。即已知终值 F，求年金 A，在普通年金终值公式中解出 A，这个 A 就是偿债基金。

由 $F = A \times \dfrac{(1+i)^n - 1}{i}$ 可知：

$$A(\text{偿债基金}) = F \times \frac{i}{(1+i)^n - 1}$$

公式中，$\dfrac{i}{(1+i)^n - 1}$ 被称为偿债基金系数，是年金终值系数的倒数，记为符号 $(A/F, i, n)$。

偿债系数与年金终值系数互为倒数。

［例 2-18］　赵六拟在 5 年后还清 10 000 元债务，从现在起每年年末等额存入银行一笔款项，假设银行存款利率为 10%，则赵六每年需要存入多少元？

$$
\begin{aligned}
A &= 10\,000 \times 10\% \div [(1+10\%)^5 - 1] \\
&= 10\,000 \times 1 \div (F/A, 10\%, 5) \\
&= 10\,000 \times 1 \div 6.105\,1 \\
&= 1\,638(\text{元})
\end{aligned}
$$

贷款利息怎么算

八、资本回收额

资本回收额是指在约定年限内等额回收初始投入资本的金额。资本回收额的计算实质是已知普通年金现值 P，求年金 A。

由 $P = A \times \dfrac{1-(1+i)^{-n}}{i}$ 可知：

$$A(\text{资本回收额}) = P \times \frac{i}{1-(1+i)^{-n}}$$

公式中，$\dfrac{i}{1-(1+i)^{-n}}$ 被称为资本回收系数，记作 $(A/P, i, n)$。

由上述计算发现：资本回收额与普通年金现值互为逆运算；资本回收系数与普通年金现值系数互为倒数。

［例 2-19］　刘涛贷款 100 000 元购房，银行贷款利率为 10%，偿还期限为 10 年。则刘涛应每年偿还多少元？

$$
\begin{aligned}
A &= 100\,000 \times 10\% \div [1-(1+10\%)^{-10}] \\
&= 100\,000 \div (P/A, 10\%, 10) \\
&= 16\,270(\text{元})
\end{aligned}
$$

第二节　风险与收益

一、风险的概念与分类

（一）风险的概念

资金时间价值的衡量标准是无风险和不考虑通货膨胀下的社会资金报酬率。但是，作为一种自然、社会和经济现象，风险普遍存在于现实生活中，无论是个人还是企业，都面临着各种各样的风险。具体到企业经营和财务活动中，风险更是无时无处不在的，而且会对企业经营成果和财务状况产生深远影响。因此，风险价值观念也是财务管理的一项重要的价值观念，在财务管理中具有普遍意义。

风险，一般是指事件未来结果的不确定性，不确定性越大，风险越大。在实际中，更加强调不确定性在未来发生损失的可能，因此风险有时也被简单定义为“发生财务损失的可能性”，发生损失的可能性越大，风险越大。

（二）风险的分类

风险可以按照不同的口径和标准进行分类。

1. 静态风险和动态风险

静态风险是指在社会经济正常运行的情况下，由于自然力的不规则作用或人为的错误判断、失误行为而导致的风险。企业即使处于内、外部稳定的经济环境中，也仍然难免遇到不可预料的风险，导致企业发生损失。静态风险具体表现为财产风险、人身风险、责任风险、违约风险等。

动态风险是指由于社会经济变动而直接导致的风险，它广泛存在于企业生产经营过程中，涉及企业的决策、市场、财务、生产、技术等诸多方面，引起的后果包括收益、损失和不盈不亏三种可能。

2. 经营风险和财务风险

经营风险是由于企业生产经营方面的不确定性而使企业收益产生变化的可能性，包括供应方面的风险、生产方面的风险、销售方面的风险，以及战争、内乱、罢工等引起的社会环境变化、劳动力市场供求关系变化、通货膨胀变化、产业竞争变化、国家宏观经济政策调整等因素直接或间接影响企业的生产经营活动，从而给企业经营及其业绩带来的风险。

财务风险是指在企业的各项财务活动中，由于内外部环境及各种无法预测或控制的因素影响，在一定时期内企业的实际财务业绩与预期财务业绩发生偏离，从而蒙受损失的可能性。在市场经济条件下，财务风险贯穿于企业各个环节，是各种风险因素在企业财务上的集中体现，一般包括筹资风险、投资风险、现金流量风险、利率风险和汇率风险等。

3. 系统风险与非系统风险

按照风险能否分散，可将其划分为系统风险和非系统风险，这种分类方式对于证券投资具有重要意义。

系统风险又称市场风险、不可分散风险，是指由于政治、经济及社会环境等企业外部因素的不确定性而产生的风险，它存在于所有企业中，无法由个别企业控制，同时无法通过多样化投资予以分散。系统风险的特点是由共同因素导致的，如通货膨胀、利率和汇率波动、国家宏观经济政策变化、战争冲突、政权更迭等，会对市场上所有企业产生影响，只是对不同企业的影响程度可能不同。

非系统风险又称公司特有风险、可分散风险，是指由于经营失误、消费者偏好改变、劳资纠纷、员工罢工、新产品试制失败等企业因素而产生的个别企业风险。其特点是只发生在个别企业中，由单个特殊因素引起，由于这些因素的发生是随机的，发生于某一企业的不利因素可以被其他企业的有利因素所抵消，因此可以通过多样化投资来分散。

风险还可以按照其他的标准进行分类，例如按照损失的性质，即是否有获利机会，可划分为纯粹风险和投机风险。

二、风险报酬

（一）风险报酬的含义

由于风险存在的普遍性，以及不同项目、方案的风险程度不同，决策者可按照风险对方案进行分类。决策者如果认为某个方案未来的结果是肯定的，那么这个方案就被认为是无风险方案。如购买国库券，由于有国家的信誉和财力保障，可保证到期还本付息，国库券投资通常被认为是无风险决策，或者称为确定性决策。如果决策者对事件未来的结果不能完全确定，但对结果出现的可能性，即概率分布可以事先预计，这种决策就称为风险性决策。例如，决策者可根据所掌握的资料分析某项投资未来情况，经济繁荣时的报酬率可以达到25%，而出现经济繁荣的概率为30%；经济状况一般和衰退的报酬率分别为15%和5%，两者出现的概率分别为60%和10%。如果对事件未来结果不确定，也无法估计各种结果出现的概率，就称为不确定性决策。在财务管理中对后两者并不严格加以区分，事实上，人们对不确定性事件未来的可能结果可人为确定概率，此时不确定性决策就成为风险性决策了。

理性经济人假定认为理性人具有风险厌恶的特征，在其他条件一定的情形下，任何理性投资者总是希望有一个确定的报酬率，而不希望有风险，因为风险可能带来损失。但是，风险总是客观存在的，那么在有风险的情况下，投资者要求的报酬会高于无风险报酬。由于承担风险而要求获得额外的报酬作为风险补偿的那部分称为风险溢价，可以用风险报酬额表示，也可以用风险报酬率表示。在财务管理中，通常用风险报酬率来衡量风险价值。也就是说，理性人的风险厌恶决定了投资者要求的风险收益率高于无风险收益率，投资者承担高风险时要求的风险收益率水平高于承担低风险时要求的风险收益率水平。

如果不考虑通货膨胀因素，在有风险条件下进行投资，投资收益率应是无风险投资收益率（资金时间价值）与风险投资收益率之和。用计算公式表示如下：

$$投资收益率 = 无风险投资收益率 + 风险投资收益率$$

投资者进行无风险投资，只能得到相当于资金时间价值的收益率。而进行有风险的投资，不仅可以得到无风险收益率，还可能获得超出资金时间价值的额外收益，风险程度越大，这部分风险补偿也即风险溢价越高。

需要指出的是，在决策过程中，投资收益率有不同的内容和含义。在投资评价过程中，决策是否应该进行投资时，应根据项目所承担的风险程度确定适当的风险收益率水平作为风险补偿，这里的投资收益率是要求收益率的概念，而根据项目预期将会产生的现金流出和现金流入，在考虑了货币时间价值基础上计算出的项目投资收益率，则是预期收益率的概念。预期收益率大于或等于要求收益率，往往是重要的投资项目决策标准。而在投资完成后，又可以通过实际发生的现金流相应计算出项目实际所获得的收益率水平，这里的投资收益率就是实际收益率的概念。

由此可见，要进行风险性投资决策，需要确定要求的收益率，其中又包括确定风险收益率。而要确定收益率水平，首先要对投资项目的风险程度进行衡量。

（二）风险的衡量

风险是客观存在的，在财务管理工作中，客观地衡量风险程度的大小是非常重要的工作。在财务管理实践中，风险的大小可以采用概率分布法、系数法等进行衡量。概率分布法是利用统计学中的概率分布、期望值、标准差等来计算与衡量风险大小的一种方法。

1. 确定概率分布

在经济活动中，某一事件在相同的条件下可能发生也可能不发生，这类事件称为随机事件。概率就是用来表示随机事件发生可能性大小的数值。通常，把必然发生的事件的概率定为1，把不可能发生的事件的概率定为0，而一般随机事件的概率是介于0与1之间的一个数。概率越大，就表示该事件发生的可能性就越大。

概率分布指所有可能的状况及其概率。如果把某一事件所有可能的结果都列示出来，对每一结果给予一定概率，便可构成概率的分布。在预期收益相同的情况下，风险程度与收益的概率分布有密切的联系。概率分布越集中，实际可能的结果就会越接近预期收益，实际收益率低于预期收益率的可能性就越小，风险程度也就越小；反之，概率分布越分散，风险程度也就越大。

概率具有两个基本特征：

(1) $0 \leqslant P_i \leqslant 1$；

(2) $\sum_{i=1}^{n} P_i = 1$。

式中，P_i为第i种情况的概率。

这表明：任何随机变量的概率最小为0，最大为1，不可能小于0，也不可能大于1；全部概率之和必然等于1，即100%。

[例2-20] 联华公司有A和B两个投资机会，A投资机会是一个高科技项目，该项目若能取得较大的市场占有率，利润就会很大；否则，利润会很低甚至亏损。B项目是一个传统产品，销售前景可以准确地预测出来。假设未来的经济情况存在繁荣、正常、衰退3种可能，相关的概率分布和预期报酬率如表2-4所示。

表2-4 公司未来的经营情况表

经济情况	发生概率	A项目预期报酬率	B项目预期报酬率
繁荣	0.3	90%	20%
正常	0.4	15%	15%
衰退	0.3	−60%	10%
合计	1.0		

在这里，概率表示每一种经济情况出现的可能性，也即各种不同预期的报酬率出现的可能性。例如，未来经济情况出现繁荣的可能性有0.3，假如这种情况出现，A项目可获得高达90%的报酬率。

2. 期望值

随机变量的各个取值，以相应的概率为权数的加权平均数，称为随机变量的预期值(数学期望或均值)，它反映随机变量取值的平均化，又称期望报酬率。其计算公式为：

$$期望值\overline{K} = \sum_{i=1}^{n} P_i K_i$$

公式中：P_i——第i种结果出现的概率；

K_i——第i种结果的预期报酬率；

n——所有可能结果的数目。

根据表 2-4 中 A、B 两个项目概率分布的有关信息，可分别计算出两个方案的收益率：

$$\text{预期报酬率(A)} = 0.3 \times 90\% + 0.4 \times 15\% + 0.3 \times (-60\%) = 15\%$$
$$\text{预期报酬率(B)} = 0.3 \times 20\% + 0.4 \times 15\% + 0.3 \times 10\% = 15\%$$

两者的预期报酬率相同，但其概率分布不同：A 项目（见图 2-7）的报酬率分散程度大，变动范围在－60%至 90%之间；B 项目（见图 2-8）的报酬率分散程度小，变动范围在 10%至 20%之间，这说明两个项目报酬率相同，但风险不同。一般认为，概率分布越集中，实际可能的结果就会越接近期望报酬率，则实际报酬率低于期望报酬率的可能性越小，风险就越小；反之实际报酬率低于期望报酬率的可能性越大，风险就越大。为了定量地衡量风险大小，还要使用统计学中衡量概率分布离散程度的指标。

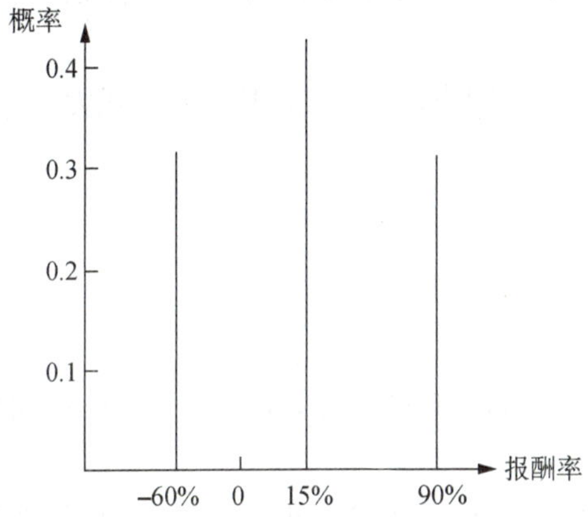

图 2-7　A 项目报酬率概率分布

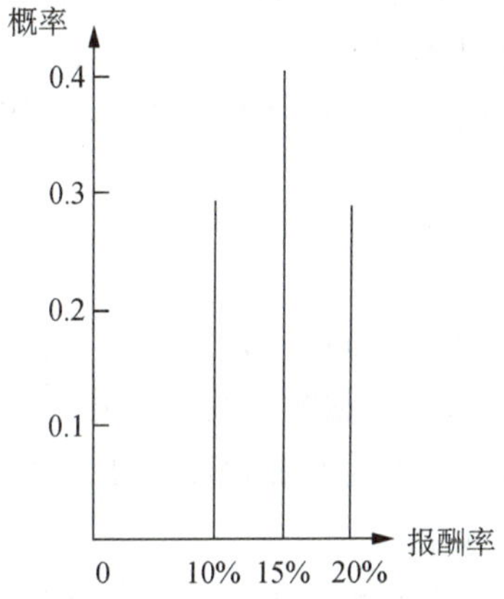

图 2-8　B 项目报酬率概率分布

3. 离散程度

离散程度是用以衡量风险大小的统计指标。一般来说，离散程度越大，风险越大；离散程度越小，风险越小。表示随机变量离散程度的量数，最常用的是方差和标准差。方差是用来表示随机变量与期望值之间离散程度的一个量。方差的计算公式为：

$$\text{方差}\ \sigma^2 = \sum_{i=1}^{n}(K_i - K)^2 P_i$$

标准差也叫均方差，是方差的平方根。

$$\text{标准差}\ \sigma = \sqrt{\sum_{i=1}^{n}(K_i - K)^2 P_i}$$

[例 2-21]　承[例 2-20]，可以进一步分别计算 A、B 两个项目的方差和标准差。

A 方案的方差 $\sigma_A^2 = (90\% - 15\%)^2 \times 0.3 + (15\% - 15\%)^2 \times 0.4 + (-60\% - 15\%)^2 \times 0.3 = 0.3375$

B 方案的方差 $\sigma_B^2 = (20\% - 15\%)^2 \times 0.3 + (15\% - 15\%)^2 \times 0.4 + (10\% - 15\%)^2 \times 0.3 = 0.0015$

A 方案的标准差 $\sigma_A = \sqrt[2]{\sigma_A^2} = \sqrt[2]{0.3375} = 58.09\%$

B方案的标准差 $\sigma_B = \sqrt[2]{\sigma_B^2} = \sqrt[2]{0.0015} = 3.87\%$

由于A、B项目的报酬率的预期值都是15%，而A项目的标准差是58.09%，B项目的标准差是3.87%，从而定量地说明A项目的风险比B项目大。

标准差是以期望值计算出来的，所以利用标准差的大小来比较不同投资风险的前提条件是不同投资项目的期望报酬率相同。但在实际投资决策中，常常要比较期望报酬率不同的投资项目的风险大小。为了解决这个问题，需要引入标准离差率概念。

对于两个或两个以上的决策方案，标准差的大小并不能直接说明风险的大小。要按以下标准进行判断：

若两个方案的期望值相等，标准差越大，风险越大；反之，标准差越小，风险越小。

若两个方案的期望值不等，应根据标准离差率（标准差系数）来确定风险程度。

4. 标准离差率

标准离差率是标准差与期望报酬率的比值，也叫变异系数。其计算公式为：

$$标准离差率(CV) = \frac{\sigma}{\overline{K}}$$

式中：σ——标准差；

$\overline{K}$——报酬率的预期值。

标准离差率是从相对数角度来衡量资产全部风险的大小，它表示每单位预期收益所承担风险的大小。

标准离差率反映了不同投资方案获项目间的相对风险大小，或每单位收益面临的风险大小。标准离差率越小，风险越小；反之，风险越大。

[例2-22]　现在有A和B两个投资机会，其预期收益的相关资料如表2-5所示。试确定两个方案的风险大小。

表2-5　A、B项目预期收益的相关资料

项目	A方案	B方案
期望收益率	8%	24%
标准差	6%	8%

因为两个方案的期望收益率不等，不能以标准差作为衡量风险的标准，而应根据标准离差率（标准离差率）来确定风险程度。

$$CV_A = \frac{6\%}{8\%} \times 100\% = 75\%$$

$$CV_B = \frac{8\%}{24\%} \times 100\% = 33\%$$

由于A方案的标准离差率大于B方案的标准离差率，所以，A方案的风险比B方案的风险大。

(三) 风险报酬的确定

变异系数只能表示各项目风险程度的大小，而不能反映项目在此种风险程度下要求获得的报酬率水平。为了便于财务决策，还应将变异系数按照一定的风险价值系数转化为风险报酬，然后再确定要求投资报酬率。

风险价值系数反映承担单位风险(即单位变异系数)应获得的报酬。风险价值系数可以由投资者根据主观经验加以确定，其大小在很大程度上取决于投资者对待风险的偏好。一般来说，比较敢于冒险的投资者往往把风险价值系数定得低些；而比较稳健的投资者，则往往将风险价值系数定得比较高。将风险转化为要求得到补偿的风险报酬率，并基于无风险报酬率，确定要求报酬率，将在后续资本资产定价模型部分进行详述。

三、风险偏好与风险对策

(一) 风险偏好

风险偏好是指为了实现目标，企业或个体投资者在承担风险的种类、大小等方面的基本态度。风险就是一种不确定性，投资者面对这种不确定性所表现出的态度、倾向便是其风险偏好的具体体现。可以按照投资者对风险的偏好分为风险回避者、风险追求者和风险中立者。

1. 风险回避者

当预期收益率相同时，风险回避者会偏好于具有低风险的资产；而对于同样风险的资产，他们会钟情于具有高预期收益的资产。但当面临以下这样两种资产时，他们的选择就要取决于他们对待风险的不同态度：一项资产具有较高的预期收益率同时也具有较高的风险，而另一项资产虽然预期收益率低，但风险水平也低。风险回避者在承担风险时，就会因承担风险而要求额外收益，额外收益要求的多少不仅与所承担风险的大小有关(风险越高，要求的风险收益就越大)，还取决于他们的风险偏好。对风险回避的愿望越强烈，要求的风险收益就越高。一般的投资者和企业管理者都是风险回避者，因此财务管理的理论框架和实务方法都是针对风险回避者的，并不涉及风险追求者和中立者的行为。

2. 风险追求者

与风险回避者相反，风险追求者主动追求风险，喜欢收益的波动胜于喜欢收益的稳定。他们选择资产的原则是：当预期收益相同时，选择风险大的，因为这会给他们带来更大的效用。

3. 风险中立者

风险中立者既不回避风险，也不主动追求风险。他们选择资产的唯一标准是定期收益的大小，而不管风险状况如何，这是因为所有预期收益相同的资产将给他们带来同样的效用。

资产的风险尽管可以用历史数据去估算，但是由于资产风险受其资产特性的影响较大，另外由于环境因素的多变、管理人员估计技术的限制等，均造成估计的结果往往不够可靠、不够准确。因此，在估计某项资产风险大小时，通常会综合采用各种定量方法，并结合管理人员的经验等判断得出。对于单项投资方案决策，可以根据标准差(率)的大小，并将其同设定的可接受的此项指标最高值对比，看前者是否低于后者，然后做出取舍。对于多方案择优，决策者的准则应是选择低风险高收益的方案，即选择标准离差最低、期望收益最高的方案。然而，高收益往往伴有高风险，低收益的方案其风险程度往往也较低，究竟选择何种方案，就要权衡期望收益与风险，而且还要视决策者对风险的态度而定。对风险比较反感的人可能会选择期望收益较低同时风险也较低的方案，喜欢冒风险的人则可能选择风险虽高但同时收益也高的方案。

（二）风险对策

个人风险偏好分五个类型

投资者在面对风险决策的时候，如何应对呢？

1. 规避风险

当风险所造成的损失不能由该项目可能获得的利润予以抵销时，避免风险是可行的简单方法。避免风险的例子包括：拒绝与不守信用的厂商业务往来；放弃可能明显导致亏损的投资项目；新产品在试制阶段发现诸多问题而果断停止试制。

2. 减少风险

减少风险主要有两方面含义：一是控制风险因素，减少风险的发生；二是控制风险发生的频率和降低风险损害程度。减少风险的常用方法有：进行准确的预测，如对汇率预测、利率预测、债务人信用评估等；对决策进行多方案优选和相机替代；及时与政府部门沟通获取政策信息；在发展新产品前充分进行市场调研；实行设备预防检修制度以减少设备事故；选择有弹性的、抗风险能力强的技术方案，进行预先的技术模拟试验，采用可靠的保护和安全措施；采用多领域、多地域、多项目、多品种的投资以分散风险。

3. 转移风险

企业以一定代价（如保险费、赢利机会、担保费和利息等），采取某种方式（如参加保险、信用担保、租赁经营、套期交易、票据贴现等），将风险损失转嫁给他人承担，以避免可能给企业带来灾难性损失。如向专业性保险公司投保；采取合资、联营、增发新股、发行债券、联合开发等措施实现风险共担；通过技术转让、特许经营、战略联盟、租赁经营和业务外包等实现风险转移。

4. 接受风险

接受风险包括风险自担和风险自保两种。风险自担是指风险损失发生时，直接将损失摊入成本或费用，或冲减利润；风险自保是指企业预留一笔风险金或随着生产经营的进行，有计划地计提资产减值准备等。

四、投资组合的风险度量

两个或两个以上资产所构成的集合，称为资产组合。如果资产组合中的资产均为有价证券，则该资产组合也称为证券资产组合或证券组合。证券资产组合的风险与收益具有与单个资产不同的特征。尽管收益率的方差、标准离差、标准离差率是衡量风险的有效工具，但当某项资产或证券成为投资组合的一部分时，这些指标就可能不再是衡量风险的有效工具。以下先讨论证券资产组合的预期收益率的计算，再进一步讨论组合风险及其衡量。

人生理财小贴士

（一）投资组合预期收益率确定

证券资产组合的预期收益率就是组成证券资产组合的各种资产收益率的加权平均数，

其权数为各种资产在组合中的价值比例。即：

$$证券资产组合的预期收益率 E(R_P) = \sum W_i \times E(R_i)$$

式中：$E(R_P)$——证券资产组合的预期收益率；

$E(R_i)$——组合内第 i 项资产的预期收益率；

W_i——第 i 项资产在整个组合中所占的价值比例。

［例 2-23］ 某投资公司的一项投资组合中包含 A、B 和 C 三种股票，权重分别为 30%、40%和 30%，三种股票的预期收益率分别为 15%、12%、10%。要求计算该投资组合的预期收益率。

$$\begin{aligned}该投资组合的预期收益率 E(R_P) &= 30\% \times 15\% + 40\% \times 12\% + 30\% \times 10\% \\ &= 12.3\%\end{aligned}$$

（二）证券资产组合的风险及其衡量

1. 证券资产组合的风险分散功能

两项证券资产组合的收益率的方差满足以下关系式：

$$\sigma_P^2 = w_1^2\sigma_1^2 + w_2^2\sigma_2^2 + 2w_1w_2\rho_{1,2}\sigma_1\sigma_2$$

式中：σ_P 表示证券资产组合的标准差，它衡量组合的风险；σ_1 和 σ_2 分别表示组合中两项资产的标准差；w_1 和 w_2 分别表示组合中两项资产分别所占的价值比例；$\rho_{1,2}$ 反映两项资产收益率的相关程度，即两项资产收益率之间的相对运动状态，称为相关系数。理论上，相关系数介于区间[－1，1] 内。

当 $\rho_{1,2}$ 等于 1 时，表明两项资产的收益率具有完全正相关的关系，即它们的收益率变化方向和变化幅度完全相同。这时，$\sigma_P^2 = (w_1\sigma_1 + w_2\sigma_2)^2$，即 σ_P^2 达到最大。由此表明，组合的风险等于组合中各项资产风险的加权平均值。换句话说，当两项资产的收益率完全正相关时，两项资产的风险完全不能相互抵销，所以，这样的组合不能降低任何风险。

当 $\rho_{1,2}$ 等于－1 时，表明两项资产的收益率具有完全负相关的关系，即它们的收益率变化方向和变化幅度完全相反。这时 $\sigma_P^2 = (w_1\sigma_1 - w_2\sigma_2)^2$，即 σ_P^2 达到最小，甚至可能是零，因此，当两项资产的收益率完全负相关时，两项资产的风险可以充分地相互抵销，甚至完全消除。因而，这样的组合能够最大限度地降低风险。

在实务中，两项资产的收益率具有完全正相关和完全负相关的情况几乎是不可能的。绝大多数资产两两之间都具有不完全的相关关系，即相关系数小于 1 大于－1(大多数情况下大于零)。因此，会有 $0 < \sigma_P < (w_1\sigma_1 + w_2\sigma_2)$，即：证券资产组合收益率的标准差小于组合中各资产收益率标准差的加权平均值，也即证券资产组合的风险小于组合中各项资产风险之加权平均值。因此，大多数情况下证券资产组合能够分散风险，但不能完全消除风险。

一般来说，随着证券资产组合中资产个数增加，证券资产组合的风险会逐渐降低，当资产的个数增加到一定程度时，证券资产组合的风险程度将趋于平稳，这时组合风险的降低将非常缓慢直到不再降低。

在证券资产组合中，能够随着资产种类增加而降低直至消除的风险，称为非系统性风险；不能随着资产种类增加而分散的风险，称为系统性风险。下面对这两类风险进行详细论述。

2. 非系统风险

非系统风险又称为公司风险或可分散风险，是可以通过证券资产组合而分散掉的风险。它是指由于某种特定原因对某特定资产收益率造成影响的可能性。它是特定企业或特定行业所持有的，与政治、经济和其他影响所有资产的市场因素无关。对于特定企业而言，公司风险可进一步分为经营风险和财务风险。

经营风险是指因生产经营方面的原因给企业目标带来不利影响的可能性，如由于原材料供应地的政治经济情况变动、新材料的出现等因素带来的供应方面的风险；由于生产组织不合理而带来的生产方面的风险；由于销售决策失误带来的销售方面的风险。

财务风险又称筹资风险，是指由于举债而给企业目标带来的可能影响。企业举债经营，全部资金中除自有资金外还有一部分借入资金，这会对自有资金的获利能力造成影响；同时借入资金需还本付息，一旦无力偿付到期债务企业便会陷入财务困境，甚至破产。当企业息税前资金利润率高于借入资金利息率时，使用借入资金获得的利润除了补偿利息外还有剩余，因而使自有资金利润率提高。但是，若企业息税前资金利润率低于借入资金利率时，使用借入资金获得的利润还不够支付利息，需动用自有资金的一部分来支付利息，从而使自有资金利润率降低。若企业亏损严重，财务状况恶化，丧失支付能力，就会出现无法还本付息甚至招致破产的危险。

在风险分散的过程中，不应当过分夸大资产多样性和资产个数的作用。实际上，在证券资产组合中资产数目较低时，增加资产的个数，分散风险的效应会比较明显，但资产数目增加到一定程度时，风险分散的效应就会逐渐减弱。经验数据表明，组合中不同行业的资产个数达到 20 个时，绝大多数非系统风险均已被消除掉。此时，如果继续增加资产数目，对分散风险已经没有多大的实际意义，只会增加管理成本。这说明，通过资产多样化达到完全消除风险目的是不可能的，因为系统风险是不能够通过风险的分散来消除的。图 2-9 是投资组合的风险图。

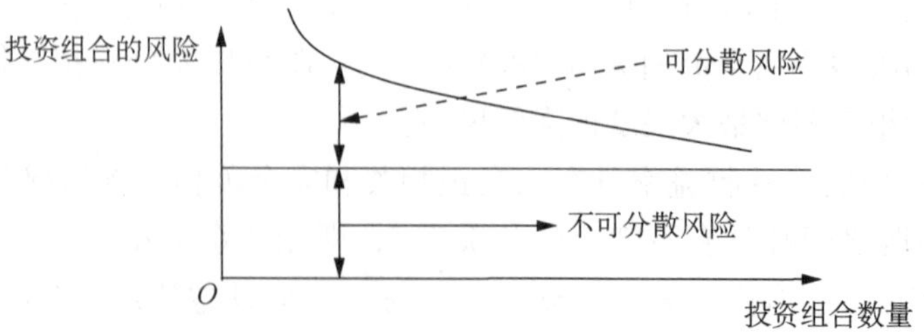

图 2-9　投资组合的风险

3. 系统风险及其衡量

系统风险又称为市场风险或不可分散风险，是影响所有资产的、不能通过资产组合而消除的风险。这部分风险是由那些影响整个市场的风险因素所引起的。这些因素包括宏观经济形势的变动、国家经济政策的变化、税制改革、企业会计准则改革、世界能源状况、政治因素，等等。

尽管绝大部分企业和资产都不可避免地受到系统风险的影响，但并不意味着系统风险对所有资产或所有企业有相同的影响。有些资产受系统风险的影响大一些，而有些资产受的影响较小。单项资产或证券资产组合受系统风险影响的程度，可以通过系统风险系数（β 系数）来衡量。

1）单项资产的系统风险系数（β 系数）

单项资产的 β 系数是指可以反映单项资产收益率与市场平均收益率之间变动关系的一个量化指标，它表示单项资产收益率的变动受市场平均收益率变动的影响程度。换句话说，就是相对于市场组合的平均风险而言，单项资产所含的系统风险的大小。

系统风险系数或 β 系数的定义式如下：

$$\beta_i = \frac{COV(R_i, R_m)}{\sigma_m^2} = \frac{\sigma_i}{\sigma_m} \times \rho_{i,m}$$

式中，$\rho_{i,m}$ 表示第 i 项资产的收益率与市场组合收益率的相关系数；σ_i 是该项资产收益率的标准差，反映该资产的风险大小；σ_m 是市场组合收益率的标准差，反映市场组合的风险；三个指标的乘积表示该资产收益率与市场组合收益率的协方差。

2）市场组合

市场组合是指由市场上所有资产组成的组合。它的收益率就是市场平均收益率，实务中，通常用股票价格指数的收益率来代替。而市场组合收益率的方差则代表了市场整体的风险。由于包含了所有的资产，因此，市场组合中的非系统风险已经被消除，所以市场组合的风险就是市场风险或系统风险。

根据 β 系数的定义可知，当某资产的 β 系数等于 1 时，说明该资产的收益率与市场平均收益率呈同方向、同比例变化，即如果市场平均收益率增加（或减少）1%，那么该资产的收益率也相应地增加（或减少）1%，也就是说，该资产所含的系统风险与市场组合的风险一致；当某资产的 β 系数小于 1 时，说明该资产收益率的变动幅度小于市场组合收益率的变动幅度，因此其所含的系统风险小于市场组合的风险；当某资产的 β 系数大于 1 时，说明该资产收益率的变动幅度大于市场组合收益率的变动幅度，因此其所含的系统风险大于市场组合风险。

绝大多数资产的 β 系数是大于零的，也就是说，它们收益率的变化方向与市场平均收益率的变化方向是一致的，只是变化幅度不同而导致 β 系数的不同；极个别的资产的 β 系数是负数，表明这类资产的收益率与市场平均收益率的变化方向相反，当市场平均收益率增加时，这类资产的收益率却在减少。比如西方个别收账公司和个别再保险公司的 β 系数是接近零的负数。

在实际中，要想利用定义式去计算 β 系数，是非常困难的。β 系数的计算常常利用收益率的历史数据，采用线性回归的方法取得。

其实，在实务中，并不需要企业财务人员或投资者自己去计算证券的 β 系数，一些证券咨询机构会定期公布大量交易过的证券的 β 系数。表 2-6 列出美国部分公司的 β 系数。

表 2-6　美国部分公司 β 系数

公司	β 系数
可口可乐	0.58
苹果公司	1.25
微软	1.00
谷歌	1.08

我国也有一些证券咨询机构定期计算和编制各上市公司的 β 系数，人们可以通过中国证券市场数据库等查询。

3）证券资产组合的系统风险系数

对于证券资产组合来说，其所含的系统风险的大小可以用组合 β 系数来衡量。证券资产组合的 β 系数是所有单项资产 β 系数的加权平均数，权数为各种资产在证券资产组合中所占的价值比例。计算公式为：

$$\beta_P = \sum W_i \times \beta_i$$

式中，β_P 是证券资产组合的风险系数；W_i 为第 i 项资产在组合中所占的价值比重；β_i 表示第 i 项资产的 β 系数。

由于单项资产的 β 系数不尽相同，因此，通过替换资产组合中的资产或改变不同资产在组合中的价值比例，可以改变组合的风险特性。

［例 2-24］　某证券资产组合中有三只股票，相关的信息如表 2-7 所示，要求计算证券资产组合的 β 系数。

表 2-7　相关信息表

股票	β 系数	股票每股市价/元	股票的数量
A	0.7	4	200
B	1.1	2	100
C	1.7	10	100

先计算 A、B、C 三种股票所占的价值比例：

A 股票比例 $=(4\times200)\div(4\times200+2\times100+10\times100)\times100\%=40\%$

B 股票比例 $=(2\times100)\div(4\times200+2\times100+10\times100)\times100\%=10\%$

C 股票比例 $=(10\times100)\div(4\times200+2\times100+10\times100)\times100\%=50\%$

然后计算加权平均 β 系数，即证券资产组合的 β 系数：

$$\beta_p = 40\%\times0.7+10\%\times1.1+50\%\times1.7=1.24$$

五、资产收益率分类与计算

（一）资产收益率分类

在实际的财务工作中，由于工作角度和出发点不同，收益率可以有以下三种类型。

1. 实际收益率

实际收益率表示已经实现或者确定可以实现的资产收益率，是已实现或确定可以实现的利息(股息)率与资本利得收益率之和。当然，当存在通货膨胀时，还应当扣除通货膨胀率的影响。

2. 预期收益率

预期收益率也称为期望收益率，是指在不确定的条件下预测的某资产未来可能实现的收益率。对期望收益率的直接估算，可参考以下三种方法：

第一种计算预期收益率的方法是：先描述影响收益率的各种可能情况，然后预测各种可能发生的概率，以及在各种可能情况下收益率的大小，那么预期收益率就是各种情况下收益率的加权平均，权数是各种可能情况发生的概率。

第二种计算预期收益率的方法是：先收集事后收益率(即历史数据)，将这些历史数据按照不同的经济状况分类，并计算发生在各类经济状况下的收益率观测值的百分比，将所得百分比作为各类经济情况可能出现的概率，然后计算各类经济情况下所有收益率观测值的平均值作为该类情况下的收益率，最后计算各类情况下收益率的加权平均数，得到预期收益率。

第三种计算预期收益率的方法是：先收集能够代表预测期收益率分布的历史收益率的样本，假定所有历史收益率的观察值出现的概率相等，那么预期收益率就是所有数据的简单算术平均值。

3. 必要收益率

必要收益率也称最低必要报酬率或最低要求的收益率，表示投资者对某资产合理要求的最低收益率。必要收益率由两部分构成：

(1) 无风险收益率。无风险收益率也称无风险利率，它是指无风险资产的收益率，它的大小由纯粹利率(资金的时间价值)和通货膨胀补贴两部分组成。无风险资产一般满足两个条件：一是不存在违约风险；二是不存在再投资收益率的不确定性。一般情况下，为了方便起见，通常用短期国债的利率近似地代替无风险收益率。

(2) 风险收益率。风险收益率是指某资产持有者因承担该资产的风险而要求的超过无风险利率的额外收益。风险收益率衡量了投资者将资金从无风险资产转移到风险资产而要求得到的“额外补偿”，它的大小取决于以下两个因素：一是风险的大小；二是投资者对风险的偏好。风险收益率可以用公式表示为：

$$R_r = bV$$

公式中：R_r——风险报酬率；

b——风险报酬系数；

V——标准离差率。

必要报酬率可表示为：

$$R = R_f + R_r = R_f + bV$$

公式中：R 表示投资必要报酬率；

R_f 表示无风险报酬率。

(二) 资本资产定价模型

1. 资本资产定价模型的基本原理

资本资产主要指股票，该模型试图解释资本市场如何决定股票收益率。根据风险与收益的一般关系，某资产的必要收益率是由无风险收益率和资产的风险收益率决定的，即：

$$\text{必要收益率} = \text{无风险收益率} + \text{风险收益率}$$

资本资产定价模型的一个主要贡献就是解释了风险收益率的决定因素和度量方法，并且给出了下面的一个简单易用的表达形式：

$$R = R_f + \beta \times (R_m - R_f)$$

这是资本资产定价模型的核心关系式。式中，R 表示某资产的必要收益率；β 表示该资产的系统风险系数；R_f 表示无风险收益率，通常以短期国债的利率来近似表示；R_m 表示市场组合收益率，通常用股票价格指数收益率的平均值或所有股票的平均收益率来代替，公式中称为市场风险溢酬。它是附加在无风险收益率之上的，由于承担了市场平均风险所要求获得的补偿，它反映的是市场作为整体对风险的平均“容忍”程度，也就是市场整体对风险的厌恶程度，对风险越是厌恶和回避，要求的补偿就越高，因此，市场风险溢酬的数值就越大。反之，如果市场的抗风险能力强，则对风险的厌恶和回避就不是很强烈，要求的补偿就越低，因此，市场风险溢酬的数值就越小。

不难看出，某项资产的风险收益率是该资产系统风险系数与市场风险溢价的乘积，即：

$$\text{风险收益率} = \beta \times (R_m - R_f)$$

2. 证券市场线

如果把资本资产定价模型公式中的 β 看作自变量（横坐标），必要收益率 R 作为因变量（纵坐标），无风险利率 R_f 和市场风险溢酬（$R_m - R_f$）作为已知系数，那么，这个关系式在数学上就是一个直线方程，叫作证券市场线，简称 SML，即以下关系式所代表的直线：

$$R = R_f + \beta \times (R_m - R_f)$$

证券市场线对任何公司、任何资产都是适合的。只要将该公司或资产的 β 系数代入上述直线方程中，就能得到该公司或资产的必要收益率。

证券市场线上每个点的横、纵坐标值分别代表每一项资产（或证券资产组合）的系统风险系数和必要收益率。因此，证券市场上任意一项资产或证券资产组合的系统风险系数和必要收益率都可以在证券市场线上找到对应的一点。

在证券市场线关系式的右侧，唯一与单项资产相关的就是 β 系数，而 β 系数正是对该资产所有的系统风险的度量，因此，证券市场线一个重要的暗示就是“只有系统风险才有资格要求补偿”。该公式中并没有引入非系统风险，即公司风险，也就是说，投资者要求的补偿只是因为他们“忍受”了市场风险的缘故，而不包括公司风险，因为公司风险可以通过证券资产组合被消除掉。

[例 2-25] 由 NIULTEX 公布的美国通用汽车公司的 β 系数是 1.170，短期国库券利率为 4%，标准普尔股票价格指数的收益率是 10%，那么，通用汽车该年股票的必要收益率应为：

$$R = R_f + \beta \times (R_m - R_f) = 4\% + 1.17 \times (10\% - 4\%) = 11.02\%$$

3. 证券资产组合的必要收益率

证券资产组合的必要收益率也可以通过证券市场线来描述，即：

$$\text{证券资产组合的必要收益率} = R_f + \beta_P \times (R_m - R_f)$$

此公式与前面的资产资本定价模型公式非常相似，它们的右侧唯一不同的是 β 系数的主体，前面的 β 系数是单项资产或个别公司的 β 系数；而这里的 β_P 则是证券资产组合的 β 系数。

第三节 成本性态分析

成本按性态分析是管理会计对成本分类的基本要求，成本性态分析法是成本管理会计方法的起点。在这一起点上，企业将成本性态与利润联系起来，就可以对成本、业务量和利润三者之间的关系进行分析，从而为企业预测、决策分析，以及规划和控制企业发展奠定坚实的基础。

一、成本性态的含义

成本性态又称成本习性，是指成本总额与业务量(产量或销量)之间的依存关系，从成本性态的角度分析成本，目的是揭示成本与产量、销量等业务量之间的内在联系，把握产品成本与生产能力之间的规律性联系。

二、成本性态下的成本分类

成本按性态不同可分为变动成本、固定成本和混合成本。

(一) 变动成本

变动成本是指在一定条件下，其总额的增减变动与业务量的增减变动成正比例关系的成本，变动成本的概念是就总额而言的。但是，从产品的单位成本来看，单位成本变动不受业务量增减变动的影响，是相对不变的。直接材料、直接人工、制造费用中的产品包装费等都属于变动成本。具体如图 2-10 和图 2-11 所示。

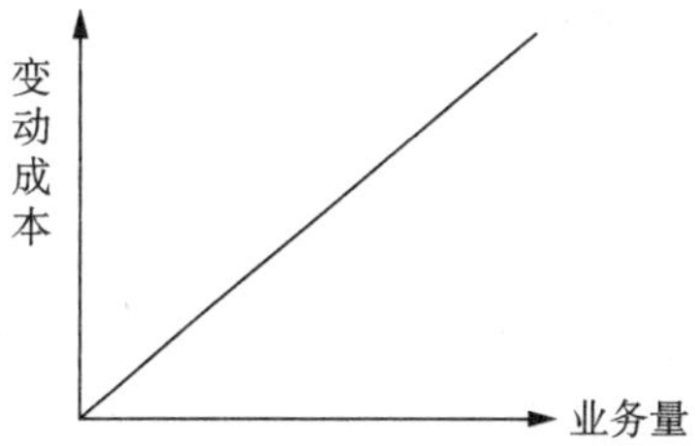

图 2-10 变动成本示意

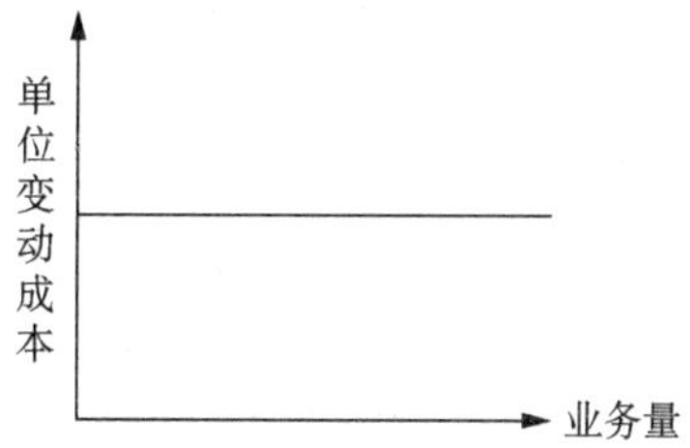

图 2-11 单位变动成本示意

（二）固定成本

固定成本是指在一定时期和一定业务量范围内，总额不随业务量的增减变动而变动的成本，如管理人员的工资、按直线法计提的固定资产折旧等。虽然固定成本总额不随业务量的增减变动而变动，保持相对固定，但单位业务量的固定成本却随业务量的增减变动而成反比例变动。

固定成本按是否受管理当局短期决策行为的影响，又可进一步分为约束性固定成本与酌量性固定成本两类。

1. 约束性固定成本

约束性固定成本，是指企业在日常经营活动中很难控制并改变其数额的固定成本，如厂房和机器设备的折旧费、保险费、财产税和管理人员的工资等。这类成本的特点是与企业生产能力的形成和正常维护有关。企业的生产能力一经形成，一般在短时期内可以做较大变动，与之相关的成本也就相对稳定下来。固定成本是企业维持一定生产能力所必须负担的最低成本，在一定的产量范围内不变。只有当企业的资产数额增多或减少时，即经营能力改变了，相应的约束性固定成本才会发生变化。企业要想控制约束性固定成本，就必须通过合理利用生产能力来提高产品产量。

2. 酌量性固定成本

酌量性固定成本是指企业在日常经营活动中可以控制并改变其数额的固定成本，如研究开发费、职工培训费、广告宣传费等。这些成本的特点是数额可以因高层管理人员的决定而适当调整，发生额同企业的产量并无直接联系。企业对酌量性固定成本的控制方法是从实际出发，精打细算，厉行节约，不断降低其绝对额。

（三）混合成本

当业务量发生变化时，有的业务成本总额会随业务量的变动而变动，但其变动的幅度并不同业务量的变动幅度保持严格的比例。这类成本由于同时包含固定成本和变动成本两种因素，故称为混合成本。根据混合成本中的变动成本和固定成本与业务量之间的关系，混合成本可分为半变动成本与半固定成本。

1. 半变动成本

半变动成本通常有一个基数，与业务量的变动无关，这部分成本相当于固定成本。在此基数之上，随着业务量的增加，成本也会成正比例增加，这部分成本相当于变动成本。例如，电话费、水电费等一般由供应单位规定每月的收费基数，不管企业使用量是多少，都必须支付这个基数。在此基础上，供应单位再根据用量和单价计算其余的部分。这种混合成本中的变动成本较多，故称为半变动成本。半变动成本与业务量的关系如图 2-12 所示。

2. 半固定成本

半固定成本在一定业务量范围内是固定的，但当业务量的增长超过一定限度时，其发生额就会突然跳跃上升到一个新的水平，然后在业务量增长到一定范围内，成本总额又会保持不变，直到另一个新的跳跃为止。例如，企业检测人员的基本工资、机器设备维修费用等都属于半固定成本。半固定成本与业务量的关系如图 2-13 所示。

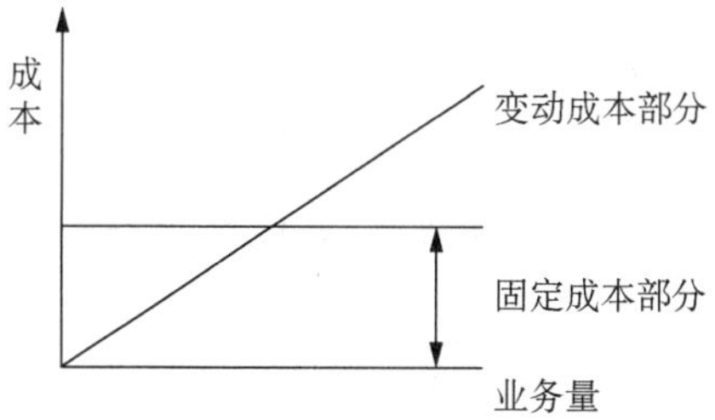

图 2-12 半变动成本与业务量的关系

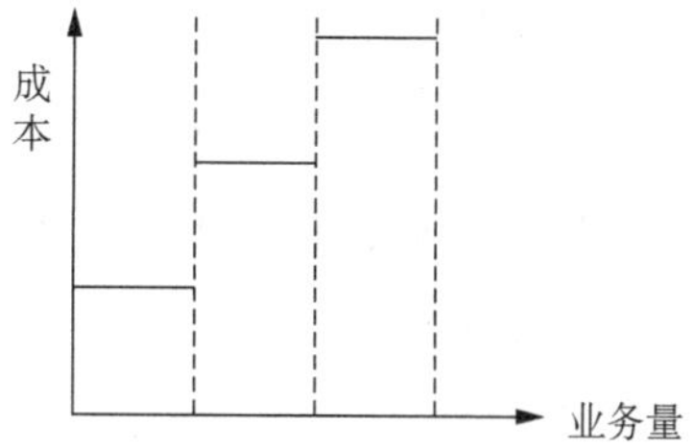

图 2-13 半固定成本与业务量的关系

3. 延伸变动成本

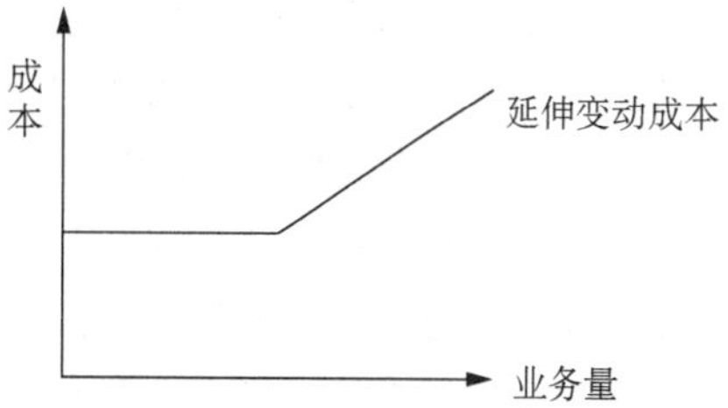

图 2-14 延伸变动成本与业务量的关系

延伸变动成本的特征是在业务量的某一临界点以下表现为固定成本，超过这一临界点则表现为变动成本，即随着业务量的“延伸”，原本固定不变的成本成为变动成本。比较典型的例子是：企业支付给职工的正常工作时间内的工资总额是固定不变的，但职工的工作时间一旦超过了正常水平，企业需按规定支付加班工资，并且加班工资的高低与加班时间的长短存在正比例关系。延伸变动成本与业务量的关系如图 2-14 所示。

4. 曲线变动成本

这类成本通常有一个初始量，一般不变，相当于固定成本；但在这个初始量的基础上，随着业务的增加成本也逐步增加，不过两者不呈正比例的直线关系，而呈非线性的曲线关系。具体来看，可以分为递减曲线成本和递增曲线成本。

(1) 递减曲线成本。如热处理的电炉设备，每班需要预热，其预热成本(初始量)属固定成本性质，但预热后进行热处理的耗电成本，随着业务量的增加而逐渐上升，但二者不呈正比例，而呈非线性关系，并且成本上升越来越慢，即其上升率是递减的，如图 2-15 所示。

(2) 递增曲线成本。如累进计件工资、各种违约罚金等，当刚达到约定产量(或约定交货时间)时，成本是固定不变的，属于固定成本性质。但在这个基础上，随着产量或延迟时间的增加，计件工资或违约罚金就逐步上升，而其上升率是递增的，如图 2-16 所示。

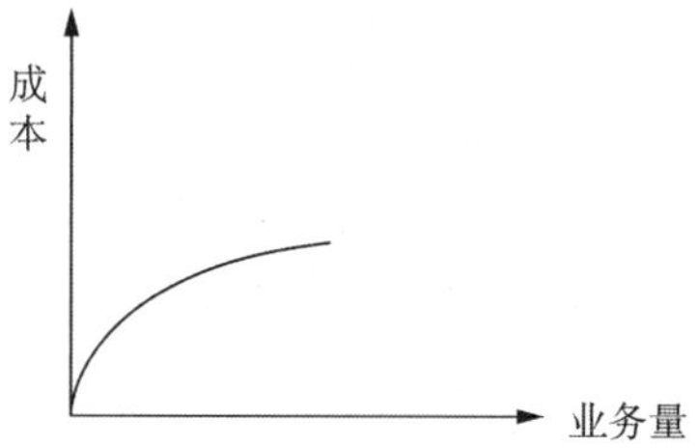

图 2-15 递减曲线成本与业务量的关系

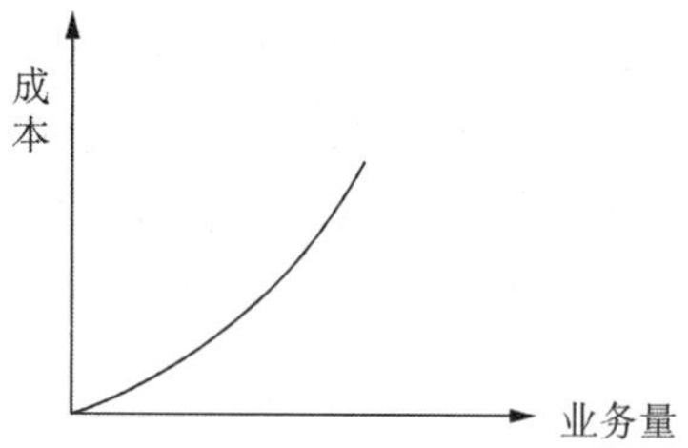

图 2-16 递增曲线成本与业务量的关系

三、成本性态模型

根据成本习性，习惯将企业的全部成本划分为固定成本和变动成本两大类。因此，总成本的组成可以写成如下表达式：

$$总成本 = 固定成本总额 + 变动成本总额 = 固定成本总额 + 单位变动成本 \times 业务量$$

用 y 代表总成本，a 代表固定成本总额，b 代表单位变动成本，x 代表业务量，则上述总成本公式可以表示为：

$$y = a + bx$$

四、成本性态分析方法

成本性态分析是在成本按性态分类的基础上，按照一定的程序，采用一定的方法，最终将全部成本进一步分为变动成本和固定成本两部分。

成本性态分析方法有以下几种。

（一）直接观察法

直接观察法是根据会计账簿中各半变动成本项目的性质，分析其比较接近变动成本还是固定成本，从而直接认定其归属的方法。例如，燃料和动力费虽然不与业务量成正比例关系，但其变动与业务量的关系比较密切，因而可以直接将其作为变动成本处理；水电费、劳动保护费、低值易耗品摊销等与业务量变动的关系不显著，基本上是固定的，因而可以直接将其作为固定成本处理。

直接观察法比较简单，内容具体，还能借以分析成本高低的原因。但是，它仅凭观察人员的经验直观地分解成本，比较粗略，结果也不太准确。

（二）合同确认法

合同确认法是根据交易双方签订的合同中所规定的计价方法与合同提供的业务量之间的关系分析成本性态的一种定量分析方法。在该方法下，分析人员将需支付的部分（基数部分）划入固定成本，将按业务量计价的部分划入变动成本。

合同确认法的优点是成本性态分析比较准确。合同确认法的缺点是应用范围较小，只限于对签有合同的生产经营项目的成本性态分析。

（三）资料分析法

1. 高低点法

高低点法是先通过对若干期历史资料的分析，找出某一时期的最高产量和另一时期的最低产量，再用两期相应的混合成本总额之差除以最高产量与最低产量之差，求得变动率（单位变动成本），最后分解出混合成本中的变动成本和固定成本的一种方法。

设 y 为一定时期某项混合成本的总额，x 代表业务量，a 代表混合成本中的固定成本总额，b 代表单位变动成本，则混合成本的计算公式可以表示为：

$$y = a + bx$$

根据高低点法的基本原理，a、b 可按下列公式计算得出：

$$b = \frac{最高点业务量成本 - 最低点业务量成本}{最高点业务量 - 最低点业务量}$$

$$a = 最高点业务量成本 - 单位变动成本 \times 最高点业务量$$

或

$$a=\text{最低点业务量成本}-\text{单位变动成本}\times\text{最低点业务量}$$

[例 2-26] 假定华联企业某年 12 个月的产量和电费的有关数据如表 2-8 所示。

表 2-8 基础数据

月份	产量/件	电费/元
1	800	2 000
2	600	1 700
3	900	2 250
4	1 000	2 550
5	800	2 150
6	1 100	2 750
7	1 000	2 460
8	1 000	2 520
9	900	2 320
10	700	1 950
11	1 100	2 650
12	1 200	2 900

该年产量最高的月份是 12 月，为 1 200 件，相应电费为 2 900 元；产量最低的月份是 2 月，为 600 件，相应电费为 1 700 元。按前面的运算过程计算如下：

$$b=\frac{2\,900-1\,700}{1\,200-600}=2(\text{元/件})$$

$$a=2\,900-2\times1\,200=500(\text{元})$$

$$\text{或 } a=1\,700-2\times600=500(\text{元})$$

以上计算表明，该企业电费这项混合成本属固定成本的为 500 元；单位变动成本为每件 2 元。用数学模型来描述这项混合成本，即：

$$y=500+2x$$

运用高低点法分解混合成本有其局限性，因为高点和低点的业务量（即上例中的 1 200件和 600 件）为该项混合成本相关范围的两个极点，从中找到一条成本曲线（直线）并不能充分拟合其他成本数据点，势必会造成一些偏差。如果加入更多的观察值，应采用更科学的方法，从以上多个散点中找到成本曲线（直线）。

2. 回归直线法

回归直线法是根据过去若干历史时期的业务量和成本总额的资料，运用最小二乘法的原理，建立反映成本和业务量之间关系的回归直线方程，并据此确定混合成本中的固定成本和变动成本的一种定量分析方法。

假设共有 n 期业务量和成本的资料，用 x 代表业务量，用 y 代表某项混合成本，用 a 代表混合成本中的固定成本部分，用 b 代表单位变动成本。它们之间的关系可以用直线方程 $y=a+bx$ 来表示。只要 x 与 y 之间保持线性关系，就可以运用最小二乘法的原理求出 a 和 b 的值，最终确立该项业务的成本与业务量之间的变动趋势的直线方程。a、b 的值可以按照以下公式计算得出：

$$b=\frac{n\sum xy-\sum x\sum y}{n\sum x^2-(\sum x)^2}$$

$$a=\frac{\sum x^2\sum y-\sum x\sum xy}{n\sum x^2-(\sum x)^2}$$

或

$$a=\frac{\sum y-b\sum x}{n}$$

[例 2-27]　承[例 2-26]，具体说明如何用回归直线法对混合成本进行分解。

为了便于说明和计算，我们将计算所得到的基础数据，如表 2-9 所示。

表 2-9　基础数据表

月份	产量 x_i/件	电费 y_i/元	x_iy_i	x_i^2
1	800	2 000	1 600 000	640 000
2	600	1 700	1 020 000	360 000
3	900	2 250	2 025 000	810 000
4	1 000	2 550	2 550 000	1 000 000
5	800	2 150	1 720 000	640 000
6	1 100	2 750	3 025 000	1 210 000
7	1 000	2 460	2 460 000	1 000 000
8	1 000	2 520	2 520 000	1 000 000
9	900	2 320	2 088 000	810 000
10	700	1 950	1 365 000	490 000
11	1 100	2 650	2 915 000	1 210 000
12	1 200	2 900	3 480 000	1 440 000
$\sum$	11 100	28 200	26 768 000	10 610 000

将表中的数据代入公式则有：

$$\begin{aligned} b&=\frac{n\sum xy-\sum x\sum y}{n\sum x^2-(\sum x)^2}\\ &=\frac{12\times 26\,768\,000-11\,100\times 28\,200}{12\times 10\,610\,000-(11\,100)^2}\\ &=1.99(\text{元/件}) \end{aligned}$$

$$a = \frac{\sum x^2 \sum y - \sum x \sum xy}{n\sum x^2 - (\sum x)^2}$$

$$= \frac{10\,610\,000 \times 28\,200 - 11\,100 \times 26\,768\,000}{12 \times 10\,610\,000 - (11\,100)^2}$$

$$= 505.40(元)$$

需要说明的是，当回归直线的 b 值确定之后，可以通过 $\sum y = na + b\sum x$ 比较简便地得到 a 值，但 b 的数值应该尽量保留尾数，否则误差会因不断累积而过大。

第四节 本量利分析

企业经营决策的重要问题是如何建立(优化)盈利模型，为此，财务管理上提供了一种量化分析方法以揭示企业成本、业务量与利润之间的关系，为构建盈利模型和分析盈利的关键影响因素提供决策支持，这种方法称为本量利分析。

一、本量利分析基本模型

在财务会计中，利润是收入与成本、费用相抵后的余额，即：

$$利润 = 收入 - 成本 - 费用$$

在将企业的成本、费用按照成本性态分解为变动成本和固定成本后，可按下列公式计算利润：

$$利润 = 收入 - (变动成本 + 固定成本)$$

从数量关系的角度看，利润是收入与变动成本、固定成本抵减的结果。在本量利分析的基本假设下，销售价格、固定成本和单位变动成本都是常数，影响利润的关键因素就是业务量(可以是产量、销售量，也可以是工作量)。在此，用 V 表示业务量，SP 表示销售价格，VC 表示单位变动成本，FC 表示固定成本，P 代表利润，则企业的盈利模型为：

$$P = SP \times V - VC \times V - FC$$

企业的收入仅抵减变动成本得到的毛利部分被定义为贡献毛益(CM)，其中，销售价格与变动成本抵减的结果被定义为单位贡献毛益(UCM)。

$$CM = SP \times V - VC \times V = (SP - VC) \times V$$

首先，只有在产品销售价格高于单位变动成本时(即单位贡献毛益为正)，产品才有可能盈利，可见产品能否盈利取决于销售价格和单位变动成本的控制；其次，只有当企业的收入涵盖变动成本时(即贡献毛益为正)，企业整体才可能盈利，可见企业是否盈利取决于销售数量的控制；最后，当企业的贡献毛益大于固定成本时就能实现盈利，可见企业从获得贡献毛益到最终盈利取决于固定成本的控制。当无法满足以上条件时，企业就可能出现利润为零甚至为负。利润为零的状态，称为盈亏临界或者保本。

本量利
基本关系

$$P = (SP - VC) \times V - FC = CM - FC = UCM \times V - FC$$

二、盈亏临界点与安全边际

盈亏临界，顾名思义是利润为零的状态（也称保本状态）。盈亏临界点分析旨在探究何种业务量水平能够使得收入与成本相抵，帮助企业实现盈亏平衡或保本。能够达到盈亏临界的业务量，称为盈亏临界点。

（一）盈亏临界点

假定企业只有单一产品，利润用如下公式计算：

$$\text{利润}=\text{销售收入}-\text{变动成本}-\text{固定成本}$$

盈亏临界点就是使利润等于零的销售量或销售收入，即：

$$\text{销售收入}=\text{变动成本}+\text{固定成本}$$

或：

$$\text{销售量}\times\text{销售价格}=\text{销售量}\times\text{单位变动成本}+\text{固定成本}$$

由此得到：

$$\text{盈亏临界点销售量}=\frac{\text{固定成本}}{\text{销售价格}-\text{单位变动成本}}$$

$$\text{盈亏临界点销售收入}=\frac{\text{固定成本}}{(\text{销售价格}-\text{单位变动成本})\div\text{销售价格}}=\frac{\text{固定成本}}{\text{贡献毛益率}}$$

这就是盈亏临界点的计算模型。用字母表示时，盈亏临界点的计算模型为：

$$V=\frac{FC}{SP-VC}$$

盈亏临界点主要是基于单一产品的分析，当企业存在多产品时，在产品品种结构不变的假设下，盈亏临界点的销售收入基于各种产品加权平均毛益率计算可得到：

$$\text{多产品下企业总体的盈亏临界点销售收入}=\frac{\text{固定成本}}{\text{加权平均贡献毛益率}}$$

$$\text{加权平均贡献毛益率}=\sum(\text{每种产品的贡献毛益率}\times\text{每种产品收入占比})$$

[例 2-28] 某企业生产和销售单一产品，该产品的销售价格为 50 元，单位变动成本为 30 元，固定成本为 50 000 元。

（1）按销售量计算盈亏临界点。

$$V=\frac{50\ 000}{50-30}=25\ 000(\text{件})$$

（2）按金额计算盈亏临界点。

$$\text{贡献毛益率}=\frac{50-30}{50}\times100\%=40\%$$

盈亏临界点的销售收入为：

$$V=\frac{50\,000}{40\%}=125\,000(\text{元})$$

(二) 安全边际

与盈亏临界点相对应的一个概念是安全边际。所谓安全边际，是指正常销售量或者现有销售量超过盈亏临界点销售量的差额。这一差额表明企业的销售量在超越了盈亏临界点的销售量之后，到底有多大的盈利空间。或者说，现有的销售量降低多少就会发生亏损。从这个意义上说，安全边际是从相反的角度来研究盈亏临界点问题。安全边际的计算为：

$$\text{安全边际}=\text{正常销售量}-\text{盈亏临界点销售量}$$

$$\text{安全边际销售收入}=\text{正常销售收入}-\text{盈亏临界点销售收入}$$

盈亏临界点下的销售量只能让企业保本，安全边际的意义在于反映企业当前销售量是否可以让企业保本，以及企业整体盈利能力如何。所以，只有安全边际才能形成企业的盈利或亏损，即：

$$\text{安全边际}\times\text{单位贡献毛益}=\text{利润}$$

这说明单位贡献毛益($SP-VC$)与安全边际是企业从保本到盈利的主要原因。产品的单位贡献毛益越大，销售量超过盈亏临界点的部分越多，企业的盈利则越多，经营也就越安全。

以此类推，有：

$$\text{安全边际销售收入}\times\text{贡献毛益率}=\text{利润}$$

给定销售价格与单位变动成本，贡献毛益率是确定的，决定利润的主要因素是企业有足够多的销售收入超过盈亏临界点销售收入，即越多的安全边际，可以为企业贡献更多的盈利。

为了反映安全边际占正常销售量的比重，可以用相对数来表示(即安全边际率)：

$$\text{安全边际率}=\frac{\text{安全边际}}{\text{正常销售量}}\times100\%$$

$$\text{安全边际}=\text{正常销售量}-\text{盈亏临界点销售量}$$

因此：

$$\text{安全边际率}=1-\text{盈亏临界点作业率}$$

如前所述，安全边际×单位贡献毛益=利润，将等式两边均除以产品销售收入，则有：

$$\text{销售利润率}=\text{安全边际率}\times\text{贡献毛益率}$$

总之，只有安全边际才能为企业提供利润，盈亏临界点销售量只能让企业收回成本，所以，企业利润的计算可以借助安全边际这一概念，上述计算公式在企业的预测和决策分析中有着广泛的应用。

[例 2-29] 某企业盈亏临界点的销售量为 2 500 件，预计正常销售量为 4 000 件，销售价格为 50 元，则：

$$安全边际 = 4\ 000 - 2\ 500 = 1\ 500(件)$$

或

$$= 4\ 000 \times 50 - 2\ 500 \times 50 = 75\ 000(元)$$

$$安全边际率 = \frac{1\ 500}{4\ 000} \times 100\% = 37.5\%$$

或

$$= \frac{75\ 000}{4\ 000 \times 50} \times 100\% = 37.5\%$$

计算结果说明,正常销售量中有37.5%是创造利润的,其余部分是用来保本的,如果销售量下降到2 500件以下,企业将出现亏损。

三、实现目标利润分析

企业的目标利润可以是一个给定的盈利目标,也可以是相对极端的情况,如实现保本或者控制住亏损的幅度等。所以,盈亏临界点实际上是一种特定类型的目标利润。本量利分析需要结合企业的利润规划,分析企业实现目标利润需要达到的业务量水平,包括销售量、销售收入等。为了便于分析,需建立实现目标利润的有关模型。

(一) 实现目标利润的模型

基于本量利分析的基本假设,用 P_t 表示目标利润,V_t 表示实现目标利润的销售量,则有:

$$P_t = V_t(SP - VC) - FC$$

$$V_t = \frac{P_t + FC}{SP - VC}$$

即:

$$实现目标利润销售收入 = \frac{目标利润 + 固定成本}{单位贡献毛益}$$

上述模型表明,企业在达到盈亏临界点后,需要多大销售量才能实现目标利润。计算实现目标利润的销售收入,只需将上式等号左右两边都乘以产品销售价格,即:

$$SP \cdot V_t = \frac{P_t + FC}{(SP - VC)/SP}$$

$$实现目标利润的销售收入 = \frac{目标利润 + 固定成本}{贡献毛益率}$$

[**例2-30**] 某企业生产和销售单一产品,产品销售价格为50元,单位变动成本为25元,固定成本为50 000元。如果目标利润定为40 000元,则有:

$$实现目标利润的销售量 = \frac{40\ 000 + 50\ 000}{50 - 25} = 3\ 600(件)$$

$$实现目标利润的销售收入 = \frac{40\ 000 + 50\ 000}{50\%} = 180\ 000(元)$$

(二) 实现税后目标利润的模型

所得税费用对企业来说是一项必然的支出,目标利润的分析和预测也应该考虑税后利润。税后利润与税前利润的关系可以用下列公式表示:

$$税后利润 = 税前利润 \times 1 - (所得税税率)$$

$$税前利润 = \frac{税后利润}{1 - 所得税税率}$$

$$实现税后目标利润的销售量 = \frac{\dfrac{税后目标利润}{1 - 所得税税率} + 固定成本}{单位贡献毛益}$$

$$实现税后目标利润的销售收入 = \frac{\dfrac{税后目标利润}{1 - 所得税税率} + 固定成本}{贡献毛益率}$$

[例 2-31] 某企业生产和销售单一产品，产品销售价格为 50 元，单位变动成本为 25 元，固定成本为 50 000 元。如果目标利润定为 50 000 元，所得税税率为 25%，则有：

$$实现税后目标利润的销售量 = \frac{\dfrac{37\,500}{1 - 25\%} + 50\,000}{25} = 4\,000(件)$$

$$实现税后目标利润的销售收入 = \frac{\dfrac{37\,500}{1 - 25\%} + 50\,000}{50\%} = 200\,000(元)$$

本章小结

货币的时间价值是财务管理最基础的概念，是指无风险和无通货膨胀因素条件下，资金在使用过程中随着时间的推移发生的增值，货币时间价值一般用相对数表示。货币时间价值的计算一般包括两大类：一次性发生额货币时间价值计算和多次发生额货币时间价值计算。其中，一次性发生额的时间价值计算包括单利和复利；多次发生额的时间价值计算包括年金计算和不等额时间价值计算。而与时间价值相对应的风险报酬是指由于客观世界存在各种各样的风险，投资者面临风险时所需要的额外补偿。本章介绍了投资组合的风险度量，以及其所必需的补偿报酬率的计算，并且介绍了实际收益率、预期收益率和必要收益率等概念，引入了资本资产定价模型，用来系统地量化风险与必要收益率之间的关系。

此外，本章介绍了在管理会计中对于企业成本的性态分类，即变动成本、固定成本和混合成本，并简单介绍了成本性态的模型及分析方法。本量利分析是在企业管理中最基础的分析方法之一，从盈亏临界点与安全边际出发，阐述了实现目标利润的基本分析方法。

复习思考题

1. 什么是时间价值？如何理解这一概念？
2. 什么是复利？复利和单利有什么区别？
3. 什么是年金？如何计算年金的终值与现值？
4. 何为风险报酬？怎样理解风险与报酬的关系？

5. 举例说明如何计算单项资产的风险报酬。
6. 试说明资本资产定价模型。
7. 什么是成本性态？如何分辨变动成本、固定成本和混合成本？
8. 混合成本的分解方法有几种？相互之间的区别是什么？
9. 盈亏临界点分析在企业中有什么作用？试结合实例进行分析。
10. 试说明本量利分析的优点与局限性。

案例分析

兴欣广告公司的证券选择

华宏与朋友合伙开办的兴欣广告公司从2010年营业至今发展十分迅速，现有一部分闲散资金准备用来进行为期一年的短期投资。通过对证券市场一段时间的考察，华宏拟定了四个投资备选方案。未来一年里，总体的经济情况大概分为衰退、一般和繁荣。华宏参考经济专家的分析，拟定这三种情况发生的概率分别为20%、60%、20%。四种投资方案在三种经济情况下的估计报酬率如表2-10所示。

表2-10　四种投资方案的估计报酬率

经济情况	概率	备选方案			
		A	B	C	D
衰退	0.20	10%	6%	22%	5%
一般	0.60	10%	11%	14%	15%
繁荣	0.20	10%	31%	−4%	25%

案例思考题：

1. 请帮助华宏计算各方案的期望报酬率、标准离差、标准离差率。

2. 华宏将四种方案的情况介绍给合伙人，合伙人希望他能提出具体的筛选方案以帮助大家判断。华宏想通过比较四种方案各自的标准离差或期望报酬率来确定是否可以淘汰其中某一方案，他应如何回复合伙人？

3. 你觉得这种方法可行吗？其中存在哪些问题？

参考答案

第三章
财务战略与财务预算

教学目的与要求

1. 理解财务战略的特征和类型。
2. 理解财务战略选择的依据和方式。
3. 掌握筹资数量预测的依据和方法。
4. 掌握利润预算的编制。
5. 掌握财务状况预算的编制。

引导案例

海尔集团可以说是中国企业的典型代表。海尔 1984 年在青岛成立，最初以生产冰箱为主，海尔成立时中国家用电器的销售市场还未完全打开，这对张瑞敏来说也是一个全新的挑战。到今天，海尔电器已经进入了寻常百姓家，而海尔的员工数在全球也超过了 7 万人，海尔的用户也遍布全球，产品的种类也不再单一，从最初的电冰箱发展到洗衣机、空调、电视机等多个方面。海尔已经走出国门，走向国际，在全球的营业额达到了 1 509 亿元，品牌价值达到了 962.8 亿元。不同于已经破产的日本索尼集团和西班牙法格家用电器，海尔集团经过了 30 多个春秋，销售业绩蒸蒸日上，从一个最初负债累累、濒临破产的工厂，发展成为家喻户晓的企业，现已成为全球第三大电器制造商。海尔集团是白色家电行业的佼佼者，家电行业也有一个属于自己的行业生命周期。与企业生命周期相同，行业生命周期同样也会经历稚幼期、成长期、成熟期、衰退期四个阶段。

一、海尔集团基于生命周期的财务战略选择

1984 年，在张瑞敏的带领下，将一个资不抵债的青岛电冰箱厂发展为海尔集团。最初，海尔资金亏空，负债 147 万元。1986 年，海尔通过生产高质量的电冰箱，终于建立了属于自己的市场，打响了自己的品牌。经过了近十年的发展，20 世纪 90 年代，我国的家电行业进入了快速发展的阶段。在此期间，涌现出大批的家电企业。供不应求的市场形势导致家电企业竞争十分激烈。我国鼓励企业兼并重组，所以，一部分企业由于种种原因破产或者被兼并。然而，海尔集团在这样的竞争环境中，凭借高质量的产品和不断的创新存活了下来。同时，海尔也不断进行创新研发，1992 年，海尔建立了海尔集团技术中心，开发新的产品。1993 年研发出的无氟电冰箱，让海尔成为环保、合格的产品供应商。

而从 20 世纪 90 年代末到现在，我国的家电企业进入了成熟期。随着企业生产能力的不断提高和技术的不断发展，产品生产率越来越高。虽然我国家电的需求量大，但是由于产业规模的扩大，仍然存在大量库存产品，此时的家电市场已经由卖方市场变成了买方市场。虽然家电企业的发展越来越成熟，但是发展速度越来越缓慢，产业利润也下降了。

二、海尔集团筹资战略选择

家电产业的成熟，使得企业不能仅靠制造单一商品，而是要把客户需求、市场竞争力和研发新产品作为重点，因此，更加需要充足的资金。海尔在此时不仅发行股票，还注重海外融资。2001 年，海尔得到了中国银行的全球性授信，授信额度达到了三亿美元。同时，为了获得更多资金，海尔也开始开拓海外上市，海尔 2001 年开始在香港上市，并且在完成上市后向德意志银行发行权证。通过这一系列方法，海尔既获得了足够的资金，又在国际上享有盛誉。

三、海尔集团投资战略选择

处于成熟期的家电企业，面对更加激烈的竞争，不仅要打响价格战，更加要加大创新，进行多元化投资。一方面，海尔需要集中资金，加大产品研发力度，不断创新。由于竞争激烈，掌握一流的技术，开发新的领域十分重要。在这十几年中，海尔注重创新驱动，申请了包括热水器防火墙技术、洗衣机双动力技术等在内的近 7 000 项专利。这样就使海尔的名牌效应更加显著，满足了客户的不同需求。另一方面，海尔也注重多元化投资，投资项目不再单一化，不仅重点投资冰箱、空调、洗衣机，还投资电视、手机等方面。另外，当今社会，创新是一个企业兴旺发达的不竭动力，所以，海尔更加注重人才方面的投资，招揽大批有能力的人才，将产品制造者转变为创造者。

四、海尔集团收益分配战略选择

处于成熟期的海尔利润增多，现金的流入量大于现金的流出量，在缺乏合适投资项目的前提下，海尔每年都会向股东分配收益。既可以增强股东信心，又保证了股东利益。

通过海尔集团的战略选择，思考企业的财务战略决策受什么因素影响？企业在不同时期如何做出合适的财务战略？财务战略如何影响企业未来的发展？

通过本章的学习能够了解企业财务战略的选择需要考虑哪些因素，在做好企业财务战略的前提条件下，如何做好企业的预算管理，明确企业的发展方向，为企业发展提供充足的保证和动力。

重点知识思维导图

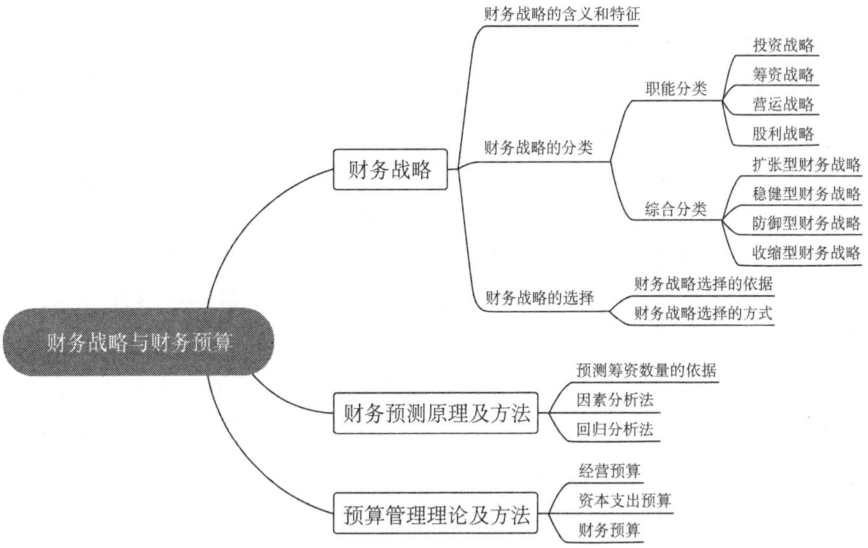

第一节　财务战略

战略是涉及全局性、长期性和导向性的重大谋划，是一个重要且复杂的问题。鉴于战略问题的重要性和复杂性，越来越多的上市公司在董事会之下设立战略委员会，对公司战略议题进行分析研究，为公司战略决策提供参考方案。而根据相关的研究表明，公司的首席财务官对公司的财务战略越来越重视，其角色也正逐步由财务专家转变为财务战略家。

一、财务战略的含义和特征

（一）财务战略的含义

战略源于军事领域，是对战争或重大战役的全局性谋划。企业战略是企业为实现整体价值，筹划企业所拥有的资源，对一系列长远或重大行动的动态统筹。

财务战略是在企业总体战略目标的统筹下，以价值管理为基础，以实现企业财务管理目标为目的，以实现企业财务资源的优化配置为衡量标准所采取的战略性思维方式、决策方式和管理方针。财务战略是企业总体战略的重要组成部分，企业战略需要财务战略来支撑。

（二）财务战略的特征

（1）全局性。财务战略是为企业的筹资、投资、营运和股利分配等财务活动的整体制订的，对企业未来长期财务规划和年度财务预算具有全局性的指导作用。

（2）长期性。制订财务战略是为了谋求企业未来的长远发展，对企业未来相当长时期内的财务活动做出的战略性筹划。

（3）导向性。财务战略规定了企业未来长期财务活动的发展方向、基本目标以及实现目标的基本途径，为企业财务预算提供方向性的指引。

二、财务战略的分类

（一）财务战略的职能类型

企业的财务战略涉及企业财务管理的职能。因此，财务战略按照财务管理的职能领域可分为投资战略、筹资战略、营运战略、股利战略。

（1）投资战略。投资战略是涉及企业长期、重大投资方向的战略性筹划。企业重大的投资行业、投资企业、投资项目等筹划，属于投资战略问题。

（2）筹资战略。筹资战略是涉及企业重大筹资方向的战略性筹划。企业重大的首次发行股票、增资发行股票、发行大笔债券、与银行建立长期合作关系等战略性筹划，属于筹资战略问题。

（3）营运战略。营运战略是涉及企业营运资本的战略性筹划。企业重大的营运资本策略、与重要供应商和客户建立长期商业信用关系等战略性筹划，属于营运战略问题。

（4）股利战略。股利战略是涉及企业长期、重大分配方向的战略性筹划。企业重大的留用利润方案、股利政策的长期安排等战略性筹划，属于股利战略的问题。

（二）财务战略的综合类型

企业的财务战略往往涉及企业财务资源的总体配置和长期筹划。根据企业的实际经验，财务战略的综合类型一般可以分为扩张型财务战略、稳健型财务战略、防御型财务战略和收缩型财务战略。

（1）扩张型财务战略。扩张型财务战略一般表现为短期内迅速扩大投资规模，全部或大部分保留利润，大量筹措外部资本。

（2）稳健型财务战略。稳健型财务战略一般表现为长期内投资规模稳定增长，保留部分利润，内部留利与外部筹资相结合。

（3）防御型财务战略。防御型财务战略一般表现为保持现有投资规模和投资收益水平，保持或适当调整现有资产负债率和资本结构水平，维持现行的股利政策。

（4）收缩型财务战略。收缩型财务战略一般表现为维持或缩小现有投资规模，分发大量股利，减少对外筹资，甚至通过偿债和股份回购归还投资。

三、财务战略的选择

企业在纷繁复杂的市场环境中需要采取合适的财务战略，应该根据不同的情况选择对应的财务战略。

（一）财务战略选择的依据

企业的财务战略要适应内外部环境的变化，具有防范未来风险的意识，着眼于企业未来长期稳定的发展。企业财务战略的选择必须考虑经济周期的波动情况、企业发展阶段和企业增长方式，并及时进行调整，以保持旺盛的生命力。

1. 财务战略的选择必须与宏观经济周期相适应

现代经济发展的周期性是以工商业为主体的经济总体发展过程中不可避免的现象，是经济系统存在和发展的重要特征。我国经济周期的直观表现是周期长度不规则，发生频率高。

从企业财务的角度看，经济的周期性波动要求企业顺应经济周期的过程和阶段，通过制定和选择富有弹性的财务战略，来抵御大起大落的经济震荡，以减轻经济震荡对财务活动的影响，特别是减少经济周期中上升和下降的波动对财务活动的消极影响。财务战略的选择和实施要与经济运行周期相配合。

(1) 在经济复苏阶段适宜采取扩张型财务战略，主要举措：增加厂房设备，采用融资租赁，增加存货，开发新产品，增加劳动力等。

(2) 在经济繁荣阶段适宜先采取扩张型财务战略，再转为稳健型财务战略，主要举措：扩充厂房设备，采用融资租赁，继续增加存货，提高产品价格，开展营销策划，增加劳动力等。

(3) 在经济衰退阶段应采取防御型财务战略，主要举措：停止扩张，出售多余的厂房设备，停产无利润的产品，停止长期采购，削减存货，减少雇员等。

(4) 在经济萧条阶段特别是在经济处于低谷时期，应采取防御型和收缩型财务战略，主要举措：建立投资标准保持市场份额，压缩管理费用，放弃次要的财务利益，削减存货，减少临时性雇员等。

2. 财务战略的选择必须与企业发展阶段相适应

每个企业的发展都要经过一定的发展阶段。典型的企业一般要经过初创期、扩张期、稳定期和衰退期四个阶段。不同的发展阶段应该有不同的财务战略与之相适应。企业应当分析自身所处的发展阶段，采取相应的财务战略。

(1) 在初创期，现金需求量大，需要大规模举债经营，因而存在很大的财务风险，一般采用股票股利政策。

(2) 在扩张期，现金需求量大，以较小幅度增长，财务风险仍然很高，一般采用低现金股利政策。因此，在初创期和扩张期企业应采取扩张型财务战略。

(3) 在稳定期，现金需求量有所减少，一些企业可能有现金结余，财务风险降低，通常采用现金股利政策。在稳定期，企业一般采取稳健型财务战略。

(4) 在衰退期，现金需求量持续减少，财务风险降低，一般采用高现金股利政策。在衰退期，企业应采取防御收缩型财务战略。

3. 财务战略的选择必须与企业经济增长方式相适应

长期以来，低水平重复建设与单纯数量扩张的经济增长，是我国经济增长的主要方式。这种增长方式在短期内容易见效，表现出短期高速增长的特征。但是，由于缺乏相应的技术水平和资源配置能力的配合，企业生产能力实际上受到了制约。因此，企业经济增长的方式客观上要求实现从粗放型增长向集约型增长的根本转变。为适应这种转变，财务战略需要从两个方面进行调整。

(1) 加大基础项目的投资力度。企业经济真正的长期增长要求提高资源配置能力和效率，而资源配置能力和效率的提高取决于基础项目的发展。虽然基础项目在短期内难以带来较大的财务利益，但它为长期经济的发展提供了重要的基础。所以，企业在财务投资的规模和方向上，要实现基础项目相对于经济增长的超前发展。

(2) 加大财务制度创新力度。通过建立与现代企业制度相适应的现代企业财务制度，既可以对追求短期数量增长的冲动形成约束，又可以强化集约经营与技术创新的行为取向；通过明晰产权，从企业内部抑制掠夺性经营的冲动；通过以效益最大化和本金扩大化为目标的财务资源配置，限制高投入、低产出对资源的耗用，使企业经营集约化、高效率得以实现。

（二）财务战略选择的方式

在企业发展的不同阶段，企业外部环境中的风险因素和企业内部拥有各项资源的情况不同，因此，企业需要根据自身的目标采取不同的财务战略。即便处于同一周期阶段，内外部条件不同的企业根据自身的目标也会采取不同类型的财务战略。根据企业发展周期的阶段特点，企业确定财务战略一般有如下几种方式。

1. 初创期财务战略的选择

这个阶段企业产品处于研发投入阶段，没有形成创造收入和利润的能力，产品市场尚未形成，企业面临的经营风险很大。因此，财务战略的关键是吸纳股权资本，筹资战略是筹集股权资本，股利战略是不分红，投资战略是不断增加对产品开发推广的投资。

2. 扩张期财务战略的选择

这个阶段企业产品成功推向市场，销售规模快速扩大，利润大幅增长，超额利润明显，产品市场快速增长并吸引了更多的竞争者，企业的经营风险略有降低。此阶段，企业以促进销售增长、快速提高市场占有率为战略重点，与之相匹配的财务战略是积极扩张型财务战略。其关键是实现企业的高增长与资金的匹配，保持企业可持续发展。筹资战略是尽量利用资本市场大量增加股权资本，适度引入债务资本，股利战略仍旧是不分红或少量分红，投资战略是对核心业务大力追加投资。有些企业在股权资本不足以支撑高速发展的时候，更多地利用债务资本，这种筹资方式只能作为短期的财务政策，不能成为该阶段的财务战略，否则很可能引发企业的财务危机。

3. 稳定期财务战略的选择

这个阶段企业销售稳定增长，利润多且较为稳定；由于竞争的加剧，超额利润逐渐减少甚至消失，追加投资的需求减少，企业战略重心转为对盈利能力的关注。与之相匹配的财务战略是稳健发展型财务战略，其关键是处理好日益增加的现金流量。筹资战略可调整为以更多低成本的债务资本替代高成本的股权资本；股利战略调整为实施较高的股利分配，将超过投资需求的现金返还给股东；投资战略上，企业可以利用充裕的现金流，围绕核心业务拓展新的产品或市场，进行相关产品或业务的并购，但需要防止由于盲目多元化造成企业竞争力下降。

4. 衰退期财务战略的选择

佳兆业吴建新：全面强化财务战略高质量增长

这个阶段企业产品市场需求逐渐衰退，销售开始下滑，企业利润减少甚至出现亏损，如果此时企业未进入新的产品市场或者实现转型，则不再需要更多的投资。此阶段企业的战略重心是收回投资，或通过并购扩大市场占有率，延缓衰退期的到来。企业财务战略是收缩型财务战略，其关键是收回现有投资并将退出的投资现金流返还给投资者。财务战略上采用的是不再进行筹资和投资，全额甚至超额发放股利，将股权资本退出企业，最终实现企业的正常终止。

第二节　财务预测原理及方法

财务预测是根据财务活动的历史资料，考虑现实的要求和条件，对企业未来的财务活动和财务成果作出科学的预计和测算。财务预测有广义和狭义之分。广义的财务预测包括筹资预测、投资预测、利润预测和现金流量预测等;狭义的财务预测仅指筹资预测。本节主要讨论筹资预测的依据和方法。

一、预测筹资数量的依据

企业的经营和投资业务的资本需要额是筹资的数量依据,必须科学合理地进行预测。开展企业筹资数量预测的基本目的是:保证企业经营和投资业务的顺利进行,使筹集的资本既能保证满足经营和投资的需要,又不会有太多的闲置,从而促进企业财务管理目标的实现。影响企业筹资数量的条件和因素有很多,如法律规范方面的限定、企业经营和投资方面的因素等。归纳起来,企业筹资数量预测的基本依据主要有以下几类。

(一) 法律方面的限定

(1) 注册资本限额的规定。如股份有限公司注册资本的最低限额为人民币500万元,公司在考虑筹资数量时必须先满足注册资本最低限额的要求。

(2) 企业负债限额的规定。如公司累计债券总额不超过公司净资产额的40%,这是为了保证公司的偿债能力,进而保障债权人的利益。

(二) 企业经营和投资的规模

一般而言,公司经营和投资规模越大,所需资本越多;反之,所需资本越少。在企业筹划重大投资项目时,需要进行专项的筹资预算。

(三) 其他因素

利息率的高低、对外投资规模的大小、企业资信等级的优劣等,都会对筹资数量产生一定的影响。

二、因素分析法

因素分析法是一种比较简单的预测筹资数量的方法。下面主要说明因素分析法的原理、运用,以及需要注意的问题。

(一) 因素分析法的原理

刚创业的公司财务预测的重点

因素分析法又称分析调整法,是以有关资本项目上年度的实际平均需要量为基础,根据预测年度的经营业务和加速资本周转的要求,进行分析调整,来预测资本需要量的一种方法。这种方法计算比较简单,容易掌握,但预测结果不太精确,因此通常用于匡算企业全部资本的需要额,也可以用于对品种繁多、规格复杂、用量较小、价格较低的资本占用项目的预测。采用这种方法时,应先在上年度资本平均占用额的基础上,剔除其中不合理占用部分;然后根据预测期的经营业务和加速资本周转的要求进行测算。因素分析法的基本模型是:

$$\text{资本需要额}=\left(\begin{matrix}\text{上年度资}\\\text{本实际平}\\\text{均占用额}\end{matrix}-\begin{matrix}\text{不合理}\\\text{平均占}\\\text{用额}\end{matrix}\right)\times\left(1\pm\begin{matrix}\text{预测年度}\\\text{销售增减}\\\text{的百分比}\end{matrix}\right)\times\left(1\pm\begin{matrix}\text{预测期资}\\\text{本周转速}\\\text{度变动率}\end{matrix}\right)$$

(二) 因素分析法的应用

根据因素分析法的基本模型,收集有关资料,就可以对筹资数量进行预测。

[例 3-1] 华联公司上年度资本实际平均占用额为 2 000 万元，其中不合理部分为 200 万元，预计本年度销售增长 5%，资本周转速度加快 2%，则预测年度资本需要额为多少？

$$\text{年度资本需要额} = (2\,000 - 200) \times (1 + 5\%) \times (1 - 2\%) = 1\,852.2(\text{万元})$$

(三) 运用因素分析法需要注意的问题

因素分析法比较简单，预测结果不太精确，因此运用这一方法时应当注意以下事项：

(1) 对决定资本需要额的众多因素进行充分的分析与研究，确定各种因素与资本需要额之间的关系，以提高预测质量。

(2) 因素分析法限于对企业经营业务资本需要额的预测，当企业存在新的投资项目时，应根据新投资项目的具体情况单独预测其资本需要额。

(3) 运用因素分析法匡算企业全部资本的需要额，只是对资本需要额的一个基本估计。在进行筹资预算时，还需要采用其他预测方法对资本需要额作出具体的预测。

三、回归分析法

回归分析法是一种较为复杂的预测筹资数量的方法。下面主要说明回归分析法的原理、运用以及需要注意的问题。

(一) 回归分析法的原理

回归分析法是先基于资本需要量与营业业务量(如销售数量、销售收入)之间存在线性关系的假定建立数学模型，然后根据历史有关资料，用回归直线方程确定参数预测资金需要量的方法。其预测模型为：

$$Y = a + bX$$

式中，Y 表示资本需要总额；a 表示不变资本总额；b 表示单位业务量所需要的可变资本额；X 表示经营业务量。

不变资本是指在一定的营业规模内不随业务量变动的资本，主要包括维持营业所需要的最低数额的现金、原材料的保险储备、必要的成品或商品储备，以及固定资产占用的资本。可变资本是指随营业业务量变动而同比例变动的资本，一般包括在最低储备以外的现金、存货、应收账款等所占用的资本。

(二) 回归分析法的应用

运用上述预测模型，在利用历史资料确定 a、b 数值的条件下，即可预测一定业务量 X 所需要的资本总量 Y。

[例 3-2] 华联公司 2015—2019 年的产销量与资本需要总额如表 3-1 所示。假设 2020 年产量为 7.8 万件。试预测 2020 年资本需要总额。

表 3-1 产销量与资本需要总额的历史资料表

年度	产销量(万件)X	资本需要总额(万元)Y	XY	X^2
2015	6.0	500	3 000	36
2016	5.5	475	2 612.5	30.25

（续表）

年度	产销量（万件）X	资本需要总额（万元）Y	XY	X^2
2017	5.0	450	2 250	25
2018	6.5	520	3 380	42.25
2019	7.0	550	3 850	49
$\sum$	30.0	2 495	15 092.5	182.5

（1）根据公式

$$\begin{cases}\sum Y = na + b\sum X \\ \sum XY = a\sum X + b\sum X^2\end{cases}$$

将数据带入公式得到：

$$\begin{cases}2\,495 = 5a + 30b \\ 15\,092.5 = 30a + 182.5b\end{cases}$$

求得：

$$\begin{cases}a = 205 \\ b = 49\end{cases}$$

（2）确定资本需要总额预测模型为：

$$Y = 205 + 49X$$

（3）将 2020 年的预计产销量 7.8 万件代入上式，则有 2020 年资本需要总额为：

$$205 + 49 \times 7.8 = 587.2\text{（万元）}$$

（三）运用回归分析法需要注意的问题

（1）资本需要额与营业业务量之间的线性关系应符合历史实际情况，预期未来这种关系将保持下去。

（2）确定 a、b 两个参数的数值，应利用预测年度前连续若干年的历史资料。一般要有 3 年以上的资料，才能取得比较可靠的参数。

（3）应当考虑价格等因素的变动情况。在预期原材料、设备的价格和人工成本发生变动时，应相应调整有关预测参数，以取得比较准确的预测结果。

第三节　预算管理理论及方法

预算编制是完整反映资源配置过程与预计配置结果的一种手段，也是预算管理的起点。预算编制过程以资源灵活配置为原则，沿着业务和管理流程预计各项资源的需求和供给，从而完成资源供求匹配。

一、预算编制内容

预算编制在内容上包括经营预算(业务预算)、资本支出预算、财务预算。

(一) 经营预算

对制造企业而言,经营预算是根据日常经营活动和管理活动编制的预算,具体包括销售预算、生产预算和销售及管理费用预算。预算编制既包括权责发生制下的各项经营预算,也包括收付实现制下的各项经营预算。

销售预算是经营预算编制的起点,包括销量预测、销售收入预算以及销售活动取得现金流入的预算。

生产预算包括产量预算、生产成本预算以及期末产品存货预算。生产成本预算按制造企业产品成本的主要构成,分为直接材料预算、直接人工预算、制造费用预算。一方面需要基于权责发生制,对直接材料、直接人工以及制造费用的成本编制预算;另一方面需要基于收付实现制,对材料采购、人工工资支付以及制造活动中其他现金流出编制预算。

(二) 资本支出预算

资本支出预算主要是企业围绕各项投资计划编制的长期投资预算,以及相关的筹资预算。通常情况下,资本支出预算是跨期的,需要分解到各年度。

经营预算和资本支出预算汇总起来形成企业的资源需求和预计可用资源,将两者相比较可以了解企业在预算中是有资源缺口还是资源冗余,由此财务部门需要进一步编制财务预算,统筹资金安排。

(三) 财务预算

财务预算是用货币形式综合反映企业未来一年(一个经营周期)内经营预算和资本支出预算对企业经营成果和财务状况的影响,以及企业做出的资金安排。

财务预算主要包括现金预算和预计报表(预计利润表、预计资产负债表、预计现金流量表)。

(1) 现金预算,包括预计经营活动现金流入流出、预计投资活动现金流入流出、预计筹资活动现金流入流出、预计利润分配相关的现金流出等。

(2) 预计利润表,以财务会计的利润表及其编制原理为依据,预计各项经营收入、各项经营成本、利润分配等。

(3) 预计资产负债表,以财务会计的资产负债表及其编制原理为依据,预计各个资产负债项目。

二、主要的经营预算内容

主要的经营预算包括销售预算、生产预算和销售及管理费用预算。

(一) 销售预算

销售预算作为预算编制的起点,编制的准确程度对整个企业的预算编制起着至关重要的作用。销售预算需要先预测未来经营期间的销售量,然后根据公式来预算未来销售收入。销售收入的计算公式为:

$$销售收入 = 销售量 \times 销售价格$$

1. 定性销售预测

定性销售预测又称定性分析法，主要依靠预测人员丰富的实践经验和知识以及主观的分析判断能力，在考虑政治经济形势、市场变化、经济政策、消费倾向等各项因素对经营影响的前提下，对事物的性质和发展趋势进行预测和推测。

(1) 判断分析法。判断分析法是指销售人员根据直觉判断进行预估，然后由销售经理加以综合，从而做出企业总体销售预测的一种方法。销售人员接近和了解市场，熟悉自己所负责区域的情况，用这种方法得出的预测数据比较接近实际情况；另外，采用这种方法，便于给各销售人员分配销售任务，发挥其积极性，激励他们完成各自的销售任务。但是，受各种因素的影响，销售人员的预测也会出现偏差，因此需要对销售人员的预测进行修正。

(2) 调查分析法。调查分析法是指通过对有代表性顾客的消费意向的调查，了解市场需求的变化趋势，进行销售预测的一种方法。公司的销售取决于顾客的购买，顾客的消费意向是销售预测中最有价值的信息。通过调查，可以了解顾客未来的购买量，顾客的财务状况，顾客的爱好、习惯和购买力的变化，顾客购买本公司产品占其总需要量的比重和选择供应商的标准等，这对销售预测很有帮助。

2. 定量销售预测

定量销售预测也称数量分析法，主要应用数学方法对与销售有关的各种信息进行科学的加工处理，建立相应的数学模型，充分揭示各有关变量之间的规律性联系，并做出相应的预测结论。

(1) 趋势预测分析法。趋势预测分析法是指对企业按发生时间先后顺序排列的一系列历史销售数据，应用一定的数学方法进行加工处理，找出销售随时间变化的趋势，由此推断其未来发展趋势。该方法假设历史趋势是可以延续的，由此借助历史趋势开展预测。常用的趋势预测分析法有算术平均法、加权平均法、指数平滑法等。

(2) 因果预测分析法。影响产品销售的因素是多方面的，既有企业外部因素，也有企业内部因素；既有客观因素，又有主观因素。在这些因素中，有些因素对产品销售起着决定性作用或与产品销售存在某种函数关系，只要找到与产品销售(因变量)相关的因素(自变量)，以及它们之间的函数关系，就可以利用这种函数关系进行产品的销售预测，这种销售预测方法就是因果预测分析法。

因果预测分析法最常用的方法是回归直线法，它假定预测期销售量同影响因素呈线性关系。为简化分析，先假定影响因素只有一个，则回归直线可以写成：

$$y = a + bx$$

根据最小二乘法，运用统计公式进行回归可以得到：

$$a = \frac{\sum y - b\sum x}{n}$$

$$b = \frac{n\sum xy - \sum x\sum y}{n\sum x^2 - (\sum x)^2}$$

(二) 生产预算

基于销量预测和销售预算,企业遵循以销定产的逻辑编制生产预算。生产预算的编制通常先确定产量预算,随后根据生产流程中各项资源耗费和成本项目编制直接材料预算、直接人工预算和制造费用预算,最后形成产品成本预算和期末存货预算。

1. 产量预算

产量预算是根据预计的销售量和预计的期初、期末产成品存货量,计算出每一个产品的预计产量,计算公式为:

$$预计产量 = 预计销售量 + 预计期末产成品存货量 - 预计期初产成品存货量$$

在编制产量预算时,不仅要考虑企业的销售能力,同时要考虑预算期期初和期末的存货量,将存货纳入产量预算是要避免存货过多造成资金积压和浪费,或存货不足、无货销售导致收入下降。

2. 直接材料预算

预计产量确定以后,将单位产品的直接材料消耗量乘以预计产量可得本期生产需要量,同时考虑预计期初、期末的材料存货量,便可得直接材料采购量,并据此编制直接材料预算。与产量预算相同,在编制直接材料预算时考虑期初、期末存货的目的在于避免因材料存货不足影响生产,或因材料存货过多造成资金的积压和浪费。

作为生产成本的重要项目,可以对单位产品材料耗用量按照标准成本法确定材料耗用标准,并以此作为预算编制依据,从而通过直接材料预算编制实现事前的成本管控。

预计直接材料采购量不仅可以用于安排预算期内的材料采购计划,也可用于计算直接材料的采购预算。其计算公式为:

$$直接材料采购预算 = 预计直接材料采购量 \times 直接材料预计单价$$

3. 直接人工预算

直接人工预算与直接材料预算相似,也是在生产预算的基础上编制的。其计算公式为:

$$直接人工预算 = 预计生产量 \times 单位产品直接人工小时 \times 小时工资率$$

4. 制造费用预算

制造费用预算是除直接材料和直接人工以外的其他产品成本预算。这些成本按照其与生产量的相关性(即成本性态)可分为变动制造费用和固定制造费用两类。不同性态的制造费用,其预算的编制方法不同。

变动制造费用与生产量之间存在线性关系,因此,其计算公式为:

$$变动制造费用预算 = 预计生产量 \times 单位产品预定分配率$$

固定制造费用与生产量之间不存在线性关系,其预算通常都是根据上年的实际水平,经过适当的调整而得。此外,固定资产折旧作为一项固定制造费用,由于不涉及现金支出,在编制制造费用预算中计算现金支出时,需要从固定制造费用中扣除。

5. 产品成本预算

产品成本预算是在生产预算的基础上,按预计的各项产品成本归集计算得出的。其计算公式为:

产品成本预算 = 直接材料预算 + 直接人工预算 + 变动制造费用预算 + 固定制造费用预算

结合产品生产周期，企业应该预计预算年度内的生产进度，将产品成本预算在完工产品和未完工产品成本之间分配，据此可得预算年度内的预计单位产品成本。进一步可得，产品销售成本预算的计算公式为：

产品销售成本预算 = 预计单位产品成本 × 预计销售量

6. 期末产成品存货预算

期末产成品存货不仅影响生产预算，其预计金额也关乎预计资产负债表和预计利润表。其计算公式为：

期末产成品存货预算 = 产成品的预计单位成本 × 预计期末产成品存货量

（三）销售及管理费用预算

销售及管理费用主要是销售部门、管理部门编制的各项费用，在企业实践中，通常会按照目标成本法确定费用控制目标，并据此编制预算；或者依据历史趋势编制费用预算；也可能完全依据未来发展计划逐一确定各项销售或管理计划的预算。

三、预算编制方法及其应用

按年度编制预算时，如何开展各项预测是关键。不同的预测假设形成不同的预算编制方法。假定企业未来一期的预测具有较高实现可能性，则企业可以将近乎确定的销量预测、产量预测作为预算编制的基础，这一编制方法称为固定预算。如果企业未来一期的预测有若干可能的水平，则企业可以根据这些预测水平分别编制预算，这一编制方法称为弹性预算。

整体上，企业预算常用的编制方法包括固定预算、弹性预算、零基预算、滚动预算等，以下将分别介绍。

（一）固定预算

固定预算是一种最基本的预算编制方法，所涉及的各项预定指标均为某一业务量（如产量、销售量、利润等）确定的预计数。

［例 3-3］ 华联公司只生产一种产品，销售单价为 200 元，预算年度 2020 年内四个季度的销售量经测算分别为 300 件、600 件、400 件和 450 件。根据以往经验，销货款在当季可收到 70%，其余部分将在下一季度收到。预计预算年度第 1 季度可收回上年第 4 季度的应收账款 18 000 元。

根据上述资料，编制销售预算表，如表 3-2 所示。

表 3-2 华联公司销售预算表

2020 年　　　　单位：元

项目		第 1 季度	第 2 季度	第 3 季度	第 4 季度	全年
预计销售量（件）	①	300	600	400	450	1 750
销售单价	②	200	200	200	200	200
预计销售额	③=①×②	60 000	120 000	80 000	90 000	350 000

根据销售预算、前期应收账款的收回及预计收到当期销货款的情况，能够编制出预计现金收入计算表，如表 3-3 所示。该计算表是编制现金预算的依据。

表 3-3　华联公司销售活动预计现金收入计算表

2020 年　　单位：元

项目		第 1 季度	第 2 季度	第 3 季度	第 4 季度	全年
预计销售额	①	60 000	120 000	80 000	90 000	350 000
收到上季应收销货款	②＝上季①×30%	18 000	18 000	36 000	24 000	96 000
收到本季销货款	③＝①×70%	42 000	84 000	56 000	63 000	245 000
现金收入合计	④＝②＋③	60 000	102 000	92 000	87 000	341 000

（二）弹性预算

在企业实际经营过程中，由于市场环境等因素影响，预算期的各项指标，如销售量、售价以及随业务量变化的变动成本等，都可能存在变化。弹性预算就是充分考虑预算期各预定指标可能发生的变化，编制各预定指标变化情况下的预算组合，从而保持预算的动态性。

企业可以根据当时的实际业务情况选择执行相应的预算，并按相应的预算水平开展预算评价考核。可见，弹性预算比固定预算更便于区分和落实责任。

弹性预算是建立在成本性态基础上的，企业需要结合业务量的各种水平编制相应的成本预算。

［例 3-4］　华联公司预算期产品销售单价为 200 元，单位变动成本为 80 元，固定成本总额为 46 600 元。华联公司充分考虑到预算期产品销售量发生变化的可能，编制出销售量为 1 550 件、1 650 件、1 750 件、1 850 件和 1 950 件时的弹性利润预算表，如表 3-4 所示。

表 3-4　华联公司弹性利润预算表

2020 年　　单位：元

销售量（件）	1 550	1 650	1 750	1 850	1 950
销售收入（单价 200 元）	310 000	330 000	350 000	370 000	390 000
减：变动成本 （单位变动成本 80 元）	124 000	132 000	140 000	148 000	156 000
贡献毛益	186 000	198 000	210 000	222 000	234 000
减：固定成本	46 600	46 600	46 600	46 600	46 600
营业净利	139 400	151 400	163 400	175 400	187 400

（三）零基预算

零基预算的全称为以零为基础编制的计划和预算，其主要特点是各项费用的预算编制不受以往费用水平的影响，而是以零为起点，根据预算期企业实际经营情况，按照各项开支的重要程度来编制预算。

零基预算不同于传统的预算编制方法。传统的做法是在上期预算执行结果的基础上，结合预算期的情况，加以适当的调整。这种预算方法比较简便，但是它以过去的水平为基础，在预算编制中容易承袭过去的不合理之处，或者是安于现状，造成预算浪费。

零基预算针对传统预算的不足进行改革，它要求对各个业务项目需要多少人力、物力和财力逐个进行估算，并预计其经济效果，在此基础上，按项目的轻重缓急分配预算经费。

零基预算的编制步骤为：

(1) 确定预算期的生产经营目标，如利润目标、销售目标或生产目标等，以便各部门制定各项固定费用的支出方案。

(2) 对预算期各项费用的支出方案进行成本效益分析及综合评价，权衡轻重缓急，划分成不同等级，并排出先后顺序。

(3) 按照排出的等级和顺序，根据企业预算期可用于费用开支的资金数额分配资金，落实预算。

[例 3-5] A 公司采用零基预算编制预算期 2020 年度的销售及管理费用预算，基本编制程序如下。

首先，企业销售及管理部门根据预算期利润目标及销售目标等，确定 2020 年发生的费用项目及支出数额为：保险费 3 000 元，广告费 5 000 元，租金 1 500 元，办公费 7 000 元，差旅费 2 000 元，培训费 5 000 元，合计 23 500 元。

其次，参照历史经验，对各费用项目中可在决策中改变其支出的酌量性固定成本，如广告费、培训费，进行成本效益分析，如表 3-5 所示。

表 3-5　成本效益分析表　　单位：元

项目	成本	收益	成本收益率
广告费	1	40	1∶40
培训费	1	25	1∶25

再次，将所有费用项目按照性质和轻重缓急，排出开支等级及顺序。

第一等级：保险费、租金、办公费和差旅费，属于约束性固定成本，为预算期必不可少的开支，应全额得到保证。

第二等级：广告费，属于酌量性固定成本，根据预算期企业资金供应情况酌情增减，但由于广告费的成本收益率高于培训费，因而列入第二等级。

第三等级：培训费，也属于酌量性固定成本，根据预算期企业资金供应情况酌情增减，但由于培训费的成本收益率小于广告费，因而列入第三等级。

最后，如果 A 公司预算期可用于销售及管理费用的资金数额为 21 000 元，则可以根据所排列的等级和顺序分配落实预算资金。

第一等级的费用项目所需资金应全额满足，分别为：保险费 3 000 元，租金 1 500 元，办公费 7 000 元，差旅费 2 000 元，合计 13 500 元。

剩余可供分配的资金数额为 7 500 元(21 000－13 500)，按成本收益率的比例分配广告费和培训费，则：

$$\text{广告费可分配资金} = 7\,500 \times \frac{40}{40+25} = 4\,615(\text{元})$$

$$\text{培训费可分配资金} = 7\,500 \times \frac{25}{40+25} = 2\,885(\text{元})$$

零基预算与传统预算方法相比，不是以承认现实的基本合理性为出发点，而是以零为起点，从而避免了原来不合理的费用开支对预算期费用预算的影响，具有能够充分合理、有效地配置资源，减少资金浪费的优点，特别适用于那些较难分辨其产出的服务性部门。但是，零基预算的方案评级和资源分配具有较大的主观性，容易引起各个部门之间的矛盾。

(四) 滚动预算

滚动预算也称连续预算，它与一般预算的重要区别在于预算期不固定在某一期间(一般预算的预算期通常是一年，并且与会计年度保持一致)，而是每执行完 1 个月的预算，就将这个月的经营成果与预算对比，从中找出差异及原因，并据此对剩余 11 个月的预算进行调整，同时自动增加 1 个月的预算，使新的预算期仍旧保持为一年。

滚动预算基本是按其他预算方法进行编制的，由于远期的市场等因素较难预测，使得它对近 3 个月内的预算比较详细具体，对后 9 个月的预算则较为笼统。

四、资本支出预算

资本支出预算是公司不经常发生资本投资性业务的预算，如公司固定资产的购置、扩建、改建、更新等都必须在投资项目可行性研究的基础上编制预算，具体反映投资的时间、规模、收益以及资金的筹措方式等。资本支出预算包括固定资产投资预算和未完工项目进展投资预算。

资本支出预算是与项目投资决策密切相关的专门决策预算。它主要根据经过审核批准的各个长期投资决策项目编制，并且需详细列出该项目在寿命周期内各个年度的现金流出量和现金流入量的明细资料。

[例 3-6] 假设 W 公司决定在 2021 年上马一条新的生产线，年内安装完毕，并于年末投入使用，有关资本支出预算如表 3-6 所示。

表 3-6 W 公司资本支出预算

2021 年　　单位：元

项目	1 季度	2 季度	3 季度	4 季度	全年
投资支出预算	50 000	40 000	70 000	80 000	240 000
借入长期借款	40 000			80 000	120 000

长期投资决策的时间跨度大，其现金流所包含的内容比较丰富。资本支出预算仅仅是反映各项长期投资决策在预算年度内的现金支出。长期投资决策在其他年份发生的现金支出应在其他年度的预算中加以反映，而因长期投资决策实施所连带引起的其他现金支出，如直接材料支出、直接人工支出等则分别在直接材料预算、直接人工预算中加以反映。

五、财务预算

财务预算一般包括现金预算以及预计报表(预计利润表、预计现金流量表、预计资产负债表)，现金预算将在营运资本管理的有关章节中介绍，这里主要介绍利润预算与财务状况预算。

(一) 利润预算

利润预算是企业预算期营业利润、利润总额和税后利润的综合预算。这里主要讲述利润预算的内容和利润预算表的编制。

1. 利润预算的内容

利润是企业一定时期经营成果的综合反映,构成内容比较复杂,利润预算主要包括营业利润、利润总额和税后利润预算以及每股收益预算。

(1) 营业利润预算。企业一定时期的营业利润包括营业收入、营业成本、期间费用、投资收益、资产处置收益等项目。因此,营业利润预算包括营业收入、营业成本、期间费用等项目的预算。

(2) 利润总额预算。在营业利润预算的基础上,利润总额预算还包括营业外收入和营业外支出的预算。

(3) 税后利润预算。在利润总额预算的基础上,税后利润预算还包括所得税的预算。

(4) 每股收益预算。在税后利润预算的基础上,每股收益预算包括基本每股收益和稀释每股收益的预算。

2. 利润预算表的编制

利润预算是企业的一种综合性预算,是在营业收入预算、产品成本预算、销售费用预算、管理费用预算、财务费用预算、资本预算等基础上汇总编制的。利润预算通常按年度编制,可以分季度反映,亦可按业务、产品分别编制部分利润预算,再汇总编制企业整体的利润预算。

为便于与财务会计上的利润表相比较,评价利润预算的实现情况,财务管理上的利润预算表可以采用年度利润表的格式。

[例 3-7] 某公司编制的 2020 年度利润预算表如表 3-7 所示。其中,“上年实际”栏中的数据取自该公司 2019 年度利润表,“本年预算”栏中的数据通过营业收入预算、产品成本预算、销售费用预算、管理费用预算、财务费用预算和资本预算核算获得。经预计,投资净收益为 140 万元,营业外收入为 30 万元,营业外支出为 70 万元,企业所得税税率为 25%。2019 年 1 月 1 日该公司流通在外的股份总数为 1 800 万股,预算年度没有增发新股计划,也不存在发行可转换公司债券、认股权证和股票期权的情况和计划。

表 3-7 利润预算表

2020 年　　　　单位:万元

项目	上年实际	本年预算
一、营业收入	8 000	9 000
减:营业成本	5 500	6 000
税金及附加	500	600
销售费用	450	500
管理费用	650	800
财务费用	200	240

（续表）

项目	上年实际	本年预算
资产减值损失	—	—
加：公允价值变动收益（损失以“—”号填列）	—	—
投资收益（损失以“—”号填列）	180	140
资产处置收益（损失以“—”号填列）	—	—
其他收益	—	—
二、营业利润（亏损以“—”号填列）	880	1 000
加：营业外收入	20	30
减：营业外支出	60	70
三、利润总额（亏损以“—”号填列）	840	960
减：所得税费用	210	240
四、净利润（净亏损以“—”号填列）	630	720
五、其他综合收益的税后净额	—	—
六、综合收益总额	—	—
七、每股收益		
（一）基本每股收益	0.35	0.4
（二）稀释每股收益	0.35	0.4

（二）财务状况预算

财务状况预算，有时又称资产负债表预算，是企业预算期末资产、负债和所有者权益的规模及分布的预算。与上述其他预算相比，财务状况预算是综合性最强的预算。通过财务状况预算，企业全面规划预算期末资产、负债和所有者权益的规模及分布的预算安排。此外，财务状况预算还在一定程度上反映企业预算期多种财务结构的预算安排。

在上述有关预算或预测的基础上，下面主要讲述财务状况预算的内容和财务状况预算表的编制。

1. 财务状况预算的内容

财务状况预算是最为综合的预算，其构成内容全面且复杂，主要包括短期资产预算、长期资产预算、短期债务资本预算、长期债务资本预算和股权资本预算。

(1) 短期资产预算，主要包括现金（货币资金）、应收票据、应收账款、存货等项目的预算。

(2) 长期资产预算，主要包括其他权益工具投资、长期股权投资、固定资产、无形资产等项目的预算。

(3) 短期债务资本预算，主要包括短期借款、应付票据、应付账款等项目的预算。

(4) 长期债务资本预算，主要包括长期借款、应付债券等项目的预算。

(5) 股权资本预算，主要包括股本（实收资本）、资本公积、盈余公积和未分配利润等项目的预算。

2. 财务状况预算表的编制

财务状况预算表是在基期实际资产负债表的基础上，根据预算期营业预算、投资预算、筹资预算和利润预算等有关资料汇总调整编制而成的。利润预算通常按年度编制，可以分季度、半年度反映。在企业存在事业部和子公司的情况下，应当按事业部和子公司分别编制财务状况预算表，并汇总编制企业整体的财务状况预算表。

为便于与财务会计上的资产负债表进行比较，评价财务状况预算的实现情况，财务状况预算表中的短期资产和长期资产分别相当于流动资产和非流动资产，短期债务资本和长期债务资本分别相当于流动负债和非流动负债，股权资本相当于股东权益。

［例 3-8］ 某企业编制的 2020 年 12 月 31 日财务状况预算表如表 3-8 所示。其中，“上年实际”栏中的数据取自该公司 2019 年 12 月 31 日的资产负债表。“本年预算”栏中的数据通过营业预算、投资预算、筹资预算和利润预算等核算获得。经预计，该企业预算年度计提盈余公积 60 万元，当年留用的未分配利润为 80 万元。

表 3-8 财务状况预算表

2020 年 12 月 31 日　　单位：万元

资产	上年实际	本年预算	负债和股东权益	上年实际	本年预算
流动资产：			流动负债：		
货币资金	250	260	短期借款	920	900
交易性金融资产	—	—	交易性金融负债	—	—
衍生金融工具	—	—	衍生金融负债	—	—
应收票据	520	500	应付票据	600	650
应收账款	1 100	1 200	应付账款	800	900
预付账款	60	70	预收款项	80	100
应收股利	40	50	合同负债	—	—
应收利息	20	10	应付职工薪酬	100	110
其他应收款	80	90	应交税费	70	80
存货	2 030	2 240	其他应付款	30	80
持有待售资产	—	—	持有待售负债	—	—
一年内到期的非流动资产	—	—	一年内到期的非流动负债	—	—
其他流动资产	40	30	其他流动负债	50	60
流动资产合计	4 140	4 450	流动负债合计	2 650	2 880
非流动资产：			非流动负债：		
债权投资	300	200	长期借款	3 100	3 590
其他债权投资	—	—	应付债券	—	—
长期应收款	—	—	长期应付款	750	680

（续表）

资产	上年实际	本年预算	负债和股东权益	上年实际	本年预算
长期股权投资	400	500	专项应付款	—	—
其他权益工具投资	—	—	预计负债	—	—
其他非流动金融资产	—	—	递延收益	—	—
投资性房地产	—	—	递延所得税负债	—	—
固定资产	6 400	6 800	其他流动负债	—	—
在建工程	100	200	非流动负债合计	3 850	4 270
生产性生物资产	—	—	负债合计	6 500	7 150
油气资产	—	—	股东权益：		
无形资产	120	100	股本	4 000	4 000
开发支出	—	—	其他权益工具	—	—
商誉	—	—	资本公积	300	300
长期待摊费用	—	—	其他综合收益	—	—
递延所得税资产	—	—	盈余公积	460	520
其他非流动资产	—	—	未分配利润	200	280
非流动资产合计	7 320	7 800	股东权益合计	4 960	5 100
资产总计	11 460	12 250	负债和股东权益合计	11 460	12 250

财务状况预算还在一定程度上反映企业预算期多种财务结构的预算安排。企业与财务状况有关的财务结构主要有资产期限结构（流动资产与非流动资产的结构）、债务资本期限结构（流动负债与非流动负债的结构）、全部资本属性结构（负债与股东权益的结构）、长期资本属性结构（非流动负债与股东权益的结构）和股权资本结构（永久性股东权益与非永久性股东权益的结构。其中，永久性股东权益包括实收资本、资本公积和盈余公积，非永久性股东权益即未分配利润）。

企业的高管层，尤其是财务主管把握企业与财务状况有关的财务结构的预算安排，对于指导和监控企业投资、筹资、营运资本和股利分配等财务管理工作具有重要意义。

预算管理中的PDCA理念

本章小结

企业财务战略对于企业发展至关重要，从不同的方面看，财务战略可以分为两个大类：职能类财务战略，包括投资战略、筹资战略、营运战略和股利战略；综合类的财务战略，包括扩张型财务战略、稳健型财务战略、防御型财务战略和收缩型财务战略。企业应该根据自身具体情况以及市场环境情况选择合适的财务战略。财务预测（主要指筹资预测）应当考虑多个因素的影响，可以运用因素分析法和回归分析法对企业未来资金需要量进行预测。企业预算管理包括利润预算和财务状况预算两个部分，主要是运用合理的方法推测企业未来的经营状况和财务状况。

复习思考题

1. 如何认识企业财务战略对企业财务管理的意义?
2. 试分析说明企业财务战略的特征和类型。
3. 如何根据企业发展阶段安排财务战略?
4. 试归纳分析筹资数量预测的影响因素。
5. 试分析预测筹资数量的回归分析法的局限及改进设想。
6. 试归纳说明利润预算的内容。
7. 试归纳说明财务状况预算的内容。

案例分析

六顺电气公司战略管理案例

六顺电气公司是一家中等规模的家用电器制造企业，在行业竞争中具有一定的经营和财务优势，但设备规模及生产能力不足。目前，宏观经济处于企稳阶段，家电消费需求数量和购买能力呈上升趋势。公司为抓住机遇，发挥优势，增加利润和企业价值，增强可持续发展实力，正在研究经营与财务战略，并准备采取下列措施：

(1) 加大固定资产投资力度并实行融资租赁方式，扩充厂房设备。

(2) 实行赊购与现购相结合的方式，迅速增加原材料和在产品存货。

(3) 开发营销计划，加大广告推销投入，扩大产品的市场占有率，适当提高销售价格，增加营业收入。

(4) 增聘扩充生产经营所需的技术工人和营销人员。

要求：试分析该公司目前的基本状况和所处的经济环境及其对该公司的影响。同时，请回答：

(1) 你认为该公司准备采取的经营与财务战略是否可行?

(2) 如果你是该公司的首席财务官，从筹资战略的角度看，应采取哪些措施?

参考答案

第四章 融资管理理论

教学目的与要求

1. 了解企业融资的动机与原则。
2. 掌握企业融资的渠道与方式。
3. 理解企业融资类型和其各自的特点。
4. 掌握资金需要量的测算。
5. 掌握销售百分比法与资金习性预测法的计算方法。

引导案例

哔哩哔哩融资之路

2018年3月29日，中国最大的流媒体在线平台哔哩哔哩(英文名称:Bilibili，简称B站)公司在美国首次公开募股(IPO)，筹集4.83亿美元。

哔哩哔哩现为中国年轻一代高度聚集的文化社区和视频平台，该网站于2009年6月26日创建。

公司资料显示，2017年第四季度，该公司的月度活跃用户数为7 180万。其中，大约82%的用户出生于1990年至2009年，且出生在中国。

B站招股书披露，截至2017年第4季度，B站MAU(平均每月活跃用户)为7 180万人，同比增长49.4%，活跃用户在B站移动APP上的日均留存时长为76.3分钟。1990年至2009年出生的年轻人占据B站总用户数的80%以上，被称为“Generation Z”。

该公司董事长兼首席执行官陈睿表示，此次上市筹集的资金将主要用于提升网站基础设施、激励内容创作者，以及招募更多人才。

阅读案例思考，企业除了上市获取社会资金以外，还有哪些融资方式和渠道？企业融资是出于哪些动机？如何选择适用于不同生命周期、不同性质企业的融资方式？

重点知识思维导图

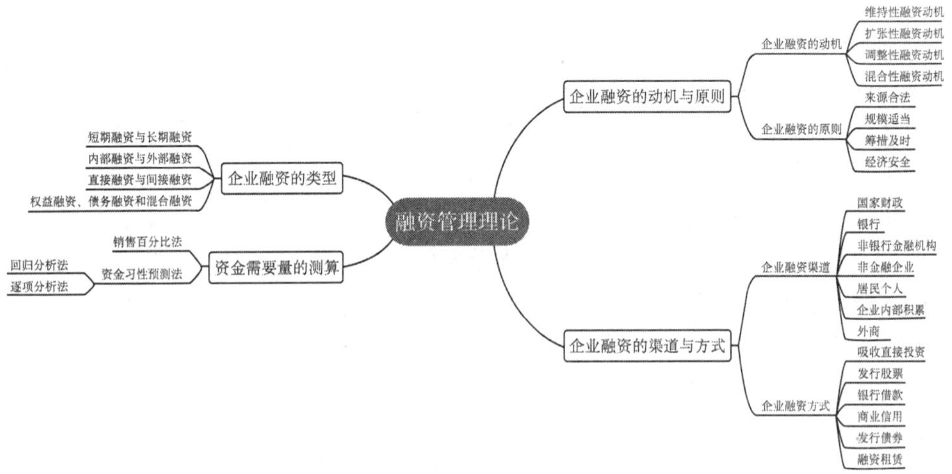

第一节　企业融资的动机与原则

融资是资金融通(Financing)的简称,通常是指货币资金的持有者和需求者之间直接或间接地进行资金融通的活动。在商品生产和交换中,由于不同企业的投资需求不同、生产的产品不同、资金周转速度不同,不同企业之间必然发生资金有余或不足。为调剂资金余缺,企业有必要进行资金融通,表现为企业通过各种方式到金融市场上筹措或贷放资金。虽然资金融通从广义上看是一种资金双向互动的过程,一方面,资金供给者实现投资;另一方面,资金需求者获得所需资金。但习惯上总是从狭义上去理解它,认为融资主要是指资金的融入,是企业根据自身的生产经营状况、资金拥有状况以及公司未来经营发展的需要,经过科学的预测和决策,运用一定的筹资方式,通过筹资渠道和金融市场向企业的投资者和债权人筹集资金,以保证企业正常生产需要的财务活动。企业融资活动的结果是形成企业的资金来源,可见,企业融资与企业筹资实质上是同一种经济行为。

一、企业融资的动机

企业融资的动机是指引发企业筹集资金的原因。企业融资的具体动机是多种多样的,有时为了购置固定资产、引进无形资产、研发新产品而融资;有时为对外投资而融资;有时为偿付债务、调整资本结构而融资;有时为维持资金周转而融资。各种原因归纳起来有四种类型:维持性融资动机、扩张性融资动机、调整性融资动机和混合性融资动机。

(一) 维持性融资动机

维持性融资动机是指企业通过筹得资金以便维持正常的生产经营活动。理论上,资金在循环的过程中,一般都可以补偿生产经营活动的各项耗费,从而实现简单的再生产。但在实际经营中,每一次循环收回的资金与下一次循环所需要的资金在时间和实物形态上往往存在不一致的现象。例如，企业在采用赊销方式下，一部分未收回的货款表现为应收账款，而下一期生产经营活动仍需要现金开支，基于这样的情况，企业就需要从外部筹得资金来调节生产经营资金出现的暂时短缺。

（二）扩张性融资动机

扩张性融资动机是指企业为了满足扩大经营规模或对外投资需要而产生的融资动机。随着企业生产经营规模的不断扩大，企业对新建厂房、增加设备、引进人才这种外延式扩大再生产产生了需要，或者对引进技术改进设备，提高固定资产生产效率等内涵式扩大再生产产生了动机。尤其是一些具有良好发展前景的成长期企业，往往都会产生扩张性融资。扩张性融资的直接结果是企业资产规模和资本总额的增加。

（三）调整性融资动机

调整性融资动机是指企业为了调整资本结构的需要而产生的融资动机。随着环境和企业发展阶段的变化，已有的资本结构可能不再合理，需要相应地予以调整，使得企业价值最大化。比如，企业有些债务到期必须偿付，企业也具备足够的偿债能力来偿付，但为了调整资本结构，仍然举债；或者已有的资本结构中债务融资过高，财务风险大，则企业采取债转股等形式来调整资本结构，使得资本结构趋于合理。调整性融资动机不会改变资本总额和资产总额。

（四）混合性融资动机

混合性融资动机是指企业融资的原因可能不是唯一的，由多种原因所产生的融资动机称为混合性融资动机。企业混合性融资动机一般是基于扩大生产规模的同时又调整资本结构而产生的。这种方式会使得企业资产和资本规模同时扩大，同时改变资本结构。

二、企业融资的原则

（一）来源合法原则

不同来源的资金对企业的收益和成本有不同的影响，而企业的融资活动影响着社会资金的流向和流量，涉及多方面的经济利益。因此，企业筹集资金必须遵守国家的法律法规，接受国家宏观调控与指导，公平、公正、公开地履行约定的责任，维护有关各方的合法权益。

（二）规模适用原则

企业的资金需要量往往是不断波动的，企业筹集资金是要做到以用定筹，以投定筹。也就是企业财务人员要认真分析，预测资金数量，做到融资期限与资金使用期限基本一致，融资风险与投资风险相协调，融资数量既能避免因资金筹集不足影响企业正常运营，又能防止资金过多造成闲置。

（三）筹措及时原则

同等数量的资金在不同时点上具有不同的价值，融资与用资在时间上要相互衔接，既要避免过早筹得资金形成闲置资本，增加资本成本，又要防止筹措滞后而延误投资的最佳时机。

（四）经济安全原则

企业在进行融资决策时，要对各种资金来源的资金成本进行仔细比较，对各种融资结构的加权平均资本成本进行仔细计算，合理选择，以降低资金成本，提高融资效益。同时，资金的筹措要尽量与企业资金来源的结构保持一致，负债率和还债率控制在偿还能力范围内，保持资金的流动性和机动性，保持企业控制权的独立性。

第二节　企业融资的渠道与方式

企业是一切从事生产、流通或者服务型活动，以谋求经济利益的经济组织。为了实现财务管理目标，企业不断进行着资金—资产—生产—销售收入—净利润—资金的循环，从中可以看出资金的重要性。

一、企业的融资渠道

（一）国家财政资金

出于控制和掌握关系国家安全和国民经济命脉的重要行业和关键领域、鼓励扶持特定行业、支持和引导非国有经济的发展等需要，国家财政以各种形式投入资金。由于国家财政资金具有广阔的来源和稳固的基础，在国有经济始终占主导和支配地位的军工、航天航空、石油石化、通信、电力、交通运输等行业，财政资金更是其重要的资金来源。除投入资本、无偿拨付等形式外，企业取得的财政贴息、先征后退或即征即退等方式返还的税款、减免税款、行政划拨的非货币资产（如土地使用权等），都可视同国家对企业的投资。

（二）银行信贷资金

银行对企业提供的各种贷款是我国各类企业资金的主要来源渠道。我国银行按其功能分为商业银行和政策性银行两种。商业银行是以经营存款、放款，办理转账结算为主业务，以盈利为主要经营目标的金融企业。我国商业银行包括国有商业银行、股份制商业银行、城市商业银行、农村商业银行和外资银行。政策性银行是为特定企业或业务提供政策性贷款的银行，主要有国家开发银行、中国进出口银行和中国农业发展银行。

（三）非银行金融机构

非银行金融机构主要有金融资产管理公司、保险公司、证券公司、城市信用社、农村信用社、企业集团财务公司、信托投资公司、金融租赁公司、汽车金融公司、货币经纪公司等。它们所提供的金融服务比银行更为广泛，既包括信贷资金的投放，也包括物资的融通，还可以为企业提供承销证券等金融服务。这类金融机构的资金力量比商业银行要小，业务受限较多，但资金供应比较灵活方便，发展前景十分广阔。

（四）非金融企业

其他企业出于某种原因会向企业提供一定的资金来源。例如，在企业间的购销往来中，通过商业信用直接向企业提供债务资金；或者为了提高资金收益率，其他企业可能会把经营过程中暂时闲置的资金用于投资；也可能因为业务关系、投资需求而对外长期投资等。通过投资和商业信用，其他企业也成为企业的融资渠道之一。需要说明的是，在西方，企业和企业之间可以直接或通过经纪人发生借贷关系，但这种脱离商品交易活动而进行的企业之间的相互借贷行为目前在我国还受到一定限制。

(五) 居民个人

随着市场的发展,金融产品的丰富,居民的理财意识也在不断提高,开始选择自主投资,把手中未转化为银行储蓄的结余资金,用于购买股票、债券、基金、保险、房地产等,成为企业的一项资金来源。

(六) 企业内部积累

企业内部积累是指留存收益,即企业提取的公积金和未分配利润。可以用于弥补亏损、转增资本或者用于企业的生产经营,是企业稳定的、无须支付成本的资金来源,也不需要企业采用任何方式去专门筹措。

(七) 外商

外商是指外国投资者以及我国港、澳、台投资者。改革开放政策的实施使得中国经济融入世界经济,吸引了大量的外商资金。

二、企业的融资方式

融资方式是指从各种资金渠道取得所需资金所采用的具体形式。它旨在说明企业财务管理人员运用什么样的具体形式从各种渠道筹措所需的资金。

目前,我国企业的融资方式主要有以下几种。

(一) 吸收直接投资

吸收直接投资是指企业根据协议吸收国家财政、其他企业、居民个人和外商的货币、实物、无形资产等形式出资或者增资形成企业资本金的一种融资方式,这是非股份制企业取得股权资本的基本方式。

(二) 发行股票

发行股票是股份有限公司以股票形式向社会公开募集或者向特定对象募集股本的一种融资方式。募集的股本因所有权性质不同分为国家股、国有法人股、其他法人股、个人股和外资股等不同类型。

(三) 银行借款

银行借款是企业从银行等金融机构借入的款项。

(四) 商业信用

商业信用是指企业在商品或服务交易中与其他企业由于延期付款或者预收货款而形成的借贷关系。一方面表现为购买方因为赊购或者销售方因为预收货款形成的短期负债资金流入;另一方面则相应形成赊销方或购买方的短期应收债权。

(五) 发行债券

发行债券是指符合法定条件的企业通过债券的发行来筹集资金的一种方式。目前,我国企业债券的年度发行规模是由国家发展和改革委员会会同中国人民银行、财政部、中国证监会共同拟订并报国务院批准后执行。企业发行企业债券必须按规定进行审批,实际发行过程中,通常要求有银行等具有较好资信的机构予以担保,以防止风险。

(六) 融资租赁

融资租赁是由出租人按照承租人的要求融资购买设备,在合同规定的较长期限内提供给承租人使用,并以分期收取租金的形式收回资产价值的一种信用行为。融资租赁的目的是融通资金，取得长期资产的使用权，它是集融资和融物为一体的一种特殊融资方式。

在上述融资方式中，吸收直接投资和发行股票属于权益资本融资方式，其余几种融资方式属于负债融资方式。

企业的融资渠道和融资方式既有联系又有区别。同一渠道的资金往往可以采用不同的筹集方式，而一定的融资方式既可以适用于某一特定的融资渠道，也可能适用于不同的融资渠道。企业进行融资时必须实现两者的合理选择和有机结合。

常见中小企业融资方式

第三节 企业融资的类型

根据不同的分类方法，资金的来源可以分为不同的类别。

一、短期融资和长期融资

按照企业所融资金的使用和归还期限长短，融资可以分为短期融资和长期融资。

短期融资一般是指融入资金的使用和归还期限在一年以内，主要用于满足企业生产经营中的资金需求。企业可利用短期银行贷款、商业信用、票据贴现、经营租赁等方式筹集短期资金。

长期融资一般是指融入资金的使用和归还期限在一年以上，主要用于满足企业购建固定资产、取得无形资产、进行长期投资等活动所需要的资金。企业可通过吸收直接投资、发行股票、发行债券、长期借款、融资租赁、留存收益等方式来筹集资金。

二、内部融资和外部融资

按照企业所融资金来源，可以将企业融资分为内部融资和外部融资。

内部融资是指在企业内部通过利润留存和计提折旧等而增加的资金来源。计提折旧并不增加企业的资金规模，只是转化资金形态。内部融资数额大小主要取决于企业可分配利润数量和利润分配政策，不会发生融资费用，从而降低资本成本。内部融资采用留存收益方式。

外部融资是指企业从外部筹集形成的资金来源，如发行股票、债券、融资租赁、商业信用等。外部融资会发生融资费用，从而提高资本成本。

三、直接融资和间接融资

根据融资者和投资者之间不同的经济关系，可将融资行为分为直接融资和间接融资。

直接融资是指融资者不以金融机构为媒介，直接从最终投资者手中获得资金的融资活动。企业一般通过吸收直接投资、发行股票、发行债券等方式来筹集资金。

间接融资是指企业借助于银行等金融结构融通资本的融资活动。这种融资方式下，投资者与融资者不发生直接的经济关系，而是将手中多余的资金以存款等形式投资于有关的金融机构，由这些金融机构以借款等形式将集中起来的资金投资于企业等融资者。

直接融资的优点是资金来源广泛，可利用的融资渠道和融资方式较多，能够直接利用社会资金，提高企业的知名度和可信度；其缺点是融资手续繁琐，融资费用较高。间接融资的优点是相对比较简单，融资效率高，融资数量和期限灵活；其缺点是融资数量有限，融资期限一般较短，而且容易受金融政策的制约和影响。

四、权益融资、债务融资和混合融资

按照企业资金来源的权益性质，融资可划分为权益融资、债务融资和混合融资。

权益资金又称为权益资本，是由企业所有者投入的资金。对于权益资金，企业可以长期使用，无需偿还。企业的权益资本包括实收资本、资本公积、盈余公积和未分配利润。我国企业的权益资金一般通过政府财政资本、其他法人资本、民间资本、企业内部资本、国外企业和我国港、澳、台地区资本等融资渠道，采用吸收直接投资、发行股票、留存收益等融资方式取得。

借入资金也称为债务资本，是由企业债权人投入的资金，企业在约定的期限内对债务资本享有经营权。债务资本使用时间有限，企业要承担到期还本付息的义务，具有较大的财务风险。

我国企业的债务资本一般是通过银行信贷资本、非银行金融机构资本、其他法人资本、民间资本、企业内部资本、国外企业和我国港、澳、台地区资本等融资渠道，采用银行借款、发行债券、融资租赁等融资方式取得。

混合融资是指兼有权益融资和债务融资双重性质的融资。目前，我国上市公司最常发生的混合融资方式是发行可转换债券和发行认股权证。

综合上述，企业生存发展中所需要的长短期资金可通过三个逐步递进的层次完成资金融通。首先，内源融资和外源融资；其次，外源融资又可分为直接融资和间接融资；最后，直接融资又可分为权益融资、债务融资和混合融资。企业的资金来源结构如图 4-1 所示。

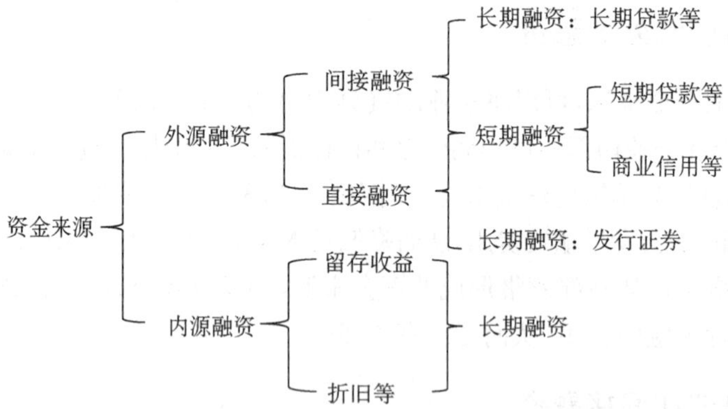

图 4-1　企业资金来源结构

第四节　资金需要量的测算

企业的经营活动和投资活动都影响着资金的流量和资金的流向，因此，企业往往以实现财务管理目标为出发点，以市场需求的研究和预测为基础，以销售预算为主导，对企业未来的资金进行筹划和安排，确定合理的筹资规模，尽可能避免所筹资金过多或过少给企业造成

损失。

企业常用的资金需要量预测方法主要有销售百分比法和资金习性预测法。

一、销售百分比法

销售百分比法是财务报表预测的一种方法，这种方法基于两大假设：一是大多数资产负债表的科目与销售额有直接关系，如库存现金、应收账款、存货、固定资产净值、应付账款、应付费用等敏感项目；二是在现有销售水平下，所有资产尤其是固定资产已得到充分利用，如果增加销售量，则必须增加资产。

按销售百分比法预测的外部融资需求额计算步骤如下：

第一步，确定预测期的销售收入。

第二步，确定资产、负债项目与销售收入之间的关系，以此测算预计的资产、负债。

第三步，根据预测的销售收入、销售净利率和股利支付率，测算企业的留存收益增加额。

第四步，根据公式确定企业的外部融资需求额，公式如下：

外部融资需求额＝新增销售额×(资产销售百分比－负债销售百分比)－
销售额×销售净利率×(1－股利支付率)
＝预计总资产－预计总负债－(留存收益增加额＋上年股东权益总额)

其中，新增销售额＝销售增长率×基期销售额

［例 4-1］ 甲公司 2020 年有关的财务数据如表 4-1 所示。该公司 2020 年销售收入为 4 000 万元，且生产能力已经用足。假设销售净利率为 8%，2021 年销售收入增长 15%，股利支付率维持上年 30%的水平，确定甲公司的外部融资需求。

表 4-1　2020 年甲公司资产负债表(简)

单位：万元

资产	金额	负债和所有者权益	金额
现金	150	应付账款	400
应收账款	350	应付票据	500
存货	700	长期借款	300
固定资产	1 900	长期债券	200
无形资产	400	股本	1 900
		留存收益	200
合计	3 500	合计	3 500

第一步，确定预测期的销售收入＝销售增长率×基期销售额＝(1＋15%)×4 000＝4 600(万元)。

第二步，确定各资产、负债项目与销售收入的关系，并确定预测的资产、负债金额，如表 4-2 所示。

表 4-2　资产、负债占销售收入百分比计算表

单位：万元

资产	占基期收入百分比	预测金额（销售 4 600 万元）	负债和所有者权益	占基期收入百分比	预测金额（销售 4 600 万元）
现金	3.75%	172.5	应付账款	10%	460
应收账款	8.75%	402.5	应付票据	—	500
存货	17.5%	805	长期借款	—	300
固定资产	47.5%	2 185	长期债券	—	200
无形资产	—	400	股本	—	1 900
			留存收益	—	457.6
			需要筹集的外部资金	—	147.4
合计	77.5%	3 965	合计	10%	3 965

注：表中“—”表示非敏感项目。

$$预测期资产 = \sum 敏感资产项目 + \sum 非敏感资产项目 = 77.5\% \times 4\,600 + 400 = 3\,965(万元)$$

$$预测期负债 = \sum 敏感负债项目 + \sum 非敏感负债项目 = 10\% \times 4\,600 + 500 + 300 + 200 = 1\,460(万元)$$

第三步，预计留存收益增加额＝预计销售额×销售净利率×留存收益率

＝预计销售额×销售净利率×(1－股利支付率)

＝4 600×8%×(1－30%)＝257.6(万元)

因此，表中留存收益＝200＋257.6＝457.6(万元)。

第四步，确定外部融资需求。

$$\begin{aligned}外部融资需求额 &= 新增销售额 \times (资产销售百分比 - 负债销售百分比) - \\ &\quad 销售额 \times 销售净利率 \times (1 - 股利支付率) \\ &= 600 \times (77.5\% - 10\%) - 4\,600 \times 8\% \times 1 - 30\%) = 147.4(万元)\end{aligned}$$

或：

$$\begin{aligned}&= 预计总资产 - 预计总负债 - (留存收益增加额 + 上年股东权益总额) \\ &= 3\,965 - 1\,460 - (257.6 + 2\,100) = 147.4(万元)\end{aligned}$$

在按销售百分比法预测外部融资需求时，关键是要确定资产、负债项目与销售收入之间的关系，当预测结果与实际存在较大差异时，则会对企业的融资决策产生错误的影响。

二、资金习性预测法

资金习性预测法，是指资金习性预测未来资金需要量的一种方法。其中，资金量变动与产销量之间的依存关系称为资金习性。企业资金根据资金习性可分为不变资金、变动资金和半变动资金三部分。

不变资金是指在一定的产销量范围内，不受产销量变动的影响而保持固定不变的那部分资金。如，为维持经营业务而占用的最低数额的现金、原材料的保险储备专用的资金、厂房机器等固定资产占用的资金等。

可变资金是指随产销量呈同比例变动的那部分资金。其特点是总额随产销量变动呈正比例变动，但单位可变资金在产销量一定范围内保持不变。如直接构成产品实体的原材料、外购件等占用的资金。

半变动资金虽受产销量影响，但不呈同比例变动，如一些辅助材料所占用的资金。

资金习性预测法包括回归分析法和逐项分析法等。

(一) 回归分析法

回归分析法假定资金需要量与产销量之间存在线性关系，通过建立数学模型，来预测资金需求。公式如下：

$$Y = a + bx$$

其中，a 为不变资金；b 为单位产销量所需的变动资金。企业应先根据产销量与资金需要量的历史数据资料采用回归直线方程组方法求出 a 和 b 值；再代入 $Y=a+bx$ 模型中，确定资本需要量。

[**例 4-2**]　丙公司 2015—2020 年实际产销量和资金使用量情况如表 4-3 所示。2021 年预计销售量 1 100 万件。要求：预计 2021 年的资金需要量。

表 4-3　2015—2020 年产销量与资金使用量情况表

年度	产销量(万件)X	资金使用量(万元)Y
2015	120	1 000
2016	110	950
2017	100	900
2018	120	1 000
2019	130	1 050
2020	140	1 100

首先，根据历史资料列表计算 $\sum X$、$\sum Y$、$\sum XY$、$\sum X^2$，如表 4-4 所示。

表 4-4　$\sum X$、$\sum Y$、$\sum XY$、$\sum X^2$ 值计算表

年度	X	Y	XY	X^2
2015	120	1 000	120 000	14 400
2016	110	950	104 500	12 100
2017	100	900	90 000	10 000
2018	120	1 000	120 000	14 400
2019	130	1 050	136 500	16 900
2020	140	1 100	154 000	19 600
求和 $n=6$	720	6 000	725 000	87 400

其次，计算 a 和 b 的值。根据公式可知：

$$a=\frac{\sum X^2\sum Y-\sum X\sum XY}{n\sum X^2-(\sum X)^2}=400$$

$$b=\frac{n\sum XY-\sum X\sum Y}{n\sum X^2-(\sum X)^2}=0.5$$

最后，根据预测期 2021 年销售量 1 100 万件，代入方程 $Y=400+0.5X$，可知 2021 年现金需要量预测为 $400+0.5\times1\ 100=1\ 150$（万元）。

（二）逐项分析法

逐项分析法是根据各资金占用项目和资金来源项目同产销量之间的关系，把各项目资金都分为变动和不变两部分，再汇总在一起，求出企业变动资金总额和不变资金总额，进而预测资金需要量的方法。常见的方法有技术分析法、个别确认法、高低点法、散布图法。本章主要介绍高低点法。

高低点法又称两点法，是根据过去一定时期产销量与对应项目资金的资料，通过最高点产销量及其相对应的资金需要量和最低点产销量及其相对应的资金需要量，通过计算确定项目中固定资金 a 和单位变动资金 b，进而确定资金需要量和产销量之间的函数关系的资金习性分析法。

［例 4-3］ 某公司近 6 年应收账款与销售额之间的资料如表 4-5 所示，要求计算现金占用项目中不变资金和变动资金数额。

表 4-5　应收账款和销售额情况

单位：元

年度	销售收入 X	应收账款 Y
2015	8 000	240
2016	24 000	340
2017	16 000	280
2018	32 000	340
2019	48 000	460
2020	40 000	3 000

采用高低点法计算如下：

$$b=\frac{\text{最高收入期的应收账款}-\text{最低收入期的应收账款}}{\text{最高销售收入}-\text{最低销售收入}}=0.005\ 5$$

将 $b=0.005\ 5$ 代入 $Y=a+bX$，得 $a=460-0.005\ 5\times48\ 000=196$（万元）。

或者，$a=240-0.005\ 5\times8\ 000=196$（万元）。

本章小结

本章讨论的是与企业融资管理相关的一些基本问题，是对筹资管理的基本介绍，让读者对融资管理有一个概略的了解。

企业可以采取的融资方式很多。股权性资金的筹集方式主要有吸收投入资本和发行普通股，债权性资金的筹集方式主要有长期借款、发行债券和融资租赁，混合性资金的筹集方式主要有发行优先股、可转换债券和权证。对这些融资方式的具体种类、融资条件、基本程序和优缺点等问题，应在比较中相互了解，从而有助于企业进行灵活选择和运用。

对资金需要量进行科学合理的预测是有效融资的前提。资金需要量的预测建立在一系列假设和估计的基础之上，要做到完全准确是不现实的，但是掌握了科学的预测方法，无疑有助于尽量合理地进行预计和测算。随着企业营业规模的变化，资金需要量也发生变化。预测这种变化的两种重要方法是销售百分比法和资金习性预测法。

复习思考题

1. 不同的融资方式和融资来源的配合情况是怎样的？

2. 企业融资管理的基本要求有哪些？

3. 利用销售百分比法，预测资金需要量的基本思路是什么？

4. 什么是资金习性预测法？它的依据是什么？

5. 吸收直接投资、发行股票、银行借款、商业信用、发行债券和融资租赁这六种融资方式，分别适用于哪些企业？为什么？

6. 谈谈你对前述六种融资方式各自优缺点的看法，并分析企业应如何选择合适的融资方式。

案例分析

案例资料：万科企业股份有限公司（以下简称万科）成立于 1984 年 5 月，以大众住宅开发为核心业务，业务覆盖上海、深圳、广州、北京、天津等 20 多个省市，已经成为中国最大的房地产上市公司之一。经过多年努力，万科逐渐确立了其在房地产行业的竞争优势。2011 年 1 月 4 日，万科 A 股发布的 2010 年 12 月份销售业绩简报称，2010 年 1～12 月，万科累计实现销售面积 897.7 万平方米，销售金额 1 081.6 亿元，与 2009 年相比增加七成，成为首个年销售额达千亿元的房地产企业。

万科的融资方向包括国内和国际融资，多元化的融资方式为万科经济业务的开展提供了源源不断的资金。1991 年 1 月 29 日，万科 A 股正式在深交所挂牌交易。1993 年 5 月，万科成功发行 4 500 万股 B 股，募集资金 45 135 万港元。

2002年6月13日，万科向社会公开发行1 500万张可转换公司债券(万科转债)用于深圳四季花城二区等5个项目。可转换公司债券每张面值100元，票面利率1.5%，发行总额15亿元，发行费用总额24 861 580.85元，募集资金于2002年6月20日全部到位。该可转换公司债券在2002年12月13日至2007年6月12日期间可以转换为公司流通A股，初始转股价格为每股人民币12.1元。截至2004年4月30日，15亿元可转换公司债券全部顺利转股。2004年9月万科再次向社会公开发行可转换公司债券(万科转债)，募集资金19.9亿元。

2003年开始，国内房地产市场一直处于高速增长状态。国家推出的鼓励土地市场拍卖政策加大了房地产企业的资金压力。万科也面临巨大的资金缺口，要抓住市场机遇，进一步扩大市场份额，就需要充足的资金保障。这时万科通过发行可转换公司债券募集的19.9亿元资金有效地缓解了资金短缺问题。这一期间，由于万科积极开拓了非银行的多元化融资渠道，其非银行类借款占公司总借款的比重也由2003年的35%提高到61%。另外，多家银行给万科提供的授信额度也非常宽裕。2005—2010年，房地产行业处于高速增长时期，万科的长期借款也明显呈逐年增加态势。2008年9月18日，万科发行了总额为59亿元的公司债券，分为有担保和无担保两个品种。其中，有担保品种为5年期固定利率债券，发行规模为30亿元；无担保品种为5年期固定利率债券，附发行人上调票面利率选择权及投资者回售选择权，发行规模为29亿元。

2007年7月22日，万科公开增发股票，每股发行价格为31.53元，共募集资金99.37亿元。2009年8月27日，万科计划启动万科A股历史上最大规模的增发方案，公开增发不超过招股意向书公告日公司总股本8%的A股，扣除发行费用后的募集资金净额不超过人民币112亿元。该计划同年9月15日在万科股东会上高票通过，这也是万科历史上增发方案投票通过率最高的一次。但这个增发方案一出台就受到多方质疑，一方面是因为此前的增发导致部分投资者尚未解套，另一方面万科并不缺钱。公告显示，2009年中期万科的财务非常稳健，持有货币资金268.8亿元，资产负债率为66.4%，公司的净负债率也由2008年的37.1%下降至10.7%。

2009年年底国家出台的一系列政策使得房地产企业的上市融资以及IPO遭遇较高的门槛，政策关卡收紧，万科、招商、世茂等多家房地产企业在2010年陆续搁置融资计划。

此后，万科通过多种方式募集资金，一直保持着较快的发展速度。根据2014年年度报告，万科资产负债率为77.2%。有息负债中，银行借款占比为39.94%，应付债券占比为16.83%，其他借款占比为43.23%。

当时间进入2015年，一幕股权之争的大戏拉开了帷幕。“宝能系”陆续增持万科股票，在当年8月份合计持股超过万科原第一大股东华润。随后，华润虽然也进行了增持，但与“宝能系”的持股比例非常接近，并很快放弃了努力。截至2015年年底，“宝能系”已增持万科股票至24.26%，成为万科第一大股东。万科为了应对，准备通过定向增发的方式引入新股东深圳地铁，但遭到了原股东的反对。此后恒大、安邦等均入股万科。根据2016年年报，万科主要股东情况为：“宝能系”持股25.40%，华润持股15.31%，恒大持股14.07%。2017年1月和6月，华润和恒大分别将全部股份转让给深圳地铁，深圳地铁成为万科第一大股东。万科的股权之争告一段落。“宝能系”自2018年起陆续减持万科股票，2019年年报显示，其持股比例已经降至5%以下。

资料来源：万科年度报告。

思考题：

1. 万科成功运用了哪些融资方式？这些融资方式分别属于什么性质的资金？

2. 结合万科的股权之争分析股权性资金的筹集可能给公司带来什么影响。

参考答案

第五章
长期融资方式

教学目的与要求

1. 理解长期融资的动机、原则、渠道和类型。

2. 掌握普通股的分类、股票上市决策、股票发行定价的方法，理解普通股融资的优缺点。

3. 掌握长期借款的种类、银行借款的信用条件、企业对贷款银行的选择，理解长期借款融资的优缺点。

4. 掌握债券的种类、债券发行定价的方法、债券的信用评级，理解债券融资的优缺点。

5. 掌握租赁的种类、融资租赁租金的测算方法，理解融资租赁的优缺点。

6. 掌握可转换债券的特性、转换期限、转换价格和转换比率，理解可转换债券融资的优缺点。

7. 理解认股权证的含义、特点和作用。

引导案例

小米上市与航空业融资租赁

2018 年 7 月，小米招股书显示，小米拟向全球发售 21.8 亿股(其中包括 14.34 亿股新 B 类股份和 7.45 亿股销售股份)，发售结构为 95%国际发售(20.7 亿股)，5%香港公开发售(1.09 亿股)。7 月 6 日，小米公布了 IPO 配售结果，小米公告称共收到 1 034 986 800 股认购申请，相当于超额认购约 9.5 倍。如按 17 港元发售价计算，此次小米上市可净筹资约 239.75 亿港元，而上市估值可达到 540 亿美元。小米已引入 7 名基石投资者，他们合计认购 5.48 亿美元(约 42.74 亿港元)股份。其中，中投认购 1.92 亿美元；中国移动、高通各认购 1 亿美元；国开行认购 6 600 万美元；保利集团认购 3 200 万美元；顺丰和招商局集团分别认购 3 000 万美元和 2 800 万美元。基石投资者中，除高通外，其余全是中资。

此前，我国飞机融资租赁行业曾经多年被海外机构“垄断”，但随着航空市场发展趋于成熟，越来越多的大中型中资背景融资租赁公司开始入局飞机租赁市场。尤其是在2014年，随着“股神”巴菲特和亚洲“首富”李嘉诚加码进军飞机租赁行业，该行业也迅速走进了亚洲资本市场乃至公众的视线里，受到的关注越来越多。目前，租赁已成为国内航空公司扩充自身机队的主要方式之一。

小米赴港上市，通过向全球发行股票，获取长期发展需要的资金，为公司长期、稳定的市场开拓、技术创新等发展提供了稳定、有序的资金安排；航空业发展需要飞机等贵重的资产，靠直接购买需要支付较多的现金，如果单靠长期借款，会给航空企业带来较大的利息负担，而融资租赁不仅会使航空企业节约购买成本，还可能保留其对资产的使用权，是一种重要的长期融资方式，具有重要的意义。通过本章学习，重点了解常见的长期融资方式，掌握每种融资方式的优缺点，理解各长期融资方式实施流程。

重点知识思维导图

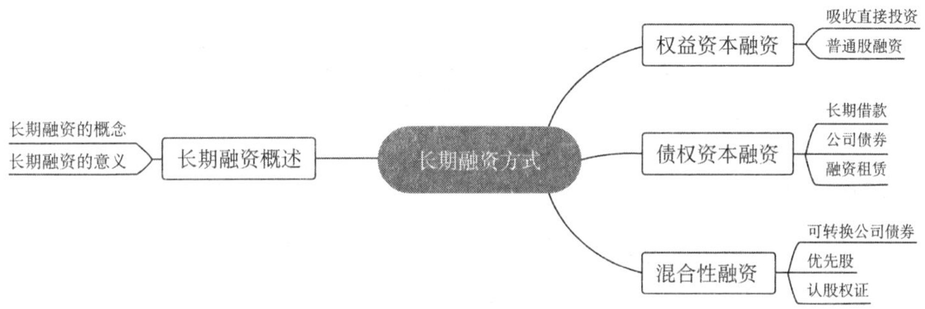

第一节　长期融资概述

一、长期融资的概念

任何企业在创立和发展过程中都需要融资。企业融资活动是指企业作为融资主体，根据经营活动、投资活动和资本结构调整等需要，通过一定的金融市场和融资渠道，采用一定的筹资方式，经济有效地筹措和集中资本的活动。融资活动是企业的一项重要财务活动，其相关的业务是企业的基本经济业务。

企业的融资可以分为短期融资和长期融资。长期融资是指企业通过长期融资渠道和资本市场，运用长期融资方式，经济有效地筹措和集中长期资本的活动。长期融资是企业融资的主要内容，短期融资则归为营运资本管理的内容。

企业要长期生存与发展，需要经常持有一定规模的长期资本。企业需要长期资本的原因主要有：购建固定资产，取得无形资产，开展长期投资等。企业的长期资本一般是通过投入资本、发行股票、发行债券、长期借款和融资租赁等融资方式取得或形成的。

二、长期融资的意义

（1）任何企业在生存发展过程中，需要始终维持一定的资本规模，但由于生产经营活动的发展变化，往往需要追加融资。例如，有的企业为了增加经营收入，降低成本费用，提高利润水平，需要根据市场需求的变化，扩大生产经营规模，调整生产经营结构，研制开发新产品，所有这些经营策略的实施通常都要求有一定的资本。

（2）企业为了稳定一定的供求关系并获得一定的投资收益，对外开展投资活动，往往也需要筹集资本。例如，有的企业为了保证其产品生产所必需的原材料供应，会向供应商投资并获得控制权。

（3）企业根据内外部环境的变化，适时采取调整企业资本结构的策略，也需要及时筹集资本。例如，有的企业由于资本结构不合理，负债比率过高，偿债压力过大，财务风险过高，主动通过融资来调整资本结构。企业持续的生产经营活动，不断产生对资本的需求，需要筹措和集中资本；同时，企业因开展对外投资活动和调整资本结构，也需要筹措和集中资本。

拼多多上市

第二节　权益资本融资

一、吸收直接投资

吸收直接投资，是指企业按照“共同投资、共同经营、共担风险、共享收益”的原则，直接吸收国家、法人、个人和外商投入资金的一种融资方式。吸收直接投资是非股份制企业筹集权益资本的基本方式，采用吸收直接投资的企业，无需公开发行股票。吸收直接投资的实际出资额中，注册资本部分形成实收资本；超过注册资本的部分，属于资本溢价，形成资本公积。

（一）吸收直接投资的种类

1. 吸收国家投资

吸收国家投资，主要是国家财政拨款，形成国家资本金。这类投资，产权归属于国家，资金的运用和处置受国家约束较大，在国有企业中采用比较广泛。

2. 吸收法人投资

吸收企业、事业等法人单位的直接投资，形成法人资本金。这类投资发生在法人单位之间，以参与公司利润分配或控制为目的，出资方式可以是货币资产形式，也可以是实物资产、土地使用权、工业产权等多种形式。

3. 合资经营

合资经营是两个或两个以上的不同国家的投资者共同投资、共同经营、按各自的出资比例共担风险、共负盈亏、共享利益的一种直接投资方式。

4. 吸收社会公众投资

社会公众投资是指企业内部职工或城乡居民以个人合法财产投入企业，形成企业的个人资本。吸收社会公众投资一般具有参加投资的人员较多、每人投资的数额相对较少、以参与公司利润分配为目的的特点。

(二) 吸收直接投资的形式

吸收直接投资的出资方式有货币资产出资和非货币资产出资两类。

1. 货币资产出资

货币资产出资是指投资者投入企业的资本金为现金，直接形成企业的生产能力。融资企业取得货币资金，可以购买各种生产资料，支付各项费用，具有很大的灵活性。融资企业要尽量争取投资者以货币资金形式出资。

2. 非货币资产出资

非货币资产出资主要包括三类，即实物类资产出资、无形资产出资、特定债权出资。其中，实物类资产出资，是投资者直接以房屋、建筑物、机器设备等固定资产和原材料、燃料、产品等流动资产作为对价出资。企业接受该类投资时需要注意筹得的实物是否与企业生产经营研发等活动相适应，该类实物资产的价值是否公允。

吸收无形资产投资是指投资者投入企业的资本金为专利权、商标权、非专利技术、土地使用权等非实物类资产。专利权、商标权、非专利技术又称为工业产权，企业吸收工业产权等无形资产出资的风险较大，因为一旦技术转化为资本，技术价值就固定化了，而技术具有较强的时效性，会因不断老化落后而导致价值不断减少甚至完全丧失。此外，企业获得土地使用权后是不能用于出售或抵押，这是因为我国土地属于国家所有，可以进行投资的仅仅是土地使用权而不是所有权。

以特定债权出资是指企业依法发行的可转换债券，以及按照国家有关规定可以转做股权的债权。在实务中，企业可以将特定债权转为股权，这类特定债权主要有上市公司依法发行的可转换债券、金融资产管理公司持有的国有及国有控股企业债券、企业实行公司制改建时经银行以外的其他债权人同意后可以按照相关规定债转股的形式等。

(三) 吸收直接投资的程序

吸收直接投资一般遵循如下程序。

1. 确定吸收直接投资的数量

企业新建或扩大生产规模时，需要根据实际情况来合理确定融资数量。

2. 确定吸收直接投资的方式

企业要明确融资方向，广泛了解有关投资者的资信、财力和投资意向，按照市场需要和经济效益高低的原则对企业进行选择。双方要做好沟通工作，使双方在互信互利的基础上进行合作。

3. 签署合同、协议

企业采用吸收直接投资方式时，投资双方经过协商，在出资方式和收益分配等多方面达成一致的基础上，签署投资的合同或协议等书面文件，明确双方的权利和义务。

4. 取得所融资本

在签署投资合同或协议后，企业应按规定或计划取得资本。在取得资本金环节需要注意的是，如果出资方式是吸收国家的货币投资，通常还要编制拨款计划，确定拨款期限、每期数额及划拨方式。如果吸收的是非货币资产，应核实实物资产数量，进行合理的价值估价，办理产权转移等手续。

(四) 吸收直接投资评价

吸收直接投资是我国企业最早采用的一种融资方式，也曾是我国企业普遍采用的融资方式。

1. 吸收直接投资的优点

第一，能够尽快形成生产能力。吸收直接投资不但可以吸收货币资产，还可以吸收非货币资产，直接获得投资者的现金、实物类资产、非专利技术等无形资产，快速形成生产能力，满足生产经营的需要。

第二，有利于增强企业信誉，提高企业借款能力。吸收直接投资所筹集的资金属于自有资金，能够增强企业的信誉能力和借款能力，对企业扩大举债规模和增强企业实力有重要作用。

第三，规避财务风险。企业可以根据自身的经营状况来决定向投资者分配利润，经营状况良好时可以向投资者多支付报酬，反之则少支付报酬。这样可使得企业对自身资金的掌握具有很强的灵活性，规避财务风险。

2. 吸收直接投资的缺点

第一，资金成本较高。吸收直接投资的投资者不能要求本金偿还和固定利息的收益。因此往往对企业的投资报酬率有较高的要求，融资企业应尽量增加收益来达到投资者期望的报酬率。若企业经营较好、盈利较多时，通常要将大部分盈余作为红利分配，资金成本高。

第二，不利于产权交易。吸收直接投资没有股票为媒介，注册资本不划分为等额股份，投资者需要转让产权时，必须经企业股东会同意，并且不具备在资本市场进行产权交易的条件，这就加大了投资者的风险和企业融资的难度。

第三，分散融资企业控制权。吸收直接投资，投资者一般要求获得与投资数额相适应的经营管理权，如果某投资者投资数额比例较大，则投资者会获得相当大的管理权，直接影响融资企业的控制权，不利于融资企业公司治理。

二、普通股融资

发行普通股融资是指企业以发售股票获取所需资金的融资方式。发行股票融资方式只用于股份有限公司，而且必须以股票为载体，是股份有限公司筹集股权资本的基本方式。

(一) 股票的分类

1. 记名股票和无记名股票

股票按票面是否记名分为记名股票和无记名股票。记名股票是指在股票票面上记载股东姓名或名称的股票，股东姓名或名称要记入公司的股东名册，记名股票的转让、继承需办理过户手续。无记名股票是指在股票票面不记载股东姓名或名称的股票，股东姓名或名称也不记入公司的股东名册，公司只记载股票数量、编号及发行日期，无记名股票的转让、继承无需办理过户手续。我国《公司法》规定，公司向发起人、国家授权投资机构、法人发行的股票，应为记名股票；向社会公众发行的股票，可以为记名股票，也可以为无记名股票。

2. 普通股和优先股

按股东的权利和义务，股票可分为普通股和优先股。普通股是公司发行的具有管理权而股利不固定的股票，是公司最基本的、数量最多的股票形式，也是公司首先和必须发行的股票。普通股股东拥有的权利是：享有公司的经营管理权；有权通过股利方式获取公司的税后利润即享有收益分享权；享有股份转让和优先认股权；享有剩余财产分配权。优先股票简称优先股，是公司发行的相对于普通股具有一定优先权的股票。优先股股东的优先权利是：股利分配优先权、分配剩余财产优先权，优先股股东在股东大会上无表决权，在参与公司经营管理上受到一定限制，仅对涉及优先股权利的问题有表决权。

3. 有面额股票和无面额股票

股票按股票票面金额有无可分为有面额股票和无面额股票。有面额股票是指在股票票面标有一定金额的股票。有面额股票的股东对公司享有的权利和承担的义务大小，是依据所持有股票票面金额占公司发行在外股票总票面金额的比例而定的。无面额股票是指在股票票面没有标明金额、只载明所占公司股本总额的比例或股份数的股票。无面额股票的股东对公司享有的权利和承担的义务大小依据股票标明的比例而定。无面额股票的价值随公司财产的增减而变动。我国《公司法》规定股票应记载股票面额，并且股票的发行价格不得低于票面金额。

4. 国家股、法人股、个人股和外资股

股票按投资主体不同可分为国家股、法人股、个人股和外资股。国家股是指有权代表国家投资的部门或机构以国有资产向公司投资而形成的股份。法人股是指企业法人依法以其可支配的财产向公司投资而形成的股份，或具有法人资格的事业单位和社会团体以国家允许用于经营的资产向公司投资而形成的股份。个人股是指社会个人或公司内部职工以个人合法财产投入公司而形成的股份。外资股是指股份公司向外国和我国香港、澳门、台湾地区投资者发行的股票。

5. A股、B股、H股、N股、S股

股票按购买时支付的货币不同可分为A股、B股、H股、N股、S股。A股是我国境内公司发行、供我国大陆个人或法人买卖、以人民币标明票面金额并以人民币认购和交易的股票。B股又称人民币特种股票，是指由我国境内公司发行、境内上市交易、以人民币标明面值但以外币认购和交易的股票。H股、N股、S股都是供外国和我国港、澳、台地区投资者买卖、以人民币标明票面金额但以外币认购和交易的股票。其中，H股在中国香港上市，N股在美国纽约上市，S股在新加坡上市。

6. 有表决权股和无表决权股

科创板融资

股票按有无表决权可分为有表决权股和无表决权股。表决权股是享有完全表决权的股票，普通股大多享有表决权。但有的公司为防止拥有大量股份的股东享有过多表决权，会对持有股份达到一定比例的普通股在公司章程中规定限制其表决权，防止其对公司的控制和操控。多数优先股为限制表决权股或无表决权股。

（二）普通股的发行

1. 股票发行的规定与条件

第一，每股金额相等，同次发行的股票，每股的发行条件和价格应当相同。

第二，股票发行价格可以按票面金额，也可以超过票面金额，但不得低于票面金额。

第三，股票应当载明公司名称、公司登记日期、股票种类、票面金额及代表的股份数、股票编号等主要事项。

第四，向发起人、国家授权投资的机构、法人发行的股票，应当为记名股票；向社会公众发行的股票，可以为记名股票，也可以为无记名股票。

第五，公司发行记名股票的，应当置备股东名册，记载股东的姓名或者名称、住所、各股东所持股份、各股东所持股票编号、各股东取得其股份的日期；发行无记名股票的，公司应当记载其股票数量、编号及发行日期。

第六，公司首次公开发行新股，应当符合下列条件：①具备健全且运行良好的组织机构；②具有持续经营能力；③最近三年财务会计报告被出具无保留意见审计报告；④发行人及其控股股东、实际控制人最近三年不存在贪污、贿赂、侵占财产、挪用财产或者破坏社会主义市场经济秩序的刑事犯罪；⑤经国务院批准的国务院证券监督管理机构规定的其他条件。

第七，公司发行新股，应由股东大会做出有关下列事项的决议：新股种类及数额；新股发行价格；新股发行的起止日期；向原有股东发行新股的种类及数额。

2. 股票发行的程序

股份有限公司在设立时发行股票与增资发行新股，程序上有所不同。

1）设立时发行股票的程序

第一，提出募集股份申请。股份有限公司向社会公开发行募集股份，必须向国务院证券管理部门递交申请及有关文件，并经批准。

第二，公告招股说明书，制作认股书，签订承销协议和代收股款协议。

第三，招认股份，缴纳股款。发起人或承销公司通常以广告或书面通知的方式招募股份。认购人认股时，需填写认股书，并按认股书的约定承担缴纳股款的义务。

第四，召开创立大会，选举董事会、监事会。公司募足股款后，由发起人在规定期限内主持召开创立大会。创立大会通过公司章程，选举董事会和监事会。

第五，办理设立登记，交割股票。董事会应在规定的期限内办理公司设立的登记事项，登记成立后，即向股东正式交割股票。

2）增资发行新股的程序

第一，股东大会做出发行新股的决议。

第二，由董事会向国务院授权的部门或省级人民政府申请并获经批准。

第三，公告新股招股说明书和财务会计报表及附属明细表，与证券经营机构签订承销合同，定向募集时向新股认购人发出认购公告或通知。

第四，招认股份，缴纳股款。

第五，改组董事会、监事会，办理变更登记并向社会公告。

3. 股票发行的方式

（1）公开间接发行。通过中介机构，公开向社会公众发行股票。我国股份有限公司采用募集设立方式向社会公开发行新股时，须由证券机构承销的做法，就属于股票的公开发行。这种发行方式的发行范围广、发行对象多，易于足额募集资本；股票的变现性强，流通性好，有助于提高公司的知名度和影响力。但这类发行方式手续繁杂，发行成本高。

（2）不公开直接发行。股份公司不通过中介机构承销对外公开发行，只是向少数特定对象直接发行。这类方式发行股票的弹性较大，企业能控制股票的发行过程，节省发行费用且发行成本较低。但非公开直接发行的发行范围小，不易及时足额筹集资本，股票变现性差。

4. 股票承销的方式

股票承销方式是指股份有限公司将股票销售业务委托给证券发行中介经营机构来发行股票的销售方法。股票销售方式有包销和代销两类。

(1) 包销，是根据承销协议商定的价格，证券经营机构一次性购进发行公司公开募集的全部股份，然后以事先规定的较高价格出售给社会上的认购者。对发行公司来说，包销的方式可及时融资资本，免于承担发行风险；但股票以较低的价格出售给承销商会损失部分溢价。

(2) 代销，是指证券经营机构仅替发行公司代售股票，并由此获取一定的佣金，但不承担股权募集不足的风险。

5. 股票发行的价格

普通股的发行价格是指股份公司在募集股本或增发股票时，公开向特定或非特定投资者出售股票所采用的售价。普通股的发行价格通常由发行公司根据股票面值、股市行情和其他因素综合确定。在以募集设立方式设立公司首次发行股票时，应由发起人决定发行价格；在公司增资募股时，应由股东大会或董事会决定股票价格。

股份公司可根据实际情况采用不同的方法确定其发行价格。目前，股票发行有以下几种发行价格：

(1) 等价发行。等价发行也称面额发行或平价发行，它是指以股票面额为发行价格来发行新股票，发行价格与其面额等价。这种发行方式较为简便易行，且不受股市变动影响，但缺乏灵活性和市场性，发行公司亦不能获得溢价收入。股票若采用平价发行会比较容易推销，这主要因为市场价格往往高于股票面额，认购者可从中获得差价收益。这种方式一般在股东配股时采用。

(2) 时价发行。时价发行也称市价发行，它是企业发行新股时，以原发行的流通中的股票或同类股票现行市场价格为基准来确定股票发行价格的一种发行方式。采用时价发行时，考虑了股票的现行市场价值，可促进股票的顺利发行。同时，若市价高于股票面值，则发行公司可从中获得股本溢价，进而转增公司的资本公积金，降低股票发行成本。基于以上优点，时价发行已在世界范围内广泛采用，它通常在股票公开招股和第三者配股时采用。

(3) 中间价发行。中间价发行是取时价和等价的中间值作为股票的发行价格，中间价发行兼具等价和时价发行的特点，它通常在股东配股时采用。

6. 普通股融资的评价

1) 普通股融资的优点

第一，普通股没有固定的股利负担。普通股没有定期支付定额股利的法定义务，每年股利支付与否，支付多少，要根据公司的股利状况和股利政策而定。公司有盈余，并认为适合分配股利，就可以分给股东部分股利；公司盈余较少，或者虽有盈余但现阶段资金短缺或有更好的投资机会需要现金，也可以少支付或不支付股利。

第二，普通股无固定到期日，融资风险小。公司发行普通股股票，相当于获得一笔永久性资金来源，没有固定到期日，不用支付固定的利息，除非清算，否则都不需要偿还原始投资，可以保证企业长期持续地发展。

第三，普通股发行可增强公司信誉。股权资本代表了公司的资本实力，是企业与其他单位组织开展经营业务活动往来的信誉基础。发行较多的普通股可以提高公司的信用地位，为债权人提供更多的安全保障。

第四，普通股融资限制少。利用普通股融资没有使用约束，不受投资者的直接干预，可用于长期资产投资，在某种程度上也可以用于永久性占用的流动资产投资。

2）普通股融资的缺点

第一，资金成本高。按照风险收益对等原则，股东要求获得相对较高的投资报酬率，从而使公司通过股本融资的期望资本成本加大；与此同时，普通股股利是从税后收益中支付的，不具有节税作用，且其融资费用（发行成本）高于其他融资方式，这些都直接加大了公司资本成本。

第二，普通股融资会分散公司的经营控制权。增加普通股发行，会稀释原有股权结构，导致其他股东分享公司的投票和控制权，冲淡原股东的特权。如果公司的普通股数额与公司的盈利不能成比例增加，势必会稀释每股净收益，引起普通股市价下跌，并有被收购的风险。

第三，增加公司对外公布财务状况的成本。上市公司的生产经营成果和财务状况需要公开披露，接受公众的监督，这样，一方面增加了公司的财务披露成本，另一方面也会让竞争者获取公司的一些商业秘密。

第四，可能导致股价下降。由于新股东对公司已积累的盈余具有分享权，这会降低普通股的每股净资产，并且在企业的收益变动不大时，每股净收益指标也会下降，从而可能引起普通股市价下降。

第三节　债权资本融资

一、长期借款

长期借款是指企业向银行或其他非银行金融机构借入的使用期超过一年的借款，主要用于购建固定资产和满足长期流动资金占用的需要。

（一）长期借款的种类

长期借款种类较多，企业可根据自身的情况和各种借款条件选用，我国各金融结构的长期借款主要有以下几种类型：

（1）按照用途，分为固定资产投资借款、更新改造借款、科技开发和新产品试制借款等。

（2）按照提供贷款的机构，分为政策性银行贷款、商业银行贷款等。此外，企业还可从信托投资公司取得实物或货币形式的信托投资贷款，从财务公司取得各种中长期贷款等。

（3）按照有无担保，分为信用贷款和抵押贷款。信用贷款是指不需企业提供抵押品，仅凭其信用或担保人信誉而发放的贷款。抵押贷款是指要求企业以抵押品作为担保的贷款。长期贷款的抵押品通常是房屋、建筑物、机器设备、股票债券等。

（二）取得长期借款的条件

我国金融部门对企业发放贷款的原则是：按计划发放、择优扶植、有物资保证、按期归还。企业申请贷款一般应具备的条件是：

第一，独立核算、自负盈亏、有法人资格。

第二，经营方向和业务范围符合国家产业政策，借款用途属于银行贷款办法规定的范围。

第三，借款企业具有一定的物资和财产保证，担保单位具有相应的经济实力。

第四，具有偿还贷款的能力。

第五，财务管理和经济核算制度健全，资金使用效益及企业经济效益良好。

第六，在银行设有账户，办理结算。

（三）取得长期借款的程序

第一，提出申请。企业根据融资需求向银行提出书面申请，按银行要求的条件和内容填报借款申请书。

第二，银行审批。银行针对企业的贷款申请，按照有关政策和贷款条件，对借款企业进行审核，依据审批权限，核准公司申请的借款金额和用款计划。银行审核的内容具体包括：①企业财务状况；②企业信用状况；③企业盈利的稳定性；④企业发展前景；⑤借款投资项目的可行性、抵押品和担保情况。

第三，签订合同，取得借款。借款申请获银行批准后，借款企业与贷款银行进一步协商贷款的具体条件，签订正式的借款合同，规定贷款的数额、利率、期限和一些限制性条款。借款合同签订后，根据用款计划和实际需要，借款资金一次或分次转入企业的存款结算账户，以便企业使用资金。

第四，企业偿还借款。贷款到期，借款企业应根据贷款合同规定按期清偿贷款本金和利息。银行借款归还的方式有三种：①到期日一次性归还；②定期等额偿还本金；③分批偿还不等额的本金。借款企业如因暂时财务困难需延期偿还贷款，应向银行提交延期还贷计划经银行审核批准，续签借款合同，但通常要加收利息。

（四）长期借款的成本

长期借款的利息率通常高于短期借款，但信誉好或抵押品流动性强的借款企业，仍然可以争取到较低的长期借款利率。长期借款利率有固定利率和浮动利率两种。浮动利率通常有最高、最低限，并在借款合同中明确。对于借款企业来讲，若预测市场利率将上升，应与银行签订固定利率合同；反之，则应签订浮动利率合同。

除了利息之外，银行还会向借款企业收取其他费用。如执行周转信贷协定所收取的承诺费，要求借款企业在本银行中保持补偿余额所形成的间接费用。这些费用会加大长期借款的成本。

（五）长期借款的评价

第一，融资速度快。长期借款的手续比发行债券简单得多，得到借款所花费的时间较短，公司可以迅速获得所需资金。

第二，融资弹性较大。在借款前，公司根据当时的资本需求与银行等贷款机构直接商定贷款的时间、数量和条件。若在用款期间有变动，也可以与银行再协商。因此，长期借款融资对公司有较大的灵活性。

第三，资金成本低。长期借款利率一般低于债券和融资租赁的利息负担，无需支付证券发行费用，融资费用低。

第四，融资数额有限。长期借款的数额往往受到贷款机构资本实力的制约，难以像发行公司债券、股票那样一次筹集到大笔资金，无法满足公司大规模融资的需要。

第五，限制条款多。借款合同对借款用途有明确规定，通过借款的限制性条款，对公司资本支出额度、再融资、股利支付等行为有严格的约束，一定程度影响公司的生产经营活动和财务政策。

第六，财务风险大。长期借款必须按时定期还本付息，在企业经营不善时，可能会产生不能偿付的财务风险，甚至破产。

二、公司债券

债券是债务人依照法定程序发行的，承诺按规定的利率和日期支付利息，并到期偿还本金的有价证券。发行债券融资是指企业以发售公司债券的方式取得资金的融资方式，是一种债务融资方式，适用于向其他法人资本和民间资本发行并取得融资。

(一) 债券的种类

1. 记名债券和无记名债券

债券按照是否记名分为记名债券和无记名债券。其中，记名债券是指在债券票面上注明债权人的姓名或名称，这类债券由债券持有人以背书方式或法律、行政法规规定的其他方式转让，转让后由公司将受让人的姓名或名称及住所记载于公司债券存根簿。其优点是比较安全；其缺点是转让时手续复杂。无记名债券是指债券票面未注明债权人姓名或名称，也不用在债权人名册上登记债权人姓名或名称的债券，在转让的同时随即生效，无须背书。我国发行的债券一般是无记名债券。

2. 信用债券、抵押债券和担保债券

债券按照有无担保分为信用债券、抵押债券和担保债券。其中，信用债券是指仅凭发行公司的一般信用作为保证，没有特定的资产或抵押物作为保证。企业发行信用债券有许多限制条件，其中最重要的是反抵押条款，即禁止企业将资产抵押给其他债权人。抵押债券，是指以一定的抵押品作为抵押而发行的债券。企业不能履行偿还债务的义务时，债权人可将抵押品拍卖、变卖以获取资金。一般来说，抵押品的市场价值必须高于所发行债券的总额。担保债券，是指由一定保证人作担保而发行的债券。当企业不能履行偿还义务时，债权人可以要求担保人偿还。

3. 可转换债券和不可转换债券

债券按照能否转换为股票分为可转换债券和不可转换债券。其中，可转换债券是指债权持有者可以根据规定的价格转换为发行企业股票的债券。不可转换债券，是指不能转换为发行企业股票的债券。大多数债券属于不可转换债券，一般来讲，可转换债券的利率要低于不可转换债券。发行可转换债券可节约发行企业的利息支出，但可能会稀释普通股股东的控制权。

4. 固定利率债券和浮动利率债券

债券按照票面利率的不同分为固定利率债券和浮动利率债券。其中，固定利率债券，是将利率记载于债券上，按这一固定利率向债权人支付利息的债券。浮动利率债券，是指利率水平按某一标准的变化而同方向调整债券利率的债券。发行浮动利率债券的主要目的是补偿通货膨胀。

5. 上市债券和非上市债券

按是否上市，债券分为上市债券和非上市债券。可在证券交易所挂牌交易的债券为上市债券，反之为非上市债券。上市债券信用度高，价值高，且变现速度快，所以比较吸引投资者，但上市条件严格，并要承担上市费用。

（二）债券的要素

1. 债券面值与发行价格

债券面值是指债券的票面价值，是发行人对债券持有人在债券到期后应偿还的本金数额，也是发行人向债券持有人按期支付利息的计算依据。债券的发行价格是指债券发行的实际价格。企业发行债券时，资本市场上供求关系、利息率的变化，以及企业自身的资信状况使得发行债券的市场价格经常脱离债券的面值。发行价格通常有平价、溢价和折价三种。平价是指以债券面值为发行价格，溢价是指以高出债券面值的价格为发行价格，折价是指以低于债券面值的价格为发行价格。

2. 票面利率与利率类型

债券的票面利率是指债券利息与债券面值的比率，是发行人承诺以后一定时期支付给债券持有人报酬的计算标准，一般用年利率表示。债券票面利率的确定主要受到银行利率、发行企业的资信状况、偿还期限和利息计算方法，以及当时资金市场上资金供求情况等因素的影响。债券的利率类型是指约定的债券利息率是固定的还是浮动的。

3. 付息期间与偿还期限

债券的付息期是指企业发行债券约定的支付利息期间。它可以是到期一次支付，或是每一年、每半年、每三个月支付一次。债券偿还期限是指企业债券上载明的到期期限，即债券发行日至到期日之间的时间间隔。债券到期时需偿还债券本金及最后一期利息。

（三）债券发行的程序

发行债券的程序，如图 5-1 所示。

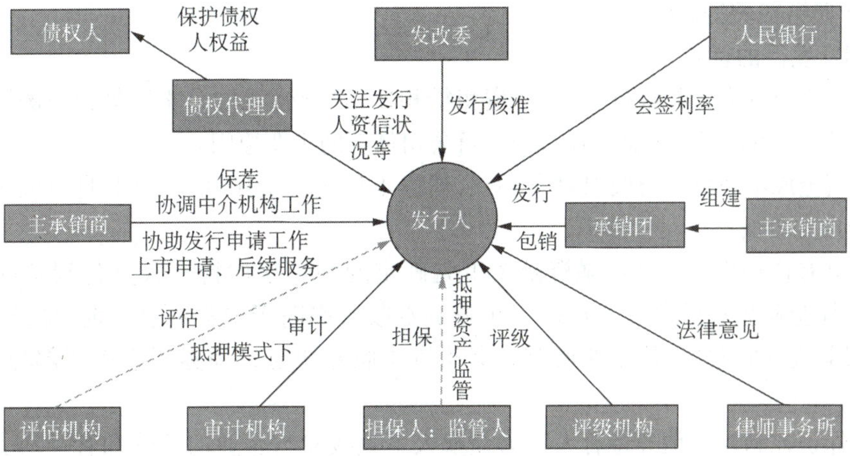

图 5-1 债券发行程序

(四) 债券发行价格

债券发行价格就是债券发行时使用的价格,即投资者购买债券时支付的价格。分期付息、利息到期还本债券发行价格的计算公式为:

$$\begin{aligned}债券发行价格 &= 利息的现值 + 面值的现值 \\ &= \sum_{t=1}^{n} \frac{债券面值 \times 票面利率}{(1+市场利率)^t} + \frac{债券面值}{(1+市场利率)^t} \\ &= 债券利息 \times (P/A,r,n) + 债券面值 \times (P/F,r,n)\end{aligned}$$

其中,n 为债券计息期数,r 为利率。

[例 5-1] 华联公司发行面值为 1 000 元,票面利率 10%,期限 10 年的债券,每年末付息一次。分别计算当市场利率为 10%、11%、9%时,该公司债券的发行价格。

当市场利率为 10%时:

$$\begin{aligned}债券发行价格 &= 利息的现值 + 面值的现值 \\ &= \sum_{t=1}^{10} \frac{1\,000 \times 10\%}{(1+10\%)^t} + \frac{1\,000}{(1+10\%)^{10}} \\ &= 100 \times (P/A,10\%,10) + 1\,000 \times (P/F,10\%,10) = 1\,000(元)\end{aligned}$$

当市场利率为 11%时:

$$\begin{aligned}债券发行价格 &= 利息的现值 + 面值的现值 \\ &= \sum_{t=1}^{10} \frac{1\,000 \times 10\%}{(1+11\%)^t} + \frac{1\,000}{(1+11\%)^{10}} \\ &= 100 \times (P/A,11\%,10) + 1\,000 \times (P/F,11\%,10) = 940.9(元)\end{aligned}$$

当市场利率为 9%时:

$$\begin{aligned}债券发行价格 &= 利息的现值 + 面值的现值 \\ &= \sum_{t=1}^{10} \frac{1\,000 \times 10\%}{(1+9\%)^t} + \frac{1\,000}{(1+9\%)^{10}} \\ &= 100 \times (P/A,9\%,10) + 1\,000 \times (P/F,9\%,10) = 1\,063.8(元)\end{aligned}$$

(五) 债券融资的评价

1. 债券发行的优点

(1) 融资数额大。与银行借款、融资租赁相比,发行公司债券能筹集大额的资金,满足公司大规模融资的需要,这是企业选择发行公司债券的主要原因。

(2) 资金成本较低。与股票融资相比,债券不仅发行费用低,而且利息可以税前列支,因此资金成本较低。

(3) 具有杠杆作用。债券融资是按事先确定的利息率向持有人支付利息的,债券持有人不参加企业盈利的分配。这样当企业资本收益率高于债券利息率时,债券融资便可以提高权益资本收益率,使企业所有者获得资本收益率超过债券利息率那部分的财务杠杆收益。

(4) 保证控制权。债券持有人作为债权人不直接参与企业的经营和管理,无权分享利润,因此通过债券融资既不会稀释股东对公司的控制权,又能扩大公司投资规模。

2. 债券发行的缺点

(1) 财务风险较高。公司债券有固定的到期日,有偿付本息的义务,这样会增加公司的财务风险。

(2) 限制条件较多。发行债券的受限条件一般比长期借款、融资租赁的限制条件严格得多,从而可能限制公司财务应有的灵活性,甚至影响到公司未来的融资能力。

(3) 融资数量有限。债券融资有一定的限度,当公司的负债比率超过一定程度后,债券融资的成本会迅速上升,有时甚至会发行不出去,从而影响融资数量。

C919 大飞机租赁

三、融资租赁

融资租赁也称为资本性租赁,是由出租人按照承租人的要求,出资购入预订的资产,然后租给承租人长期使用的租赁方式。租赁期满承租人可以选择留购设备。融资租赁作为满足企业长期资金需要的一种融资方式,租赁资产的报酬和风险均由承租人承担。融资租赁具有以下特点:

第一,租赁期限较长,一般接近于租赁资产的寿命。

第二,契约具有不可解除性。融资租赁合同规定在租赁有效期内,未经双方同意,任何一方均不得中途解约。

第三,租金较低。租赁物的维修、保养、保险等费用由承租人负担,出租人足以收回资产成本,因此租金较低。

第四,租赁期满,承租人有权对租赁物作出选择。租赁期满,承租人有权选择降低租金续租、退还或留购设备等处置方式。

(一) 融资租赁的相关要素

融资租赁与营业租赁区别

1. 当事人关系

即承租方和出租方的权利义务关系。

2. 租赁期

融资租赁通常具有长期性的特点,租赁的时间接近资产的经济寿命。

3. 租金

承租人为取得租赁资产在租赁期的使用权,需要定期向出租人支付一系列租金。按总租金是否超过资产的购置成本将租赁分为完全补偿租赁和不完全补偿租赁。不完全补偿租赁是指租金不足以补偿租赁资产的全部成本的租赁,完全补偿租赁是指租金超过资产全部成本的租赁。融资租赁租金总额必须能够补偿出租人的资产购置成本,否则出租人是不会同意达成融资租赁协议的。所以融资租赁是完全补偿租赁。

4. 撤销条件

合同到期前,融资租赁双方当事人一般不可以单方面解除租赁,属于不可撤销协议。如果经出租人同意或者承租人向出租人支付一笔足够大的额外款项,不可撤销租赁也可以提前终止。

5. 资产维护

根据哪一方当事人负责租赁资产的日常维护可以将租赁分为毛租赁和净租赁。如果出租人负责日常维护则称毛租赁,如果承租人负责日常维护则称为净租赁。根据定义,融资租赁的出租人不提供维修、维护等服务，而由承租人负责，所以融资租赁是净租赁。

(二) 融资租赁的种类

融资租赁主要有直接租赁、售后租回和杠杆租赁三种形式。

1. 直接租赁

直接租赁是承租人直接向租赁公司租入所需资产并支付租金。直接租赁的出租人是制造商、金融公司、专业租赁公司等，其特点表现为出租人既是租赁设备的完全购买者，又是设备的出租者。直接租赁是典型的融资租赁形式。

2. 售后租回

售后租回是指企业将自己拥有的资产出售给出租人，然后以承租人身份再向出租人租回其所售资产，并按合同约定分期支付租金。这种方式，既可暂时缓解企业的财务危机，又能继续使用原资产，不影响企业生产经营活动正常进行。

3. 杠杆租赁

杠杆租赁是指租赁所涉及的资产价值昂贵时，出租方自己只投入小部分资金，其余资金则通过将该资产抵押的方式，并以转让租金的权利作为额外担保向第三方申请贷款解决，然后将购进的设备出租给承租方，租赁公司用收取的租金偿还贷款，该资产的所有权属于出租方。这种租赁方式，出租人既是资产的出借人，同时又是贷款的借款人，通过租赁既要收取租金，又要偿还债务。

4. 融资租赁的程序

融资租赁的程序如图 5-2 所示。

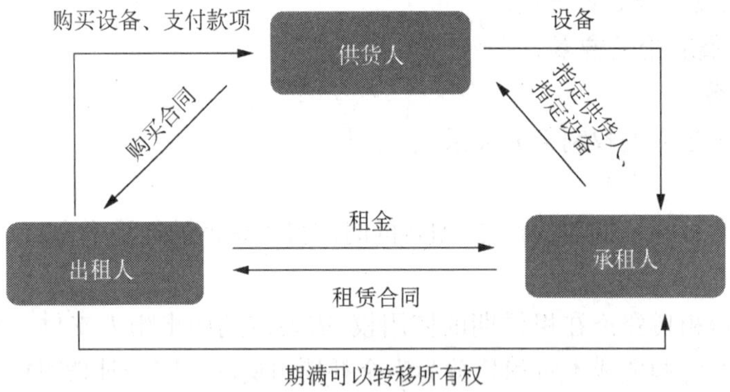

图 5-2　融资租赁程序

(三) 融资租赁的租金计划

在融资租赁筹资方式下，承租企业须按合同规定支付租金。租金的数额和支付方式对承租企业的未来财务状况具有直接的影响，因此是融资租赁筹资决策的重要依据。

1. 决定租金的因素

融资租赁每期支付租金的多少，主要取决于以下几个因素：①租赁设备的购置成本，包括设备的买价、运杂费和途中保险费等。②预计租赁设备的残值，是指设备租赁期满时预计残值的变现净值。③利息，是指租赁公司为承租企业购置设备融资而应计的利息。④租赁手续费，包括租赁公司承办租赁设备的销售费用以及一定的盈利。租赁手续费的高低一般无固定标准，通常由承租企业与租赁公司协商确定，按设备成本的一定比率计算。⑤租赁期限。一般而言，租赁期限的长短会影响租金总额，进而影响每期租金的数额。⑥租金的支付方式。租金的支付方式也影响每期租金的多少，一般而言，租金支付次数越多，每次的支付额越小。支付租金的方式也有很多种：按支付间隔期，分为年付、半年付、季付和月付；按在期初还是在期末支付，分为先付和后付；按每次是否等额支付，分为等额支付和不等额支付。实务中，承租企业与租赁公司商定的租金支付方式大多为后付等额年金。

2. 融资租赁租金的测算方法

目前，国际上流行的租金计算方法主要有平均分摊法、等额年金法、附加率法、浮动利率法。在我国融资租赁实务中，大多采用平均分摊法和等额年金法。

(1) 平均分摊法。平均分摊法是指先以商定的利息率和手续费率计算出租赁期间的利息和手续费，然后连同设备成本按支付次数平均。这种方法没有充分考虑时间价值因素。每次应付租金的计算公式可表示为：

$$A=\frac{(C-S)+I+F}{N}$$

式中，A 表示每次支付的租金；C 表示租赁设备购置成本；S 表示租赁设备预计残值；I 表示租赁期间利息；F 表示租赁期间手续费；N 表示租期。

[例 5-2] 中联公司于 2015 年 1 月 1 日从租赁公司租入一套设备，价值 50 万元，租期为 5 年，预计租赁期满时的残值为 1.5 万元，归租赁公司，年利率 9%，租赁手续费率为设备价值的 2%。租金每年末支付一次。则租赁该套设备每次支付的租金为多少？

$$\frac{(50-1.5)+[50\times(1+9\%)^5-50]+50\times2\%}{5}=15.29(\text{万元})$$

(2) 等额年金法。等额年金法是指运用年金现值的计算原理测算每期应付租金的方法。在这种方法下，通常以资本成本率作为折现率。

根据后付年金现值的计算公式，经推导可得到后付等额租金方式下每年末支付租金的计算公式为：

$$A=\frac{PVA_n}{PVIFA_{i,n}}$$

式中，A 表示每年支付的租金；PVA_n 表示等额租金现值，即年金现值；$PVIFA_{i,n}$ 表示等额租金现值系数，即年金现值系数；n 表示支付租金期数；i 表示资本成本率。

[例 5-3] 承[例 5-2]，假定设备残值归属承租企业，资本成本率为 11%。则承租企业每年末支付的租金为多少？

$$\frac{50}{PVIFA_{11\%,5}}=\frac{50}{3.696}=13.53(\text{万元})$$

为便于有计划地安排租金的支付，承租企业可编制租金摊销计划表。现根据[例 5-2]的有关资料编制租金摊销计划表，如表 5-1 所示。

表 5-1　租金摊销计划

日期	支付租金	应计租金	本金减少	应还本金
	(1)	(2)=(4)×11%	(3)=(1)-(2)	(4)
2015 年 1 月 1 日	—	—	—	500 000
2015 年 12 月 31 日	135 280	55 000	80 280	419 720
2016 年 12 月 31 日	135 280	46 169	89 111	330 609
2017 年 12 月 31 日	135 280	36 367	98 913	231 696
2018 年 12 月 31 日	135 280	25 487	109 793	121 903
2019 年 12 月 31 日	135 280	13 377*	121 903	0
合计	676 400	176 400	500 000	—

注：* 含尾差。

(四) 融资租赁的评价

1. 融资租赁的优点

(1) 能够迅速获得所需资产。融资租赁集“融资”与“融物”于一身，使企业在资金短缺的情况下引进设备成为可能。特别是针对中小企业和新创企业，融资租赁是一种重要的融资途径。大型企业的大型设备、工具等固定资产，也经常通过融资租赁方式解决，如商业航空公司的飞机，大多通过融资租赁取得。

(2) 财务风险小，财务优势明显。大多数融资方式，都是到期一次偿还本金，例如债券融资、借款融资等，这就有可能给企业增加财务上的困难和风险，甚至会使企业陷入财务危机。而融资租赁将这种风险在整个租赁期内平均分摊，从而降低了企业的财务风险。

(3) 融资限制条款少。债券和银行借款都有相当多的限制性条款，如信用、抵押品、政府管制等，相比之下，融资租赁的限制较少。

(4) 延长资金融通的期限。通常为购置设备而贷款的借款期限比该资产的物理寿命要短很多，而融资租赁的融资期限却可以接近其使用寿命期限，且融资金额随设备金额而定，无融资额度限制。

2. 融资租赁的缺点

(1) 资金的成本较高。租金的总额往往超过设备价值总额，而且租金要比举借银行借款或发行债券的利息高很多。因为租金中包括了租赁公司的各种费用以及盈利。承租企业在经济不景气、财务困难时，固定的租金支付会增加企业的负担。

(2) 融资数额有限。融资租赁是以租赁设备为前提解决公司长期资金的短缺，所以融资的数额必定以设备的租金为限。

第四节　混合性融资

一、可转换公司债券

可转换债券是指发行人在一定期间内依据约定的条件可以转换为普通股的公司债券。

从本质上讲，可转换债券是在发行公司债券的基础上，附加了一份权利，即赋予债券持有人在规定的时间内按照规定的价格将债券转换成公司股票的权利，并且在转股前一直享有债权人的权益。

（一）可转换债券的特点

1. 证券期权性

可转换债券赋予了债券持有者未来的选择权，在事先约定的期限内，投资者可以选择将债券转换为普通股票，也可以放弃转换权利，持有至债券到期还本付息。由于可转换债券持有人具有在未来按一定的价格购买股票的权利，因此可转换债券实质上是一种未来的买入期权。

2. 资本转换性

可转换债券在正常持有期，属于债权性质，转换成股票后，属于股权性质。如果在债券的转换期间内，持有人没有将其转换为股票，发行企业到期必须无条件支付本金和利息。转换成股票后，债券持有人成为企业的股权投资者。资本双重性的转换，取决于投资者是否行权。

3. 赎回与回售

可转换债券一般都会有赎回条款，发债公司在可转换债券转换前，可以按一定条件赎回债券。通常公司股票价格在一段时期内连续高于转股价格达到某一幅度时，公司会按事先约定的价格买回未转股的可转换公司债券。同样，可转换债券一般也会有回售条款，公司股票价格在一段时期内连续低于转股价格达到某一幅度时，债券持有人可按事先约定的价格将所持债券回售给发行公司。

（二）可转换债券的基本要素

可转换债券除了含有普通债券的要素外，还包括一些特有的条款设计，主要包括标的股票、转换价格、转换期限、回售条件和强制性条款等。

1. 标的股票

标的股票实际上就是可转换债券含有的股票期权的标的物。一般来说，标的股票为可转换债券发行公司自己的股票，也就是说投资者可以选择将可转债按照一定的比例转换成该股票。但也有的标的股票是别的公司的，如上市公司的子公司。

2. 债券期限

可转换债券的债券期限与普通债券期限相似。可转换债券发行公司通常根据自己的偿债计划、偿债能力以及股权扩张的计划来设计可转换债券的期限。国际市场可转债期限一般在 5～10 年左右，我国发行的可转债期限较短，一般为 3～5 年。

3. 转换期

转换期是指可转换债券转换为股票的起始日至截止日的期间，即可转换债券持有人能够行使转换权的有效期限。转换期一般有四种情况：债券发行日至到期日、发行日至到期前的某日、发行一段时间后的某日至到期日、发行一段时间后的某日至到期日前。一般前两种情况可以吸引更多的投资者。

4. 转换价格

转换价格是指可转换债券转换为普通股的每股价格，一般比可转换债券发行公司的股票市场价格高出10%～30%。转换价格可以是固定的，也可以是变动的。此价格通常以公开发行的普通股市价为准。但转换价格本身暗含了一个假设，即债券是以面值出售的。

5. 转换比率

转换比率是指每一张可转换债券在既定转换价格下能转换为普通股股票的数量。即：

$$转换比率=\frac{债券面值}{转换价格}$$

[例5-4] A公司在2018年发行2年期的可转换债券100万份，每份面值为200元，在债券到期之后，持有人可以将债券按照每份40元的价格转换为公司的股票，则转换比率为：

$$转换比率=\frac{债券面值}{转换价格}=\frac{200}{40}=5$$

6. 赎回条款

赎回条款是指可转换债券的发行企业可以在债券到期日前提前赎回债券的规定。赎回条款赋予发行公司一种权利：当公司股票在一段时期内连续高于转股价格达到某一幅度时，公司向债券持有人发出通知，要求其在债券转换为普通股与卖给发行公司之间做出选择，一般而言，债券持有人会选择将债券转化为股票。这实质上也是一种加速条款，促使债权人转换为股份。此外，也能使发行公司避免市场利率下降，继续向债券持有人支付较高的债券票面利率的损失，保护债券发行公司和原股东权益的利益。

7. 回售条款

回售条款是为投资者提供的一项安全保障，当可转换债券的转换价值远低于债券面值时，持有人必定不会执行转换权利，此时投资人根据一定的条件可以要求发行公司以面额加计利息补偿金的价格收回可转换债券。该条款降低了投资风险，可吸引更多的投资者。

8. 强制性转换条款

公司发行可转换债券后，其股价可能出现巨大波动，若股价表现不佳，又没有设计回售条款，投资者就不会转股，公司可设计转换调整条款保障可转换债券到期完全转换成股票，以预防投资者到期集中挤兑导致公司破产的悲剧。

(三) 可转换债券的评价

1. 可转换债券的优点

(1) 融资成本低。可转换债券的利率一般低于普通债券，转换前可转债的资本成本低于普通债券；转换成股票后，由于公司无需另外支付融资费用，又可节约股票的融资成本，从而降低股票的资本成本，并可对企业资本结构进行调整，增强负债的基础和保障，促进公司发展。

(2) 融资灵活。可转换债券将传统的债务融资功能和股票融资功能结合起来，在融资性质和时间上具有灵活性。债券发行企业先以债务方式取得资金，到了债券转换期，如果股票市价较高，债券持有人将会按约定的价格转换为股票，避免了企业还本付息的压力。如果股票长期低迷，投资者不愿意将债券转换为股票，企业即时地还本付息也能避免未来长期股权资本成本负担。

(3) 稳定股价。可转换债券的转换价格一般高于其发行时的公司股票价格，在公司股价较低时，可以通过发行可转换债券来筹集资金，从而避免公司股价的进一步下跌。同时，因为转换价格较高，转换股数少，相对而言就降低了债转股对每股收益的影响。此外，可转换债券的转换期限较长，对公司股价的影响较温和，有利于公司股价的稳定。

2. 可转换债券的缺点

存在一定的财务压力。如果在转换期内公司股价处于恶性化低迷，持券者不会转股，则公司可能因集中兑付债券本金而造成财务压力。特别是在有回售条款的情况下，公司短期内集中偿还债务的压力会更明显。

二、优先股

优先股与普通股相对应，是指股东享有某些优先权利的股票。

(一) 优先股的特点

哪些公司可以发行优先股

1. 优先于普通股获得股息分配

优先股按照固定的或各年度约定的股息率，优先于普通股股东获得股息，且股息不随公司盈亏变化而增减。当公司业绩发生亏损时，优先股的股息可以暂停支付，等到公司扭亏后再恢复支付。公司应当以现金的形式向优先股股东支付股息，在完全支付约定的股息之前，不得向普通股股东分配利润。

2. 优先于普通股受偿剩余财产

公司破产或解散清算时，在清偿了所有债务后，剩余财产应先偿还优先股本，如有剩余才能按股份比例对普通股股东进行分配，所以优先股都设有票面价值，以便清偿。

3. 优先股具有债券融资的特征

如优先股的股息是固定的，但优先股股东一般没有表决权和管理权，某些附转换权的优先股可在一定条件下转换为普通股。

(二) 优先股的种类

优先股具有多种灵活性条款，可根据不同设计条款设计出不同类型的优先股，如表 5-2 所示。

表 5-2　优先股的设计条款及种类

设计条款	优先股设计类型	设计条款	优先股设计类型
在存续期内是采取相同的固定股息率，或明确每年的固定股息率，还是可以调整票面股息率	固定股息率优先股	在公司章程中是否规定在可分配税后利润时必须向优先股股东分配利润	强制分红优先股
	浮动股息率优先股		非强制分红优先股
当年未能足额派发的股息，所欠股息是否可以累计到以后年度补发	可累积优先股	按照约定的股息率分配股息后，是否有权同普通股股东一起参与剩余利润分配	可参与优先股
	非累积优先股		不可参与优先股
是否可以转换成普通股。转换条款包括价格、比率及其确定原则、转换选择权的行使主体等	可转换优先股	是否面向公众发行	公开发行优先股
	不可转换优先股		非公开发行优先股

（续表）

设计条款	优先股设计类型	设计条款	优先股设计类型
是否规定允许发行人按事先约定的条件回购	可回购优先股	是否可以在证券交易所上市挂牌交易	上市优先股
	不可回购优先股		非上市优先股

(三) 优先股的发行动机

1. 防止股份分散

企业为了防止公司股权分散会选择发行优先股融资，由于优先股没有表决权，因此，优先股融资可以保障公司的原有控制权。

2. 调剂现金余缺

企业为了调剂现金余缺可能发行优先股融资，公司在需要现金之时发行可赎回优先股而得到现金，在现金充足时将可赎回优先股购回，从而调整现金余缺。

3. 改善公司资本结构

通过发行可转换优先股可以调整股权资本与债务资本的比例，从而改善公司的资本结构。

4. 维持举债能力

发行优先股可以增强公司的股权资本实力，进而增强公司的举债能力。

(四) 优先股的评价

1. 优先股融资的优点

(1) 提高企业的资信和借款能力。由于优先股与普通股一样，所融资金也为自有资金，发行优先股能加强自有资金的比率，可增强公司的信誉，提高公司的偿债能力。

(2) 不会分散公司控股权。优先股股东一般没有参与权和表决权，发行优先股可以避免公司股权的分散。当公司既想向外界筹措自有资金，又不想分散原有股东的控制权时，就可利用优先股融资。

(3) 财务风险较低，股东可获得财务杠杆收益。由于优先股所融资金一般没有固定的到期日，也不用偿付本金，企业的财务压力相对较小。并且由于优先股股利一般是固定的，当公司的资金收益率高于优先股股利率时，发行优先股越多，普通股的收益越多。

(4) 便于企业调节资本结构。大多数优先股同时又附有收回条款，具有弹性，当财务状况较差时发行优先股，而在财务状况较强时收回，有利于结合资金需求，同时也能控制企业的资本结构。

2. 优先股融资的缺点

(1) 可能产生负财务杠杆作用，降低普通股的收益率。当公司的收益下降时，税后每股收益会以更快的速度下降，出现负财务杠杆效应。当公司的资金利润率低于优先股股利率时，发行优先股越多，普通股的收益就越少。此时，利用优先股融资会降低普通股的收益率。

(2) 资金成本较高。利用优先股融资，要求支付固定股利，但又不能像借款和债券利息那样在所得税前抵扣，因此，当企业盈利下降时，优先股的股利可能会成为企业一项较重的财务负担，有时不得不延期支付，会对公司的形象产生影响。加之优先股利率通常比债券的利息率高，所以一般优先股的资本成本比债券的资金成本高。

三、认股权证

认股权证是由上市公司发行的证明文件，是持有人有权在特定时间内以约定的价格认购一定数量该公司股票的选择权凭证。广义的权证是一种持有人有权于某一特定期间或到期日，按约定的价格认购或沽出一定数量的标的资产的期权。权证按买或卖的不同权利，可分为认购权证和认沽权证，又称为看涨期权和看跌期权。认股权证属于认购权证。

（一）认股权证的特点

1. 认股权证的期权性

认股权证本质上是一种股票期权，属于衍生金融工具，具有实现融资和股票期权激励的双重功能。但认股权证本身是一种认购普通股的期权，它没有普通股的红利收入，也没有普通股相应的投票权。

2. 认股权证是一种投资工具

投资者可以通过购买认股权证获得市场价与认购价之间的股票差价收益，因此它是一种具有内在价值的投资工具。

（二）认股权证的价值计算

认股权证的价值（或价格）等于内在价值与时间价值之和。

认股权证的内在价值等于行权价格与未来股票市场价格之间差额的现值。计算公式为

$$V=\frac{ST-X}{(1+i)^n}$$

其中，ST——标的证券到期日价格；

X——行权价格；

i——投资者必要的报酬率；

n——认股权证的到期时间。

时间价值是指权证有效期内标的资产价格波动为权证持有人带来收益的可能性所隐含的价值。

认股权证的时间价值随着到期时间的减少而减少，在到期日为 T 时，时间价值 $V_t=0$。

（三）认股权证要素

1. 认购数量

认购数量可以有两种方式约定：一是确定每一单位认股权证可以认购几家公司发行的普通股；二是确定每一单位认股权证可以认购多少金额的普通股。

2. 认股价格

价格一般以认股权证发行时发行公司的股票价格为基础，或者以公司股价的轻微溢价发行。如果公司股价有所变动，可能需要对认股价格进行调整。有些公司则规定当公司的股票市价过度上扬时，其发行的认股权证的认股价格可以按预定公式自动上调。

3. 认股期限

认股期限是指认股权证的有效期。在此期间，认股权证的持有者可以随时认购股份，超过此期限，认股权证将失效。一般说来，期限越长，认股权证的价格就越高。认股期限在不

同国家、不同地区、不同市场，均会有所不同，通常为 3～10 年。

4. 赎回权

通常发行认股权证的公司均会制定赎回权条款，即在特定情况下，公司有权赎回已发行的认股权证。

(四) 认股权证分类

认股权证按照行权时间、发行主体和权证结算方式的不同，可分为不同类型，如表 5-3 所示。

表 5-3　认股权证种类

划分标准	种类	解释
行权时间	美式期权	持有人可以在权证到期前随时行使认购权
	欧式期权	持有人必须在行权日才能认购权证
	百慕大式期权	持有人可以在权证发行日与到期日之间预先设定几个行使认购权的时间。该类期权价格高于欧式期权，低于美式期权
发行主体	公司权证	由权证标的证券发行人所发行，这类认股权证的发行结果会使发行企业的股份增加
	备兑权证	由证券公司以所持有的股票为标的而发行的认股权证，这类认股权证的发行不会造成标的股份的增加
结算方式	证券结算型权证	发行人向持有人支付证券
	现金结算型权证	发行人按照证券行权价与当日证券收市价之间的差额支付给权证持有人

(五) 认股权证融资评价

(1) 认股权证的发行可以促使其他融资方式的运用，达到融资的目的。如许多公司，特别是规模较小的公司发行附有认股权证的债券比发行纯粹的债券更具有吸引力。

(2) 有助于改善上市公司的治理结构。采用认股权证进行融资，融资的实现是缓期分批的，上市公司及其大股东的利益与投资者是否在到期之前执行认股权证密切相关。因此在认股权证有效期间，上市公司管理层及其大股东任何有损公司价值的行为，都可能降低上市公司的股价，从而降低投资者执行认股权证的可能性，这将损害上市公司管理层及其大股东的利益。所以，认股权证能够约束上市公司的败德行为，并激励他们更加努力地提升上市公司的市场价值。

(3) 有利于推进上市公司的股权激励机制。认股权证是常用的员工激励工具，通过给予管理者和重要员工一定的认股权证，可以促进其积极性，建立一个管理者与员工通过提升企业价值实现自身财富增值的利益驱动机制。

本章小结

本章在上一章的基础上具体介绍了长期融资的意义以及具体的手段。具体来看，长期融资从性质上主要分为权益资本融资、债权资本融资以及混合性融资。其中权益资本融资从手段上又分为吸收直接投资与发行普通股股票;债权资本融资分为长期借款、公司债券以及融资租赁;混合性融资分为可转换公司债券、优先股以及认股权证。长期融资方式比较多样,融资的具体要求也比较细致,不论是发行股票还是公司债券,都对公司提出了较高的要求,公司在选择具体的长期融资策略时,应当根据自身的具体情况选择合适的融资方式。

复习思考题

1. 试说明投入资本融资的主体、条件、要求以及优缺点。
2. 试分析股票包销和代销对发行公司的利弊。
3. 试分析股票上市对公司的利弊。
4. 试分析债券发行价格的决定因素。
5. 试说明发行债券融资的优缺点。
6. 企业应如何对贷款银行进行选择?
7. 试说明长期借款融资的优缺点。
8. 试说明融资租赁融资的优缺点。
9. 试说明优先股融资的优缺点。
10. 试说明可转换债券的属性以及转换期限、转换价格和转换比率。
11. 试说明可转换债券融资的优缺点。
12. 试分析认股权证的特点和作用。

案例分析

达达航空公司于 2010 年实行杠杆式收购后,负债比率一直居高不下。直至 2015 年底,达达航空公司的负债比率仍然很高,有近 15 亿元的债务将于 2018 年到期。为此,需要采用适当的融资方式追加融资,降低负债比率。

2016 年初,公司董事长和总经理研究了公司的融资方式的选择问题。董事长和总经理两人都是主要持股人,也都是财务专家。他们考虑了包括增发普通股等融资方式,并开始向投资银行咨询。

起初,投资银行认为,可按每股 20 元的价格增发普通股。但经分析得知,这是不切实际的,因为投资者对达达航空公司有关机票打折策略和现役机龄老化等问题顾虑重重,如此高价位发行,成功概率不大。最后,投资银行建议达达航空公司可按每股 13 元的价格增发普通股 2 000 万股,以提升股权资本比重,降低负债比率,改善财务状况。

达达航空公司 2015 年底和 2016 年初增发普通股后(如果接受投资银行的咨询建议)融资方式组合如表 5-4 所示。

表 5-4　达达航空公司长期融资方式情况表

单位：亿元

长期融资方式	2015 年末实际数		2016 年初估计数	
	金额	百分比	金额	百分比
长期债券	49.66	70.9%	48.63	68.1%
融资租赁	2.45	3.5%	2.45	3.4%
优先股	6.51	9.3%	6.51	9.1%
普通股	11.43	16.3%	13.86	19.4%
总计	70.05	100%	71.45	100%

思考题：

假如你是达达航空公司的财务总监(CFO)：

(1) 请你分析普通股融资方式的优缺点。

(2) 你如何评价投资银行的咨询建议？

(3) 你将提出怎样的融资方式建议？

参考答案

第六章 资本结构

教学目的与要求

1. 理解资本结构的概念、种类和意义。
2. 了解有关资本结构的主要理论观点。
3. 理解资本成本的构成、种类和作用。
4. 掌握个别资本成本的种类和作用,掌握个别资本成本率和综合资本成本率的测算方法。
5. 理解营业杠杆的作用原理,掌握营业杠杆系数的测算方法及其应用。
6. 理解财务杠杆的作用原理,掌握财务杠杆系数的测算及其应用。
7. 理解联合杠杆的作用原理,掌握联合杠杆系数的测算方法及其应用。
8. 理解资本结构决策的影响因素及其定性分析。
9. 掌握资本结构决策的方法及其应用。

引导案例

《美国经济评论》于2011年第1期出版了百年纪念特刊,在该刊100年来刊登的数千篇文章中,甄选出对经济学发展与实践产生深远影响且富有创造性的20篇最佳论文。所选论文代表了每一时期经济学的最高学术水平,反映了100年来美国主流经济学的基本走向。

这20篇名篇佳作中对公司财务理论具有革命性突破的当属莫迪格利安尼和米勒的资本结构理论(简称MM)。这篇文献采用无套利分析方法,阐述了资本结构、资本成本与公司价值三者之间的关系。瑞典皇家科学院(1990)在诺贝尔经济学奖的致辞中称,"米勒革命性地改变了公司财务的理论与实务,将公司财务从一个松散的工作程序及规则,改变为追求股东价值最大化的精细巧妙法则"。MM理论是公司资本结构理论的奠基石。继莫迪格利安尼和米勒(1958)、罗斯(Ross. A,1973)之后,詹森和梅克林(1976)、迈尔斯和迈基勒夫(1984)分别从代理成本、信息不对称理论解释公司资本结构选择与投资行为,由此形成了不同的理论和流派。但到目前为止，公司“最佳资本结构”仍然是一个不解之谜，仍然没有统一的理论体系对公司资本结构进行完整的解释。

广义的资本结构是指企业中各类资金的来源及占比情况，尤其是长期资金中的债务与权益资金的来源及比例情况，对企业长期发展、风险水平、企业价值创造等具有重大影响。通过本章学习，了解资本结构的相关理论，掌握资本成本的内涵及计算方法；可以掌握经营杠杆、财务杠杆和总杠杆之间的关系；熟悉资本结构、资本成本与公司价值的关系。

重点知识思维导图

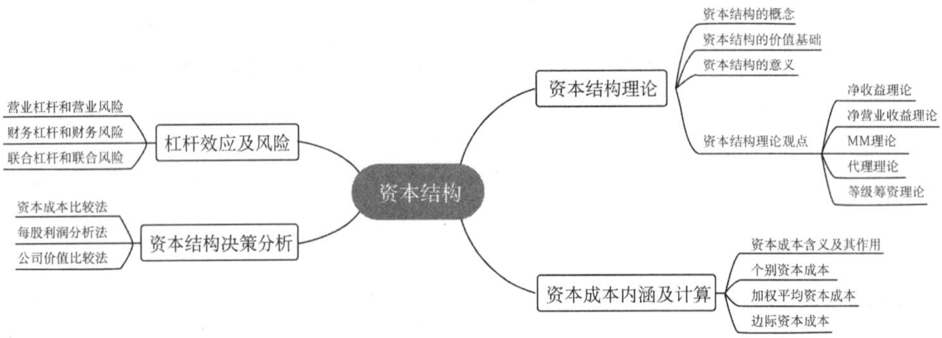

第一节　资本结构理论

资本结构是财务管理的基本概念之一，本节主要介绍资本结构的概念、价值基础、意义和相关的理论观点。

一、资本结构的概念

在财务管理实务中，企业在一定时期采用各种筹资方式组合筹资的结果，就形成了一定的资本结构。因此，资本结构是指企业各种资本的价值构成及其比例关系，是企业一定时期筹资组合的结果。

资本结构有广义和狭义之分。广义的资本结构是指企业全部资本的构成及其比例关系。企业一定时期的资本既可分为债务资本和股权资本，也可分为短期资本和长期资本。一般而言，广义的资本结构包括债务资本与股权资本的结构、长期资本与短期资本的结构，以及债务资本、长期资本和股权资本的内部结构等。狭义的资本结构是指企业各种长期资本的构成及其比例关系，尤其是指长期债务资本与(长期)股权资本之间的构成及比例关系。

二、资本结构的价值基础

对于企业的资本结构，需要明确资本的价值基础。一般而言，资本价值的计量基础有会计账面价值、现时市场价值和未来目标价值。与此相联系，企业的资本如果分别按这三种价值基础来计量和表达，就形成三种不同价值计量基础反映的资本结构，即资本的账面价值结构、资本的市场价值结构和资本的目标价值结构。

(一) 资本的账面价值结构

资本的账面价值结构是指企业资本按会计账面价值基础计量反映的资本结构。企业资产负债表的右方“负债及所有者权益”或“负债及股东权益”所反映的资本结构就是按账面价值计量的,由此形成的资本结构是资本的账面价值结构。一般认为,它不太符合企业资本结构决策的要求。

(二) 资本的市场价值结构

资本的市场价值结构是指企业资本按现时市场价值基础计量反映的资本结构。当企业的资本具有现时市场价格时,可以按其市场价格计量反映资本结构。通常,上市公司发行的股票和债券具有现时的市场价格,因此,上市公司可以按市场价格计量反映其资本的现时市场价值结构。一般认为,它比较符合上市公司资本结构决策的要求。

(三) 资本的目标价值结构

资本的目标价值结构是指企业资本按未来目标价值计量反映的资本结构。当一个公司能够比较准确地预计其资本的未来目标价值时,可以按其目标价值计量反映资本结构。一般认为,它更符合企业未来资本结构决策管理的要求,但资本的未来目标价值不易客观、准确地估计。

三、资本结构的意义

企业的资本结构问题主要是资本的权属结构的决策问题,即债务资本的比例安排问题。在企业的资本结构决策中,合理地利用债务筹资,科学地安排债务资本的比例,是企业筹资管理的一个核心问题,它对企业具有重要的意义。

(1) 合理安排债务资本比例可以降低企业的综合资本成本率。由于债务利息率通常低于股票股利率,而且债务利息在所得税前的利润中扣除可使企业享有所得税节税利益,从而使债务资本成本率明显低于股权资本成本率。因此,在一定的限度内合理地提高债务资本的比例,可以降低企业的综合资本成本率。

(2) 合理安排债务资本比例可以获得财务杠杆利益。由于债务利息通常是固定不变的,当息税前利润增大时,每 1 元利润所负担的固定利息会相应降低,从而可分配给股权资本的所有者的税后利润会相应增加。因此,在一定限度内合理地利用债务资本,可以发挥财务杠杆的作用,给企业股权资本的所有者带来财务杠杆利益。

(3) 合理安排债务资本比例可以增加公司的价值。一般而言,一个公司的现实价值等于其债务资本的市场价值与股权资本的市场价值之和,用公式表示为:

$$V = B + S$$

式中,V 表示公司总价值,即公司总资本的市场价值;B 表示公司债务资本的市场价值;S 表示公司股权资本的市场价值。

该公式清楚地表达了按资本的市场价值计量反映的资本权属结构与公司总价值的内在关系。公司的价值与公司的资本结构是紧密相关的,资本结构对公司的债务资本市场价值、股权资本市场价值及公司总资本的市场价值(即公司总价值)具有重要影响。因此,合理安排资本结构有利于增加公司的市场价值。

四、资本结构的理论观点

资本结构理论是关于公司资本结构、公司综合资本成本率与公司价值三者之间关系的理论。它是公司财务理论的核心内容之一，也是资本结构决策的重要理论基础。在现实中，资本结构是否影响企业价值这一问题一直存有争议，故被称为"资本结构之谜"。

人们对资本结构有着若干不同的认识。最早提出资本结构理论的是美国经济学家戴维·杜兰德。他认为，早期企业的资本结构是按照净收益法、净营业收益法和传统折中法建立的。1958年，莫迪格利安尼和米勒又提出来著名的MM理论。在此基础上，后人又进一步提出了代理理论和等级筹资理论等。

（一）净收益理论

该理论认为，利用债务可以降低企业的综合资本成本。由于债权的投资报酬率固定，债权人有优先求偿权，所以，债权投资风险低于股权投资风险，债权资金成本率一般低于股权资金成本率。因此，负债程度越高，加权平均资金成本就越低。当负债比率达到100%时，企业价值将达到最大。

这是一种极端的资本结构理论观点。这种观点虽然考虑了财务杠杆利益，但忽略了财务风险。很明显，如果公司的债权资金比例过高，财务风险就会很高，公司的加权平均资金成本率就会上升，公司的价值反而会下降。

（二）净营业收益理论

该理论认为，资本结构与企业的价值无关，决定企业价值高低的关键要素是企业的净营业收益。如果企业增加成本较低的债务资金，即使债务成本本身不变，但由于加大了企业的风险，也会导致权益资金成本的提高。这一升一降，相互抵销，企业的加权平均资金成本仍保持不变。也就是说，不论企业的财务杠杆程度如何，其整体的资金成本不变，企业的价值也就不受资本结构的影响，因而不存在最佳资本结构。

这是另一种极端的资本结构理论观点。这种观点虽然认识到债权资金比例的变动会产生财务风险，也可能影响公司的股权资本成本率，但实际上公司的加权平均资金成本不可能是一个常数。公司净营业收益的确会影响公司的价值，但公司价值不仅仅取决于公司净营业收益的多少。

（三）MM理论

1958年，莫迪格利安尼和米勒提出了著名的MM理论。在无税收、资本可以自由流通、充分竞争、预期报酬率相同等一系列假定之下，MM理论提出了两个重要命题：

命题Ⅰ：无论企业有无债权资本，其价值（普通股资本与长期债权资本的市场价值之和）等于公司所有资产的预期收益额按适合该公司风险等级的必要报酬率予以折现。其中，企业资产的预期收益额即息税前利润，企业风险等级相适应的必要报酬率相当于企业的加权资本成本率。

命题Ⅱ：利用财务杠杆的公司，其股权资本成本率随筹资额的增加而提高。因为低成本的债务给公司带来的财务杠杆利益会被股权资金成本率的上升而抵销，所以，公司价值与其资本结构无关。因此，在没有企业和个人所得税的情况下，任何企业的价值，不论其有无负债，都等于经营利润除以适用于其风险等级的收益率。风险相同的企业，其价值不受有无负债及负债程度的影响。

修正的 MM 理论提出，有债务的企业价值等于有相同风险但无债务企业的价值加上债务的节税利益。因此，在考虑个人所得税的情况下，由于存在税收庇护利益，企业价值会随着负债程度的提高而增加，股东也可获得更多好处。于是，负债越多，企业价值也会越大。

(四) 代理理论

代理理论的创始人詹森和麦克林认为，企业资本结构会影响经理人员的工作水平和其他行为选择，从而影响企业未来现金流入和企业市场价值。该理论认为，公司债务的违约风险是财务杠杆系数的增函数，随着公司债权资本的增加，债权人的监督成本随之上升，债权人会要求更高的利率。这种代理成本最终要由股东承担(即股权代理成本增加)，公司资本结构中债权比率过高会导致股东价值的降低。均衡的企业所有权结构是由股权代理成本和债权代理成本之间的平衡关系来决定的，债权资本适度会增加股东的价值。除债务的代理成本之外，还有一些代理成本涉及公司雇员、消费者和社会等，在资本机构决策中也应予以考虑。

(五) 等级筹资理论

1984 年，梅耶斯等学者提出了一种新的优序筹资理论。该理论认为：首先，外部筹资的成本不仅包括管理和证券承销成本，还包括不对称信息所产生的“投资不足效应”而引起的成本。为消除“投资不足效应”而引起的成本，企业可以选择用内部积累的资金去满足净现值为正的投资机会。所以，通过比较外部筹资和内部筹资的成本，当企业面临投资决策时，理论上应先考虑运用内部资金。其次，债务筹资优于股权投资。优序筹资理论的两个中心思想是：①偏好内部筹资；②如果需要外部筹资，则偏好债务筹资。由于企业所得税的节税利益，负债筹资可以增加企业的价值，即负债越多，企业价值增加越多，这是负债的第一种效应；但是，财务危机成本期望值的现值和代理成本的现值会导致企业价值的下降，即负债越多，企业价值减少额越大，这是负债的第二种效应。负债比率较小时，第一种效应大；负债比率较大时，第二种效应大。由于非对称信息的存在，企业需要保留一定的负债容量以便有利可图的投资机会来临时可发行债券，避免以过高的成本发行新股。

按照等级筹资理论，企业不存在明显的目标资本结构，因为虽然留存收益和增发新股均属于股权筹资，但前者最先选用，后者最后选用；获利能力较强的公司之所以安排较低的债权比率，并不是由于已确立较低的目标债权利率，而是由于不需要外部筹资；获利能力较差的公司选用债权筹资是由于没有足够的留存收益，而且在外部筹资选择中债权筹资为首选。

经典融资理论

五、资本结构影响因素

(一) 企业获利水平

首先，只有当企业的获利水平高于债务利率时，财务杠杆才会发挥正面作用，此时选择债权性资金对企业才可能是有益的。其次，企业的获利水平越高，一般来说举债能力也就越强。最后，获利水平相当高的企业，由于有充足的留存利润来满足资金需要，因此对债权性资金的需求相对较小。

(二) 企业现金流量

由于债务利息和本金通常必须以现金支付，因此企业的举债能力不仅会受到企业获利水平的影响，还与企业的现金流量状况相关。企业各期的现金净流量金额越大、越稳定，筹集债权性资金的能力就越强。

（三）企业增长率

高速增长的企业由于留存利润往往不能满足迅速发展的需要，因而会更多地倾向于债务筹资。而且，高增长的企业承受风险的能力往往也较强，因此更愿意采用债务筹资。

（四）企业所得税税率

由于债务利息可以起到抵税作用，因此，一般而言，企业所得税税率越高，利用负债融资的优势越明显，企业就越愿意采用债务筹资。

（五）企业资产结构

企业资本结构应与资产结构在风险和期限上相互配合。一般而言，长期资产的收益和风险都高于流动资产。因此，长期资产比重较大的企业往往更多地采用风险较低的永久性资金——股权性资金，而流动资产比重较大的企业则可能较多地采用风险较高、期限相对较短的债权性资金。

（六）企业经营风险

一般而言，企业需要将综合风险控制在一定范围之内。因此，企业经营风险越高，承受财务风险的能力就越低，此时就需要相应地降低债权性资金的比例；反之则可适当提高债权性资金的比例。

（七）企业所有者和管理者的态度

企业所有者如果不愿稀释对企业的控制权，则可能更愿意采用债权筹资。而企业管理者越愿意冒险，则可能越倾向于较多地采用债权筹资；相反，管理者越保守，则可能越倾向于较少采用债权筹资。

（八）贷款银行和评信机构的态度

企业在涉及较大规模的债权性筹资时，贷款人和评信机构的态度不容忽视。企业如果想安排大额借款，贷款银行的态度将会在很大程度上影响企业最终的借款金额、利率和条件。企业如果想发行大额债券，评信机构的态度将会对债券发行的额度、利率以及时间长短产生重大影响。

（九）其他因素

整个经济的发展状况、市场的竞争机制、资金的流向、投资者的偏好，以及企业所处行业、地区等都可能影响到企业的筹资方式和资本结构。

第二节　资本成本内涵及计算

一、资本成本的含义及其作用

（一）资本成本的含义

企业可以从各种渠道筹集到资金进行运用，从而形成企业的资本。从筹资者的角度看，资本成本就是企业为取得和使用资本而支付的各种费用，主要包括用资费用和筹资费用。

企业筹集和使用任何资金，不论短期的还是长期的，都要付出代价。

1. 用资费用

用资费用是指企业使用资本的占用成本，即企业在生产经营、投资过程中因使用资本而付出的费用。例如，向股东支付的股利、向债权人支付的利息等。长期资本的用资费用与筹资金额、使用期限呈同向变动关系。

2. 筹资费用

筹资费用是指资本的取得成本，是企业在筹措资本过程中为获取资本而付出的费用。例如，向银行支付的借款手续费，由于发行股票、债券而支付的印刷费、发行手续费、律师费、资信评估费、公证费、担保费、广告费等中介费用。

(二) 资本成本的作用

1. 资本成本是选择筹资方式、进行资本结构决策的依据

资本成本有个别资本成本、加权平均资本成本以及边际资本成本等类型，在不同情况下作用不同。

(1) 个别资本成本是比较各种筹资方式优劣的依据。企业不同的长期筹资方式的资本成本是不一样的，资本成本的高低可作为评价各种筹资方式优劣的一个重要因素。在其他条件基本相同或对企业影响差异不大时，应选择资本成本最低的筹资方式。

(2) 加权平均资本成本是衡量企业资本结构合理性的依据。企业的全部长期资本通常是采用多种方式筹资组合构成的，这种长期筹资组合往往有多个方案可供选择。衡量资本结构是否最佳的标准主要是加权平均资本成本最小化和企业价值最大化。

(3) 边际资本成本是选择追加筹资方案的依据。企业为了扩大生产经营规模、固定资产更新等，可能需要增大资金投入量。这时，企业可以通过计算边际资本成本的大小来选择是否追加筹资。

2. 资本成本是评价投资方案、进行投资决策的依据

企业作为投资者把筹集到的资金投放出去，要求任何投资项目的预期投资收益率要超过资本成本率，这样企业将有利可图，该投资项目具有可行性。反之，如果投资项目的预期投资收益率不能达到资本成本率，则企业盈利用以支付资本成本后将发生亏损，该项目不应采纳。

3. 资本成本是评价企业经营成果的重要依据

企业任何一项投资不论所需资本是怎样筹集的，都必须实现最低的投资收益率，以补偿企业使用资本需要偿付的资本成本。因此，在实际生产经营活动中，资本成本率的高低就成为衡量企业投资收益率的最低标准。凡是实际投资收益率低于资本成本的，则认为经营不利，必须改善经营管理。

二、个别资本成本

个别资本成本是指各种长期资本的成本，包括长期借款成本、长期债券成本、优先股成本、普通股成本、留存利润成本等。

资本成本可以用绝对数表示，也可以用相对数表示。在筹资实务中，资本成本通常用相对数资本成本率来表示，资本成本率是企业用资费用与有效筹资额之间的比率。其一般计算公式可表示如下：

$$K=\frac{D}{P-F}=\frac{D}{P(1-f)}$$

式中，K 为个别资本成本，D 为每个期间的用资费用额，P 为筹资数额，F 为筹资费用额，f 为筹资费用率，即筹资费用额与筹资额之比。由此可见，个别资本成本率的高低取决于三个因素，即用资费用、筹资费用和筹资数额。

（一）债务成本

对于债务成本而言，其成本中的用资费用是指企业支付给债权人的利息。按照所得税法律制度的规定，债务的利息允许在企业所得税前支付，因此，企业实际负担的利息为税后利息。

1. 长期借款成本

企业长期借款的成本包括借款利息和筹资费用，借款利息可以起到抵税的作用。因此，在不考虑资金的时间价值的条件下，一次还本、分期付息借款的成本可按下列公式计算：

$$K_l=\frac{I_l(1-T)}{L(1-f_l)}$$

式中，K_l 为长期借款资本成本率；I 为长期借款年利息额；T 为所得税税率；L 为长期借款筹资额，即借款本金；f 为长期借款筹资费用率，即借款手续费用率。

上式也可写成下列形式：

$$K_l=\frac{R_l(1-T)}{1-f_l}$$

式中，R_l 为长期借款年利率。长期借款的筹资费用主要是手续费，一般数额很少，可以忽略不计。这时，长期借款资本成本率可按下列公式计算：

$$K_l=R_l(1-T)$$

［例 6-1］ 华联公司计划购买机器设备，从银行取得一笔长期借款。借款金额为 1 000 万元，年利率为 7%，期限为 5 年，每年付息一次，到期一次还本，筹资费用率为 0.3%，企业所得税税率为 25%。则该项长期借款的资本成本率应为：

$$K_l=\frac{1\,000\times7\%\times(1-25\%)}{1\,000\times(1-0.3\%)}\approx5.27\%$$

如果不考虑借款手续费率，长期借款的资本成本率为：

$$K=7\%\times(1-25\%)=5.25\%$$

比较两次计算结果也可以看出，当借款手续费率较少时，不考虑筹资费用率对长期借款的资本成本率的计算结果影响不大。

当借款合同附加补偿性余额条款的情况下，企业必须同意在银行中保持相当于未清偿借款本金百分比的活期存款余额，这时企业可动用的借款筹资额会减少，借款的实际利率和资本成本率将会上升。

[例 6-2] 银行要求公司上述 1 000 万元借款的补偿性余额比率为 20%，不考虑借款手续费率，其他条件不变，这笔长期借款的资本成本率为：

$$K_l=\frac{1\,000\times 7\%\times(1-25\%)}{1\,000\times(1-20\%)}\approx 6.56\%$$

在借款年内结息次数超过一次时，借款实际利率也会高于名义利率，从而导致资本成本率上升。这时，借款资本成本率的测算公式为：

$$K_l=\left[\left(1+\frac{R_l}{M}\right)^M-1\right](1-T)$$

式中，M 表示 1 年内的借款结息次数，其他符号含义同前。

[例 6-3] 华联公司借款 1 000 万元，年利率 5%，期限 3 年，每季结息一次，到期一次还本。公司所得税税率为 25%，则这笔借款的资本成本率为多少？

$$K_l=\left[\left(1+\frac{5\%}{4}\right)^4-1\right](1-25\%)=3.82\%$$

2. 债券资本成本

债券资本成本主要指债券利息和筹资费用。根据税法有关规定，债券利息可在所得税前列支。债券的筹资费用即发行费用，包括申请费、注册费、印刷费、上市费用，以及推销费等。

发行债券的筹资金额主要由发行价格决定，债券的发行价格可分为等价、溢价和折价三种。债券利息按票面金额和票面利率计算。不考虑资金的时间价值，一次还本、分次付息的债券资本成本率可按下列公式计算：

$$K_b=\frac{I_b(1-T)}{B(1-f_b)}$$

式中，K_b 为债券资本成本率，I_b 为债券年利息，B 为债券筹资额，按发行价格确定；T 为所得税税率；f_b 为债券筹资费用率。

[例 6-4] 华联公司拟等价发行票面金额 1 000 元、期限为 5 年的债券。其中，票面利率为 9%，每年结息一次。发行费用为发行价格的 4%，公司所得税税率为 25%，则该批债券的资本成本率为多少？

$$K_b=\frac{1\,000\times 9\%\times(1-25\%)}{1\,000\times(1-4\%)}\approx 7.03\%$$

在考虑货币时间价值时，公司债券的税前资本成本率也就是债券持有人投资的必要报酬率，再乘以$(1-T)$折算为税后的资本成本率。测算过程如下：

第一步，先测算债券的税前资本成本率，使用插值法，其测算公式为：

$$P_0=\sum_{t=1}^{n}\frac{I}{(1+R_b)^t}+\frac{P_n}{(1+R_b)^n}$$

第二步，测算债券的税后资本成本率，其测算公式为：

$$K_b=R_b(1-T)$$

(二) 权益成本

权益成本主要有普通股成本、优先股成本和留存收益成本等。根据所得税法律制度的规定,公司需以税后利润向股东分派股利,股利的发放不会减少公司应缴的所得税。

1. 普通股成本

普通股的资本成本率就是普通股投资的必要报酬率。其计算方法一般有三种:股利折现模型法、资本资产定价模型法和风险溢价法。

(1) 股利折现模型法。可以将普通股资本成本率看成是普通股股利的现值之和等于普通股筹资净额(发行价减筹资费用)时的折现率,用 K_c 表示,则普通股股利折现模型为:

$$P_0(1-F_c)=\sum_{t=1}^{\infty}\frac{D_t}{(1+K_c)^t}$$

式中,P_0 为普通股发行价格;F_c 为普通股筹资费用率;D_t 为普通股第 t 年的股利;K_c 为普通股投资必要报酬率,即普通股资本成本率。

如果公司采用固定股利政策,即每年分派现金股利 D 元,可将其视为永续年金,则股利折现模型为:

$$P_0(1-F_c)=\frac{D}{K_c}$$

从而推导出普通股资本成本率的计算公式为:

$$K_c=\frac{D}{P_0(1-F_c)}$$

[例 6-5] 联华公司拟发行一批普通股,发行价格为 12 元,筹资费用率为 8%,预定每年分派现金股利每股 1.5 元,其资本成本率为:

$$K_c=\frac{1.5}{12\times(1-8\%)}=13.6\%$$

如果公司采用固定增长股利的政策,股利固定增长率为 g,则根据普通股股利折现模型推导其资本成本率计算公式为:

$$K_c=\frac{D_1}{P_0(1-F_c)}+g$$

[例 6-6] 宜化公司准备增发普通股,每股发行价格为 21 元,筹资费用率为 15%。预定第一年分派现金股利每股 2.1 元,以后每年股利增长 4%。其资本成本率为:

$$K_c=\frac{2.1}{21\times(1-15\%)}+4\%=15.8\%$$

(2) 资本资产定价模型法。可以将资本资产定价模型简单地描述为:普通股投资的必要报酬率,即资本成本率,等于无风险报酬率加上风险报酬率,无风险报酬率一般可以用国债利率来表示。则普通股资本成本率用公式表示为:

$$K_c=R_f+\beta(R_m-R_f)$$

式中，R_f为无风险报酬率；R_m为市场报酬率；β为股票的贝塔系数。

［例 6-7］ 怡程公司计划发行普通股，假设国库券收益率为 6%，市场平均的投资报酬率为 12%，该公司股票投资风险系数为 1.6，则普通股资本成本率为：

$$K_c = 6\% + 1.6 \times (12\% - 6\%) = 15.6\%$$

(3) 风险溢价法。从投资者的角度看，股票投资的风险高于债券。因此，股票投资的必要报酬率可以在债券利率的基础上再加上一定的风险报酬。其计算公式为：

$$K_c = K_b + R_p$$

式中，K_b为债券资本成本率，R_P为普通股风险溢价。

［例 6-8］ 华程公司已发行债券的投资报酬率为 10%，现准备发行一批股票，经分析估计，该公司普通股承担了更大风险，所要求的风险报酬率即风险溢价为 4%，则该公司的普通股资本成本率为：

$$K_c = 10\% + 4\% = 14\%$$

2. 优先股成本

优先股的股利通常是固定的，公司发行优先股筹资需花费发行费用，因此，优先股资本成本率的计算类似于支付固定股利的普通股。其计算公式为：

$$K_p = \frac{D_p}{P_0(1 - F_p)}$$

式中，K_p为优先股资本成本率；P_0为优先股发行价格；F_p为优先股筹资费用率；D_p为优先股每股年股利。

［例 6-9］ 华晨公司准备发行一批优先股，每股发行价格为 12 元，筹资费用率为 6%，预计年股利为 1 元。其资本成本率为：

$$K_p = \frac{1}{12 \times (1 - 6\%)} = 8.8\%$$

3. 留存收益成本

留存收益是由公司税后利润形成的收益，包括提取的盈余公积和未分配利润。从表面上看，公司使用留存收益不花费成本，但实际上是有成本的。留存收益属于所有者权益，归普通股股东所有，它是一种机会成本，从用途看它也和普通股资金一样要投入企业的生产经营活动，给投资者带来收益。所以，留存收益成本的确定方法与普通股基本相同，只是不考虑筹资费。其计算公式为：

$$K_R = \frac{D_1}{P_0} + g$$

三、加权平均资本成本

一般情况下，企业不可能只使用单一的筹资方式进行筹资，往往采用多种筹资方式。为了进行筹资决策，需要计算确定企业全部资本的总成本，即加权平均资本成本。加权平均资本成本一般是以各种资本占全部资本的比重为权数，对不同来源的资本成本（个别资本成本）进行加权平均确定的。其计算公式为：

$$K_w = \sum K_i W_i$$

式中，K_w 为加权平均资本成本；K_i 为第 i 种资本成本；W_i 为第 i 种资本成本占全部资本成本的比重，即权数。从上式可以看出，加权平均资本成本是由个别资本成本率和各种资本所占的比重这两个因素决定的。

［例 6-10］ 华程公司现有长期资本总额账面金额为 10 000 万元，其中，长期借款 2 000 万元，长期债券 2 000 万元，优先股 1 000 万元，普通股 4 500 万元，留存利润 500 万元；其资本成本率分别为 4.5％，6％，11％，15％和 13％。该公司加权平均资本成本率可按如下两步计算：

第一步，计算各种长期资本的比重：

长期借款的比重：$W_1 = \frac{2\,000}{10\,000} = 0.2$

长期债券的比重：$W_2 = \frac{2\,000}{10\,000} = 0.2$

优先股的比重：$W_3 = \frac{1\,000}{10\,000} = 0.1$

普通股的比重：$W_4 = \frac{4\,500}{10\,000} = 0.45$

留存利润的比重：$W_5 = \frac{500}{10\,000} = 0.05$

第二步，计算加权平均资本成本：

$$K_w = 0.2 \times 4.5\% + 0.2 \times 6\% + 0.1 \times 11\% + 0.45 \times 15\% + 0.05 \times 13\% = 10.6\%$$

四、边际资本成本

个别资本成本和加权平均资本成本是企业过去筹集的或目前使用的资本成本，企业在追加筹资时应考虑边际资本成本的高低。边际资本成本是指资本每增加一个单位而增加的成本。

企业追加筹资，有时只采取某一种筹资方式。在筹资数额较大或在目标资本结构既定的情况下，则需通过多种筹资方式的组合来实现。为了合理地确定追加筹资总额及其资本结构，便于比较不同规模范围的筹资组合，所以企业应预先计算多种情况下的边际资本成本。首先确定目标资本结构，然后对边际资本成本随追加筹资总额变化的情况进行规划。

［例 6-11］ 华程公司目前拥有长期资本 10 000 万元，其中，长期借款 2 000 万元，优先股 1 000 万元，普通股(含留存收益)7 000 万元。为了适应追加投资的需要，华程公司准备筹措新资。试计算建立追加筹资的边际资本成本率。

第一步，确定目标资本结构。华程公司今后增资资本结构仍以目前资本结构作为目标资本结构，即各资本所占比重分别为：长期借款 20％，优先股 10％，普通股 70％。

第二步，计算各种资本的成本率。随着公司筹资规模的扩大，各种资本的成本率也会发生变动,其计算结果如表 6-1 所示。

表 6-1　追加筹资计算资料表

资本构成	目标资本结构	追加筹资数额范围/万元	个别资本成本率
长期借款	20%	0～22	4%
		22～35	6%
		35 以上	7%
优先股	10%	0～30	10%
		30 以上	12%
普通股权益	70%	0～60	14%
		60～90	15%
		90 以上	16%

第三步,计算筹资总额分界点并确定相应的筹资范围。筹资总额分界点,是指在保持资本成本率不变的条件下可以筹集到的资本总限度。筹资总额分界点的计算公式为:

$$\text{筹资总额分界点} = \frac{\text{某一特定成本筹集到的某种资本额}}{\text{该种资本在资本结构中所占的比重}}$$

如果公司长期借款资本成本率为 4%,则取得长期借款的筹资限额为 22 万元,其筹资总额分界点为:

$$\text{筹资总额分界点} = \frac{22}{0.2} = 110(\text{万元})$$

如果公司长期借款资本成本率为 6%,则取得长期借款的筹资限额为 35 万元,其筹资总额分界点为:

$$\text{筹资总额分界点} = \frac{35}{0.2} = 175(\text{万元})$$

如果公司优先股资本成本率为 10%,则取得优先股的筹资限额为 30 万元,其筹资总额分界点为:

$$\text{筹资总额分界点} = \frac{30}{0.1} = 300(\text{万元})$$

公司追加筹资总额范围的计算结果如表 6-2 所示。

表 6-2　追加筹资总额范围计算表

资本构成	个别资本成本率	追加筹资数额范围/万元	筹资总额分界点/万元	筹资总额范围/万元
长期借款	4%	0～22	110	0～110
	6%	22～30	150	110～150
	7%	30 以上	—	150 以上

（续表）

资本构成	个别资本成本率	追加筹资数额范围/万元	筹资总额分界点/万元	筹资总额范围/万元
优先股	10%	0～30	300	0～300
	12%	30以上	—	300以上
普通股权益	14%	0～49	70	0～70
	15%	49～77	110	70～110
	16%	77以上	—	110以上

表6-2显示了特定种类资本的资本成本率变动的分界点。如在目标资本结构中，长期借款的比重为20%，其筹资额在22万元以内时，追加筹资总额应为110万元以内，这时长期借款的资本成本率为4%；而当筹资总额超过110万元且小于150万元时，长期借款的资本成本率从4%上升到6%。

第四步，计算边际资本成本率。根据上一步骤计算出的筹资分界点，可以得出下列五个新的筹资总额范围：0至70万元；70万元至110万元；110万元至150万元；150万元至300万元；300万元以上。对这五个筹资总额分别计算其加权平均资本成本率，即可得到各种筹资总额范围的边际资本成本率，计算过程如表6-3所示。

表6-3　边际资本成本率规划表

序号	筹资总额范围/万元	资本构成	目标资本结构	个别资本成本率	边际资本成本率
1	0～70	长期借款	20%	4%	0.8%
		优先股	10%	10%	1%
		普通股权益	70%	14%	9.8%
第一个筹资总额范围的边际资本成本率					11.6%
2	70～110	长期借款	20%	4%	0.8%
		优先股	10%	10%	1%
		普通股权益	70%	15%	10.5%
第二个筹资总额范围的边际资本成本率					12.3%
3	110～150	长期借款	20%	6%	1.2%
		优先股	10%	10%	1%
		普通股权益	70%	16%	11.2%
第三个筹资总额范围的边际资本成本率					13.4%
4	150～300	长期借款	20%	7%	1.4%
		优先股	10%	10%	1%
		普通股权益	70%	16%	11.2%
第四个筹资总额范围的边际资本成本率					13.6%

（续表）

序号	筹资总额范围/万元	资本构成	目标资本结构	个别资本成本率	边际资本成本率
5	300 以上	长期借款	20%	7%	1.4%
		优先股	10%	12%	1.2%
		普通股权益	70%	16%	11.2%
第五个筹资总额范围的边际资本成本率					13.8%

第三节　杠杆效应及风险

“杠杆”这个词语是来自物理学，意思是指在力的作用下能绕固定支点转动的杆。杠杆的作用就是改变支点和力点间的距离，可以产生大小不同的力矩，使得“力”得以“放大”，可以一个较小的力移动较重的物体。

财务管理中也存在杠杆作用，反映的是不同经济变量的相互关系，即指由于固定费用，比如生产经营方面的固定费用和财务方面的固定费用的存在，使业务量发生较小变化的现象。杠杆作用是现代企业资本结构决策的一个重要因素。财务管理中的杠杆作用有营业杠杆作用、财务杠杆作用和联合杠杆作用。

一、营业杠杆和营业风险

（一）营业杠杆原理

营业杠杆也称为经营杠杆或营运杠杆，是指企业在生产经营活动过程中对营业成本中固定成本的利用。企业营业成本按其与营业总额的依存关系可分为变动成本和固定成本两部分。其中，变动成本是指成本总额随着营业收入的变动而变动的成本；固定成本是指在一定的营业规模内，其总额不受营业收入变动的影响而保持相对固定不变的成本。

营业杠杆反映销售数量与息税前利润之间的关系，用于衡量销售量变动对息税前利润的影响。二者之间的关系可用公式表示：

$$EBIT = Q(P-V)-F$$

式中，$EBIT$ 为息税前利润；Q 为销售数量；P 为销售单价；V 为单位变动成本；F 为固定成本总额。

（二）营业风险

营业风险是指企业未使用债务时经营活动的内在风险。影响企业经营风险的因素有很多，主要有以下几个方面：

（1）市场对该产品的需求情况。市场对企业产品的需求稳定，则经营风险小；反之，经营风险大。

（2）产品的售价。产品售价稳定，则经营风险小；反之，经营风险大。

(3) 产品的成本。产品成本是收入的抵减，成本不稳定，会导致利润不稳定，因此，产品成本变动大，则经营风险大；反之，经营风险小。

(4) 企业调整价格的能力。当产品成本变动时，若企业具有较强的调整价格的能力，则经营风险小；反之，经营风险大。

(5) 企业固定成本的比重。在企业全部成本中，固定成本所占比重较大时，单位产品分摊的固定成本额较多，若产品数量发生变动，则单位产品分摊的固定成本会随之变动，最后会导致利润的更大变动，经营风险就大；反之，经营风险就小。

(三) 营业杠杆系数

营业杠杆系数是指企业息税前利润的变动率与销售额变动率的比值。企业可以利用它来评价营业杠杆利益的大小和衡量营业风险的高低。其计算公式为：

$$DOL=\frac{\frac{\Delta EBIT}{EBIT}}{\frac{\Delta S}{S}}$$

式中，DOL 为营业杠杆系数；$EBIT$ 为息税前利润；$\Delta EBIT$ 为息税前利润的变动额；S 为销售额；ΔS 为销售额的变动额。

为了计算上的方便，可将上述公式变换如下：

$$DOL=\frac{Q(P-V)}{Q(P-V)-F}$$

$$DOL=\frac{S-C}{S-C-F}$$

式中，DOL 为按销售额确定的营业杠杆系数；C 为变动成本总额，可按变动成本率乘以销售总额来确定。

[例 6-12] 华晨公司年销售产品 20 000 件，单位售价为 150 元，销售总额为 300 万元，单位产品变动成本为 90 元，变动成本总额为 180 万元，固定成本总额为 80 万元，则其营业杠杆系数为多少？

$$DOL=\frac{20\,000\times(150-90)}{20\,000\times(150-90)-800\,000}=3$$

$$DOL=\frac{3\,000\,000-1\,800\,000}{3\,000\,000-1\,800\,000-800\,000}=3$$

营业杠杆系数为 3 的意义在于：当企业销售量增长 1 倍时，息税前利润将增长 3 倍，表现为营业杠杆利益；反之，当企业销售量下降 1 倍时，息税前利润将下降 3 倍，表现为营业风险。一般而言，企业的营业杠杆系数越大，营业杠杆利益和风险就越高；企业的营业杠杆系数越小，营业杠杆利益和风险就越低。

二、财务杠杆和财务风险

(一) 财务杠杆原理

财务杠杆，也称为筹资杠杆，是指企业在筹资活动中对资本成本固定的债权资本的利用。企业的全部长期资本是由股权资本和债权资本构成的。股权资本成本是变动的，在税后利润中支付；而债权资本成本通常是固定的，如债券利息、租赁费等，并在税前扣除。一般情况下，当息税前利润增大时，每一元利润所负担的固定性资本成本就相对减少，从而使每一普通股分得的利润有所增加。有关项目之间的关系，可用公式表示：

$$\text{息税前利润} - \text{固定性资本成本} - \text{所得税} = \text{所有者收益}$$

$$\text{所有者收益} \div \text{普通股数量} = \text{普通股每股利润}$$

由以上公式可以看出，由于固定性资本成本不随息税前利润的增减而变动，所以普通股利润的变动率总是大于息税前利润的变动率。即在企业资本结构一定的条件下，企业从息税前利润中支付的债务利息是相对固定的，当息税前利润增多时，每一元息税前利润所负担的债务利息会相应降低，扣除企业所得税后可分配给企业股权资本所有者的利润就会增加，从而给企业所有者带来额外的收益，产生财务杠杆利益；当息税前利润下降时，普通股每股利润有更大的降低，给股权资本所有者造成一定的损失，使其遭受财务风险，这就是财务杠杆的作用原理。

(二) 财务杠杆系数的计量

财务杠杆系数是指企业普通股每股利润变动率与息税前利润变动率的比值。它可用来反映财务杠杆的作用程度，估计财务杠杆利益的大小，评价财务杠杆风险的高低，其计算公式如下：

$$DFL = \frac{\frac{\Delta EPS}{EPS}}{\frac{\Delta EBIT}{EBIT}}$$

式中，DFL 为财务杠杆系数；EPS 为普通股每股利润额；ΔEPS 为普通股每股利润变动额。

为了计算上的方便，可将上列公式变换如下：

$$DFL = \frac{EBIT}{EBIT - I}$$

式中，I 为债务年利息额。

[**例 6-13**] 名臣公司 2017 年资本总额为 6 000 万元，债权资本比例为 0.4，债务年利率为 8%，企业所得税税率为 25%，息税前利润为 600 万元。其财务杠杆系数计算如下：

$$DFL = \frac{600}{600 - 6\,000 \times 0.4 \times 8\%} = 1.47$$

财务杠杆系数表明的是息税前利润增长所引起的每股收益的增长幅度。[例 6-13]中，财务杠杆系数为 1.47 的意义在于：当息税前利润增长 1 倍时，普通股每股盈余将增长 1.47 倍，表现为财务杠杆利益；反之，当息税前利润下降 1 倍时，普通股每股盈余将下降 1.47 倍，表现为财务杠杆风险。

三、联合杠杆和联合风险

杠杆利益与风险权衡

(一) 联合杠杆原理

联合杠杆，也称总杠杆，是营业杠杆和财务杠杆的综合作用所形成的影响。营业杠杆是利用企业营业成本中固定成本的作用，通过扩大销售影响息税前利润；财务杠杆是利用企业资本成本中债权资本固定利息的作用，通过扩大息税前利润影响每股收益。如果两种杠杆共同作用，那么，销售额稍有变动就会使每股收益产生更大的变动，从而形成联合杠杆作用。联合杠杆的作用程度可用联合杠杆系数表示。

（二）联合杠杆系数的计量

联合杠杆系数是营业杠杆系数和财务杠杆系数的乘积，计算公式为：

$$DCL = DOL \times DFL$$

$$DCL = \frac{\frac{\Delta EBIT}{EBIT}}{\frac{\Delta S}{S}} \cdot \frac{\frac{\Delta EPS}{EPS}}{\frac{\Delta EBIT}{EBIT}}$$

$$= \frac{\frac{\Delta EPS}{EPS}}{\frac{\Delta S}{S}}$$

$$\text{或} \quad = \frac{\frac{\Delta EPS}{EPS}}{\frac{\Delta Q}{Q}}$$

［**例 6-14**］ 某公司的营业杠杆系数为 3，财务杠杆系数为 1.47。则该公司的联合杠杆系数为多少？

$$DCL = 3 \times 1.47 = 4.41$$

联合杠杆系数为 4.41 表示：当公司营业总额或营业总量增长 1 倍时，普通股每股收益将增长 4.41 倍，表现为联合杠杆利益；反之，当公司营业总额下降 1 倍时，普通股每股收益将下降 4.41 倍，表现为联合杠杆风险。

第四节 资本结构决策分析

一、资本结构概述

资本结构决策是企业财务决策的核心内容之一。企业资本结构决策是结合企业有关情况，分析有关因素的影响，运用一定方法确定最佳资本结构。从理论上讲，最佳资本结构是指企业在适度财务风险的条件下，使其预期的综合资本成本率最低，同时企业价值最大的资本结构，它应作为企业的目标资本结构。

二、最佳资本结构决策

企业权益资本一般高于债务资本，因此企业必须权衡财务风险和资本成本的关系，确定最优资本结构。所谓最优资本结构，是指在一定条件下使企业加权平均资本成本最低、企业价值最大的资本结构。从理论上讲，最优资本结构是存在的。在进行资本结构决策中，可以采用资本成本比较法、每股利润分析法、公司价值比较法等来确定最佳资本结构。

(一) 资本成本比较法

资本成本比较法是通过计算和比较不同筹资方案的加权平均资本成本，选择加权平均资本成本最低的方案作为最优资本结构方案。企业的资本结构决策，可分初始筹资和追加筹资两种情况。前者称为初始筹资的资本结构决策，后者称为追加筹资的资本结构决策。

1. 初始筹资的资本结构决策

企业成立时，对拟定的资本总额可采用多种筹资方式进行筹集，形成若干个可供选择的资本结构。计算不同资本结构的加权平均资本成本并进行比较，从中选择成本最低的资本结构作为最优资本结构。

［**例 6-15**］ 某公司在初创时需筹集资本 1 000 万元，有如下三个筹资组合方案可供选择，如表 6-4 所示。

表 6-4 该公司可选初始筹资方案

筹集方式	筹集方案Ⅰ		筹集方案Ⅱ		筹集方案Ⅲ	
	筹集额/万元	资本成本	筹集额/万元	资本成本	筹集额/万元	资本成本
长期借款	150	4%	200	5%	300	6%
长期债券	100	5%	150	6%	100	5%
优先股	200	12%	150	12%	50	12%
普通股	550	15%	500	14%	550	15%
合计	1 000		1 000		1 000	

假设该公司的Ⅰ、Ⅱ、Ⅲ三个筹资组合方案的财务风险相当，公司都能承受。下面分两步分别计算三个筹资组合方案的加权平均资本成本并进行比较，从而确定最佳筹资组合方案，即最佳资本结构。

第一步，计算各方案中各种筹资方式的筹资额占筹资总额的比例及加权平均资本成本。

方案Ⅰ中各种筹资方式的筹资额占筹资总额的比例：

长期借款 $\frac{150}{1\,000}=0.15$

长期债券 $\frac{100}{1\,000}=0.1$

优先股 $\frac{200}{1\,000}=0.2$

普通股 $\frac{550}{1\,000}=0.55$

方案Ⅰ的加权平均资本成本 $=0.15\times4\%+0.1\times5\%+0.2\times12\%+0.55\times15\%=11.75\%$

方案Ⅱ中各种筹资方式的筹资额占筹资总额的比例：

长期借款 $\frac{200}{1\,000}=0.2$

长期债券 $\frac{150}{1\,000}=0.15$

优先股　　$\frac{150}{1\,000}=0.15$

普通股　　$\frac{500}{1\,000}=0.5$

方案Ⅱ的加权平均资本成本＝0.2×5%+0.15×6%+0.15×12%+0.5×14%＝10.7%

方案Ⅲ中各种筹资方式的筹资额占筹资总额的比例：

长期借款　　$\frac{300}{1\,000}=0.3$

长期债券　　$\frac{100}{1\,000}=0.1$

优先股　　$\frac{50}{1\,000}=0.05$

普通股　　$\frac{550}{1\,000}=0.55$

方案Ⅲ的加权平均资本成本＝0.3×6%+0.1×5%+0.05×12%+0.55×15%＝11.15%

第二步，比较各个筹资组合方案的加权平均资本成本，并选出最佳资本结构。

三个筹资组合方案Ⅰ、Ⅱ、Ⅲ的加权平均资本成本分别为11.75%、10.7%和11.15%，方案Ⅱ的加权平均资本成本最低，在适度财务风险的条件下，应选择筹资组合方案Ⅱ作为最佳筹资方案，其资本结构为最佳资本结构。

2. 追加筹资的资本结构决策

企业在持续的生产经营过程中，由于扩大业务及对外投资的需要，有时会追加筹资。因追加筹资以及筹资环境的变化，企业原有的资本结构就会发生变化，使得原定的最佳资本结构在现时未必是最优的。因此，企业应在资本结构不断变化中寻求最佳结构，保持资本结构的最优化。

一般而言，选择最佳追加筹资方案可用资本成本比较法，容易理解，计算过程不复杂，是确定资本结构的一种常用方法，该方法一般适用于资本规模较小、资本结构较为简单的非股份制企业。

（二）每股利润分析法

每股利润分析法是利用每股利润无差别点进行资本结构决策的方法。每股利润无差异点是指两种筹资方式下普通股每股利润相等时的息税前利润点，也称息税前利润平衡点、筹资无差别点。根据每股利润无差异点，可以分析判断在什么情况下运用债务资本筹资或股权资本筹资来安排和调整资本结构。当预期息税前利润大于（小于）该差异点时，资本结构中债务比重高（低）的方案为较优方案。

每股利润分析法就是分析息税前利润与每股利润的关系，来确定合理的资本结构。

$$EPS=\frac{(S-VC-F-I)(1-T)-D_p}{N}$$
$$=\frac{(EBIT-I)(1-T)-D_p}{N}$$

式中，S 为销售额；VC 为变动成本；F 为固定成本；I 为债务利息；T 为所得税税率；D_p

为优先股年股利；N 为流通在外的普通股股数。在每股利润无差异点上，无论是采用债务资本筹资，还是采用权益资本筹资，每股利润都是相等的。若以 EPS_1 代表债务资本筹资方式下的每股利润，以 EPS_2 代表权益资本筹资方式下的每股利润，则 $EPS_1 = EPS_2$，即：

$$\frac{(\overline{EBIT}-I_1)(1-T)-DP_1}{N_1}=\frac{(\overline{EBIT}-I_2)(1-T)-DP_2}{N_2}$$

式中，$\overline{EBIT}$ 为每股利润无差别点的息税前利润，即息税前利润平衡点。

［例 6-16］ 华程公司目前拥有长期资本 1 000 万元，其资本结构为：长期债务 400 万元（利率为 6%），普通股 600 万元（600 万股，每股面值 1 元），现为实施一个新项目，准备追加筹资 200 万元。有两种筹资方式可供选择：方案Ⅰ全部追加权益资本，发行普通股 200 万股，每股面值 1 元；方案Ⅱ全部筹借长期债务，债务利率为 8%。该公司适用的所得税税率为 25%。

根据公式，计算每股利润无差别点的息税前利润：

$$\frac{(\overline{EBIT}-400\times6\%)(1-25\%)}{800}=\frac{(\overline{EBIT}-400\times6\%-200\times8\%)(1-25\%)}{600}$$

$$\overline{EBIT}=88(\text{万元})$$

每股利润无差别点的息税前利润为 88 万元是指：当息税前利润为 88 万元时，无论采取权益资本筹资还是债务资本筹资，每股收益是一致的；当息税前利润大于 88 万元时，增加长期债务要比增发普通股获得更高的每股利润；当息税前利润小于 88 万元时，增加长期债务则不利，应使用权益资本进行融资，以获得较高的每股利润。

（三）公司价值比较法

蓝天公司融资决策

公司价值比较法是在充分反映财务风险的前提下，以公司价值的大小为标准，经过计算公司价值，来确定公司最佳资本结构的方法。与资本成本比较法和每股利润分析法相比，公司价值比较法充分考虑了公司的财务风险和资本成本等因素的影响，进行资本结构决策以公司价值最大为标准，更符合公司价值最大化的财务目标。但其计算原理及计算过程较为复杂，通常用于资本规模较大的公司。

其具体步骤如下。

1. 公司价值的测算

公司价值等于其债务和股票的现值。计算公式为：

$$V=B+S$$

式中，V 为公司的总价值，即公司总的折现价值；B 为公司长期债务的折现价值；S 为公司股票的折现价值。

其中，为简化测算起见，假设长期债务（含长期借款和长期债券）的现值等于其面值（或本金）；股票的现值按公司未来净收益的折现价值测算，假设公司的息税前利润预期不会增长，即公司处于零成长时期，普通股的价值类似于永续年金的形式。如果公司的股票有普通股和优先股之分，则普通股股票的折现价值测算公式为：

$$S=\frac{(EBIT-I)(1-T)-D_p}{K_s}$$

式中，$EBIT$ 为公司未来的年息税前利润；I 为公司长期债务年利息；T 为公司所得税税率；K_s 为公司普通股资本成本率；D_p 为公司优先股年股利。

2. 公司资本成本率的测算

假设公司的全部长期资本由长期债务和普通股组成，则公司的全部资本成本率，即加权平均资本成本可按下列公式测算：

$$K_w = K_b \frac{B}{V}(1-T) + K_s \frac{S}{V}$$

式中，K_w 为公司加权平均资本成本；K_b 为公司长期债务税前资本成本率，可按公司长期债务年利率计算；K_s 为公司普通股资本成本率。

为了考虑公司筹资风险的影响，普通股资本成本率可运用资本资产定价模型来计算，即：

$$K_s = R_f + \beta(R_m - R_f)$$

式中，R_f 为无风险报酬率；R_m 为所有股票的市场报酬率；β 为公司股票的贝塔系数。

3. 公司最佳资本结构的确定

运用上述原理计算不同资本结构的公司总价值和加权平均资本成本，公司价值最大、加权平均资本成本最低的资本结构即为公司的最佳资本结构。

[例 6-17] 中建公司资本全部由普通股资本组成，股票账面价值 1 000 万元，预计年度税前利润为 400 万元，所得税税率为 25%。中建公司认为现有的资本结构不合理，没有发挥财务杠杆作用，准备举借长期债务，购回部分股票予以调整。经计算，目前的长期债务年利率和普通股资本成本率如表 6-5 所示。

表 6-5 长期债务年利率和普通股资本成本率

B/万元	K_b	β	R_f	R_m	K_s
0		1.15	8%	12%	12.6%
100	9%	1.2	8%	12%	12.8%
200	11%	1.35	8%	12%	13.4%
300	12%	1.5	8%	12%	14.0%
400	14%	1.7	8%	12%	14.8%

在表 6-5 中，当 $B=100$ 万元，$\beta=1.1$，$R_f=8\%$，$R_m=12\%$ 时，$K_s=8\%+1.1\times(12\%-8\%)=12\%$；其余同理计算。

运用前述公司价值和公司资本成本率的计算方法，可以计算在不同长期债务规模下的公司价值和公司资本成本率，列入表 6-6，据以比较确定公司最佳资本结构。

表 6-6 公司在不同资本结构下的公司价值和公司资本成本率计算

B/万元	S/万元	V/万元	K_b	K_s	K_w
0	2 380	2 380	—	12.6%	12.6%

（续表）

B/万元	S/万元	V/万元	K_b	K_s	K_w
100	2 291	2 391	9%	12.8%	12.54%
200	2 116	2 316	11%	13.4%	12.96%
300	1 950	2 250	12%	14.0%	13.33%
400	1 743	2 143	14%	14.8%	14.0%

$$S=\frac{(400-100\times 9\%)(1-25\%)}{12.8\%}\approx 2\,291(\text{万元})$$

$$V=2\,291+100=2\,391(\text{万元})$$

$$K_w=9\%\times\frac{100}{2\,391}\times(1-25\%)+12.8\%\times\frac{2\,291}{2\,391}\approx 12.55\%$$

从表6-6可以看出，在没有债务的情况下，公司的总价值就是其原有股票的市场价值。当公司用债务资本部分地替换权益资本时，一开始公司总价值上升，加权平均资本成本下降；在债务资本达到100万元时，公司总价值最高，加权平均资本成本最低；当债务资本超过100万元后，公司总价值下降，加权平均资本成本上升。因此，当债务资本为100万元时的资本结构是该公司的最佳资本结构。

本章小结

资本成本是筹资管理中的重点。各种筹资方式的个别资本成本的测算是筹资管理的基础。各种个别资本成本的测算公式既有共同点又有差别点，在深入理解的基础上进行对比和掌握，会有事半功倍的效果。企业所有长期资金的综合资本成本是筹资、投资等管理中经常用到的指标。综合资本成本即各种资金的加权平均成本，其中各种资本权数的确定有账面价值、市场价值和目标价值三种基准。边际资金成本则是拟新增的一种资金的成本或多种资金的加权平均成本，因此测算原理与个别资本成本或综合资本成本类似。当追加筹资的金额未定时，需要对不同筹资范围内的边际资本成本进行规划。

除资本成本外，财务管理中需要关注的另一个重要问题是风险问题。对风险的考虑可以通过杠杆分析进行。杠杆作用就是一种加乘效应，或者说是放大效果。经营杠杆是息税前利润变动相对于营业收入变动的加乘；财务杠杆是普通股每股利润变动相对于息税前利润变动的加乘；综合杠杆则是前两者的综合，即每股利润变动相对于营业收入变动的加乘。杠杆作用的原理在于固定成本的存在，经营杠杆是由于固定经营成本的存在，财务杠杆则是由于固定利息费用和优先股股利的存在。对杠杆作用程度的衡量是通过杠杆系数来实现的。应当能够理解并熟练掌握三种杠杆系数的计算公式。每种杠杆系数的计算方法都不止一种，应根据特定的条件选择适合的方法。

资本结构始终是财务管理中的一个核心问题。实现并保持最佳的资本结构是企业筹资管理的一个重要目标。影响企业资本结构安排的因素很多，企业应综合权衡，做出适当的资本结构决策。有三种重要的资本结构决策方法，分别是资本成本比较法、每股利润分析法和企业价值比较法。资本成本比较法在适度风险的条件下，以综合资本成本作为判断不同资本结构优劣的标准。每股利润分析法以每股利润的高低作为权衡不同资本结构的依据，具体操作中，可以利用每股利润无差别点来帮助判别。企业价值比较法以企业价值辅以综合资金成本作为选择不同资本结构的标准。

复习思考题

1. 试分析广义资本结构与狭义资本结构的区别。
2. 试分析资本成本中用资费用和筹资费用的不同特性。
3. 试分析资本成本对企业财务管理的作用。
4. 试说明测算综合资本成本率中三种权数的影响。
5. 试说明营业杠杆的基本原理和营业杠杆系数的测算方法。
6. 试说明财务杠杆的基本原理和财务杠杆系数的测算方法。
7. 试说明联合杠杆的基本原理和联合杠杆系数的测算方法。
8. 试对企业资本结构决策的影响因素进行定性分析。
9. 试说明公司价值比较法的基本原理和决策标准。
10. 试分析比较资本成本比较法、每股利润分析法和公司价值比较法在决策标准上的异同之处。

案例分析

顺洁公司是一家于2017年年初成立的洗涤用品公司，公司注册资本100万元，由甲、乙、丙、丁四位股东各出资25万元。在公司经营中，甲主管销售，乙主管财务，丙主管生产和技术，丁主管人事和日常事务。经过三年经营，到2019年年末，公司留存收益为60万元，权益金额增加到160万元。由于产品打开了销路，市场前景看好，于是公司决定扩大经营规模。扩大经营规模需要投入资金，于是四人召开会议，讨论增加资金事宜。

甲首先汇报了销售预测情况。如果扩大经营规模，来年洗涤用品的销售收入将达到50万元，以后每年还将以10%的速度增长。

丙提出，扩大经营规模需要增加一条生产线。增加生产线后，变动经营成本占销售收入的比例不变，仍然为50%，每年的固定经营成本将由7万元增加到10万元。

丁提出，增加生产线后，需要增加生产和销售人员。

四人根据上述情况，进行了简单的资金测算，测算出公司大约需要增加资金40万元。

甲建议四人各增资10万元，出资比例保持不变。丙和丁提出出资有困难，建议吸纳新股东，新股东出资40万元，权益总额变为200万元，五人各占1/5的权益份额。乙提出可以考虑向银行借款，他曾与开户行协商过，借款利率大约为6%。甲和丙认为借款有风险，而且需要向银行支付利息,会损失一部分收益。

案例思考题:

假设你是乙,你决定说服甲、丙和丁通过向银行借款来增加资金。

1. 解释负债经营的概念,说明“用他人的钱为自己赚钱”的道理。

2. 提出财务杠杆原理,解释财务杠杆利益与财务杠杆风险。

3. 如果公司采纳了借款方案,利用2020年的相关预测数据测算公司2021年的财务杠杆系数。

4. 假设公司所得税税率为25%,试利用2020年和2021年两年的预测数据测算2021年的财务杠杆系数。测算结果与第3步中的测算结果是否相同?

5. 解释资本结构的概念,说明合理的资本结构的重要性。

6. 根据对公司扩大经营规模后2020年相关数据的预测,测算吸收新股东和向银行借款两种筹资方式下,平均每个股东所能获得的净利润,以此判断哪种筹资方式更优。

7. 假设以每个股东的出资总额作为1股,试计算引入新股东和借款筹资两种筹资方式下的每股利润无差别点,并进一步解释在这种情况下两种筹资方式的优劣。

参考答案

第七章
证券投资与估值

教学目的与要求

1. 了解证券投资的概念、特点及分类。
2. 掌握债券的分类和估值计算方法。
3. 掌握股票的特征及估值方法。
4. 理解基金投资的概念及策略方法。
5. 掌握证券投资组合收益率的计算方法。

引导案例

耐心:股票投资的灵魂

在2015年9月29日,福布斯发布400名最富美国人排行榜中,沃伦·巴菲特排名第二。他认为持股需要耐心,只要选中的优质公司能以之前的速率持续稳健提高内在价值,就应耐心持有。巴菲特持有CEICO超过20年,持有华盛顿邮报超过30年,巴菲特的耐心得到了巨大奖赏,CEICO增值超过50倍,华盛顿邮报增值超过120倍,巴菲特声称,连同可口可乐、吉列等,将持有它们到永远。巴菲特总结股票投资的经验:股票市场是一个变换位置的中心,钱总是从活跃的投资者流向有耐心的投资者。

价值投资鼻祖卡里特,持有格尔福兄弟公司超过50年。1995年4月28日,别人问98岁的卡里特:"在过去75年,对于投资,你学到最重要的东西是什么?""耐心",里特不假思索地说。

环视A股市场,同样不乏具有耐心的投资者取得不俗业绩的成功示例,A股市场也确实存在这样的投资标的,但又有几个短线炒家能够长期耐心持有云南白药和万科的股票呢?如果你的耐心不够,应该等有足够的耐心后再来投资。

在金融市场上,无论是企业所有者、外部投资者,还是金融服务机构,最关心的一个问题就是证券的内在价值和价格。公司财务管理人员必须清楚知道本公司股票和债券的内在价值,从而能够判断财务管理活动是否为投资者创造了价值;外部投资者通过比较金融证券内在价值和价格,判断是否继续持有还是卖掉选择另一种证券投资;金融服务机构依据计算的金融资产的内在价值,从而能够进行有价值的金融分析,为投资者提供咨询服务。

重点知识思维导图

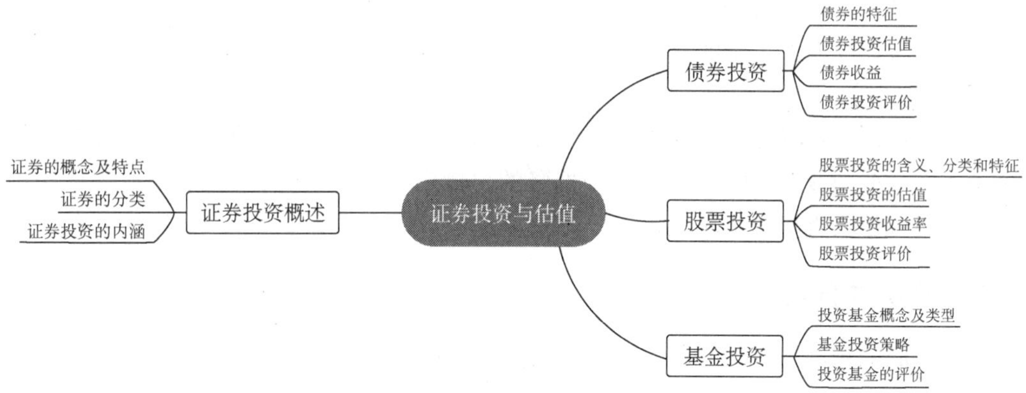

第一节 证券投资概述

一、证券的概念及特点

证券是企业进行金融投资所形成的资产。证券投资不同于项目投资,项目投资的对象是实体性经营资产。经营资产是直接为企业生产经营服务的资产,如固定资产、无形资产等,它们往往是一种服务能力递减的消耗性资产。证券投资的对象是金融资产。金融资产是一种以凭证、票据或者合同合约形式存在的权利性资产,如股票、债券及其衍生证券等。证券具有以下特点。

(一) 价值虚拟

证券资产不能脱离实体资产而完全独立存在,但证券资产的价格不是完全由实体资本的现实生产经营活动决定的,而是取决于契约性权利所能带来的未来现金流量,是一种未来现金流量折现的资本化价值。如债券投资代表的是未来按合同规定收取利息和收回本金的权利,股票投资代表的是对发行股票企业的经营控制权、财务控制权、收益分配权、剩余财产追索权等股东权利。

(二) 可分割

实体项目投资的经营资产一般具有整体性要求,而证券资产则可以分割为一个最小的投资单位,如一股股票、一份债券,这就决定了证券资产投资的现金流量比较单一,往往由原始投资、未来收益或资本利得、本金回收所构成。

(三) 持有目的多元化

实体项目投资的经营资产往往是为消耗而持有,为流动资产的加工提供生产条件。证券资产的持有目的是多元的，既可能是为未来积累现金即为未来变现而持有，也可能是为取得资本利得即为销售而持有，还有可能是为取得对其他企业的控制权而持有。

(四) 流动性

证券资产具有很强的流动性，其流动性表现在：①变现能力强。证券资产往往都是上市证券，一般都有活跃的交易市场可供及时转让。②持有目的可以相互转换。当企业急需现金时，可以立即将为其他目的而持有的证券资产变现。证券资产本身的变现能力虽然较强，但其实际周转速度取决于企业对证券资产的持有目的。

(五) 高风险

证券资产是一种虚拟资产，决定了金融投资受公司风险和市场风险的双重影响，不仅发行证券资产的公司业绩影响着证券资产投资的报酬率，资本市场的市场平均报酬率变化也会给金融投资带来直接的市场风险。

二、证券的分类

按照不同的标准，常见的证券分类主要有以下三种。

(一) 按证券发行的主体分类

按证券发行的主体不同，证券可以分为政府证券、金融证券与公司证券。政府证券，是由一国政府或地方政府为筹集所需资金而发行的证券，如国库券、地方政府债券等。金融证券是金融机构与非金融机构为筹集资金所发行的证券，如可转让存单、银行相关票据等。公司证券是企业在经营过程中为了筹集资金而发行的证券，如股票、债券等。

(二) 按照证券的性质不同分类

按照证券的性质，证券可以分为债权性证券、权益性证券和混合性证券。债权性证券是由企业或政府机构发行，承诺按照规定时间和方式还本付息的债务证书，表明持有人拥有证券发行单位的债权，而发行主体则是债务人。常见的债权性证券有国库券、金融债券和公司债券等。权益性证券是指既不定期支付利息也无偿还期的证券，其收益的高低取决于公司的股利支付水平和股票价格。混合性证券是指同时具有债权性证券和权益性证券特性的证券，典型代表是优先股和可转换证券。

(三) 按投资到期日的长短分类

按照投资到期日的长短分类，证券可以分为短期证券和长期证券。短期证券是指各种能够随时变现、持有时间不超过一年的有价证券，短期证券的变现能力非常强，因为可以随时在证券市场出售。长期证券是指持有期在一年以上的有价证券，如股票、债券等。

三、证券投资的内涵

(一) 证券投资含义

证券投资，是指投资主体为了获得预期的风险收益而进行证券购买、形成金融资产的活动。简言之，证券投资即购买资本证券。在证券投资中，投资主体是向证券市场投入一定量资金以期获得预期收益的自然人或法人。证券投资主体可以享有证券收益权，并承担相应的投资风险。

(二) 证券投资特点

1. 流动性强

实物投资通常数额巨大且不易变现，证券投资所涉及的金额灵活，资金的变现能力相对较强。证券投资具有较强的流动性，其流动性表现在：①变现能力强，上市证券一般都有活跃的交易市场可供及时转让；②持有目的可以相互转换，当企业急需现金时，可以立即将为其他目的而持有的资本资产变现。

2. 价格不稳定

影响证券价格的因素较多，它不仅受到宏观经济、政治等环境的制约，还受到微观主体经营情况等因素的影响，甚至包括个体投资者的行为变化，这也就决定了投资证券风险大，价格随时变化。

3. 交易成本低

在证券投资过程中，证券交易时间短、手续简便，同时所发生的交易费用也较低。

(三) 证券投资目的

1. 分散资金投向，降低投资风险

投资分散化，即将资金投资于多个相关程度较低的项目。实行多元化经营，能够有效地分散投资风险。当某个项目经营不景气而利润下降甚至导致亏损时，其他项目可能会获取较高的收益。企业可以将资金分成内部经营投资和对外证券投资两个部分，实现企业投资的多元化。与对内投资相比，对外证券投资不受地域和经营范围的限制，投资选择面非常广，投资资金的退出和收回也比较容易，是多元化投资的主要方式。

2. 利用闲置资金，增加企业收益

企业在生产经营过程中，有时会出现资金闲置、现金结余较多的情况。这些闲置的资金可以投资于股票、债券等有价证券上，取得投资收益。这些投资收益主要表现在股利收入、债息收入、证券买卖差价等方面。

3. 稳定客户关系，保障生产经营

企业生产经营环节中，供应和销售是企业与市场相联系的重要通道。为了保持与供销客户良好而稳定的业务关系，可以对业务关系链的供销企业进行投资，保持对它们一定的债权或股权，甚至控股。这样，能够以债权或股权对关联企业的生产经营施加影响和控制，保障本企业的生产经营顺利进行。

4. 提高资产的流动性，增强偿债能力

资产流动性强弱是影响偿债能力的主要因素。除现金等货币资产外，有价证券投资是企业流动性最强的资产，是企业速动资产的主要构成部分。在企业需要支付大量现金，而现有现金储备又不足时，可以通过变卖有价证券迅速取得大量现金，保证企业及时支付。

董事长亲自带队炒这个

第二节 债券投资

债券投资是企业通过购入债券而成为债券发行单位的债权人，并获取债券利息的投资行为。债券投资行为既可以在一级市场上进行，也可以在二级市场上进行。企业进行短期债券投资的目的是合理利用暂时闲置的资金，调节现金余缺，获得收益；而进行长期债券投资的目的是获得稳定的收益。

一、债券的特征

（一）债券面值

债券面值是指债券发行时所设定的票面金额，它代表着发行人借入并承诺于未来债券到期日，偿付给债券持有人的金额。债券发行有溢价发行和折价发行，因此，债券面值和投资债券的本金不一定相等。债券面值要规定票面价值的币种，一般来说，在国内发行的债券通常以本国本位货币作为面值的计量单位。

（二）票面利率

票面利率是指发行债券时规定应付的并直接印刷在债券票面上的利率，表示每年应付的利息额与债券面额之比。票面利率的高低直接影响着证券发行人的筹资成本和投资者的投资收益，一般是证券发行人根据债券本身的情况和对市场条件分析决定的。票面利率固定的债券通常每年或每半年付息一次。

（三）到期日

债券到期日，是指偿还债券本金的日期，债券一般都规定有到期日，以便到期时归还本金。

（四）债券具有法律属性

债券是债券发行人和代表债券持有者的债券托管人之间所签订具有法律效力的协议，协议中规定了债权人和债务人各自的权利与义务，这些规定具有强制性，尤其是针对保护投资者利益而设置的条款。

（五）信用等级

信用等级通常是指基于债券发行人的信用、品质、偿债能力等指标级别，并采用既定的符号来标识主体和债券未来偿还债务能力及偿债意愿可能性的级别结果。债券评级等级与债券利率一般呈反方向变动，即低等级债券的利率会比较高，而高等级债券的利率往往会比较低。最早的债券评级出现在美国，知名度比较大的信用评级机构主要有标准普尔信用评级、穆迪投资服务有限公司和惠誉国际信用评级有限公司。我国企业信用评估的信用等级采用国际通行的“四等十级制”评级等级，具体等级分为：AAA，AA，A，BBB，BB，B，CCC，CC，C，D，该评级也是衡量企业财务能力的重要指标体系，如表7-1所示。另外，还有的公司在每一个等级上又用“+”“－”符号进行微调，表示属于这个等级的上限或下限。从国际惯例来看，通常都把前四个等级定为投资级（AAA～BBB），把后五个等级定为投机级（BB～C）。投资级表示收益正常，风险很小；而投机级表示收益没有保障，风险也大。

表7-1　证券信用等级分类情况表

等级分类	信用等级	风险等级	偿债能力
AAA	最高级	无风险	偿债能力很强
AA	高级	最少风险	偿债能力较强

（续表）

等级分类	信用等级	风险等级	偿债能力
A	中上级	次少风险	偿债能力较强
BBB	中级	有风险	偿债能力较好
BB	中下级	有风险	有偿债能力
B	下级	有风险	有偿债能力
CCC	高度投机级	较有风险	偿债能力在平均水平以下
CC	最大投机级	风险大	偿债能力劣等
C	最劣级	风险更大	偿债能力明显不足
D	拖欠级	风险最大	处于破产边缘

二、债券投资估值

债券投资估值是将债券未来收取的利息和收回的本金折算为现值，即可得到债券的内在价值。债券的内在价值也称为债券的理论价格，只有债券价值大于其购买价格时，该债券才值得投资。影响债券价值的因素主要有债券的面值、期限、票面利率和所采用的贴现率等因素。

（一）债券估值的基本模型

典型的债券类型，是有固定的票面利率、每期支付利息、到期归还本金的债券，这种债券未来现金流量可以预知，因为这些都是债券发行协议中规定好的，具有法律效力。这种债券模式下债券价值计量的基本模型是：

$$
\begin{aligned}
V_b &= \sum_{t=1}^{n} \frac{I}{(1+r)^t} + \frac{M}{(1+r)^n} \\
&= \sum_{t=1}^{n} \frac{M \times i}{(1+r)^t} + \frac{M}{(1+r)^n} \\
&= I \times (P/A, r, n) + M \times (P/F, r, n)
\end{aligned}
$$

公式中，V_b——债券的价值；

I——债券各期的利息；

M——债券的面值；

i——债券票面利率；

r——债券价值评估时所采用的贴现率，即所期望的最低投资报酬率。一般来说，经常采用市场利率作为评估债券价值时所期望的最低投资报酬率。

从债券价值基本计量模型中可以看出，债券面值、债券期限、票面利率、市场利率是影响债券价值的基本因素。

［例 7-1］ 华联公司发行普通债券，其面值为 1 000 元，票面利率为 10%，期限为 5 年，每年付息一次，到期一次还本。假设市场利率（或投资者要求收益率）分别为 12%、10%和 8%，请分别计算该债券的内含价值。

(1) 当市场利率为 12%时，该债券的内含价值为：

$$\begin{aligned} V_{12\%} &= 1\,000 \times 10\% \times (P/A,\ 12\%,\ 5) + 1\,000 \times (P/F,\ 12\%,\ 5) \\ &= 1\,000 \times 10\% \times 3.604\,8 + 1\,000 \times 0.567\,4 \\ &= 927.88(\text{元}) \end{aligned}$$

(2) 当市场利率为 10%时，该债券的内含价值为：

$$\begin{aligned} V_{10\%} &= 1\,000 \times 10\% \times (P/A,\ 10\%,\ 5) + 1\,000 \times (P/F,\ 10\%,5) \\ &= 1\,000 \times 10\% \times 3.790\,8 + 1\,000 \times 0.620\,9 \\ &= 1\,000(\text{元}) \end{aligned}$$

(3) 当市场利率为 8%时，该债券的内含价值为：

$$\begin{aligned} V_{8\%} &= 1\,000 \times 10\% \times (P/A,\ 8\%,\ 5) + 1\,000 \times (P/F,\ 8\%,\ 5) \\ &= 1\,000 \times 10\% \times 3.992\,7 + 1\,000 \times 0.680\,6 \\ &= 1\,079.87(\text{元}) \end{aligned}$$

通过上例计算可以看出：

(1) 当债券票面利率＞市场利率时，债券内在价值应高于债券面值；

(2) 当债券票面利率＝市场利率时，债券内在价值应等于债券面值；

(3) 当债券票面利率＜市场利率时，债券内在价值应低于债券面值。

(二) 平息债券估价

债券在估值过程中，除了可以按照年作为计息单位外，也可以用半年、季度、月份等短于一年的期间为计息单位，这种债券被称为平息债券。这类债券的利息在到期时间内平均支付，其估值使用平息债券估值公式计算：

$$V_b = \sum_{t=1}^{mn} \frac{I/m}{(1+r/m)^t} + \frac{M}{(1+r/m)^{mn}}$$

公式中，m——每年付息次数；

n——到期时间的年数；

V_b——平息债券的价值；

I——债券每年的利息；

M——债券的面值；

r——表示债券价值评估时所采用的贴现率，即所期望的最低投资报酬率。

一般来说，经常采用市场利率作为评估债券价值时所期望的最低投资报酬率。

[例 7-2] 某公司发行普通债券，其面值为 1 000 元，票面利率为 10%，期限为 5 年，每半年付息一次，到期一次还本。假设市场利率(或投资者要求收益率)为 12%，计算该债券的内含价值。

因为该债券是按半年计息一次，因此 5 年期债券的计息次数等于 10 次(计息期为 10)，每期的计息利率为 10%÷2=5%。

由于市场利率为 12%时，其半年市场利率为 6%，用公式可求得：

$$\text{该债券的内含价值} = 1\,000 \times 10\% \div 2 \times (P/A, 6\%, 10) + 1\,000 \times (P/F, 6\%, 10)$$
$$= 1\,000 \times 5\% \times 7.360 + 1\,000 \times 0.558$$
$$= 926(\text{元})$$

思考：[例 7-1]中，假如把每年付息一次改为每季度付息一次，那么三种市场利率情况下，该债券的价值又将是多少？

(三) 零息债券估值

零息债券是指以贴现方式发行，不附息票，而于到期日按面值一次性支付本利的债券。零息债券又称为纯贴现债券，以贴现方式发行，一般没有票面利率，只支付终值，即到期按面值偿还。

零息债券在未来的 n 年后支付 M 金额的面值，折现率为 r，该利率为市场利率或按照投资者要求的必要报酬率。因为面值是债券支付的唯一现金流，所以该种债券的估值计算公式为：

$$V_b = \frac{M}{(1+r)^n}$$

公式中，n——到期时间的年数；

V_b——零息债券的价值；

M——债券的面值；

r——债券价值评估时所采用的贴现率即所期望的最低投资报酬率。

一般来说，经常采用市场利率作为评估债券价值时所期望的最低投资报酬率。

[例 7-3] 某公司发行 10 年期零息债券，票面价值为 1 000 元，目前投资者要求的必要报酬率为 8%，则该债券的估值为：

$$V_b = \frac{M}{(1+r)^n} = \frac{1\,000}{(1+8\%)^{10}} = 463.19(\text{元})$$

(四) 一次还本付息债券的估价模型

在该模型中，债券投资采取的是到期一次还本且不计复利，即在持有期间不计算利息，到期按照票面利率和期限依据单利计息，其估价公式为：

$$V_b = \frac{M + M \times i}{(1+r)^n} = M \times (1 + i \times n) \times (P/F, r, n)$$

公式中，n——到期时间的年数；

V_b——债券的价值；

M——债券的面值；

i——债券票面利率；

r——债券价值评估时所采用的贴现率即所期望的最低投资报酬率。

一般来说，经常采用市场利率作为评估债券价值时所期望的最低投资报酬率。

[例 7-4] 某公司计划在 2020 年 4 月投资政府发行的债券，该债券的面值为 2 000 元，票面利率为 6%，期限为 10 年，当前的市场利率为 5%，利息采用单利计息，到期一次还本并付息。

要求：计算该债券市场价格为多少时，该公司才可以进行投资。

根据一次还本付息估价模型：

$$\begin{aligned} V_b &= M\times(1+i\times n)\times(P/F, r, n) \\ &= 2\ 000\times(1+6\%\times 10)\times(P/F, 5\%, 10) \\ &= 2\ 000\times(1+6\%\times 10)\times 0.613\ 9 \\ &= 1\ 964.48(\text{元}) \end{aligned}$$

通过估算，该债券的价值为 1 964.48 元，只有当市场价格低于 1 964.48 元时，该公司才可以进行投资。

(五) 债券期限对债券价值的敏感性

选择长期债券还是短期债券，是公司财务经理经常面临的投资选择问题。由于票面利率的不同，当债券期限发生变化时，债券的价值也会随之波动。

[例 7-5] 假定市场利率为 10%，面值为 1 000 元，每年支付一次利息，到期归还本金，票面利率分别为 8%、10%和 12%的三种债券，在债券到期日发生变化时的债券价值如表 7-2 所示。

表 7-2 债券期限变化时的债券价值

单位：元

债券期限	债券价值				
	票面利率 10%	票面利率 8%	环比差异	票面利率 12%	环比差异
0 年期	1 000	1 000	—	1 000	—
1 年期	1 000	981.72	−18.28	1 018.08	+18.08
2 年期	1 000	964.88	−16.84	1 034.32	+16.24
5 年期	1 000	924.28	−40.60	1 075.92	+41.60
10 年期	1 000	877.60	−46.68	1 123.40	+47.48
15 年期	1 000	847.48	−30.12	1 151.72	+28.32
20 年期	1 000	830.12	−17.36	1 170.68	+18.96

将表 7-2 中债券期限与债券价值进行函数描述，如图 7-1 所示。

结合表 7-2 的数据，可以得出如下结论：

(1) 引起债券价值随债券期限的变化而波动的原因，是债券票面利率与市场利率的不一致。如果债券票面利率与市场利率之间没有差异，债券期限的变化不会引起债券价值的变动。也就是说，只有溢价债券或折价债券，才产生不同期限下债券价值有所不同的现象。

(2) 债券期限越短，债券票面利率对债券价值的影响越小。不论是溢价债券还是折价债券，当债券期限较短时，票面利率与市场利率的差异，不会使债券的价值过于偏离债券的面值。

(3) 在票面利率偏离市场利率的情况下，债券期限越长，债券价值越偏离于债券面值。

(4) 随着债券期限延长，债券的价值会越偏离债券的面值，但这种偏离的变化幅度最终

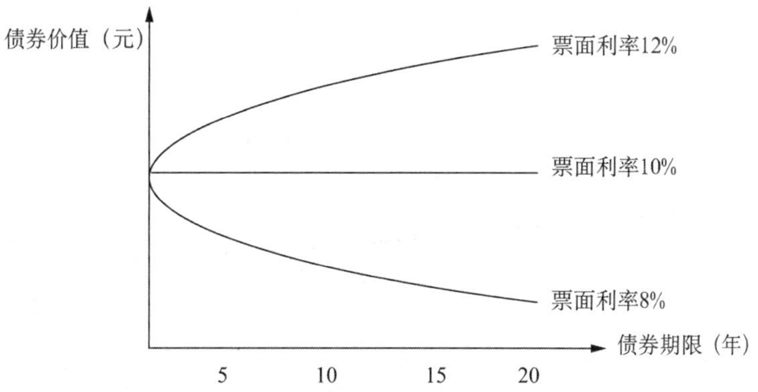

图 7-1 债券期限的敏感性

会趋于平稳。或者说，超长期债券的期限差异，对债券价值的影响不大。

（六）市场利率对债券价值的敏感性

债券一旦发行，其面值、期限、票面利率都相对固定了，市场利率成为债券持有期间影响债券价值的主要因素。市场利率决定债券价值的贴现率，市场利率的变化会造成系统性的利率风险。

［例 7-6］ 假定现有面值为 1 000 元、票面利率为 15%的 2 年期和 20 年期两种债券，每年付息一次，到期归还本金。市场利率发生变化时的债券价值如表 7-3 所示。

表 7-3 市场利率变化时的债券价值

单位：元

市场利率	债券价值	
	2 年期债券	20 年期债券
5%	1 185.85	2 246.30
10%	1 086.40	1 426.10
15%	1 000.00	1 000.00
20%	923.20	756.50
25%	856.00	605.10
30%	796.15	502.40

将表 7-3 中债券价值对市场利率进行函数描述，如图 7-2 所示。

结合表 7-3 的数据，可以得出如下结论：

（1）市场利率的上升会导致债券价值的下降，市场利率的下降会导致债券价值的上升。

（2）长期债券对市场利率的敏感性会大于短期债券。在市场利率较低时，长期债券的价值远高于短期债券，在市场利率较高时，长期债券的价值远低于短期债券。

（3）市场利率低于票面利率时，债券价值对市场利率的变化较为敏感，市场利率稍有变动，债券价值就会发生剧烈的波动；市场利率超过票面利率后，债券价值对市场利率的提高，不会使债券价值过分降低。

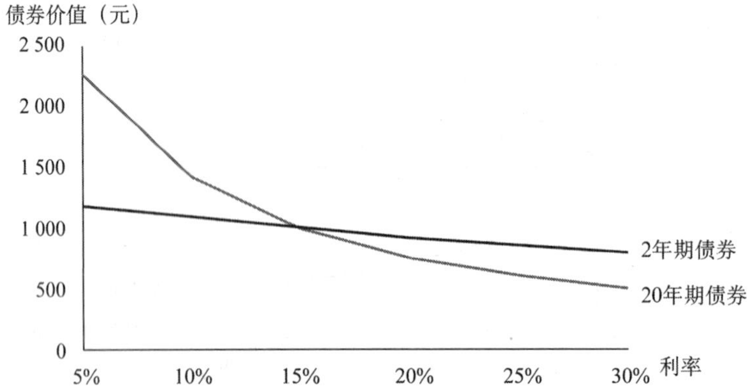

图 7-2　市场利率的敏感性

根据上述分析结论，财务经理在债券投资决策中应当注意：长期债券的价值波动较大，特别是票面利率高于市场利率的长期溢价债券更容易获取投资收益，但安全性较低，利率风险较大。如果市场利率波动频繁，利用长期债券来储备现金显然是不明智的，将为较高的收益率而付出安全性的代价。

债券再投资风险

三、债券收益

（一）债券收益的来源

债券投资的收益是投资于债券所获得的全部投资报酬，这些投资报酬来源于三个方面。

1. 名义利息收益

债券各期的名义利息收益是其面值与票面利率的乘积。

2. 利息再投资收益

债券投资评价时，有两个重要的假定：第一，债券本金是到期收回的，而债券利息是分期收取的；第二，将分期收到的利息重新投资于同一项目，并取得与本金同等的利息收益率。

3. 价差收益

价差收益是指债券尚未到期时投资者中途转让债券，在卖价和买价之间的价差上所获得的收益，也称为资本利得收益。

（二）债券到期收益率

债券的到期收益率，也称内部收益率，是指按当前市场价格购买债券并持有至到期日或转让日所产生的预期报酬率，也就是债券投资项目的内含报酬率。在债券价值估价基本模型中，如果用债券的购买价格 P_0 代替内在价值 V_b，就能求出债券的内部收益率。也就是说，用该内部收益率贴现所决定的债券内在价值，刚好等于债券当前的购买价格。

债券真正的内在价值是按市场利率贴现所决定的内在价值，当按市场利率贴现所计算的内在价值大于按内部收益率贴现所计算的内在价值时，债券的内部收益率才会大于市场利率,这正是投资者所期望的。

[例 7-7] 假定投资者于 2014 年 1 月 1 日以 1 010 元的价格购买某公司发行的债券并持有两年至到期日。该债券每年 1 月 1 日计息一次,到期还本。债券面值为 1 000 元,票面利率为 10%,计算该债券持有至到期日的收益率。

根据债券估值模型可得:

$$1\,010 = 1\,000 \times 10\% \times (P/A,\ r,\ 2) + 1\,000 \times (P/F,\ r,\ 2)$$

由于无法直接计算出收益率,所以必须先采用试差法测算出收益率的大概范围,再使用插值法求出收益率。

1. 使用试差法测试收益率范围

(1) 使用 $k=10\%$测算:

$$\begin{aligned} V_b &= 1\,000 \times 10\% \times (P/A,\ 10\%,\ 2) + 1\,000 \times (P/F,\ 10\%,\ 2) \\ &= 1\,000 \times 10\% \times 1.735\,5 + 1\,000 \times 0.826\,4 \\ &= 999.95(\text{元}) \end{aligned}$$

因为 999.95 元小于 1010 元的购买价格,故应降低折现率进行测试。

(2) 使用 $k=8\%$测算:

$$\begin{aligned} V_b &= 1\,000 \times 10\% \times (P/A,\ 8\%,\ 2) + 1\,000 \times (P/F,\ 8\%,\ 2) \\ &= 1\,000 \times 10\% \times 1.783\,3 + 1\,000 \times 0.857\,3 \\ &= 1\,035.63(\text{元}) \end{aligned}$$

因为 1 035.63 元大于 1010 元的购买价格,所以债券的报酬率为 8%~10%,故采用插值法进行计算。

2. 使用插值法进行计算

$$\frac{r-8\%}{10\%-8\%} = \frac{1\,010-1\,035.63}{999.95-1\,035.63}$$

求解得 $r \approx 9.44\%$

除此以外,也可以用简便算法对债券投资收益率进行近似估算,其公式为:

$$\begin{aligned} r &= \frac{\text{每年支付的利息}+\text{累计资本利得}}{\text{平均债券价格}} \\ &= \frac{I+(M-P)\div n}{(M+P)\div 2} \times 100\% \end{aligned}$$

公式中:P——债券的当前购买价格;

M——债券面值;

n——债券持有期限。

分母是平均资金占用,分子是平均收益,将[例 7-7]数据代入可得 $r = \dfrac{100+(1\,000-1\,010)\div 2}{(1\,000+1\,010)\div 2} \times 100\% \approx 9.45\%$。

四、债券投资评价

（一）债券投资的优点

1. 本金安全性高

对于债券投资者而言，投资债券较投资其他有价证券（如股票）的风险要低，尤其是投资国家发行的债券，安全性最高，通常被认为是无风险投资。尽管投资企业债券的风险不如政府债券低，但当企业破产时，债券投资者可以较其他投资主体享有优先索偿权，因此，对于债券投资者而言，所蒙受的损失相对较小。

2. 市场流动性强

同其他有价证券相比，债券在市场上的流动性强，尤其是政府、金融机构和经营效益好的上市公司发行的债券。投资者投资这些债券能够在金融市场迅速地进行买卖，从而获得债券强流动性带来的益处。

3. 收入稳定

债券票面上通常有固定利率和面值，而且在发行时承诺到期还本或在期限内付息等内容，所以投资债券通常能够获得稳定的收入。

（二）债券投资的缺点

1. 无经营管理权

债券投资者对发行债券的企业只能按期取得所需利息和到期还本，而对于发行债券的企业无权实施影响和控制。

2. 购买力风险大

投资者对债券投资时通常确定了投资收益率，利息也往往按照票面利率来实行，而实际上市场利率由于通货膨胀的存在经常发生变动，使得投资的实际利率下降，这也带来了投资者的收益下降或损失。

巴菲特经典名言集锦

1. 利用市场的愚蠢，进行有规律的投资。——去利用它的错误，而不是跟着犯错误。

2. 好公司＋便宜价格＝买进。——只买打折的好公司。

3. 投资的第一条准则是不要赔钱；第二条准则是永远不要忘记第一条。——风险与收益永远不成正比，风险越小收益越高。

4. 在别人贪婪的时候我们恐惧，在别人恐惧的时候我们贪婪。——与众不同，才能成功。

5. 通货膨胀是投资者的最大敌人。——通货膨胀与自己的收益在赛跑。

6. 我一直相信我们自己的眼睛远胜于其他一切。——控制自己情绪的最好方法就是用数据说话。

7. 头脑中的东西在未整理分类之前全叫“垃圾”！——不经过仔细整理分析，你就不可能分清楚哪些是对的，哪些是错的。错对都不知道，那只能是垃圾。

8. 短期股市的预测是毒药。——不要做神仙都做不到的事。

9. 永远不要问理发师你是否需要理发。——证券分析师就是那些理发师。

10. 如果你在错误的路上，奔跑也没有用。——你是学那些大师呢？还是学那些自认为是大师的人呢？

11. 搞清楚他们要去的地方而不是他们现在所在的地方。——守株待兔不愚蠢，愚蠢的是你不知道兔子要去何方。

第三节 股票投资

股票是股份有限公司发行的，表示其股东按其持有的股份享受权利和承担义务的书面凭证。股票投资的目的主要有两个：第一是获利，即作为一般证券投资，获取股利收入和股票买卖差价收入；第二就是控股，即利用购买某一企业的大量股票以控制该企业。

一、股票的含义及分类

股票是股份证书的简称，是股份公司为筹集资金而发行给股东作为持股凭证并借以取得股息和红利的一种有价证券。每股股票都代表股东对企业拥有一个基本单位的所有权。这种所有权是一种综合权利，如参加股东大会、投票表决、参与公司的重大决策、收取股息或分享红利等。股票是股份公司资本的构成部分，可以转让、买卖或作价抵押，是资本市场的主要长期信用工具，但不能要求公司返还其出资。股东是公司的所有者，以其出资份额为限对公司负有限责任，承担风险，分享收益。

股票可以按照不同的方法与标准进行分类：

(1) 按股票有无记名，可分为记名股和不记名股。

(2) 按股票票面是否标明金额，可以分为有面值股和无面值股。

(3) 按投资主体不同可分为国家股、法人股、个人股等。

(4) 按照股东享有的权利，可分为普通股和优先股。

二、股票投资的特征

相对于债券投资而言，股票投资具有以下几个特征。

(一) 股权性

股票投资与债券投资相比，性质不同。债券投资属于债权性投资，债券代表的是债权、债务凭证，持有人作为发行公司的债权人，只能获得定期、稳定的利息收益，无权参与公司的经营决策权；而股票投资是股权性投资，股票代表的是一种所有权，持有股票的人是股东，有权参与公司的决策权。

(二) 风险大

股票投资不能要求偿还本金，只能在资本市场进行转让。因此，股票投资者面临两种风险：①股票发行公司经营不善所形成的风险。假如公司经营不善，发生了亏损，甚至破产，由于股东的求偿权位于债权人之后，因此股东可能收不回投资本金；②股票价格变动形成的价差损失风险。股票价格的变动受多种因素的影响，经常处于变动之中，而且变动幅度高于债券的收益。

(三) 收益高

由于投资风险较高，股票作为一种收益不固定的证券，其收益一般高于债券。股票投资收益的高低，取决于公司的盈利水平和整体宏观经济环境。

(四) 股票价格波动性大

股票的市场价格一般与股票面值不一致。股票价格变动受发行公司的经营状况、股市投资者信心等多种因素的影响，波动性较大。

三、股票投资估值

投资于股票预期获得的未来现金流量的现值，即为股票的价值或内在价值、理论价格。股票是一种权利凭证，它之所以有价值，是因为它能给持有者带来未来的收益，这种未来的收益包括各期获得的股利、转让股票获得的价差收益、股份公司的清算收益等。价格小于内在价值的股票，是值得投资者投资购买的。股份公司的净利润是决定股票价值的基础。股票给持有者带来未来的收益一般是以股利形式出现的，决定着股票价值。

由于股票是永久性投资，所以对于投资者而言，既可以长期持有，也可以短期持有，时间的长短决定了投资企业的收益不同，也产生了不同的估价模型。

(一) 股票投资的基本模型

(1) 从理论上说如果股东永久持有股票，股票投资没有到期日，股东所得到的未来现金流量是各期的股利。假定某股票未来各期股利为 D_t(t 为期数)，r 为估价所采用的贴现率，即期望最低收益率，股票价值的估价模型为：

$$V_s=\frac{D_1}{(1+r)^1}+\frac{D_2}{(1+r)^2}+\cdots+\frac{D_n}{(1+r)^n}=\sum_{t=1}^{\infty}\frac{D_t}{(1+k)^t}$$

公式中：V_s——股票的内在价值；

D_t——第 t 期支付的股利；

r——投资者必要报酬率(贴现率)；

t——投资者持有期限。

(2) 普通股股票持有者的现金收入由两部分构成：一部分是在股票持有期间收到的现金股利；另一部分是出售股票时得到的变现收入。以 D_t 表示各期股利收入；以 P_n表示出售股票时得到的变现收入(即变现时的股票价格)，必要收益率为 r，则股票当前的价值为：

$$V_s=\frac{D_1}{(1+r)^1}+\frac{D_2}{(1+r)^2}+\cdots+\frac{D_n}{(1+r)^n}+\frac{P_n}{(1+r)^n}=\sum_{t=1}^{n}\frac{D_t}{(1+r)^t}+\frac{P_n}{(1+r)^n}$$

[例 7-8]　一只股票预期未来 3 年每年每股可获现金股利 3 元，3 年后该只股票的预期售价为每股 20 元，要求的回报率为 18%，则该股票目前的价值为：

$$\begin{aligned}V_s&=\frac{D_1}{(1+r)^1}+\frac{D_2}{(1+r)^2}+\cdots+\frac{D_n}{(1+r)^n}+\frac{P_n}{(1+r)^n}\\&=\frac{3}{(1+18\%)^1}+\frac{3}{(1+18\%)^2}+\cdots+\frac{3}{(1+18\%)^3}+\frac{20}{(1+18\%)^3}\\&=18.7(\text{元})\end{aligned}$$

(二)股票投资的常见估值模型

1. 长期持有且股利固定股票估价模型

长期持有且股利固定股票估价模型也称为零增长股利模型，是假设股票的未来各期股利为零增长，从而未来各期股利是固定的。这样，股东所得到的各期股利就是年金形式，即：

$$D_1 = D_2 = D_3 \cdots = D_n = D$$

又因为股票没有到期日，所以 n→∞，所以符合永续年金的特点。此种类型的股票估值模型是：

$$V_s = \frac{D}{r}$$

[例 7-9] 假如[例 7-8]中股利每期都是 3 元，且股利固定，投资者长期持有，其股票投资价值为：

$$V_s = \frac{D}{r} = \frac{3}{18\%} = 16.67(\text{元})$$

2. 股利固定增长股票估价模型

股利固定增长股票估价模型是假定公司未来股利按某一固定增长率 g 增长，在这种情况下，未来第 t 期的预期股利 $D_t = D_0(1+g)^t$，根据股票估价一般模型则有：

$$\begin{aligned} V_s &= \frac{D_1}{(1+r)^1} + \frac{D_2}{(1+r)^2} + \cdots + \frac{D_n}{(1+r)^n} \\ &= \frac{D_1}{(1+r)^1} + \frac{D_1(1+g)}{(1+r)^2} + \cdots + \frac{D_1\ (1+g)^t}{(1+r)^n} \end{aligned}$$

假设 $r > g$，上式可简化为：

$$V_s = \frac{D_1}{r-g}$$

公式中：D_1——未来第一期的股利；

r——投资者必要报酬率；

g——股利增长率。

这种模型是由美国财务学教授戈登最先研究并予以推广，因此也称为戈登模型。

[例 7-10] 某公司准备投资购买 A 股份有限公司的股票，该股票去年每股股利为 2 元，预计以后每年以 4%的增长率增长。经分析后，该公司认为必须得到 10%的收益率，才能购买 A 股份有限公司的股票，则该种股票的价值应为：

$$V_s = \frac{D_1}{r-g} = \frac{2 \times (1+4\%)}{10\% - 4\%} = 34.67(\text{元})$$

3. 非固定增长型股票估价模型

在实际投资分析中，有的公司股利不是固定不变的或固定增长的，而是呈现出一定的阶段性，假设在一段时间内高速成长，在另一段时间内正常固定成长或固定不变，在这种情况下，就要分阶段去计算股票的内在价值。

[例 7-11] 某投资者持有B公司的股票，必要报酬率为15%。预计B公司未来3年股利将高速增长，增长率为20%。在此以后转为正常增长，股利增长率为12%，B公司最近支付的股利为2元，计算B公司股票的内在价值。

首先，计算非正常增长期股利的现值，计算过程如表7-4所示。

表 7-4 非正常增长期股利的现值

单位：元

年份	股利(D_t)	现值系数(15%)	现值
1	2×1.2=2.4	0.870	2.088
2	2.4×1.2=2.88	0.756	2.177
3	2.88×1.2=3.456	0.658	2.274
合计			6.539

其次，计算第三年底的股票内在价值：

$$V_3=\frac{D_4}{r-g}=\frac{D_3\times(1+g)}{r-g}=\frac{3.456\times(1+12\%)}{15\%-12\%}=129.02(\text{元})$$

计算其现值$=129.02\times(P/F,15\%,3)=129.02\times0.658=84.90$(元)

最后，计算该股票的内在价值：

$$V=6.539+84.9=91.439(\text{元})$$

四、股票投资收益率

股票投资的收益由股利收益、股利再投资收益、转让价差收益三部分构成。

(一) 长期持有、股利固定增长收益率

在固定增长率假设下，戈登模型可以表示出股票投资的报酬率。通过对戈登模型的变形，可以求得投资者必要报酬率r：

$$\text{投资者必要报酬率}=\text{期望股利收益率}+\text{期望增长率或资本利得收益率}$$

$$r=\frac{D_1}{P_0}+g$$

从这个公式可以看出，股票的收益由两个部分构成：第一部分是$\frac{D_1}{P_0}$，这部分被称为股利收益率；第二部分是增长率g，称为股利增长率。

[例 7-12] 宏大股份有限公司目前的股票价格为15元，预计下一期每股股利为0.6元，该公司股利将以大约8%的速度持续增长。计算该股票的期望报酬率。

$$r=0.6\div15+8\%=12\%$$

(二) 长期持有、股利不变的收益率

因为 $$V_s=\frac{D}{r}$$

所以

$$r = \frac{D}{V_s}$$

(三) 短期持有情况下的收益率

如果投资者不打算长期持有股票，而将股票转让出去，则股票投资的收益由股利收益和资本利得(转让价差收益)构成。这时，股票内部收益率 r 是使股票投资净现值为零时的贴现率，计算公式为：

$$NPV = \sum_{t=1}^{n} \frac{D_t}{(1+r)^t} + \frac{P_n}{(1+r)^n} - P_0 = 0$$

[例 7-13] 某投资者 2016 年 5 月购入 A 公司股票 1 000 股，每股购价 3.2 元；A 公司 2017 年、2018 年、2019 年分别派分现金股利 0.25 元/股、0.32 元/股、0.45 元/股；该投资者 2019 年 5 月以每股 3.5 元的价格售出该股票，则 A 公司股票内部收益率的计算为：

$$\begin{aligned} NPV &= \sum_{t=1}^{n} \frac{D_t}{(1+r)^t} + \frac{P_n}{(1+r)^n} - P_0 = 0 \\ &= \frac{0.25}{(1+r)^1} + \frac{0.32}{(1+r)^2} + \frac{0.45}{(1+r)^3} + \frac{3.5}{(1+r)^3} = 0 \end{aligned}$$

当 $r=12\%$ 时，$NPV=0.089\ 8$；

当 $r=14\%$ 时，$NPV=-0.068\ 2$；

用插值法计算：$r = 12\% + 2\% \times \dfrac{0.089\ 8}{0.089\ 8 + 0.068\ 2} = 13.14\%$。

五、股票投资评价

(一) 股票投资的优点

股票投资是一种最具有挑战性的投资，其收益和风险都比较高。股票投资的优点主要有以下 3 点。

1. 能获得比较高的报酬

普通股票的价格虽然变动频繁，但从长期看，优质股票的价格总是上涨的居多，只要选择得当，一般都能获得优厚的投资收益。

2. 能适当降低购买力风险

普通股的股利不固定，在通货膨胀率比较高时，由于物价普遍上涨，股份公司盈利增加，股利的支付也随之增加，因此，与固定收益的证券相比，普通股能有效地降低购买力风险。

3. 拥有一定的经营控制权

普通股股东属股份公司的所有者，有权监督和控制公司的生产经营情况，因此，欲控制一家公司，最好的途径就是收购这家公司的股票。

(二) 股票投资的缺点

股票投资的缺点主要是风险大，这是因为：

(1) 普通股对公司资产和盈利的求偿权均居最后。公司破产时，股东原来的投资可能得不到全数补偿，甚至可能一无所有。

(2) 普通股的价格受众多因素影响，很不稳定。政治因素、经济因素、投资人心理因素、企业的盈利情况、风险情况等,都会影响股票价格,这也使股票投资具有较高的风险。

(3) 普通股的收入不稳定。普通股股利的多少,视企业经营状况和财务状况而定,其有无、多寡均无法律上的保证,其收入的风险也远远大于固定收益证券。

第四节 基金投资

一、投资基金概念及类型

财务上常说的基金一般是指投资基金。投资基金(本书也称基金)是一种利益共享、风险共担的集合投资方式,即通过发行基金股份或受益凭证等有价证券聚集众多的不确定投资者的出资,交由专业投资机构经营运作,以规避投资风险并取得投资收益的证券投资工具。投资基金通常按下列标准分为相应的类型。

(一) 按组织形态分

根据组织形态投资基金可以分为契约型基金和公司型基金。

1. 契约型基金

契约型基金,又称为单位信托基金,是指把受益人(投资者)、管理人、托管人三者作为基金的当事人,由管理人与托管人通过签订信托契约的形式发行受益凭证而设立的一种基金。契约型基金由基金管理人负责基金的管理操作;由基金托管人作为基金资产的名义持有人,负责基金资产的保管和处置,对基金管理人的运作实行监督。

2. 公司型基金

公司型基金,是指按照《公司法》以公司形态组成的基金,它以发行股份的方式募集资金,投资者认购基金,成为该公司的股东,凭其持有的基金份额依法享有投资收益。

契约型基金与公司型基金的区别在于:①资金的性质不同。契约型基金的资金是信托财产,公司型基金的资金为公司法人的资本。②投资者的地位不同。契约型基金的投资者购买受益凭证后成为基金契约的当事人之一,即受益人;公司型基金的投资者购买基金公司的股票后成为该公司的股东,以股息或红利形式取得收益。因此,契约型基金的投资者没有管理基金资产的权利,而公司型基金的股东通过股东大会和董事会享有管理基金公司的权利。③基金的运营依据不同。契约型基金依据基金契约运营基金,公司型基金依据基金公司章程运营基金。

(二) 按变现方式分

根据变现方式的不同,投资基金可以分为封闭式基金和开放式基金。

1. 封闭式基金

封闭式基金,是指基金的发起人在设立基金时,限定了基金单位的发行总额,募集到这个总额后,基金即宣告成立,并进行封闭,在一定时期内不再接受新的投资。基金单位的流通采取在交易所上市的办法,通过二级市场进行竞价交易。

2. 开放式基金

开放式基金,是指基金发起人在设立基金时,基金单位的总数是不固定的,可视经营策略和发展需要追加发行。投资者也可根据市场状况和各自的投资决策,或者要求发行机构按现期净资产值扣除手续费后赎回股份或受益凭证,或者再买入股份或受益凭证,增加基金单位份额的持有比例。

封闭式基金与开放式基金的主要区别在于:①期限不同。封闭式基金通常有固定的封闭期,而开放式基金没有固定期限,投资者可随时向基金管理人赎回。②基金单位的发行规模要求不同。封闭式基金在招募说明书中列明其基金规模,开放式基金没有发行规模限制。③基金单位转让方式不同。封闭式基金的基金单位在封闭期限内不能要求基金公司赎回。开放式基金的投资者则可以在首次发行结束一段时间(多为三个月)后,随时向基金管理人或中介机构提出购买或赎回申请。④基金单位的交易价格计算标准不同。封闭式基金的买卖价格受市场供求关系的影响,并不必然反映公司的净资产值。开放式基金的交易价格则取决于基金的每单位资产净值的大小,基本不受市场供求影响。⑤投资策略不同。封闭式基金的基金单位数不变,资本不会减少,因此封闭式基金可进行长期投资。开放式基金因基金单位可随时赎回,为应付投资者随时赎回兑现,基金资产不能全部用来投资,更不能把全部资本用来进行长线投资,必须保持基金资产的流动性。

(三)按投资标的分

根据投资标的不同,投资基金可以分为股票基金、债券基金、货币基金、期货基金、期权基金、认股权证基金、专门基金和资产灵活配置型基金等。

1. 股票基金

股票基金,是所有基金品种中最为流行的一种类型,它是指投资于股票的投资基金,其投资对象通常包括普通股和优先股,其风险程度较个人投资股票市场要小得多,且具有较强的变现性和流动性,因此它也是一种比较受欢迎的基金类型。

2. 债券基金

债券基金,是指投资管理公司为稳健型投资者设计的,投资于政府债券、市政公债、企业债券等各类债券品种的投资基金。债券基金一般情况下定期派息,其风险和收益水平通常较股票基金低。

3. 货币基金

货币基金,是指由货币存款构成投资组合,协助投资者参与外汇市场投资,赚取较高利息的投资基金。其投资工具包括银行短期存款、国库券、政府公债、公司债券、银行承兑票据及商业票据等。这类基金的投资风险小,投资成本低,安全性和流动性较高,在整个基金市场上属于低风险的安全基金。

4. 期货基金

期货基金,是指投资于期货市场以获取较高投资回报的投资基金。由于期货市场具有高风险和高回报的特点,因此投资期货基金既可能获得较高的投资收益,同时也面临着较大的投资风险。

5. 期权基金

期权基金,是指以期权作为主要投资对象的基金。期权交易,是指期权购买者向期权出售者支付一定费用后,取得在规定时期内的任何时候,以事先确定好的协定价格,向期权出售者购买或出售一定数量的某种商品合约的权利的一种买卖。

6. 认股权证基金

认股权证基金，是指以认股权证为主要投资对象的基金。认股权证，是指由股份有限公司发行的，能够按照特定的价格，在特定的时间内购买一定数量该公司股票的选择权凭证。由于认股权证的价格是由公司的股份决定的，投资风险通常较股票投资大得多。因此，认股权证基金也属于高风险基金。

7. 专门基金

专门基金由股票基金发展演化而成，属于分类行业股票基金或次级股票基金，包括黄金基金、资源基金、科技基金、地产基金等，这类基金的投资风险较大，收益水平较易受到市场行情的影响。

8. 资产灵活配置型基金

资产灵活配置型基金是根据市场情况显著改变资产配置比例的基金，如投资于股票、债券及货币市场工具，且投资于任何一类资产的比例都可以高达100%。

二、基金的投资策略

暴跌的基金

每只基金的风险与特性差异较大，投资者需要结合风险偏好、风险承受力和期望收益率等因素，进行风险和收益的权衡。可供投资者选用的策略可大致分为保守型、温和型、平衡型、自信型、激进型等类型。保守型可以买保本基金；温和型可以买货币市场基金或债券基金；平衡型可以买配置型基金，配置型基金比较灵活，在市场行情不好的时候可以降低股票仓位，投资到债券等其他品种以规避风险，市场行情好时再加大股票仓位；自信型可以买些配置型或者股票型的基金；激进型可以将资产大部分投资在股票型基金，并配置适当的流动性较好的货币市场基金。

（一）实施基金投资策略前的准备工作

投资者在选用具体的投资策略前，应做好如下准备工作。

1. 明确投资目标

基金各有不同的属性，有的是积极成长型，有的是收益稳定型，有的是防御型，在进行基金投资时，必须了解该基金的属性是否符合自己的投资目标，选择合适的基金。

2. 研究基金的特性

由于基金的选股策略代表着基金的属性，所以投资人在投资基金前须了解基金的投资策略，并配合国际金融形势的变化做出正确的选择。一般来说，基金的公开说明书中已详述该基金所投资证券的种类以及特性。

3. 了解基金公司和管理人

基金管理公司是一个投资管理机构，投资能力和对客户的支持能力至关重要。好的公司应该有好的管理和好的服务。基金公司背后的研究团队实力是否坚强，就是评估基金未来表现的重要依据，发行基金的公司和经理人均是非常重要的信息。在选择基金投资前，最好选择历史悠久、资产管理规模庞大的基金公司，他们有非常完善的专业团队，如上市公司调研员、行业策略研究员、风险控制小组、投资决策委员会和基金经理等，并且应投资于经历过多空头市场洗练的基金经理人所管理的基金。由于基金发行公司与基金经理人将负责基金资产管理与投资，因此，两者将是影响基金表现的重要因素。

4. 分析拟投资基金的风险与绩效表现

任何投资都是有风险的，所以重要的是一定要了解投资的品种风险有多大，只有了解了风险，才能有效规避风险。一般而言，基金经理人在进行投资前均会审慎评估潜在风险，尽量大幅降低基金的潜在风险。

除了解风险外，投资前一定要研究基金过去的表现，不仅要了解基金在多空头市场的操作绩效，还要与其他同类型的基金相互比较。需注意的是，基金短期的表现并不具有太多的参考价值，应以基金长期的绩效作为投资的参考，最好选择有 10 年、20 年以上绩效的基金加以比较，才能真正显现出基金操作的长期绩效。

5. 估算购买基金所需承担的费用

购买基金的渠道主要有银行、券商等代销网点，以及基金公司的直销柜台和网上购买平台。购买基金所发生的费用一般有认购费、申购费、管理费和赎回费。一般而言，股票型基金的申购手续费较债券型基金较高，海外基金的申购手续费也稍高于国内基金，但是，某些海外基金因为规模较大，每年所收取的管理费用远低于国内的基金。由于手续费只收取一次，而管理费却是年年收取，因此，在其他条件相同的情况下，应该选取年均总费用较低的基金。

6. 评价基金公司提供专业服务情况

在投资基金前必须了解投资该基金后，基金公司或该投资顾问公司能够提供的专业咨询服务。除了一般的基金基本数据外，最重要的是基金公司或该投资顾问公司是否能够适时给予投资人国际金融信息，提供完善、整体的顾问服务，让投资者随时把握自己的投资情况。

7. 关注基金分红的注意事项

基金分红有三个条件：一是当期要盈利；二是当期盈利要弥补亏损；三是分红之后净值还在 1 元以上。基金分红有两种方式，一种是现金分红，一种是红利再投资。红利再投资的好处是简化了再投资的手续，可以减少申购费。

（二）投资方式

在实务中，可选择一次性投资方式、定期定额投资方式或者两者搭配进行基金投资。

一次性投资是指无论市场状况如何，将能够动用的资金一次性投放到基金上，这是一种最简单、最直接的投资方法。选择该方式的客户应持有长期投资理念，并相信自己选定的基金即使在短期内下滑，依然能够在 5～10 年取得一定的回报。采用一次性投资策略的前提是，相信市场涨多于跌，适用于市场持续上升的时候，或者认定自己不会在错误的时机把持不定而进行买卖。因此，一次性投资也是一种较为积极的投资策略。

定期定额投资类似于银行的零存整取业务，资金不足者，可选择每月定期扣款的定期定额投资。更重要的是，定期定额投资是利用股票市场下跌时买多，股票上涨时买少的投资策略，可以摊低成本和规避股市多空的风险，以及资金净值起伏的风险。而当空头行情来临时，定期定额在下跌波段可以买到较多的单位数，成本经过长期时间摊薄后，未来净值上扬时的获利自然较佳，至于在较大波段的多头行情下，单笔投资的资本利得则较为可观。

需注意的是，并非所有的基金类型都适合拿来定期定额投资，债券型基金本身的波动风险就相当小，因此并不需要借定期定额或分批布局的方式，来摊薄长期投资的平均成本，因此在资金充裕时，通常选择一次性方式投资于债券型基金。对于净值变动较大的股票型基金，要在长线前景看好、短期处于空头行情时开始定期定额投资，有机会在净值下跌的阶段累积较多的低成本基金份额，而债券型基金等固定收益工具则不应该用定期定额的方式投资。

（三）基金投资组合策略

建立基金组合，就是通过同时投资于多只基金，降低组合收益的波动，增强投资的稳定性，使基金组合在各个阶段都能够获取较好的收益。基金组合应避免没有明确的投资目标、没有核心组合、非核心投资过多、组合失衡、基金数目太多、费用水平过高、没有设定卖出的标准(例如，涨幅超过10%立即售出)、同类基金选择不当等现象。

在建立基金组合时，可以考虑三个原则：①风险主导配置原则。基金组合的总体倾向应该与投资目标匹配，例如，全部投资于股票基金可能波动风险较大，但通过投资一定比例的配置型基金，可以让基金组合的总体风险降低。②风格相异原则。基金组合中的基金应该有不一样的风格特征，如果基金风格高度一致，那就起不到组合的作用。③适当分散原则。通常情况下，基金组合的数量以3～5只为宜。过多地分散投资，可能会降低组合有效性，并且增加交易成本。

三、投资基金的评价

（一）基金投资的优点

基金投资的最大优点是能够在不承担太大风险的情况下获得较高收益。原因在于投资基金具有专家理财优势和资金规模优势。

（二）基金投资的缺点

(1) 无法获得很高的投资收益。投资基金在投资组合过程中，在降低风险的同时，也丧失了获得巨大收益的机会。

(2) 在大盘整体大幅度下跌的情况下，投资人可能承担较大风险。

本章小结

证券投资管理是公司财务管理中一个非常重要的理论问题。本章对各种形式的债券与股票模型及运用进行了详细的介绍。证券投资是企业或个人使用货币资金购买股票、债券等有价证券，借以获得收益的行为，人们将这种行为称为间接投资。债券投资是通过购买债券成为债权人并获得利息的投资行为，债券投资的特点是风险小、收益稳定、价格波动小、市场流动性好。债券的估值目的主要是方便投资者确定其价值，一般采用折现方法进行估值。股票的投资目的是获利或控股，其特点主要包括股权性、风险大、收益高、收益不稳定、价格波动性大等，股票估值主要采用折现模式，根据股利发生的具体情况，可以把股票估值分为零增长模型、固定增长模型以及非固定增长型估值模型等。基金投资是一种利益共享、风险共担的集合投资方式，即通过发行基金股份或受益凭证等有价证券聚集众多的不确定投资者的出资，交由专业投资机构经营运作，以规避投资风险并取得投资收益的证券投资工具。

它具有在不承担太大风险的情况下获得较高收益的优点，与此相对应的是在大盘整体大幅度下跌的情况下，投资人可能承担较大风险。

复习思考题

1. 证券投资的概念是什么？有哪些分类？
2. 股票投资时，应该怎样选择标的资产？
3. 债券投资与股票投资有什么异同点？
4. 基金投资有哪些种类？按照怎么样的标准分类？
5. 基金投资策略应该注意什么？
6. 证券组合的作用是什么？如何计算证券组合的期望报酬率？

案例分析

华兴公司拟购买某公司债券作为长期投资(打算持有至到期日)，要求的必要收益率为6%。2020年1月1日，有三家公司同时发行5年期，面值均为1 000元的债券。其中，甲公司债券的票面利率为8%，每年付息一次，到期还本，债券发行价格为1 041元；乙公司债券的票面利率为8%，单利计息，到期一次还本付息，按复利折现，债券发行价格为1 050元；丙公司债券的票面利率为零，债券发行价格为750元，到期按面值还本。要求：

1. 若A公司决定在三家企业发行债券时(即2020年1月1日)进行债券投资：

(1) 计算A公司购入甲公司债券的价值和内部收益率。

(2) 计算A公司购入乙公司债券的价值和内部收益率。

(3) 计算A公司购入丙公司债券的价值。

(4) 根据上述计算结果，评价甲、乙、丙三种公司债券是否具有投资价值，并为A公司作出购买何种债券的决策。

2. 若A公司2020年1月1日购买并持有甲公司债券，2年后将其以1 050元的价格出售，利用简便算法计算该项投资的投资收益率。

3. 若企业决定一年后，即2021年1月1日再进行债券投资，预计2021年1月1日甲公司和乙公司债券的价格均为1 070元，计算2021年1月1日甲、乙公司债券的价值，并为A公司作出决策。

参考答案

第八章
投资管理

教学目的与要求

1. 了解项目投资的含义和基本原则、分类。
2. 了解投资项目估算应注意的问题。
3. 理解现金流量的含义、分类、项目的计算期等指标。
4. 掌握项目现金流量的构成以及估算、项目投资决策的评价指标。
5. 理解投资决策方法以及决策规则、新建固定资产决策分析及固定资产更新决策。
6. 理解风险投资决策原理及方法。

引导案例

李亚鹏投资失败欠款 4 000 万元：现金流比你想象的还要重要

每天休息的时候就会刷 5～10 分钟抖音，这两天刷到了李亚鹏投资失败被判赔偿 4 000 万元和利息的视频，还附上了他的录音，录音确实是像他本人的声音，大致是说：你需要我怎样都行，要我跪下，要我趴下也可以。

我看了好几遍，看完以后也是一声叹息。

还是蛮喜欢他的，最记得他主演的两部作品，《将爱情进行到底》和《射雕英雄传》。《将爱情进行到底》记得是 1999 年上映的，当年火得一塌糊涂，80 后应该绝大多数都看过，堪称青春偶像剧的经典之作。查了一些资料，发现他最近几年做了很多投资，但都失败了。

开婚庆公司，失败；办杂志，失败；开影视文化公司，失败；开夜店，失败转让；到处投资房地产，但是房地产这事不是谁都能赚到钱的，一不小心就赔了。

这次被判赔偿 4 000 万元的项目据说就是他 4 年前在丽江投资的“丽江雪山小镇”项目。具体赔了多少钱，无从考究，肯定不是小数目。也不知道为啥，放着如日中天的影视业不做，去做商人。

这里我想说的是，不管是身价不菲的一线明星，还是我们普通人，都要重视现金流管理。

举个例子：据说他大学时代策划过一场演唱会，一下子赚到了 14 万元，这在当时是巨款无疑。但是他把这些钱全都花了：请朋友大吃大喝，买文化衫送给当地的群众，自己只留了 200 元回学校的路费。

这也是他充满浪漫主义色彩的缩影，也正说明他只适合当演员，不适合当商人。他在投资影视的时候，还一度请全体的工作人员住五星级酒店，这么铺张浪费，忽视现金流管理。

相反，香港的大富豪刘銮雄，20 多岁已经创业成功，冬天的时候，他很想买一件像样的长外套，路过一家商店，挂着一件心仪的外套，4 000 元；而实际上他那个时候的个人银行存折上有一亿多元的现金。

他路过了 3 次那家店，思考了 3 次，最后觉得 4 000 元买件衣服太贵了，决定放弃。

创业者必须要有忧患意识，你会发现，真正的富豪都是非常“抠门”的。

参考：财小虎笔记 https://zhuanlan.zhihu.com/p/358796744

现金为王，是项目投资决策中必须遵守的一项规则，在投资过程中，做好日常现金流入、流出量管理，并结合企业发展阶段和战略特征，做好风险管控，才能避免投资风险；项目投资一般具有投资金额大、回收速度慢等特点，因此一定要做好项目投资前的预测和估计，尽量减少风险发生概率。

重点知识思维导图

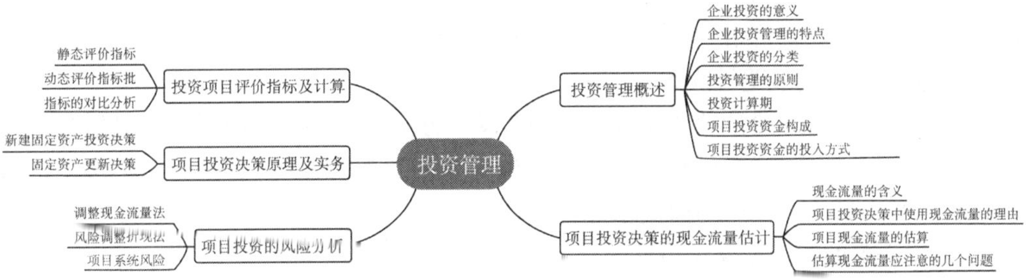

第一节　投资管理概述

投资，广义地讲，是指特定经济主体（包括政府、企业和个人）以本金回收并获利为基本目的，将货币、实物资产等作为资本投放于某一个具体对象，以在未来较长期间内获取预期经济利益的经济行为。企业投资，简言之，是企业为获取未来长期收益而向一定对象投放资金的经济行为。例如，购建厂房设备、兴建电站、购买股票债券等经济行为，均属于投资行为。

一、企业投资的意义

企业需要通过投资配置资产，才能形成生产能力，增加未来的经济利益，有效减少各类风险。

(一) 投资是企业生存与发展的基本前提

企业的生产经营,就是企业资产的运用和资产形态的转换过程。投资是一种资本性支出的行为,通过投资支出,企业购建流动资产和长期资产,并将它们有机地结合起来,形成企业的综合生产经营能力。此外,如果企业想要进军一个新兴行业,或者开发一种新产品,都需要先行进行投资。可以说,投资决策的正确与否,直接关系到企业的兴衰成败。

(二) 投资是获取利润的基本前提

企业投资的目的,是通过预先垫付一定数量的货币或实物形态的资本,购建和配置形成企业的各类资产,从事某类经营活动,获取未来的经济利益。通过投资形成生产经营能力,企业才能开展具体的经营活动,获取经营利润。

(三) 投资是企业风险控制的重要手段

企业的经营面临着各种风险,有来自市场竞争的风险,有资金周转的风险,还有原材料涨价、费用居高不下等成本的风险。投资,是企业风险控制的重要手段。通过投资,可以将资金投向企业生产经营的薄弱环节,使企业的生产经营能力配套、平衡、协调;可以实现多元化经营,将资金投放于经营相关程度较低的不同产品或不同行业,分散风险,稳定收益来源,降低资产的流动性风险、变现风险,增强资产的安全性。

二、企业投资管理的特点

企业的投资活动与经营活动是不相同的,投资活动的结果对企业在经济利益上有较长期的影响,涉及的资金多、经历的时间长,对企业未来的财务状况和经营活动都有较大的影响。与日常经营活动相比,企业投资的主要特点表现在以下几点。

(一) 属于企业的战略性决策

企业的投资活动一般涉及企业未来的经营发展方向、生产能力和规模等问题,如厂房设备的新建与更新、新产品的研制与开发、对其他企业的股权控制等,是企业简单再生产得以顺利进行并实现扩大再生产的前提条件。

(二) 属于企业的非程序化管理

企业有些经济活动往往不会经常性地重复出现,如新产品开发、设备更新、企业兼并等,这些活动被称为非例行性活动。非例行性活动只能针对具体问题,按特定的影响因素、相关条件和具体要求来进行审查和抉择。对这类非重复性特定经济活动进行的管理,称为非程序化管理。

企业的投资活动涉及企业的未来经营发展方向和规模等重大问题,是不经常发生的,具有一次性和独特性的特点,属于非例行性活动,因此投资管理属于非程序化管理。每一次投资的特点、要求等可能都不一样,无明确的规律性可循,管理时更需要用周密思考,慎重考虑。

(三) 投资价值的波动性大

投资项目的价值,是由投资标的物的内在获利能力决定的。这些标的资产的形态是不断转换的,使得未来收益的获得具有较强的不确定性,其价值也具有较强的波动性。同时,各种外部因素,如市场利率、物价等的变化,也时刻影响着投资标的资产价值。因此,企业投资管理决策时,要充分考虑投资项目的时间价值和风险价值。

三、企业投资的分类

将企业投资的类型进行科学分类，有利于分清投资的性质，按不同的特点和要求进行投资决策，并加强投资管理。

（一）直接投资和间接投资

按投资活动与企业本身的生产经营活动的关系，企业投资可以划分为直接投资和间接投资。

直接投资，是指将资金投放于形成生产经营能力的实体性资产，直接取得经营利润的企业投资。企业通过直接投资，购买并配置劳动力、劳动资料和劳动对象等具体生产要素，开展生产经营活动。

间接投资，是指将资金投放于股票、债券等权益性资产上的企业投资。之所以称为间接投资，是因为股票、债券的发行方在筹集到资金后，会把这些资金投放于形成生产经营能力的实体性资产，获取经营利润，而间接投资方不直接介入具体生产经营过程，通过在股票、债券上所约定的收益分配权利，获取股利或利息收入，分享直接投资的经营利润。

（二）项目投资与证券投资

按投资对象的存在形态和性质，企业投资可以划分为项目投资和证券投资。企业可以通过投资，购买具有实质内涵的经营资产，包括有形资产和无形资产，形成具体的生产经营能力，开展实质性的生产经营活动，取得经营利润。这类投资，称为项目投资。项目投资的目的在于改善生产条件、扩大生产能力，以获取更多的经营利润。项目投资属于直接投资。

企业可以通过投资购买证券资产，通过证券资产上所赋予的权利，间接控制被投资企业的生产经营活动，获取投资收益。这类投资，称为证券投资，即购买属于综合生产要素的权益性权利资产的企业投资。证券投资属于间接投资。

直接投资与间接投资、项目投资与证券投资，两种投资分类方式的内涵和范围是一致的，只是分类角度不同。直接投资与间接投资强调的是投资的方式性，项目投资与证券投资强调的是投资的对象性。

（三）发展性投资与维持性投资

按投资活动对企业的生产经营发展的影响，企业投资可以划分为发展性投资和维持性投资。

发展性投资，是指对企业未来的生产经营发展全局有重大影响的企业投资。发展性投资也可以称为战略性投资，如企业间兼并合并的投资、转换新行业和开发新产品的投资、大幅度扩大生产规模的投资等。发展性投资项目实施后，往往可以改变企业的经营方向和经营领域，或者明显地扩大企业的生产经营能力，或者实现企业的战略重组。

维持性投资，是为了维持企业现有的生产经营正常顺利进行，不会改变企业未来生产经营发展全局的企业投资。维持性投资也可以称为战术性投资，如更新替换旧设备的投资、配套流动资金的投资、生产技术革新的投资等。维持性投资项目所需要的资金不多，对企业生产经营的前景影响不大，投资风险相对也较小。

政治经济学中再生产概念

（四）对内投资与对外投资

按投资活动资金投出的方向，企业投资可以划分为对内投资和对外投资。对内投资，是指在本企业范围内部的资金投放，用于购买和配置各种生产经营所需的经营性资产。对外投资，是指向本企业范围以外的其他单位的资金投放。对外投资多以现金、有形资产、无形资产等资产形式，通过联合投资、合作经营、换取股权、购买证券资产等投资方式，向企业外部其他单位投放资金。

对内投资都是直接投资，对外投资主要是间接投资，也可能是直接投资。

(五) 独立投资与互斥投资

按投资项目之间的相互关联关系，企业投资可以划分为独立投资和互斥投资。独立投资是相容性投资，各个投资项目之间互不关联、互不影响，可以同时并存。例如，建造一个饮料厂和建造一个纺织厂，它们之间并不冲突，可以同时进行。对于一个独立投资项目而言，其他投资项目是否被采纳，对本项目的决策并无显著影响。因此，独立投资项目决策考虑的是方案本身是否满足某种决策标准。例如，可以规定凡提交决策的投资方案，其预期投资报酬率都要求达到20%才能被采纳。这里，预期投资报酬率达到20%，就是一种预期的决策标准。

互斥投资是非相容性投资，各个投资项目之间相互关联、相互替代，不能同时并存。如对企业现有设备进行更新，购买新设备就必须处置旧设备，它们之间是互斥的。对于一个互斥投资项目而言，其他投资项目是否被采纳或放弃，直接影响本项目的决策，其他项目被采纳，本项目就不能被采纳。因此，互斥投资项目决策考虑的是各方案之间的排斥性，也许每个方案都是可行方案，但互斥决策需要从中选择最优方案。

四、投资管理的原则

为了适应投资项目的特点和要求，实现投资管理的目标，做出合理的投资决策，需要制定投资管理的基本原则，据以保证投资活动的顺利进行。

(一) 可行性分析原则

投资项目的金额大，资金占用时间长，一旦投资后具有不可逆转性，对企业的财务状况和经营前景影响重大。因此，在投资决策之时，必须建立严密的投资决策程序，进行科学的可行性分析。投资项目可行性分析是投资管理的重要组成部分，其主要任务是对投资项目实施的可行性进行科学的论证，主要包括环境可行性、技术可行性、市场可行性、财务可行性等方面。项目可行性分析将对项目实施后未来的运行和发展前景进行预测，通过定性分析和定量分析比较项目的优劣，为投资决策提供参考。

环境可行性，要求投资项目对环境的不利影响最小，并能带来有利影响，包括对自然环境、社会环境和生态环境的影响。技术可行性，要求投资项目形成的生产经营能力，具有技术上的适应性和先进性，包括工艺、装备、地址等。市场可行性，要求投资项目形成的产品能够被市场所接受，具有市场占有率，进而才能带来财务上的可行性。财务可行性是在相关的环境、技术、市场可行性完成的前提下，着重围绕技术可行性和市场可行性而开展的专门经济性评价。

碳中和、碳达峰

(二) 结构平衡原则

一个投资项目的管理就是综合管理。资金既要投放于主要生产设备，又要投放于辅助设备；既要满足长期资产的需要，又要满足流动资产的需要。投资项目在资金投放时，要遵循结构平衡原则，合理分布资金，具体包括固定资金与流动资金的配套关系、生产能力与经营规模的平衡关系、资金来源与资金运用的匹配关系、投资进度和资金供应的协调关系、流动资产内部的资产结构关系、发展性投资与维持性投资的配合关系、对内投资与对外投资的顺序关系、直接投资与间接投资的分布关系等。投资项目在实施后，资金就较长期地固化在具体项目上，退出和转向都不太容易。只有遵循结构平衡原则，投资项目实施后才能正常顺利地运行，才能避免资源的闲置和浪费。

(三) 动态监控原则

投资的动态监控，是指对投资项目实施过程中的进程控制。特别是对于那些工程量大、工期长的建造项目来说，需要按工程预算实施有效的动态投资控制。建设性投资项目应当按工程进度，对分项工程、分步工程、单位工程的完成情况，逐步进行资金拨付和资金结算，控制工程的资金耗费，防止资金浪费。在项目建设完工后，通过工程决算，全面清点所建造的资产数额和种类，分析工程造价的合理性，合理确定工程资产的账面价值。

五、投资计算期

投资计算期是指投资项目从投资建设开始到最终清理结束整个过程所需的全部时间，通常以年为单位。由于项目投资的规模较大，需要较长的建设时间，因此，通常将项目投资的整个持续时间分为建设期和生产经营期。其中，建设期（记作 s）是指从项目资金正式投入项目建成投产为止所需的时间，其第一年初称为建设起点，最后一年末称为投产日。生产经营期（记作 P）是指投产日到清理结束日之间的时间间隔，又包括试产期和达产期（指完全达到设计生产能力期）两个阶段。试产期是指项目投入生产但生产能力尚未完全达到设计能力时的过渡阶段。达产期是指生产运营达到设计预期水平后的时间。项目投资计算期对评价结果将产生重大影响，所以，必须力求准确。项目投资计算期如图 8-1 所示。

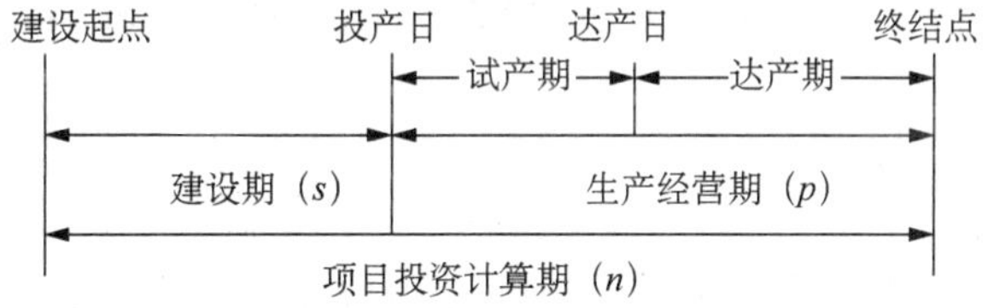

图 8-1　项目投资计算期

如果用 n 表示项目投资计算期，则有如下的关系式：

$$项目计算期 = 建设期 + 生产经营期$$

即，
$$n = s + p$$

[例 8-1]　华联公司拟购建一条生产线，预计使用寿命为 20 年。

(1) 在建设起点投资并投产，则其项目计算期为：

$$项目计算期 = 0 + 20 = 20(年)$$

(2) 如果建设期为 2 年，则其项目计算期为：

项目计算期 = 2 + 20 = 22(年)

六、项目投资资金构成

(一) 原始投资额

原始投资是反映项目所需要现实资金的价值指标，是指为使项目完全达到设计生产能力、开展正常经营而投入的全部现实资金，包括建设投资和流动资金两项内容。

其中：

原始总投资 = 建设投资 + 流动资金投资

建设投资 = 固定资产投资 + 无形资产投资 + 其他资产投资(生产准备和开办费用)

(二) 投资总额

投资总额是反映项目投资总体规模的价值指标，它等于原始总投资与建设期资本化利息之和。其中，建设期资本化利息是指在建设期发生的与构建项目所需的固定资产、无形资产等长期投资有关的借款利息。投资总额的计算公式为：

项目总投资 = 原始总投资 + 建设期资本化利息

七、项目投资资金的投入方式

资金投入方式是指投资主体将原始总投资注入具体项目的投入方式。从时间特征上来看，它包括一次投入和分次投入两种形式。一次投入方式是指投资行为集中一次发生在项目计算期第一个年度的年初或年末；如果投资行为涉及两个或两个以上年度，或虽然只涉及一个年度但同时在该年的年初和年末发生，则都属于分次投入方式。

第二节 项目投资决策的现金流量估计

一、现金流量的含义

企业进行项目投资的目的就是在未来时期获得收益。为了达到这一目的，投资者必须投入一定量的资金。随着资金的不断投入，投资者在未来也会因经营项目不断地获得收入，也就是说，随着投资活动，企业在不同的计算期有不同内容和数量的现金流入和现金流出。所谓现金流量，在投资决策中是指一个项目引起的企业现金支出和现金收入增加的数量。现金流量中的“现金”是广义的现金，它不仅包括各种货币资金，而且还包括项目需要投入的、企业现有的非货币资源的变现价值。例如，一个项目需要使用原有的厂房、设备和材料等，则相关的现金流量是指它们的变现价值，而不是其账面价值。项目投资的现金流量通常包括现金流入量、现金流出量和现金净流量。

二、项目投资决策中使用现金流量的理由

项目投资决策之所以要以收付实现制计算的现金流量作为评价项目经济效益的基础，

主要有以下两方面原因：

（1）采用现金流量有利于科学地考虑资金的时间价值因素。科学的投资决策必须认真考虑资金的时间价值，这就要求在决策时一定要弄清楚每笔预期收入款项和支出款项的具体时间，因为不同时间的资金具有不同的价值。因此，在衡量投资方案优劣时，应根据各投资项目寿命周期内各年的现金流量，按照资本成本，结合资金的时间价值来确定。

（2）在项目投资决策中，应用现金流量能更科学、更客观地评价投资方案的优劣，使项目投资决策更符合客观实际情况。

三、项目现金流量的估算

按照现金流动的方向，可以将项目投资的现金流量分为现金注入量、现金流出量和净现金流量。一个方案的现金流入量是指该方案引起的企业现金收入的增加额；现金流出量是指该方案引起的企业现金支出的增加额；净现金流量是指一定时间内现金流入量与现金流出量的差额。流入量大于流出量，则净流量为正值；反之，净流量为负值。

按照现金流量发生的时间，项目投资的现金流量又可以分为初始现金流量、营业现金流量和终结现金流量。因为使用这种分类方法计算现金流量比较方便，所以下面将详细分析这三种现金流量所包括的主要内容。

（一）初始现金流量

投资阶段的现金流量主要是现金流出量，即在该投资项目上的原始投资，包括在长期资产上的投资和垫支的营运资金。如果该项目的筹建费、开办费较高，也可作为初始阶段的现金流出量计入递延资产。在一般情况下，初始阶段中固定资产的原始投资通常在年内一次性投入（如购买设备），如果原始投资不是一次性投入（如工程建造），则应把投资归属于不同投入年份之中。

1. 长期资产投资

长期资产投资包括在固定资产、无形资产、递延资产等长期资产上的购入、建造、运输、安装、试运行等方面所需的现金支出，如购置成本、运输费、安装费等。对于投资实施后导致固定资产性能改进而发生的改良支出，属于固定资产的后期投资。

2. 营运资金垫支

营运资金垫支是指投资项目形成了生产能力，需要在流动资产上追加的投资。由于扩大了企业生产能力，原材料、在产品、产成品等流动资产规模也随之扩大，需要追加投入日常营运资金。同时，企业营业规模扩充后，应付账款等结算性流动负债也随之增加，自动补充了一部分日常营运资金的需要。因此，为该投资垫支的营运资金是追加的流动资产扩大量与结算性流动负债扩大量的净差额。

3. 原有固定资产的变价收入扣除相关税金后的净收益。

变价收入主要是指固定资产更新变现时现金收入及产生的所得税额影响，其计算公式为：

$$固定资产处置的现金流量 = 变现收入 - 所得税支出$$

变现收入通常要与账面净值进行比较，例如，一项固定资产原值 2 000 元，累计折旧

1 000 元，处置时现金收入为 800 元，处置的净损益＝800－(2 000－1 000)＝－200(元)，此时固定资产处置后，发生了亏损，会产生机会现金流入，即此时处置资产的净流量＝800－(800－1 000)×25%＝850(元)；相反，如果处置资产现金收入是 1 200 元，则处置产生的现金净流量＝1 200－(1 200－1 000)×25%＝1 150(元)。

4. 不可预见费

不可预见费是指在投资项目正式建设之前不能完全估计到的，但又很可能发生的一系列费用，如设备价格上涨、出现自然灾害等。这些因素也要合理预测，以便为现金流量预测留有余地。

(二) 营业期现金流量

营业阶段是投资项目的主要阶段，该阶段既有现金流入量，也有现金流出量。现金流入量主要是营运各年的营业收入，现金流出量主要是营运各年的付现营运成本。另外，营业期内某年发生的大修理支出，如果会计处理在本年内一次性作为收益性支出，则直接作为该年付现成本；如果跨年摊销处理，则本年作为投资性的现金流出量，摊销年份以非付现成本形式处理。营业期内某一年发生的改良支出是一种投资，应作为该年的现金流出量，以后年份通过折旧收回。

在正常营业阶段，由于营运各年的营业收入和付现营运成本数额比较稳定，因此营业阶段各年现金流量一般为：

$$
\begin{aligned}
&\text{营业现金净流量}(NCF) = \text{营业收入} - \text{付现成本} - \text{所得税} \\
&\text{或 } NCF = \text{营业收入} - \text{营业成本} - \text{所得税} + \text{折旧} \\
&\qquad\quad = \text{税后净利} + \text{年折旧} \\
&\text{或 } NCF = \text{税后收入} - \text{税后付现成本} + \text{折旧抵税} \\
&\qquad\quad = \text{收入} \times (1-T) - \text{付现成本} \times (1-T) + \text{折旧} \times T
\end{aligned}
$$

式中，T 为企业所得税税率。

非付现成本主要是固定资产年折旧费用、长期资产摊销费用、资产减值准备。其中，长期资产摊销费用主要有跨年的大修理摊销费用、改良工程折旧摊销费用、筹建开办费摊销费用等。

(三) 终结期现金流量

终结阶段的现金流量主要是现金流入量，包括固定资产变价净收入、固定资产变现净损益的影响和垫支营运资金的收回。

1. 固定资产变价净收入

投资项目在终结阶段，原有固定资产将退出生产经营，企业对固定资产进行清理处置。固定资产变价净收入，是指固定资产出售或报废时的出售价款或残值收入扣除清理费用后的净额。

2. 固定资产变现净损益对现金净流量的影响

固定资产变现净损益对现金净流量的影响，可用公式表示如下：

$$
\text{固定资产变现净损益对现金净流量的影响} = (\text{账面价值} - \text{变价净收入}) \times \text{所得税税率}
$$

如果(账面价值－变价净收入)＞0，则意味着发生了变现净损失，可以抵税，从而减少现金流出，增加现金净流量；如果(账面价值－变价净收入)＜0，则意味着实现了变现净收益，应该纳税，从而增加现金流出，减少现金净流量。

变现时，固定资产账面价值是指固定资产账面原值与变现时按照税法规定计提的累计折旧的差额。如果变现时，按照税法的规定，折旧已经全部计提，则变现时固定资产账面价值等于税法规定的净残值；如果变现时，按照税法的规定，折旧没有全部计提，则变现时固定资产账面价值等于税法规定的净残值与剩余的未计提折旧之和。

3. 垫支营运资金的收回

随着固定资产的出售或报废，投资项目的经济寿命结束，企业将与该项目相关的存货出售，应收账款收回，应付账款也随之偿付。营运资金恢复到原有水平，项目开始时垫支的营运资金在项目结束时得到回收。

在实务中，对某一投资项目在不同时点上现金流量数额的测算，通常通过编制“投资项目现金流量表”进行。通过该表，能测算出投资项目相关现金流量的时间和数额，以便进一步进行投资项目可行性分析。

［例 8-2］ 华联投资项目需要 3 年建成，每年年初投入建设资金 90 万元，共投入 270 万元。建成投产之时，需投入营运资金 140 万元，以满足日常经营活动需要。项目投产后，估计每年可获税后营业利润 60 万元。固定资产使用年限为 7 年，使用后第 5 年预计进行一次改良，估计改良支出 80 万元，分两年平均摊销。资产使用期满后，估计有残值净收入 11 万元，采用使用年限法折旧。项目期满时，垫支营运资金全额收回。

根据以上资料，编制成投资项目现金流量表，格式如表 8-1 所示。

首先，分析建设期现金流量情况：项目总投资为建设投资和垫支营运资金，即 270＋140＝410(万元)，然后确定每项资金发生的时间点。

其次，分析项目在营业期的现金流量，采用“净利润＋折旧”方法计算。

最后，分析项目终结点现金流量。

表 8-1 投资项目现金流量表

单位：万元

年份	0	1	2	3	4	5	6	7	8	9	10	总计
固定资产价值	(90)	(90)	(90)									(270)
固定资产折旧					37	37	37	37	37	37	37	259
改良支出									(80)			(80)
改良支出摊销										40	40	80
税后营业利润					60	60	60	60	60	60	60	420
残值净收入											11	11
营运资金				(140)							140	0
总计	(90)	(90)	(90)	(140)	97	97	97	97	17	137	288	420

在投资项目管理的实践中，由于所得税的影响，营业阶段现金流量的测算比较复杂，需要在所得税基础上考虑税后收入、税后付现成本，以及非付现成本抵税对营业现金流量的影响。

[例 8-3] 某公司计划增添一条生产流水线，以扩充生产能力。现有甲、乙两个方案可供选择。甲方案需要投资 500 000 元，乙方案需要投资 750 000 元。两方案的预计使用寿命均为 5 年，折旧均采用直线法，甲方案预计残值为 20 000 元，乙方案预计残值为 30 000 元。甲方案预计年销售收入为 1 000 000 元，第一年付现成本为 660 000 元，以后在此基础上每年增加维修费 1 000 元。乙方案预计年销售收入为 1400 000 元，年付现成本为 1 050 000 元。项目投入营运时，甲方案需垫支营运资金 200 000 元，乙方案需垫支营运资金 250 000 元。公司所得税税率为 20%。

根据上述资料，两方案的现金流量计算如表 8-2 和表 8-3 所示。

表 8-2　营业期现金流量计算表

单位：元

年份	1	2	3	4	5
甲方案					
销售收入(1)	1 000 000	1 000 000	1 000 000	1 000 000	1 000 000
付现成本(2)	660 000	670 000	680 000	690 000	700 000
折旧(3)	96 000	96 000	96 000	96 000	96 000
营业利润(4)=(1)-(2)-(3)	244 000	234 000	224 000	214 000	204 000
所得税(5)=(4)×20%	48 800	46 800	44 800	42 800	40 800
税后营业利润(6)=(4)-(5)	195 200	187 200	179 200	171 200	163 200
经营现金净流量(7)=(3)+(6)	291 200	283 200	275 200	267 200	259 200

表 8-3　投资项目现金流量计算表

单位：元

年份	0	1	2	3	4	5
甲方案：						
固定资产投资	-500 000					
营运资金垫支	-200 000					
营业现金流量		291 200	283 200	275 200	267 200	259 200
固定资产残值						20 000
营运资金收回						200 000
现金流量合计	-700 000	291 200	283 200	275 200	267 200	479 200
乙方案：						
固定资产投资	-750 000					
营运资金垫支	-250 000					
营业现金流量		308 800	308 800	308 800	308 800	308 800
固定资产残值						30 000

（续表）

年份	0	1	2	3	4	5
营运资金收回						250 000
现金流量合计	−1 000 000	308 800	308 800	308 800	308 800	588 800

乙方案营业现金净流量＝税后营业利润＋非付现成本

＝(1 400 000－1 050 000－144 000)×(1－20%)＋144 000

＝308 800(元)

或：

＝收入×(1－所得税税率)－付现成本×(1－所得税税率)＋非付现成本×所得税税率

＝1 400 000×80%－1 050 000×80%＋144 000×20%＝308 800(元)

四、估算现金流量应注意的几个问题

在确定投资方案相关的现金流量时，应遵循的最基本原则是：只有增量现金流量才是与项目相关的现金流量。所谓增量现金流量，是指接受或拒绝某个投资方案后，企业总现金流量因此发生的变动。只有那些由于采纳某个项目引起的现金支出增加额，才是该项目的现金流出；只有那些由于采纳某个项目引起的现金流入增加额，才是该项目的现金流入。

（一）区分相关成本和非相关成本

相关成本是指与特定决策有关的、在分析评价时必须加以考虑的成本。例如，差额成本、未来成本、重置成本、机会成本等都属于相关成本。与此相反，与特定决策无关的、在分析评价时不必加以考虑的成本是非相关成本。例如，沉没成本、账面成本等往往是非相关成本。

（二）不能忽视机会成本

在投资方案的选择中，如果选择了一个投资方案，则必须放弃投资于其他项目的机会。其他投资机会可能取得的收益是实行本方案的一种代价，称为这项投资方案的机会成本。机会成本不是我们通常意义上的“成本”，它不是一种支出或费用，而是失去的收益。这种收益不是实际发生的，而是潜在的，机会成本总是针对具体方案的，离开被放弃的方案就无从计量确定。机会成本在决策中的意义是，它有助于全面考虑可能采取的各种方案，以便为既定资源寻求最为有利的使用途径。

（三）要考虑投资方案对公司其他项目的影响

当我们采纳一个新的项目后，该项目可能对公司的其他项目造成有利或不利的影响。例如，若新项目的产品上市后，原有其他产品的销售量可能减少，而且整个公司的销售额也许不增加反而减少。因此，公司在进行投资分析时，不应将新项目的销售收入作为增量收入来处理，而应扣除其他项目因此减少的销售收入。当然，也可能发生相反的情况，新产品上市后将促使其他产品销售增长。这要看新项目和原有项目是竞争关系还是互补关系。

（四）所得税和折旧对现金流量的影响

所得税是企业的一种现金流出，它取决于利润大小和税率高低，而利润大小受折旧方法的影响，因此，讨论所得税问题必然会涉及折旧问题；而折旧对投资决策产生影响，实际是由所得税引起的。因此，这两个问题要放在一起讨论。

1. 税后成本和税后收入

现实中凡是可以减免税负的项目，实际支付额并不是真实的成本，而应将因此而减少的所得税考虑进去。扣除了所得税影响以后的费用净额，称为税后成本。

税后成本的一般公式为：

$$税后成本 = 支出金额 \times (1 - 税率)$$

[例 8-4]　某公司目前的损益状况如表 8-4 所示。该公司正在考虑一项广告计划，需每月支付 2 000 元，假设所得税税率为 40%，则该项广告的税后成本是多少？

表 8-4　某公司损益状况表

单位：元

项　　目	目前(不做广告)	做广告方案
销售收入	15 000	15 000
成本和费用	5 000	5 000
新增广告		2 000
税前净利	10 000	8 000
所得税费用(40%)	4 000	3 200
税后净利	6 000	4 800
新增广告税后成本	1 200	

从表 8-4 可以看出，该项广告的税后成本为每月 1 200 元。

即：

$$税后成本 = 2\,000 \times (1 - 40\%) = 1\,200(元)$$

与税后成本相对应的概念是税后收入。由于所得税的作用，企业营业收入的金额有一部分会流出企业，企业实际得到的现金流入即为税后收入。其计算公式为：

$$税后收入 = 收入金额 \times (1 - 税率)$$

这里所说的“收入金额”是指根据税法规定需要纳税的收入，不包括项目结束时收回垫支资金等现金流入。

2. 折旧抵税作用

一般而言，加大成本会减少利润，从而使所得税减少。如果不计提折旧，企业的所得税将会增加许多。可见，折旧可以起到减少税负的作用，这种作用称为折旧抵税。

[例 8-5]　甲公司和乙公司全年销货收入、付现费用均相同，所得税税率为 40%。两者的区别是甲公司有一项可计提折旧的资产，每年折旧额相同。两家公司的现金流量如

表 8-5 所示。

表 8-5 折旧对税负的影响

单位：元

项 目	甲公司	乙公司
销售收入	20 000	20 000
费用：		
付现营业费用	10 000	10 000
折旧	3 000	0
合计	13 000	10 000
税前净利	7 000	10 000
所得税费用(40%)	2 800	4 000
税后净利	4 200	6 000
营业现金流入：		
净利润	4 200	6 000
折旧	3 000	0
合计	7 200	6 000
甲公司比乙公司拥有较多现金	1 200	

甲公司利润虽然比乙公司少 1 800 元，但现金净流入却多出 1 200 元，其原因在于有 3 000 元的折旧计入成本，使应税所得减少 3 000 元，从而少纳税 1 200 元(3 000×40%)。这笔现金保留在甲公司，不必缴出。从增量分析的观点来看；由于增加了一笔 3 000 元折旧，甲公司获得 1 200 元的现金流入。

折旧对税负的影响可按下式计算：

$$税负减少额 = 折旧额 \times 税率 = 3\ 000 \times 40\% = 1\ 200(元)$$

第三节 投资项目评价指标及计算

投资项目评价是通过计算投资项目评价指标来评价独立项目或互斥项目的可行性。投资项目评价指标是评价投资方案是否可行及不同方案优劣的标准。选择客观、恰当的投资评价分析方法是正确进行投资决策的前提。目前，企业投资决策评价过程中常用的指标根据是否考虑货币时间价值，可分为非贴现指标和贴现指标。非贴现指标是指在计算过程中不考虑资金的时间价值因素的指标，又称为静态评价指标，包括投资回收期和投资报酬率。贴现指标是指在计算过程中考虑资金价值的指标，又称为动态评价指标，包括净现值、现值指数、内含报酬率及动态投资回收期。

一、静态评价指标

静态评价指标，是指不考虑时间价值，把不同时间的货币收支看成是否等效的，这些方法在选择方案时起辅助作用。

(一) 静态回收期

静态回收期(PP)是指投资引起的现金流入累积到与投资额相等所需要的时间。它代表收回投资所需要的年限。回收年限越短，方案越有利。

在原始投资一次支出，每年现金净流入量相等时：

$$回收期 = \frac{原始投资额}{每年现金净流入量}$$

[例 8-6] 华联公司准备从甲、乙两种机床中选购一种。甲机床购价为 35 000 元，投入使用后，每年现金净流量为 7 000 元；乙机床购价为 36 000 元，投入使用后，每年现金流量为 8 000 元。要求：用静态回收期指标决策该厂应选购哪种机床？

$$甲机床回收期 = 35\ 000 \div 7\ 000 = 5(年)$$
$$乙机床回收期 = 36\ 000 \div 8\ 000 = 4.5(年)$$

计算结果表明，乙机床的回收期比甲机床短，华联公司应选择乙机床。

如果现金流入量每年不等，或原始投资是分几年投入的，则可使下列等式成立的 n 为回收期：

$$\sum_{k=0}^{n} I_k = \sum_{k=0}^{n} O_k$$

或者，应把未来每年的现金净流量逐年加总，根据累计现金流量来确定回收期。如[例 8-2]所示，其投资回收期为：

$$8 + (410 - 97 - 97 - 97 - 97 - 17) \div 137 = 8.04(年)$$

静态回收期的计算简便，并且容易被决策者理解。它的缺点在于不仅忽视时间价值，而且没有考虑回收期以后的收益。事实上，有战略意义的长期投资往往早期收益较低，而中后期收益较高。静态回收期优先考虑想要急切成功的项目，可能导致放弃长期成功的方案。它是过去评价投资方案最常用的方法，目前作为辅助方法使用，主要用来测定方案的流动性而非盈利性。例如，假设有两个方案的预计现金流量，如表 8-6 所示，试分别计算回收期，并比较优劣。

表 8-6　两个方案的预计现金流量　　单位:元

年份(t)	0	1	2	3	4	5
A 方案现金流量	−10 000	4 000	6 000	6 000	6 000	6 000
B 方案现金流量	−10 000	4 000	6 000	8 000	8 000	8 000

两个方案的回收期相同，都是 2 年，如果用回收期进行评价，两者的投资回收期相等，但实际上 B 方案明显优于 A 方案。

(二) 平均报酬率

平均报酬率(ARR)也称平均投资报酬率，是投资项目寿命周期内平均的年投资报酬。其中，最常见的计算公式为：

$$平均报酬率=\frac{平均现金流量}{原始投资额}\times 100\%$$

[例 8-7]　承[例 8-2]，计算其平均报酬率。

$$ARR=(97+97+97+97+17+137+288)\div 410\times 100\%=202.4\%$$

在采用平均报酬率这一指标时，应事先确定一个企业要求达到的平均报酬率，或称必要平均报酬率。在进行决策时，只有高于必要的平均报酬率的方案才能入选。而在有多个互斥方案的选择中，则选用平均报酬率最高的方案。

平均报酬率的优点是简明、易算、易懂。其主要缺点是：①没有考虑现金的时间价值，第一年的现金流量与最后一年的现金流量被看作具有相同的价值，所以，有时会做出错误的决策；②必要平均报酬率的确定具有很大的主观性。

(三) 会计收益率法

会计收益率法(AAR)计算简便，应用范围很广。它在计算时使用会计报表上的数据，以及普通会计的收益和成本观念。

$$会计收益率=\frac{年平均净利润}{原始投资额}\times 100\%$$

[例 8-8]　承[例 8-2]，计算其平均报酬率。

$$会计收益率=(60+60+60+60+60+60+60)\div 410\times 100\%=102.4\%$$

二、动态评价指标

动态评价指标又称为折现现金流量指标，主要有净现值、净现值率、获利指数、内含报酬率等。对于这类指标的使用，体现了折现现金流量的思想，即把未来现金流量折现，使用现金流量的现值计算各种指标，并据以进行决策。

(一) 净现值

一个投资项目，其未来现金净流量现值与原始投资额现值之间的差额，称为净现值(NPV)。计算公式为：

$$净现值=未来现金净流量现值-原始投资额现值$$

即：

$$净现值=\sum_{k=0}^{n}\frac{I_k}{(1+i)^k}-\sum_{k=0}^{n}\frac{O_k}{(1+i)^k}$$

式中：n——投资涉及的年限；

I_k——第 k 年的现金流入量；

O_k——第 k 年的现金流出量；

i——预定的折现率。

计算净现值时，要按预定的贴现率对投资项目的未来现金流量和原始投资额进行贴现。预定贴现率是投资者所期望的最低投资报酬率。净现值为正，则方案可行，说明方案的实际报酬率高于所要求的报酬率；净现值为负，则方案不可取，说明方案的实际投资报酬率低于所要求的报酬率；净现值为零时，说明方案的投资报酬刚好达到所要求的投资报酬，方案也可行。

所以，净现值的经济含义是投资方案报酬超过基本报酬后的剩余收益。其他条件相同时，净现值越大，方案越好。采用净现值法来评价投资方案，一般有以下步骤：

第一，测定投资方案各年的现金流量，包括现金流出量和现金流入量。

第二，设定投资方案采用的贴现率。

确定贴现率的参考标准可以是：

(1) 以市场利率为标准。资本市场的市场利率是整个社会投资报酬率的最低水平，可以视为一般最低报酬率要求。

(2) 以投资者希望获得的预期最低投资报酬率为标准。这就考虑了投资项目的风险补偿因素，以及通货膨胀因素。

(3) 以企业平均资本成本率为标准。企业投资所需要的资金，都或多或少地具有资本成本，企业筹资承担的资本成本率水平，给投资项目提出了最低报酬率要求。

第三，按设定的贴现率，分别将各年的现金流出量和现金流入量折算成现值。

第四，将未来的现金净流量现值与投资额现值进行比较，若前者大于或等于后者，方案可行；若前者小于后者，说明方案的实际报酬率达不到投资者所要求的报酬率，方案不可行。

[例 8-9] 承[例 8-3]，假设折现率为 10%，则：

$$\begin{aligned}\text{甲方案的净现值} &= 479\,200\times(P/F,\ 10\%,\ 5)+267\,200\times(P/F,\ 10\%,\ 4)+275\,200\times(P/F,\ 10\%,\\ &\quad 3)+283\,200\times(P/F,\ 10\%,\ 2)+291\,200\times(P/F,\ 10\%,\ 1)-700\,000\\ &= 479\,200\times0.620\,9+267\,200\times0.683\,0+275\,200\times0.751\,3+283\,200\times0.826\,4+\\ &\quad 291\,200\times0.909\,1-700\,000\\ &= 485\,557.04(\text{元})\end{aligned}$$

由于甲方案的净现值大于 0，所以，甲方案可行。

$$\begin{aligned}\text{乙方案的净现值} &= 588\,800\times(P/F,\ 10\%,\ 5)+308\,800\times(P/A,\ 10\%,\ 4)-1\,000\,000\\ &= 588\,800\times0.620\,9+308\,800\times3.169\,9-1\,000\,000\\ &= 344\,451.04(\text{元})\end{aligned}$$

由于乙方案的净现值大于 0，所以，乙方案也可行。

净现值法简便易行，其主要优点在于：

第一，适用性强，能基本满足项目年限相同的互斥投资方案决策。如有 A、B 两个项目，资本成本率为 10%，A 项目投资 5 000 元可获净现值 1 000 元，B 项目投资 20 000 元可获净现值 8 000 元。尽管 A 项目投资额大，但在计算净现值时已经考虑了实施该项目所承担的还本付息负担，因此现值大的 A 项目优于 B 项目。

第二，能灵活地考虑投资风险。净现值法在所设定的贴现率中包含投资风险报酬率要求，能有效地考虑投资风险。例如，某投资项目期限 15 年，资本成本率 18%，由于投资项目时间长，风险也较大，所以投资者认定，在投资项目的有效使用期限 15 年中第一个五年期内以 18%

折现，第二个五年期内以 20%折现，第三个五年期内以 25%折现，以此来体现投资风险。

净现值也具有明显的缺陷，主要表现在：

第一，所采用的贴现率不易确定。如果两方案采用不同的贴现率贴现，采用净现值法不能够得出正确结论。同一方案中，如果要考虑投资风险，要求的风险报酬率不易确定。

第二，不适用于独立投资方案的比较决策。如果各方案的原始投资额现值不相等，有时无法作出正确决策。独立投资方案，是指两个以上投资项目互不依赖，可以同时并存。如对外投资购买甲股票或购买乙股票，它们之间并不冲突。在独立投资方案比较中，尽管某项目净现值大于其他项目，但所需投资额大，获利能力可能低于其他项目，而该项目与其他项目又是非互斥的，因此只凭净现值大小无法决策。

第三，净现值不能直接用于对寿命期不同的互斥投资方案进行决策。某一项目尽管净现值小，但其寿命期短；另一项目尽管净现值大，但它是在较长的寿命期内取得的。两项目由于寿命期不同，因而净现值是不可比的。要采用净现值法对寿命期不同的投资方案进行决策，需要将各方案均转化为相等寿命期进行比较。

(二) 净现值率

净现值率(NPVR)是指净现值与项目原始投资额之间的比值，用于衡量单位投资额所产生的净现值。其计算公式为：

$$NPVR = \frac{NPV}{C}$$

(三) 现值指数

现值指数(PI)是指投资项目的未来现金净流量现值与原始投资额现值之比。计算公式为：

$$现值指数 = \frac{未来现金净流量现值}{原始投资额现值}$$

从现值指数的计算公式可见，现值指数的计算结果会有大于 1、等于 1、小于 1 三种。若现值指数大于或等于 1，说明方案实施后的投资报酬率高于或等于必要报酬率，方案可行；若现值指数小于 1，说明方案实施后的投资报酬率低于必要报酬率，方案不可行。

［例 8-10］ 有两个独立投资方案，有关资料如表 8-7 所示。

表 8-7 净现值计算表

单位：元

项目	方案 A	方案 B
原始投资额现值	30 000	3 000
未来现金净流量现值	31 500	4 200
净现值	1 500	1 200

从净现值的绝对数来看，方案 A 大于方案 B，似乎应采用方案 A；但从投资额来看，方案 A 的原始投资额现值大大超过了方案 B。所以，在这种情况下，如果仅用净现值来判断方案的优劣，就难以作出正确的比较和评价。按现值指数法计算：

$$方案A现值指数=\frac{31\,500}{30\,000}=1.05$$

$$方案B现值指数=\frac{4\,200}{3\,000}=1.40$$

计算结果表明，方案B的现值指数大于方案A，应当选择方案B。

现值指数法也是净现值法的辅助方法，在各方案原始投资额现值相同时，实质上就是净现值法。由于现值指数是未来现金净流量现值与所需投资额现值之比，是个相对数指标，反映了投资效率，所以，用现值指数指标来评价独立投资方案，可以克服净现值指标不便于对原始投资额现值不同的独立投资方案进行比较和评价的缺点，从而使对方案的分析评价更加合理、客观。

（四）内含报酬率

内含报酬率（*IRR*），是指对投资方案未来每年的现金净流量进行贴现，使所得的现值恰好与原始投资额现值相等，从而使净现值等于零时的贴现率。内含报酬率法的基本原理是：在计算方案的净现值时，以必要投资报酬率作为贴现率计算，净现值的结果往往是大于零或小于零，这就说明方案实际可能达到的投资报酬率大于或小于必要投资报酬率；而当净现值为零时，说明两种报酬率相等。根据这个原理，内含报酬率法就是要计算出使净现值等于零时的贴现率，这个贴现率就是投资方案的实际可能达到的投资报酬率。

1. 未来每年现金净流量相等时

每年现金净流量相等是一种年金形式，通过查年金现值系数表，可计算出来现金净流量现值，并令其净现值为零，有：

$$未来每年现金净流量\times年金现值系数-原始投资额现值=0$$

计算出净现值为零时的年金现值系数后，通过查年金现值系数表，即可找出相应的贴现率 i，该贴现率就是方案的内含报酬率。

［例8-11］ 华联公司购入一台新型设备，购价为160万元，使用年限10年，无残值。该方案的最低投资报酬率要求为12%（以此作为贴现率）。使用新设备后，估计每年产生现金净流量30万元。要求：用内含报酬率指标评价该方案是否可行？

令：30 000×(P/A, IRR%, 10)－1 600 000＝0

得：(P/A, IRR%, 10)＝5.333 3

已知方案的使用年限为10年，查年金现值系数表，可查得时期10，系数5.333 3所对应的贴现率在12%到14%之间。采用插值法求得，该方案的内含报酬率为13.46%，高于最低投资报酬率12%，方案可行。

2. 未来每年现金净流量不相等时

如果投资方案的未来每年现金净流量不相等，各年现金净流量的分布就不是年金形式，不能采用直接在年金现值系数表的方法来计算内含报酬率，而需采用逐次测试法。逐次测试法的具体做法是：根据已知的有关资料，先估计一次贴现率，来试算未来现金净流量的现值，并将这个现值与原始投资额现值相比较，如净现值大于零，为正数，表示估计的贴现率低于方案实际可能达到的投资报酬率，需要重估一个较高的贴现率进行试算；如果净现值小于零，为负数，表示估计的贴现率高于方案实际可能达到的投资报酬率，需要重估一个较低的贴现率进行试算。如此反复试算,直到净现值等于零或基本接近于零,这时所估计的贴现率就是希望求得的内含报酬率。

[例 8-12] 兴达公司有一投资方案,需一次性投资 120 000 元,使用年限为 4 年,每年现金净流量分别为 30 000 元、40 000 元、50 000 元、35 000 元。要求:计算该投资方案的内含报酬率,并据以评价该方案是否可行。

由于该方案每年的现金净流量不相同,需逐次测试计算方案的内含报酬率。测算过程如表 8-8 所示。

表 8-8 净现值的逐次测试

单位:元

年份	每年现金净流量	第一次测算 8%		第二次测算 12%		第三次测算 10%	
1	30 000	0.926	27 780	0.893	26 790	0.909	27 270
2	40 000	0.857	34 280	0.797	31 880	0.826	33 040
3	50 000	0.794	39 700	0.712	35 600	0.751	37 550
4	35 000	0.735	25 725	0.636	22 260	0.683	23 905
未来现金净流量现值合计			127 485		116 530		121 765
减:原始投资额现值			120 000		120 000		120 000
净现值			7 485		(3 470)		1 765

第一次测算,采用折现率 8%,净现值为正数,说明方案的内含报酬率高于 8%;第二次测算,采用折现率 12%,净现值为负数,说明方案的内含报酬率低于 12%;第三次测算,采用折现率 10%,净现值仍为正数,但已较接近于零。因而可以估算,方案的内含报酬率在 10% 到 12%之间。进一步运用插值法,得出方案的内含报酬率为 10.67%

内含报酬率法的主要优点在于:

第一,内含报酬率反映了投资项目可能达到的报酬率,易于被高层决策人员所理解。

第二,对于独立投资方案的比较决策,如果各方案原始投资额现值不同,可以通过计算各方案的内含报酬率,反映各独立投资方案的获利水平。

内含报酬率法的主要缺点在于:

第一,计算复杂,不易直接考虑投资风险大小。

第二,在互斥投资方案决策时,如果各方案的原始投资额现值不相等,有时无法作出正确的决策。某一方案原始投资额低,净现值小,但内含报酬率可能较高;而另一方案原始投资额高,净现值大,但内含报酬率可能较低。

(五) 动态回收期

动态回收期(DPP)需要将投资引起的未来现金净流量进行贴现,以未来现金净流量的现值等于原始投资额现值时所经历的时间为动态回收期。

1. 未来每年现金净流量相等时

在这种年金形式下,假定动态回收期为 n 年,则:

$$(P/A, i, n) = \frac{\text{原始投资额现值}}{\text{每年现金净流量}}$$

计算出年金现值系数后，通过查年金现值系数表，利用插值法，即可推算出动态回收期 n。

在[例 8-6]中，假定资本成本率为 9%，查表得知当 $i=9\%$时，第 6 年年金现值系数为 4.486，第 7 年年金现值系数为 5.033。这样，由于甲机床的年金现值系数为 5，乙机床的年金现值系数为 4.5，相应的回收期运用插值法计算，得出甲机床动态回收期 $n=6.94$ 年，乙机床动态回收期 $n=6.03$ 年。

2. 未来每年现金净流量不相等时

在这种情况下，应把每年的现金净流量逐一贴现并加总，根据累计现金流量现值来确定回收期，其实质是对净现值的计算。

[例 8-13] A、B 两个投资方案的相关资料如表 8-9 所示。

表 8-9 项目现金流量表

单位：元

项目	年份	方案 A	方案 B
原始投资额	0	(1 000)	(1 000)
现金净流量	1	100	600
	2	300	300
	3	600	100
静态回收期	—	3 年	3 年

从表 8-9 中的资料看，A、B 两个投资方案的原始投资额相同，回收期也相同，以静态回收期来评价两个方案，似乎并无优劣之分。但如果考虑货币的时间价值，用动态回收期分析，则 B 方案显然要好得多。

静态回收期和动态回收期还有一个共同局限，就是它们计算回收期时只考虑了未来现金净流量（或现值）总和中等于原始投资额（或现值）的部分，没有考虑超过原始投资额（或现值）的部分。显然，回收期长的项目，其超过原始投资额（或现值）的现金流量并不一定比回收期短的项目少。

三、指标的对比分析

（一）静态评价指标与动态评价指标的对比分析

20 世纪 50 年代以前，世界各国企业在进行投资决策时多采用静态评价指标。20 世纪 50 年代以后，动态评价指标得到越来越广泛的运用。从 20 世纪 70 年代开始，动态评价指标已占据主要地位。动态评价指标相对于静态评价指标的优势之所以越来越明显，主要是基于如下两个原因：

（1）静态评价指标不考虑资金的时间价值，将不同时点上的现金流量同等看待，从而夸大了远期现金流量的影响。动态评价指标考虑了资金的时间价值，将不同时点的现金流量按照一定的贴现率折算到同一时点上，这样更具可比性，因而更加科学。

（2）电子计算机的广泛运用，使动态评价指标相对复杂的计算过程变得非常容易，从而使得过去计算相对简单的静态评价指标的优势不复存在。

(二) 不同动态评价指标之间的对比分析

1. 净现值与获利指数的对比分析

由净现值的计算公式和获利指数的计算公式可知:净现值为正,说明投资项目投入使用后的现金流量现值大于初始投资,则获利指数大于1(净现值率大于0);净现值为负,说明投资项目投入使用后的现金流量现值小于初始投资,则获利指数小于1(净现值率小于0);因此,在对一个备选方案的采纳与否决策中,二者的结论总是一致的。但是,在多个备选方案的互斥选择决策中,二者则可能出现分歧。当不同投资方案的初始投资规模不同时,由于净现值是绝对值指标,获利指数是相对值指标,因而二者得出的结论可能会不一致。

[例 8-14] 两个互斥投资项目C和D的现金流量情况如表8-10所示。企业的资金成本为1 000元。分别采用净现值和获利指数测试应选择的项目。

表 8-10 C、D项目的现金流量

单位:元

年份(t)	0	1	2	3	4	5
C项目	−20 000	6 000	6 000	6 000	6 000	
D项目	−100 000	28 000	28 000	28 000	28 000	28 000

$$NPV_C = 6\,000 \times (P/A, 10\%, 5) - 20\,000 = 2\,746(\text{元})$$
$$NPV_D = 28\,000 \times (P/A, 10\%, 5) - 100\,000 = 6\,148(\text{元})$$
$$PI_C = 22\,726 \div 20\,000 = 1.14$$
$$PI_D = 106\,148 \div 100\,000 = 1.06$$

如果采用净现值,应选择D项目;如果采用获利指数,应选择C项目。

2. 净现值与内含报酬率的对比分析

由净现值和内含报酬率的概念可知,如果利用企业资金成本或必要报酬率作贴现率计算出的净现值为正,那么使净现值为零所采用的贴现率即为内含报酬率,就应大于资金成本或必要报酬率;相反,如果利用企业资金成本或必要报酬率作为贴现率计算出的净现值为负,那么使净现值为零采用的贴现率即内含报酬率,就应小于资金成本或必要报酬率;因此,在一个备选方案采纳与否的决策中,二者得出的结论总是一致的。但是,在多个备选方案的互斥选择决策中,二者的结论则可能有所不同。对于常规项目来说,在如下两种情况下,二者得出的结论可能出现差异。

(1) 各方案的初始投资规模不同。和净现值与获利指数的差异类似,净现值是绝对值指标,内含报酬率是相对值指标,因而,在投资规模不同时,二者的结论可能会不一致。

[例 8-15] 承[例 8-14],计算C、D两个投资项目的内含报酬率。

首先,计算C项目的内含报酬率IRR_C。$(P/A, IRR_C, 5) = 20\,000 \div 6\,000 = 3.333$。利用插值法,可求得C项目的内含报酬率$IRR_C = 15.24\%$。

其次,计算D项目的内含报酬率IRR_D。$(P/A, IRR_D, 5) = 100\,000 \div 28\,000 = 3.571$。利用插值法,可求得D项目的内含报酬率$IRR_D = 12.39\%$。

采用内含报酬率,应选择C项目;而根据[例 8-11]的计算,采用净现值,应选择D项目。

二者的结论不一致。

(2) 各方案现金流量发生的时间不一致。净现值和内含报酬率对投资项目使用过程中产生的现金净流量的再投资报酬率持有不同的假定:净现值假定再投资报酬率为企业的资金成本或必要报酬率;内含报酬率则假定再投资报酬率为内含报酬率。这种差异可能导致两种方法对现金流入时间不同的投资项目做出不同的判断。

[例 8-16] 两个互斥投资项目 E 和 F 的现金流量如表 8-11 所示。企业的资金成本为 14%,分别计算它们的净现值和内含报酬率。

表 8-11 E 和 F 项目的现金流量情况

年份(t)	0	1	2	3	4	5
E 项目	−10 000	5 000	5 000	5 000	0	0
F 项目	−10 000	0	0	6 502	6 502	6 502

首先,计算 E 项目的净现值。

$$NPV_E = 5\,000 \times (P/A,\ 14\%,\ 3) - 10\,000$$
$$= 1\,610(\text{元})$$
$$NPV_F = 6\,502 \times (P/A,\ 14\%,\ 3) \times (P/F,\ 14\%,\ 2) - 10\,000$$
$$= 1\,610(\text{元})$$

其次,计算项目的内含报酬率。

已知$(P/A, IRR_E, 5) = 10\,000 \div 5\,000 = 2$,可以通过插值法求得 E 项目的内含报酬率 $IRR_E = 23.44\%$;因为 F 项目经营期每年的 NCF 不相等(前两年为 0),因此需要进行逐次测试。测试结果为:当 $i = 18\%$ 时,$NPV = 149.18$;当 $i = 19\%$ 时,$NPV = -176.52$,利用插值法,可以求出 F 项目的内含报酬率 $IRR_F = 18.46\%$。E、F 两个项目的净现值相等,因而,采用净现值,可以任选其中一个;而采用内含报酬率,则应选择 E 项目。究其原因就是 E 项目的现金流入较早,而 F 项目的现金流入较晚,因而根据内含报酬率的假定,E 项目可以先行获得相当于其内含报酬率的再投资收益,故倾向于选择现金流入较早的项目 E。下面计算不同贴现率下 E、F 两个项目的净现值,计算结果如表 8-12 所示。

表 8-12 净现值与贴现率的敏感性分析

贴现率	NPV_E	NPV_F
0	5 000	9 506
5	3 615	6 058
10	2 435	3 357
15	1 415	1 222
20	530	−497
25	−240	−1 877

将不同贴现率下两个项目的净现值绘成净现值曲线图，如图 8-2 所示。

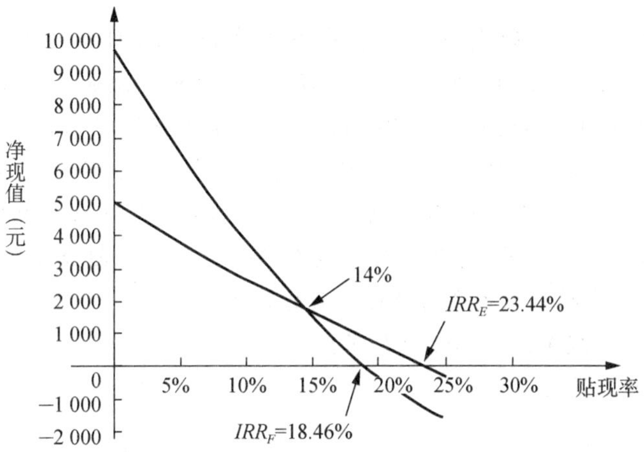

图 8-2

从图 8-2 中可见，当资金成本高于 14%（交叉点）时，E 项目的净现值大于 F 项目；当资金成本等于 14%时，两个项目的净现值相等，均为 1 610 元；当资金成本小于 14%时，F 项目的净现值大于 E 项目。因此，利用净现值曲线图，我们只要知道企业资金成本是高于、等于还是低于 14%，就可以正确地做出选择。从图 8-2 中还可以看出，F 项目的净现值曲线比 E 项目的净现值曲线要陡，这是因为越晚发生的未来现金流量对贴现率越敏感。由此可见，净现值会受到资金成本的影响，内含报酬率则与资金成本无关。这是内含报酬率得到广泛应用的一个重要原因，因为采用内含报酬率可以避开资金成本的计算；同时，这也是内含报酬率的一个重大缺陷，因为在互斥项目的取舍决策中，资金成本的高低有着重大影响，但内含报酬率却忽略了这一因素。上面的净现值曲线图是投资决策中一个非常重要的工具，不论是独立项目采纳与否的决策，还是互斥项目取舍的决策，都可以利用这个工具来分析。

第四节　项目投资决策原理及实务

一般而言，企业投资项目通常分为新建项目和更新改造项目两大类。本节将会专门讨论这两种投资项目类型。另外，投资项目对比与选择的方法会因项目投资方案本身的不同而有区别。在决策中要注意区分是独立项目或是互斥项目的评价选择问题。所谓独立项目是指一组相互独立、互不排斥的项目。在独立项目选择中，选择某一项目并不排斥选择另一项目。因此，如果只有一个投资项目可供选择的条件下，只需评价其财务上是否可行；如果是几个独立方案均可行，则应在资源限制的前提下，选择出最优投资组合。所谓互斥项目，是指在一组项目中，采用其中某一项目意味着放弃其他项目，这一组项目称为互斥项目。互斥项目决策过程中就是每一个入选方案已具备财务可行性的前提下，利用具体决策方法比较各个方案的优劣，从各个备选项目中选出一个最优方案的过程。

一、新建固定资产投资决策

［例 8-17］ 红旗公司拟新建一生产线，有关资料如下：项目初始投资额 1 000 万元，其中固定资产投资 650 万元，无形资产投资 250 万元，流动资产投资 100 万元，该项目的建设期是 2 年，前两项投资均于建设起点一次性投入，流动资产投资在第二年年末投入。固定资产的使用寿命是 10 年，按照直线法计提折旧，预计净残值为 50 万元，无形资产投资从投产年份起分 10 年按直线法摊销完毕，流动资产投资部分于项目结束时收回。预计项目投产后，每年相关营业收入 800 万元，每年的付现成本 280 万元。红旗公司所得税税率为 25%，资本成本率为 10%。请判断红旗公司是否应新建该生产线？

红旗公司投资项目现金流量的测算如下：

(1) 建设期现金流量的估计：

$$NCF_0 = -650 - 250 = -900(\text{万元})$$
$$NCF_1 = 0(\text{万元})$$
$$NCF_2 = -100(\text{万元})$$

(2) 经营期净现金流量的估计：

$$\text{固定资产年折旧额} = \frac{650 - 50}{10} = 60(\text{万元})$$

$$\text{无形资产年摊销额} = \frac{250}{10} = 25(\text{万元})$$

$$NCF_{3\text{–}12} = 800 \times (1 - 25\%) - 280 \times (1 - 25\%) + (60 + 25) \times 25\% = 411.25(\text{万元})$$

(3) 终结点净现金流量的估计：

$$NCF_{12} = 50 + 100 = 150(\text{万元})$$

红旗公司新建固定资产的净现值：

$$\begin{aligned} NPV &= 411.25 \times (P/A, 10\%, 10) \times (P/F, 10\%, 2) + 150 \times (P/F, 10\%, 12) - 900 - \\ &\quad 100 \times (P/F, 10\%, 2) \\ &= 411.25 \times 6.144 \times 0.826 + 150 \times 0.318 - 900 - 100 \times 0.826\,4 = 1\,152.13(\text{万元}) \end{aligned}$$

由于红旗公司新建生产线的净现值是 1 152.13 万元，大于 0，故应新建生产线。

二、固定资产更新决策

固定资产更新决策实际上包含了两类决策，即继续使用旧设备还是更新设备；如果选择更新设备，选择什么样的新设备来更新。其中，第二个决策实际上是新建固定资产的决策，因此，此处只讨论继续使用旧设备还是更新设备的决策问题。

(一) 新旧设备使用寿命相同的情况

在新旧设备尚可使用年限相同的情况下，我们可以采用差量分析法来计算一个方案比另一个方案增减的现金流量；也可以分别计算出两个项目净现值来进行比较。两种方法的决策结果是完全一样的。其中，差量分析法的具体分析步骤是：首先，将两个方案的现金流量进行相减，求出 $\Delta_{\text{现金流量}}$（假设有两个方案 A 和 B，则 $\Delta_{\text{现金流量}}$ = A 的现金流量 − B 的现金流量）。其次，根据各期的$\Delta_{现金流量}$，计算两个方案的$\Delta_{净现值}$。最后，根据$\Delta_{净现值}$做出判断：如果$\Delta_{净现值} \geqslant 0$，则选择方案 A；否则，选择方案 B。

［例 8-18］ 红旗公司考虑用一台新的效率更高的设备来代替旧设备，以减少成本，增加收益。旧设备采用直线法计提折旧，新设备采用年数总和法计提折旧。红旗公司的所得税税率为 25%，资本成本率为 10%，不考虑其他税率的影响。其他情况如表 8-13 所示。试做出该公司是继续使用旧设备还是对其进行更新的决策。

表 8-13 设备更新的数据

单位：元

项目	旧设备	新设备
原价	50 000	70 000
可用年限	10	4
已用年限	6	0
尚可使用年限	4	4
税法规定残值	0	7 000
目前变现价值	20 000	70 000
每年可获得的收入	40 000	60 000
每年付现成本	20 000	18 000

下面采用差量分析法对设备更新问题做出决策。所有增减量均用希腊字母“Δ”表示，具体计算如下：

（1）新旧设备每年的折旧额，如表 8-14 所示。

表 8-14 新旧设备每年的折旧额

单位：元

每年折旧额	旧设备折旧额	新设备折旧额
1	5 000	25 200
2	5 000	18 900
3	5 000	12 600
4	5 000	6 300

（2）计算初始投资的差量。

$$\Delta_{初始投资} = 70\ 000 - 20\ 000 = 50\ 000(元)$$

（3）计算各年营业净现金流量的差量，如表 8-15 所示。

表 8-15　各年营业净现金流量的差量

单位：元

项目	第 1 年	第 2 年	第 3 年	第 4 年
Δ销售收入	20 000	20 000	20 000	20 000
Δ付现成本	−2 000	−2 000	−2 000	−2 000
Δ折旧额	20 200	13 900	7 600	1 300
Δ税前利润	1 800	8 100	14 400	20 700
Δ所得税	450	2 025	3 600	5 175
Δ税后净利	1 350	6 075	10 800	15 525
Δ营业净现金流量	21 550	19 975	18 400	16 825

(4) 计算两个方案现金流量的差量，如表 8-16 所示。

表 8-16　两个方案的差量现金流量

单位：元

项目	第 0 年	第 1 年	第 2 年	第 3 年	第 4 年
Δ初始投资	−50 000				
Δ营业净现金流量		21 550	19 975	18 400	16 825
Δ终结现金流量					7 000
Δ现金流量	−50 000	21 550	19 975	18 400	23 825

(5) 差量净现值的计算如下：

$$\begin{aligned}\Delta NPV &= 21\,550\times(P/F,\ 10\%,\ 1)+19\,975\times(P/F,\ 10\%,\ 2)+18\,400\times(P/F,\ 10\%,\ 3)+\\&\quad 23\,825\times(P/F,\ 10\%,\ 4)-50\,000\\&=16\,179.18(\text{元})\end{aligned}$$

因为固定资产更新后，将增加净现值 16 179.18 元，故应进行更新。

(二) 新旧设备使用寿命不同的情况

一般而言，新设备的使用年限要长于旧设备，此时的固定资产更新决策就成了两个或两个以上寿命不同的投资项目的选择问题。对于使用寿命不同的项目而言，仅使用净现值、内含报酬率或者获利指数等指标进行比较是不具备可比性的，还可以采用年均净现值法和最小公倍寿命法。

1. 年均净现值法

年均净现值法(*ANPV*)是把投资项目在寿命期内总的净现值转化为每年的平均净现值，并进行比较分析的方法。

年均净现值的计算公式为：

$$ANPV=\frac{NPV}{(P/A,\ i,\ n)}$$

式中，$ANPV$ 表示年均净现值；NPV 表示净现值；$(P/A, i, n)$表示建立在资本成本率和项目寿命期基础上的年金现值系数。

[例 8-19] 承[例 8-18]，假设新设备的使用寿命为 8 年，每年可获得营业收入 44 000 元，采用直线法计提折旧，期末无残值，税法规定的残值也是 0。其他的条件不变。

(1) 分别估算新设备和旧设备在计算期内的现金流量，具体结果如表 8-17 所示。

表 8-17 新设备和旧设备现金流量估算 单位：元

项目	旧设备(1～4 年)	新设备(1～8 年)
税后营业收入	30 000	33 000
税后付现成本	15 000	13 500
折旧额	5 000	8 750
折旧额×25%	1 250	2 187.5
营业现金流量	16 250	21 687.5

(2) 分别计算新设备和旧设备的净现值：

$$\begin{aligned} NPV_{新} &= 21\,687.5\times(P/A, 10\%, 8)-70\,000 \\ &= 21\,687.5\times 5.334\,9-70\,000 \\ &= 45\,700.64(元) \\ NPV_{旧} &= 16\,250\times(P/A, 10\%, 4)-20\,000 \\ &= 16\,250\times(P/A, 10\%, 4)-20\,000 \\ &= 31\,510.88(元) \end{aligned}$$

(3) 分别计算新设备和旧设备的年均净现值：

$$ANPV_{新} = \frac{45\,700.64}{(P/A, 10\%, 8)} = \frac{45\,700.64}{5.334\,9} = 8\,566.35(元)$$

$$ANPV_{旧} = \frac{31\,510.88}{(P/A, 10\%, 4)} = \frac{31\,510.88}{3.169\,9} = 9\,940.65(元)$$

由计算结果可知，旧设备的年均净现值大于新设备的年均净现值，应该继续使用旧设备。

2. 最小公倍寿命法

最小公倍寿命法又称项目复制法，是将两个方案使用寿命的最小公倍数作为比较期间，并假设两个方案在这个比较区间内进行多次重复投资，将各自多次投资的净现值进行比较的分析方法。

[例 8-20] 承[例 8-18]，由于新设备的使用寿命为 8 年，旧设备尚可使用 4 年，因此，最小公倍数是 8。在 8 年时间里，采用旧设备的方案可以进行 2 次，而采用新设备的方案则进行 1 次。最小公倍寿命法下，8 年内继续使用旧设备的净现值为：

$$\begin{aligned} NPV_{旧} &= 31\,510.88+31\,510.88\times(P/F, i, 4) \\ &= 31\,510.88+31\,510.88\times 0.683\,0 \\ &= 53\,032.81(元) \\ NPV_{新} &= 45\,700.64(元) \end{aligned}$$

由于 $NPV_{旧} > NPV_{新}$，即继续使用旧设备比使用新设备更能增加净现值，应继续使用旧设备。

3. 年金成本法(AC)

寿命期不同的设备重置方案，用净现值指标可能无法得出正确决策结果，应当采用年金成本法决策。寿命期不同的设备重置方案，在决策时有如下特点：

第一，扩建重置的设备更新后会引起营业现金流入与流出的变动，应考虑年金净流量最大的方案。替换重置的设备更新后一般不改变生产能力，营业现金流入不会增加，只需比较各方案的年金流出量即可，年金现金流出量最小的方案最优。

第二，设备重置方案运用年金成本方式决策时，应考虑的现金流量主要有：①新旧设备目前的市场价值。对于新设备而言，目前的市场价值就是新设备的购价，即原始投资额；对于旧设备而言，目前市场价值就是旧设备的重置成本或变现价值。②新旧价值残值变价收入。残值变价收入应作为现金流出的抵减。残值变价收入现值与原始投资额的差额，称为投资净额。③新旧设备的年付现成本。如果考虑每年的营业现金流入，应作为每年营运成本的抵减。

第三，年金成本可在特定条件下(无所得税因素、每年营运成本相等)，按如下公式计算：

$$年金成本 = \sum(各项目现金净流出现值) \div 年金现值系数$$

$$= 原始投资额 - 残值收入 \times 复利现值系数 + \sum(年营运成本现值) \div 年金现值系数$$

[例 8-21] 安保公司现有旧设备一台，由于节能减排的需要，准备予以更新。当期贴现率为 15%，假设不考虑所得税因素的影响，其他有关资料如表 8-18 所示。

表 8-18 安保公司新旧设备资料

单位：元

项目	旧设备	新设备
原价	35 000	36 000
预计使用年限	10 年	10 年
已经使用年限	4 年	0 年
税法残值	5 000	4 000
最终报废残值	3 500	4 200
目前变现价值	10 000	36 000
每年折旧费(直线法)	3 000	3 200
每年营运成本	10 500	8 000

由于新旧设备的尚可使用年限不同，因此比较各方案的年金成本。按不同方式计算如下：

$$旧设备年金成本 = 10\,000 - 3\,500 \times (P/F, 15\%, 6) \div (P/A, 15\%, 6) + 10\,500$$

$$或 = 10\,000 - 3\,500 \div (P/A, 15\%, 6) + 3\,500 \times 15\% + 10\,500$$

$$= 12\,742.76(元)$$

$$新设备年金成本 = 36\,000 - 4\,200 \times (P/F, 15\%, 10) \div (P/A, 15\%, 10) + 8\,000$$
$$或 = 36\,000 - 4\,200 \div (P/A, 15\%, 10) + 4\,200 \times 15\% + 8\,000$$
$$= 14\,965.92(元)$$

上述计算表明，继续使用旧设备的年金成本为 12 742.76 元，低于购买新设备的年金成本 14 965.92 元，每年可以节约 223.16 元，应当继续使用旧设备。

假定企业所得税税率为 40%，则应考虑所得税对现金流量的影响。

(1) 新设备。

每年折旧费为 3 200 元，每年营运成本为 8 000 元，因此：

$$每年折旧抵税 = 3\,200 \times 40\% = 1\,280(元)$$
$$每年税后营运成本 = 8\,000 \times (1 - 40\%) = 4\,800(元)$$

新设备的购价为 36 000 元，报废时残值收入为 4 200 元，报废时账面残值 4 000 元，因此：

$$税后残值收入 = 4\,200 - (4\,200 - 4\,000) \times 40\% = 4\,120(元)$$
$$每年税后投资净额 = (36\,000 - 4\,120) \div (P/A, 15\%, 10) + 4\,120 \times 15\% = 6\,969.86(元)$$

综上可得：

$$新设备年金成本 = 6\,969.86 + 4\,800 - 1\,280 = 10\,489.86(元)$$

(2) 旧设备。

每年折旧费为 3 000 元，每年营运成本为 10 500 元。因此：

$$每年折旧抵税 = 3\,000 \times 40\% = 1\,200(元)$$
$$每年税后营运成本 = 10\,500 \times (1 - 40\%) = 6\,300(元)$$

旧设备目前变现价值为 1 000 元，目前账面净值为 23 000 元(35 000－3 000×4)，资产报废损失为 13 000 元，可抵税 5 200 元(13 000×40%)。同样，旧设备最终报废时残值收入为 3 500 元，账面残值 5 000 元，报废损失 1 500 元可抵税 600 元(1 500×40%)。因此：

$$旧设备投资额 = 10\,000 + (230\,000 - 10\,000) \times 40\% = 152\,000(元)$$
$$旧设备税后残值收入 = 3\,500 + (5\,000 - 3\,500) \times 40\% = 4\,100(元)$$
$$每年税后投资净额 = (15\,200 - 4\,100) \div (P/A, 15\%, 6) + 4\,100 \times 15\% = 3\,548.40(元)$$

综上可得：

$$旧设备年金成本 = 3\,548.40 + 6\,300 - 1\,200 = 8\,648.40(元)$$

上述计算表明，继续使用旧设备的年金成本为 8 648.4 元，低于购买新设备的年金成本 10 489.86 元，应采用继续使用旧设备方案。

[例 8-22] 格力公司目前有一台在用设备 A，变现价值为 3 000 元，还可以使用 5 年。现计划更新设备，有两方案可供选择：方案一，5 年后 A 设备报废时购进 B 设备替代 A 设备，B 设备可用 10 年；方案二，目前由 C 设备立即替代 A 设备，C 设备可用 12 年。贴现率为 10%，有关资料如表8-19所示。

表 8-19 格力公司设备更换相关资料

单位:元

项目	A 设备	B 设备	C 设备
购价	3 000	11 270	10 000
年使用费	1 200	900	1 000
最终残值	0	0	500
可使用年限	5 年	10 年	12 年

根据上述资料,两个方案的年金成本分别为:

方案一的年金成本=[3 000+1 200×(P/A,10%,5)+11 270×(P/F,10%,5)+900×(P/A,10%, 10)×(P/F,10%,5)]÷(P/A,10%,15)
=(3 000+1 200×3.790 8+11 270×0.620 9+900×6.144 6×0.620 9)÷7.606 1
=2 363.91(元)

方案二的年金成本=[10 000×1 000×(P/A, 10%,12)−500×(P/F,10%,12)]÷ (P/A, 10%,12)
=(10 000+1 000×6.813 7−500×0.318 6)÷6.813 7
=24 44 425(元)

由于方案一的年金成本低于方案二,所以,应该继续使用 A 设备。

第五节 项目投资的风险分析

风险是客观存在的,任何投资项目都可能存在风险,如果项目面临的不确定性和风险比较大,不考虑风险问题,将会导致投资决策失误,因此有必要进一步地探讨风险环境下的投资决策问题。

对项目的风险有两种处置方法:一种是调整现金流量法;另一种是风险调整折现率法。前者是缩小净现值模型的分子,使净现值减少;后者是扩大净现值模型的分母,也可以使净现值减少。

一、调整现金流量法

调整现金流量法,是把不确定的现金流量调整为确定的现金流量,然后用无风险的报酬率作为折现率计算净现值。其中:

$$\text{风险调整后净现值} = \sum_{t=0}^{n} \frac{a_t \times \text{现金流量期望值}}{(1+\text{无风险报酬率})^t}$$

其中:a_t 是 t 年现金流量的肯定当量系数,它在 0 到 1 之间。

肯定当量系数,是指不肯定的 1 元现金流量期望值相当于使投资者满意的肯定的金额的系数。它可以把各年不肯定的现金流量换算为肯定的现金流量。

我们知道,肯定的 1 元比不肯定的 1 元更受欢迎。不肯定的 1 元,只相当于不足 1 元的金额。两者的差额,与现金流的不确定性程度的高低有关。肯定当量系数是指预计现金流入量中使投资者满意的无风险的份额。利用肯定当量系数,可以把不肯定的现金流量折算成肯定的现金流量,或者说去掉了现金流量中有风险的部分,使之成为"安全"的现金流量。去掉的部分包含了全部风险,既有特殊风险也有系统风险,既有经营风险也有财务风险,剩下的是无风险的现金流量。由于现金流量中已经消除了全部风险,相应的折现率应当是无风险的报酬率。无风险的报酬率可以根据国库券的利率确定。

[**例 8-23**] 当前的无风险报酬率为 4%。某公司有两个投资机会,有关资料如表 8-20 所示。

表 8-20 有关资料

单位:元

年数	现金流入量	肯定当量系数	肯定现金流量	现值系数(4%)	未调整现值	调整后现值
A 项目						
0	40 000	1	−40 000	1.000 0	40 000	−40 000
1	13 000	0.9	11 700	0.961 5	12 500	11 250
2	13 000	0.8	10 400	0.924 6	12 020	9 616
3	13 000	0.7	9 100	0.889 0	11 557	8 090
4	13 000	0.6	7 800	0.854 8	11 112	6 667
5	13 000	0.5	6 500	0.821 9	10 685	5 342
净现值					17 874	965
年数	现金流入量	肯定当量系数	肯定现金流量	现值系数(4%)	未调整现值	调整后现值
B 项目						
0	−47 000	1	−47 000	1.000 0	−47 000	−47 000
1	14 000	0.9	12 600	0.961 5	13 461	12 115
2	14 000	0.8	11 200	0.924 6	12 944	10 356
3	14 000	0.8	11 200	0.889 0	12 446	9 957
4	14 000	0.7	9 800	0.854 8	11 967	8 377
5	14 000	0.7	9 800	0.821 9	11 507	8 055
净现值					15 325	1 860

调整前 A 项目的净现值较大,调整后 B 项目的净现值较大。不进行调整,就可能导致判断错误。

二、风险调整折现率法

风险调整折现率法是更为实际、更为常用的风险处置方法。这种方法的基本思路是对高风险的项目,应当采用较高的折现率计算净现值。

按风险调整折现率通常可以采用资本资产定价模型。以资本资产定价模型为例,特定投资项目按风险调整的折现率如下:

$$K_j = R_F + \beta_j \times (R_m - R_f)$$

式中，K_j 表示项目 j 按风险调整的折现率或项目的必要报酬率；R_f 表示无风险折现率；β_j 表示项目 j 不可分散风险的 β 系数；R_m 表示所有项目平均的折现率或必要报酬率。

$$调整后净现值 = \sum_{t=0}^{n} \frac{预期现金流量}{(1+风险调整折现率)^t}$$

[例 8-24] 当前的无风险报酬率为 4%，市场平均报酬率为 12%，A 项目的预期股权现金流量风险大，其 β 值为 1.5；B 项目的预期股权现金流量风险小，其 β 值为 0.75。

A 项目的风险调整折现率＝4%＋1.5×(12%－4%)＝16%

B 项目的风险调整折现率＝4%＋0.75×(12%－4%)＝10%

其他有关数据如表 8-21 所示。

表 8-21 其他有关数据

单位：元

年数	现金流量	现值系数(4%)	未调整现值	现值系数(16%)	调整后现值
A 项目					
0	－40 000	1.000 0	－40 000	1.000 0	－40 000
1	13 000	0.961 5	12 500	0.862 1	11 207
2	13 000	0.924 6	12 020	0.743 2	9 662
3	13 000	0.889 0	11 557	0.640 7	8 329
4	13 000	0.854 8	11 112	0.552 3	7 180
5	13 000	0.821 9	10 685	0.476 2	6 191
净现值			17 874		2 569
B 项目					
0	－47 000	1.000 0	－47 000	1.000 0	－47 000
1	14 000	0.961 5	13 461	0.909 1	12 727
2	14 000	0.924 6	12 944	0.826 4	11 570
3	14 000	0.889 0	12 446	0.751 3	10 518
4	14 000	0.854 8	11 967	0.683 0	9 562
5	14 000	0.821 9	11 507	0.620 9	8 693
净现值			15 325		6 070

如果不进行折现率调整，两个项目效益差不多，A 项目相对较好；调整以后，两个项目有明显差别，B 项目要好得多。

调整现金流量法在理论上受到好评。该方法对时间价值和风险价值分别进行调整，先调整风险，然后把肯定现金流量用无风险报酬率进行折现。对不同年份的现金流量，可以根据风险的差别使用不同的肯定当量系数进行调整。

风险调整折现率法在理论上受到批评，因其用单一的折现率同时完成风险调整和时间调整。这种做法意味着风险随时间推移而加大，可能与事实不符，夸大远期现金流量的风险。

从实务上看，经常应用的是风险调整折现率法，主要原因是风险调整折现率比肯定当量系数容易估计。此外，大部分财务决策都使用报酬率来决策，调整折现率更符合人们的习惯。

解决了风险调整方法之后，剩下的任务是确定项目的风险调整折现率。这是一个相当复杂的问题。

三、项目系统风险

如果新项目的风险与现有资产的平均风险显著不同，就不能使用公司当前的加权平均资本成本，而应当估计项目的风险，并计算项目要求的必要报酬率。

在项目分析中，项目的风险可以从三个层次来看待：

第一个层次是从项目角度来看待，即项目自身特有的风险，例如，一项高新技术项目失败的可能性极大，这是从项目本身的角度来看的。项目自身特有的风险不宜作为项目资本预算风险的度量。例如，某企业每年要进行数以百计的研究开发项目，每个项目成功的概率只有10%左右。项目如果成功，企业将获得巨额利润；失败则会损失其全部投入。如果该企业只有一个项目，而且就是研究开发项目，则企业失败的概率为90%。当我们孤立地考察并度量每个研究开发项目自身特有的风险时，它们无疑都具有高度的风险。但从投资组合角度看，尽管该企业每年有数以百计的各自独立的研究开发项目，且每个项目都只有10%的成功可能性，但这些高风险项目组合在一起后，单个项目的大部分风险可以在企业内部分散掉，此时，企业的整体风险会低于单个研究开发项目的风险，或者说，单个研究开发项目并不一定会增加企业的整体风险。因此，项目自身的特有风险不宜作为项目资本预算的风险度量。

第二个层次是从企业角度来看待，考虑到新项目自身特有的风险可以通过与企业内部其他项目和资产的组合而分散掉一部分，因此应着重考察新项目对企业现有项目和资产组合的整体风险可能产生的增量。

第三个层次从股东角度来看待，要进一步考虑到在余下的项目风险中，有一部分能被企业股东的资产多样化组合而分散掉，从而只剩下任何多样化组合都不能分散掉的系统风险。从资产组合及资本资产定价理论角度看，度量新项目资本预算的风险时，也不应考虑新项目实施对企业现有水平可能产生的全部增减影响。企业股东可以通过构造一个证券组合，来消除单个股权的大部分风险。所以，唯一影响股东预期收益的是项目的系统风险，而这也是理论上与项目分析相关的风险度量，如图 8-3 所示。

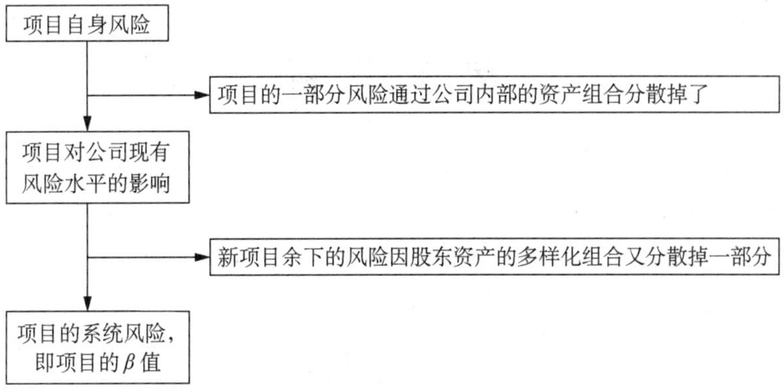

图 8-3　项目系统风险的度量

本章小结

项目投资是实现公司财务管理目标的重要手段，主要分为新建项目和更新改造项目两大类。由于涉及内容不同，新建项目还可以进一步分为单纯固定资产投资项目和完整工业投资项目。项目投资决策的重要数据基础是投资项目的现金流量。这里的“现金”指的是广义的现金，不仅包括货币资金而且包括项目投资所需的非货币资金的变现价值。现金流量作为项目投资决策过程中的信息载体，可以清晰反映和描述整个项目计算期的资本流动状况。投资决策指标作为评价项目投资方案是否可行或者优劣的重要标准，通常有静态评价指标和动态评价指标两大类指标。静态评价指标，主要包括静态投资回收期和平均报酬率。动态评价指标的计算需要考虑货币时间价值因素，主要包括动态投资回收期、有净现值、内含报酬率、获利指数等指标。在项目投资决策实务中，一般将企业投资项目分为新建项目和更新改造项目两大类。另外，投资项目对比与选择的方法会因项目投资方案本身的不同而有区别。在决策中要注意区分是独立项目或是互斥项目的评价选择问题。项目投资中风险是客观存在的，风险性投资分析的主要方法是风险调整折现率法，该方法是对项目的风险因素进行调整，主要由调整折现率和调整未来现金流量两种方法构成。

复习思考题

1. 试述各阶段现金流量的内容及计算公式。

2. 比较项目评价指标中的净现值和内含报酬率，为什么这两种评价指标在项目投资决策过程中可能发生矛盾？当发生矛盾时，从理论上讲应该选择哪个指标？

3. 项目投资评价标准选择的依据是什么？

4. 简述公司项目风险的特点及对应决策。

5. 常见的互斥投资决策方法有哪些？

案例分析

红光照相机厂生产的照相机质量优良、价格合理，长期以来供不应求。为了扩大生产能力，红光厂准备新建一条生产线。王禹是该厂助理会计师，主要负责筹资和投资工作。总会计师张力要求王禹搜集建设新生产线的有关资料，写出投资项目的财务评价报告，以供厂领导决策参考。王禹经过十几天的调查研究，得到以下有关资料。该生产线的初始投资是12.5万元，分两年投入。第1年投入10万元，第2年初投入2.5万元，第2年可完成建设并正式投产。投产后，每年可生产照相机1 000架，每架销售价格是300元，每年可获销售收入30万元。投资项目可使用5年，5年后残值2.5万元。经营期间要垫支流动资金2.5万元，这笔资金在项目结束时可如数收回。该项目生产的产品年总成本的构成情况如表 8-22 所示。

表 8-22 产品年总成本构成

单位:万元

项目	金额
原材料费用	20
工资费用	3
管理费	2
折旧费	2

王禹又对红光厂的各种资金来源进行了分析研究,得出该厂加权平均的资金成本为 10%。相关计算如表 8-23 至表 8-25 所示。

表 8-23 投资项目的营业现金流量计算表

单位:元

项目	第 1 年	第 2 年	第 3 年	第 4 年	第 5 年
销售收入	300 000	300 000	300 000	300 000	300 000
成本	250 000	250 000	250 000	250 000	250 000
其中:原材料	200 000	200 000	200 000	200 000	200 000
工资	30 000	30 000	30 000	30 000	30 000
管理费	20 000	20 000	20 000	20 000	20 000
折旧费	20 000	20 000	20 000	20 000	20 000
税前利润	30 000	30 000	30 000	30 000	30 000
所得税(50%)	15 000	15 000	15 000	15 000	15 000
税后利润	15 000	15 000	15 000	15 000	15 000
现金流量	35 000	35 000	35 000	35 000	35 000

表 8-24 投资项目的现金流量计算表

单位:元

项目	第−1 年	第 0 年	第 1 年	第 2 年	第 3 年	第 4 年	第 5 年
初始投资	−100 000	−25 000					
流动资金垫支		−25 000					
营业现金流量			35 000	35 000	35 000	35 000	35 000
设备残值							25 000
流动资金收回							25 000
现金流量合计	−100 000	−50 000	35 000	35 000	35 000	35 000	85 000

表 8-25　投资项目的净现值计算

单位：元

时间	现金流量	10%的贴现系数	现值
−1	−100 000	1.000	−100 000
0	−50 000	0.909 1	−45 455
1	35 000	0.826 4	28 910
2	35 000	0.715 3	26 296
3	35 000	0.683 0	25 612
4	35 000	0.620 9	23 283
5	85 000	0.564 4	47 974
			NPV=3 353

在厂领导会议上，王禹认为，建设新生产线有 3 353 元净现值，故这个项目是可行的。

厂领导会议对王禹提供的资料进行了分析研究，认为王禹在搜集资料方面作了很大努力，计算方法正确，但忽略了物价变动的影响因素，这便使得小王提供的信息失去了客观性和准确性。总会计师张力认为，在项目投资和使用期间内，通货膨胀率大约为 10%左右，他要求各有关负责人认真研究通货膨胀对投资项目各有关方面的影响。基建处长李明认为，由于受物价变动的影响，初始投资将增长 10%，投资项目终结后，设备残值将增加到 37 500 元。生产处长赵芳认为，由于物价变动的影响，原材料费用每年将增加 14%，工资费用也将增加 10%。财务处长周定认为，扣除折旧以后的管理费用每年将增加 4%，折旧费用每年仍为 20 000 元。销售处长吴宏认为，产品销售价格预计每年可增加 10%。厂长要求王禹根据以上同志的意见，重新计算投资项目的现金流量和净现值，提交下次会议讨论。

参考答案

第九章

营运资金管理

教学目的与要求

1. 理解营运资金管理相关概念及理解营运资金战略。
2. 理解企业持有现金的目的和动机。
3. 掌握最佳现金持有量的计算方法。
4. 理解应收账款的功能、成本和日常管理。
5. 掌握应收账款信用期和现金折扣有关计算。
6. 理解存货成本、保险储备量，掌握存货经济模型基本计算。
7. 理解流动负债种类和特点。

引导案例

根据贵州茅台 2019 年年度报告，公司 2019 年 12 月 31 日的货币资金余额达到 132.5 亿元。从 2016 年 10 月开始，我国高端白酒市场出现复苏迹象，贵州茅台的预收账款随着价格提高出现大幅增长，截至 2020 年 12 月 31 日，贵州茅台股价一度高达 1 998 元。虽然大量预收账款表现为负债，但从高端白酒行业的销售情况可知，这些负债的风险很小。与此同时，贵州茅台 2019 年 12 月 31 日应收账款为零，只有 14.63 亿元应收票据。贵州茅台的流动比率为 3.87，速动比率为 3.25，显示较好的流动性。

从存货周转情况来看，贵州茅台的存货有 252.8 亿元，存货周转一次大概需要 3～4 年，而同期五粮液存货周转一次只需要一年多。从数字来看似乎五粮液的存货管理更好，效率更高，但对于生产传统白酒尤其是高档白酒的企业来说，存货周转速度快未必是一件好事，可能使窖藏时间缩短，造成口感不佳，进而影响未来的销售。这可能也是贵州茅台从最初的市值弱于五粮液，发展到市值已达五粮液 7 倍多的原因之一。

现金、存货和应收账款管理是企业营运资金的三个重要组成部分，也是企业生命周期最重要的阶段，对实现财务目标具有重要的意义。现金流量管理对维持企业流动性及风险防控具有重要意义，但持有过多不利于企业盈利能力实现，存货周转率加速有利于实现资金加速周转，提高效益，但是对一些特殊商品不一定适用，要区别分析。

重点知识思维导图

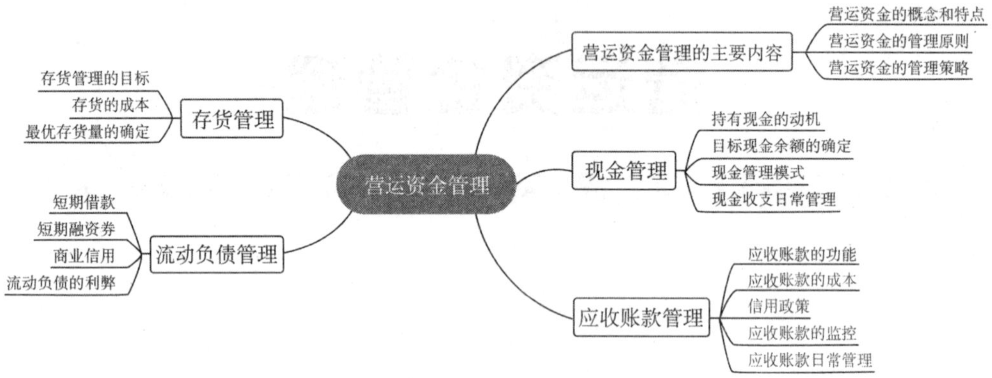

第一节　营运资金管理的主要内容

一、营运资金的概念及特点

（一）营运资金的概念

营运资金是指在企业生产经营活动中占用在流动资产上的资金。营运资金有广义和狭义之分，广义的营运资金是指一个企业流动资产的总额；狭义的营运资金是指流动资产减去流动负债后的余额。这里指的是狭义的营运资金概念。营运资金的管理既包括流动资产的管理，也包括流动负债的管理。

1. 流动资产

流动资产是指可以在 1 年以内或超过 1 年的一个营业周期内变现或运用的资产。流动资产具有占用时间短、周转快、易变现等特点。企业拥有较多的流动资产，可在一定程度上降低财务风险。流动资产按不同的标准可进行不同的分类，常见分类方式如下：

（1）按占用形态不同，分为现金、以公允价值计量且其变动计入当期损益的金融资产、应收及预付款项和存货等。

（2）按在生产经营过程中所处的环节不同，分为生产领域中的流动资产、流通领域中的流动资产，以及其他领域中的流动资产。

2. 流动负债

流动负债是指需要在 1 年或者超过 1 年的一个营业周期内偿还的债务。流动负债又称短期负债，具有成本低、偿还期短的特点，必须加强管理。流动负债按不同标准可作不同分类，最常见的分类方式如下：

(1) 以应付金额是否确定为标准,可以分成应付金额确定的流动负债和应付金额不确定的流动负债。应付金额确定的流动负债是指那些根据合同或法律规定到期必须偿付、并有确定金额的流动负债,如短期借款、应付票据、应付短期融资券等;应付金额不确定的流动负债是指那些要根据企业生产经营状况,到一定时期或具备一定条件时才能确定的流动负债,或应付金额需要估计的流动负债,如应交税费、应付产品质量担保债务等。

(2) 以流动负债的形成情况为标准,可以分成自然性流动负债和人为性流动负债。自然性流动负债是指不需要正式安排,由于结算程序或有关法律法规的规定等原因而自然形成的流动负债;人为性流动负债是指由财务人员根据企业对短期资金的需求情况通过人为安排所形成的流动负债,如短期银行借款等。

(3) 以是否支付利息为标准,可以分为有息流动负债和无息流动负债。

(二) 营运资金的特点

为了有效地管理企业的营运资金,必须研究营运资金的特点,以便有针对性地进行管理。营运资金一般具有如下特点。

1. 营运资金的来源具有多样性

企业筹集长期资金的方式一般较少,只有吸收直接投资、发行股票、发行债券等方式。与筹集长期资金的方式相比,企业筹集营运资金的方式较为灵活多样,通常有银行短期借款、短期融资券、商业信用、应交税费、应付股利、应付职工薪酬等多种内外部融资方式。

2. 营运资金的数量具有波动性

流动资产的数量会随企业内外条件的变化而变化,时高时低,波动很大。季节性企业如此,非季节性企业也如此。随着流动资产数量的变动,流动负债的数量也会相应发生变动。

3. 营运资金的周转具有短期性

企业占用在流动资产上的资金,通常会在 1 年或超过 1 年的一个营业周期内收回,对企业影响的时间比较短。根据这一特点,营运资金可以用商业信用、银行短期借款等短期筹资方式来加以解决。

4. 营运资金的实物形态具有变动性和易变现性

企业营运资金的占用形态是经常变化的,营运资金的每次循环都要经过采购、生产、销售等过程,一般按照现金—材料—在产品—产成品—应收账款—现金的顺序转化。为此,在进行流动资产管理时,必须在各项流动资产上合理配置资金数额,做到结构合理,以促进资金周转顺利进行。同时,以公允价值计量且其变动计入当期损益的金融资产、应收账款、存货等流动资产一般具有较强的变现能力,如果遇到意外情况,企业出现资金周转不灵、现金短缺时,便可迅速变卖这些资产,以获取现金,这对财务上应付临时性资金需求具有重要意义。

二、营运资金的管理原则

企业的营运资金在全部资金中占有相当大的比重,而且周转期短,形态易变,因此,营运资金管理是企业财务管理工作的一项重要内容。企业进行营运资金管理,应遵循以下原则。

(一) 满足合理的资金需求

企业应认真分析生产经营状况,合理确定营运资金的需要数量。企业营运资金的需求数量与企业生产经营活动有直接关系。一般情况下，当企业产销两旺时，流动资产会相应增加，流动负债也会相应增加；当企业产销量不断减少时，流动资产和流动负债也会相应减少。因此，企业财务人员应认真分析生产的经营状况，采用一定的方法预测营运资金的需要数量，营运资金的管理必须把满足正常合理的资金需求作为首要任务。

（二）提高资金使用效率

营运资金的周转是指企业的营运资金从现金投入生产经营开始，到最终转化为现金的过程。加速资金周转是提高资金使用效率的主要手段之一。提高营运资金使用效率的关键是采取得力措施，缩短营业周期，加快营运资金周转。因此，企业要千方百计地加速存货、应收账款等的周转以便用有限的资金服务于更大的产业规模，为企业取得更优的经济效益提供条件。

（三）节约资金使用成本

在营运资金管理中，必须正确处理保证生产经营需要和节约资金使用成本两者之间的关系。要在保证生产经营需要的前提下，尽力降低资金使用成本。一方面，要挖掘资金潜力，加速资金周转，精打细算地使用资金；另一方面，积极拓展融资渠道，合理配置资源，筹措低成本资金，服务于生产经营。

（四）保持足够的短期偿债能力

偿债能力是企业财务风险高低的标志之一。合理安排流动资产与流动负债的比例关系，保持流动资产结构与流动负债结构的适配性，保证企业有足够的短期偿债能力是营运资金管理的重要原则之一。流动资产、流动负债，以及两者之间的关系能较好地反映企业的短期偿债能力。流动负债是在短期内需要偿还的债务，而流动资产则是在短期内可以转化为现金的资产。因此，如果一个企业的流动资产比较多，流动负债比较少，说明企业的短期偿债能力较强；反之，则说明短期偿债能力较弱。但如果企业的流动资产太多，流动负债太少，也不是正常现象，这可能是因流动资产闲置或流动负债利用不足所致。

三、营运资金的管理策略

企业需要评估营运资金管理中的风险与收益，制定流动资产的投资策略和融资策略。实际上，财务管理人员在营运资金管理方面必须做两项决策：一是需要拥有多少流动资产；二是如何为需要的流动资产融资。在实践中，这两项决策一般同时进行且相互影响。

（一）流动资产的投资策略

OPM 战略

由于销售水平、成本、生产时间、存货补给时从订货到交货的时间、顾客服务水平、收款和支付期限等方面存在不确定性，流动资产的投资决策至关重要。企业经营的不确定性和风险忍受程度决定了流动资产的存量水平，表现为在流动资产账户上的投资水平，流动资产账户通常随着销售额的变化而变化。销售的稳定性和可预测性反映了流动资产投资的风险程度。销售额越不稳定，越不可预测，则投资于流动资产上的资金就应越多，以保证有足够的存货和应收账款占用来满足生产经营和顾客的需要。

稳定性和可预测性的相互作用非常重要。即使销售额是不稳定的，但可以预测，如属于季节性变化，那么将没有显著的风险。然而，如果销售额不稳定而且难以预测，就会存在显著的风险，从而必须维持较高的流动资产存量水平，保持较高的流动资产与销售收入比率。

如果销售既稳定又可预测，则只需维持较低的流动资产投资水平。

一个企业必须选择与其业务需要和管理风格相符合的流动资产投资策略。如果企业管理政策趋于保守，就会保持较高的流动资产与销售收入比率，保证更高的流动性（安全性），但获利能力也更低；如果管理者偏向于为了更高的盈利能力而愿意承担风险，那么将保持一个低水平的流动资产与销售收入比率。

流动资产的投资策略有两种基本类型。

1. 紧缩的流动资产投资策略

在紧缩的流动资产投资策略下，企业维持低水平的流动资产与销售收入比率。需要说明的是，这里的流动资产通常只包括生产经营过程中产生的存货、应收款项以及现金等生产性流动资产，而不包括股票、债券等金融性流动资产。

紧缩的流动资产投资策略可以节约流动资产的持有成本，例如节约持有资金的机会成本。但与此同时可能伴随着更高风险，这些风险表现为更紧的应收账款信用政策和较低的存货占用水平，以及缺乏现金用于偿还应付账款等。但是，只要不可预见的事件没有损坏企业的流动性而导致严重的问题发生，紧缩的流动资产投资策略就会提高企业效益。

采用紧缩的流动资产投资策略，无疑对企业的管理水平有较高的要求。因为一旦失控，由于流动资产的短缺，会对企业的经营活动产生重大影响。根据最近几年的研究，美国、日本等一些发达国家的流动资产与销售收入比率呈现越来越小的趋势。这并不意味着企业对流动性的要求越来越低，而主要是因为在流动资产管理方面，尤其是应收账款与存货管理方面，取得了一些重大进展。存货控制的 JIT 系统，又称为适时管理系统，便是其中一个突出代表。

2. 宽松的流动资产投资策略

在宽松的流动资产投资策略下，企业通常会维持高水平的流动资产与销售收入比率。也就是说，企业将保持高水平的现金和有价证券、高水平的应收账款（通常给予客户宽松的付款条件）和高水平的存货（通常源于补给原材料或不愿意因为产成品存货不足而失去销售）。在这种策略下，由于较高的流动性，企业的财务与经营风险较小。但是，过多的流动资产投资，无疑会承担较大的流动资产持有成本，提高企业的资金成本，降低企业的收益水平。

首先，制定流动资产投资策略时，需要权衡的是资产的收益性与风险性。增加流动资产投资会增加流动资产的持有成本，降低资产的收益性，但会提高资产的流动性。反之，减少流动资产投资会降低流动资产的持有成本，增加资产的收益性，但资产的流动性会降低，短缺成本会增加。因此，从理论上来说，最优的流动资产投资应该是使流动资产的持有成本与短缺成本之和最低。

其次，制定流动资产投资策略时还应充分考虑经营的内外部环境。通常，银行和其他借款人对企业流动性水平非常重视，因为流动性是这些债权人确定信用额度和借款利率的主要依据之一。他们还会考虑应收账款和存货的质量，尤其是当这些资产被用来当作一项贷款的抵押品时。有些企业因为融资困难通常采用紧缩的流动资产投资策略。

此外，一个企业的流动资产投资策略可能还受产业的影响，在销售边际毛利较高的产业，如果从额外销售中获得的利润超过额外应收账款所增加的成本，较宽松的信用政策可能为企业带来更为可观的收益。流动资产占用具有明显的行业特征。在机械行业，存货居于流动资产项目中的主要位置，通常占用全部流动资产的50%左右；而其他行业的流动资产往往与机械行业会有很大不同，比如，在商业零售行业，其流动资产占用要超过机械行业。

流动资产投资策略的另一个影响因素是那些影响企业政策的决策者。保守的决策者更倾向于宽松的流动资产投资策略，而风险承受能力较强的决策者则倾向于紧缩的流动资产投资策略。生产经理通常喜欢高水平的原材料持有量，以便满足生产所需；销售经理喜欢高水平的产成品存货以便满足顾客的需要，而且喜欢宽松的信用政策以便刺激销售；财务管理人员则喜欢使存货和应收账款最小化，以便使流动资产融资的成本最低。

（二）流动资产的融资策略

一个企业对流动资产的需求数量，一般会随着产品销售的变化而变化。例如，产品销售季节性很强的企业，当销售处于旺季时，流动资产的需求一般会更旺盛，可能是平时的几倍；当销售处于淡季时，流动资产需求一般会减弱，可能是平时的几分之一；即使当销售处于最低水平时，也存在对流动资产最基本的需求。

在企业经营状况不发生大的变化的情况下，流动资产最基本的需求具有一定的刚性和相对稳定性，我们可以将其界定为流动资产的永久性水平。当销售发生季节性变化时，流动资产将会在永久性水平的基础上增加。因此，流动资产可以被分解为两部分：永久性部分和波动性部分。永久性流动资产是指满足企业长期最低需求的流动资产，其占有量通常相对稳定，波动性流动资产或称临时性流动资产，是指那些由于季节性或临时性的原因而形成的流动资产，其占用量随当时的需求而波动。与流动资产的分类相对应，流动负债也可以分为临时性负债和自发性负债。

一般来说，临时性负债，又称为筹资性流动负债，是指为了满足临时性流动资金需要所发生的负债，如商业零售企业春节前为满足节日销售需要，超量购入货物而举借的短期银行借款。临时性负债一般只能供企业短期使用。自发性负债，又称为经营性流动负债，是指直接产生于企业持续经营中的负债，如商业信用筹资和日常运营中产生的其他应付款，以及应付职工薪酬、应付利息、应交税费等，自发性负债可供企业长期使用。

一般来说，永久性流动资产的水平具有相对稳定性，需要通过长期来源解决；而波动性部分的融资则相对灵活，最经济的办法是通过低成本的短期融资解决，如采用1年期以内的短期借款或发行短期融资券等融资方式。

融资决策主要取决于管理者的风险导向，此外，它还受短期、中期、长期负债的利率的影响，根据资产的期限结构与资金来源的期限结构的匹配程度差异，流动资产融资策略可以划分为期限匹配融资策略、保守融资策略和激进融资策略三种基本类型。这些政策分析方法如图9-1所示，图中的底端方框将流动资产分为永久性和波动性两类，剩下的方框描述了这三种策略短期融资和长期融资的混合。任何一种方法在特定的时间都可能是合适的，这取决于收益的形状、利率的变化、未来利率的预测等，尤其是管理者的风险承受力。图9-1中融资的长期来源包括自发性流动负债、长期负债以及股东权益资本。自发性流动负债指的是在经营活动中自发形成的流动负债，主要包括应付账款、应付票据等，自发性流动负债虽然属于流动负债，但是旧的自发性流动负债消失之后，随着经营活动的进行，又会产生新的自发性流动负债，所以属于长期来源；短期来源主要是指临时性流动负债，例加每期银行借款。

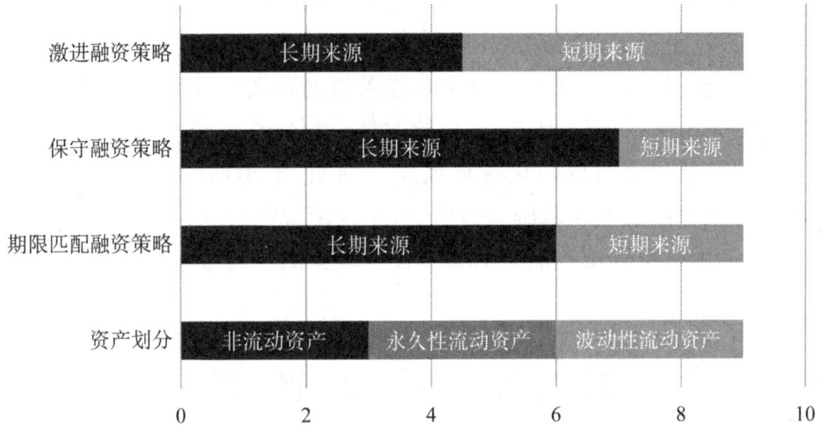

图 9-1 可供选择的流动资产融资策略

1. 期限匹配融资策略

在期限匹配融资策略中，永久性流动资产和非流动资产以长期融资方式（负债或股东权益）融通，波动性流动资产用短期来源融通。这意味着，在给定的时间内，企业的短期融资数量反映了当时的波动性流动资产的数量。当波动性流动资产扩张时，信贷额度也会增加，以便支持企业的扩张；当波动性流动资产收缩时，就会释放出资金，以偿付短期借款。

资金来源的有效期与资产的有效期的匹配，只是一种战略性的观念匹配，而不要求实际金额完全匹配。实际上，企业也做不到完全匹配。其原因是：①企业不可能为每一项资产按其有效期配置单独的资金来源，只能分为短期来源和长期来源两大类来统筹安排筹资；②企业必须有所有者权益筹资，它是无限期的资本来源，而资产总是有期限的，不可能完全匹配；③资产的实际有效期是不确定的，而还款期是确定的，必然会出现不匹配。

2. 保守融资策略

在保守融资策略中，长期融资支持非流动资产、永久性流动资产和部分波动性流动资产。企业通常以长期融资来源为波动性流动资产的平均水平融资，短期融资仅用于融通剩余的波动性流动资产，融资风险较低。这种策略通常最小限度地使用短期融资，但由于长期负债成本高于短期负债成本，就会导致融资成本较高，收益较低。

如果长期负债以固定利率为基础，而短期融资方式以浮动或可变利率为基础，则利率风险可能降低。因此，这是一种风险低、成本高的融资策略。

3. 激进融资策略

在激进融资策略中，企业以长期负债、自发性负债和股东权益资本为所有的非流动资产融资，仅对一部分永久流动性资产使用长期融资方式融资。短期融资方式支持剩下的永久性流动资产和所有的临时性流动资产。这种策略观念下，通常使用更多的短期融资。短期融资方式通常比长期融资方式具有更低的成本。然而，过多地使用短期融资会导致较低的流动比率和较高的流动性风险。由于经济衰退、企业竞争环境的变化以及其他因素，企业必须面对业绩惨淡的经营年度。当销售下跌时，存货将不会那么快就能转换成现金，这将导致现金短缺。曾经及时支付的顾客可能会延迟支付，这进一步加剧了现金短缺。企业可能会发现它对应付账款的支付已经超过信用期限。由于销售下降,会计利润将降低。在这种环境下,企业需要与银行重新签订短期融资协议,但此时企业对于银行来说似乎很危险。银行可能会向企业索要更高的利率,从而导致企业在关键时刻筹集不到急需的资金。企业若依靠大量的短期负债来解决目前的困境,这会导致企业每年都必须更新短期负债协议进而产生更多的风险。但有些协议可以弱化这种风险。例如,多年期(通常 3~5 年)滚动信贷协议。这种协议允许企业以短期为基础进行借款,不像传统的短期借款那样会降低流动比率。另外,企业还可以利用衍生融资产品来对紧缩投资政策的风险进行套期保值。

第二节　现 金 管 理

现金有广义、狭义之分。广义的现金是指在生产经营过程中以货币形态存在的资金,包括库存现金、银行存款和其他货币资金等。狭义的现金仅指库存现金。这里所讲的现金是指广义的现金。保持合理的现金水平是企业现金管理的重要内容。现金是变现能力最强的资产,代表着企业直接的支付能力和应变能力,可以用来满足生产经营开支的各种需要,也是还本付息和履行纳税义务的保证。拥有足够的现金对于降低企业的风险,增强企业资产的流动性和债务的可清偿性有着重要的意义。但现金收益性最弱,其持有量不是越多越好。即使是银行存款,其利率也非常低。因此,现金存量过多,它所提供的流动性边际效益便会随之下降,从而使企业的收益水平下降。

除了应付日常的业务活动,企业还需要拥有足够的现金偿还贷款、把握商机,以及不时之需。企业必须建立一套科学的现金管理方法,持有合理的现金数额,使其在时间上继起,在空间上并存,在现金的流动性和收益性之间进行合理选择。企业必须编制现金预算,以衡量企业在某段时间内的现金流入量与流出量,以便在保证企业正常经营活动所需现金的同时,尽量减少企业的现金数量,从暂时闲置的现金中获得最大的收益,提高资金收益率。

一、持有现金的动机

持有现金是出于三种需求:交易性需求、预防性需求和投机性需求。

(一) 交易性需求

企业的交易性需求是指企业为了维持日常周转及正常商业所需持有的现金额。企业每天都在发生许多支出和收入,这些支出和收入数额上不相等,在时间上不匹配,企业需要持有一定现金来调节,以使生产经营活动能继续进行。

在许多情况下,企业向客户提供的商业信用条件和它从供应商那里获得的信用条件不同,使企业必须持有现金。如供应商提供的信用条件是 30 天付款,而企业迫于竞争压力,则向顾客提供 45 天的信用期,这样,企业必须筹集满足 15 天正常运营的资金来维持企业运转。另外,企业业务的季节性,要求企业逐渐增加存货以等待季节性的销售高峰。这时,一般会发生季节性的现金支出,企业现金余额下降,随后又随着销售高潮到来,存货减少,现金又逐渐恢复到原来的水平。

(二) 预防性需求

预防性需求是指企业需要持有一定量的现金,以应付突发事件。这种突发事件可能是社会经济环境变化,也可能是企业的某大客户违约导致企业突发性偿付等。尽管财务人员试图利用各种手段来较准确地估算企业需要的现金数额,但这些突发事件会使原本很好的财务计划失去效果。因此,企业为了应付突发事件,有必要维持比日常正常运转所需金额更多的现金。

确定预防性需求的现金数额时,需要考虑以下因素:①企业愿冒现金短缺风险的程度;②企业预测现金收支可靠的程度;③企业临时融资的能力。希望尽可能减少风险的企业倾向于保留大量的现金余额,以应付其交易性需求和大部分预防性资金需求。现金收支预测可靠性程度较高,信誉良好,与银行关系良好的企业,预防性需求的现金持有量一般较低。

(三) 投机性需求

投机性需求是企业需要持有一定量的现金以抓住突然出现的获利机会。这种机会大多是稍纵即逝的,如证券价格的突然下跌,企业若没有用于投机的现金,就会错过这一机会。

企业的现金持有量一般小于三种需求下的现金持有量之和,因为为某一需求持有的现金可以用于满足其他需求。

二、目标现金余额的确定

(一) 成本模型

成本模型强调:持有现金是有成本的,最优的现金持有量是使得现金持有成本最小化的持有量。成本模型考虑的现金持有成本包括如下项目。

1. 机会成本

现金的机会成本,是指企业因持有一定现金余额丧失的再投资收益,再投资收益是企业不能同时用该现金进行有价证券投资所产生的机会成本,这种成本在数额上等于资金成本。例如,某企业的资金成本为 10%,年均持有现金 50 万元,则该企业每年持有现金的机会成本为 5 万元(50×10%)。放弃的再投资收益即机会成本,属于变动成本,它与现金持有量的多少密切相关,即现金持有量越大,机会成本越大,反之就越小。

2. 管理成本

现金的管理成本,是指企业因持有一定数量的现金而发生的管理费用。例如管理人员工资、安全措施费用等。一般认为这是一种固定成本,这种固定成本在一定范围内和现金持有量之间没有明显的比例关系。

3. 短缺成本

现金的短缺成本是指在现金持有量不足,又无法及时通过有价证券变现加以补充而给企业造成的损失,包括直接损失与间接损失。现金的短缺成本随现金持有量的增加而下降,随现金持有量的减少而上升,即与现金持有量负相关。

成本分析模式是根据现金相关成本,分析预测其总成本最低时现金持有量的一种方法。其计算公式为:

$$\text{最佳现金持有量下的现金相关成本} = \min(\text{管理成本} + \text{机会成本} + \text{短缺成本})$$

其中，管理成本属于固定成本，机会成本是正相关成本，短缺成本是负相关成本。因此，成本模型就是要找到机会成本、管理成本和短缺成本所组成的总成本曲线中最低点所对应的现金持有量，把它作为最佳现金持有量，可用图 9-2 表示。

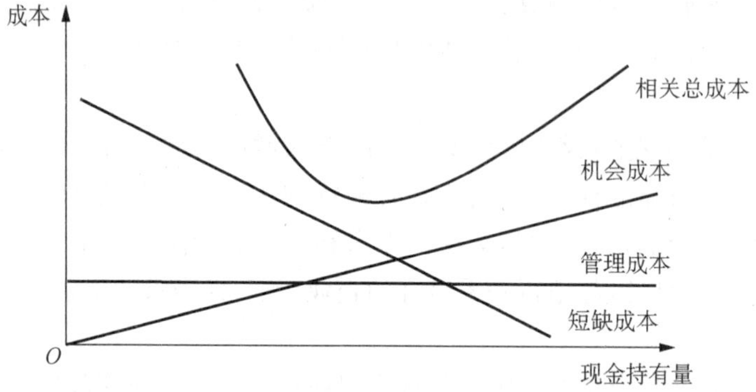

图 9-2　成本模型的现金成本

在实际工作中运用成本模型确定最佳现金持有量的具体步骤为：

(1) 根据不同现金持有量测算并确定有关成本数值。

(2) 按照不同现金持有量及其相关成本资料编制最佳现金持有量测算表。

(3) 在测算表中找出总成本最低时的现金持有量，即最佳现金持有量。

由成本模型可知，如果减少现金持有量，则增加短缺成本，如果增加现金持有量，则增加机会成本。改进上述关系的一种办法是：当拥有多余现金时，将现金转换为有价证券；当现金不足时，将有价证券换成现金。但现金和有价证券之间的转换，也需要成本，称为转换成本。转换成本是指企业用现金购入有价证券，以及用有价证券换取现金时付出的交易费用，即现金同有价证券之间相互转换的成本，如买卖佣金、手续费、证券过户费、印花税、实物交割费等。转换成本可以分为两类：一是与委托金额相关的费用，如买卖佣金、印花税等；二是与委托金额无关，只与转换次数有关的费用，如委托手续费、过户费等。证券转换成本与现金持有量即有价证券变现额的多少，必然对有价证券的变现次数产生影响，即现金持有量越少，进行证券变现的次数越多，相应的转换成本就越大。

[例 9-1]　华联有限公司有四种现金持有方案，它们各自的持有量(平均)、机会成本、管理成本、短缺成本如表 9-1 所示。假设现金的机会成本率为 12%。要求确定现金最佳持有量。

表 9-1　现金持有方案

单位：元

方案项目	甲	乙	丙	丁
现金持有量	25 000	50 000	75 000	100 000
机会成本	3 000	6 000	9 000	12 000
管理成本	20 000	20 000	20 000	20 000
短缺成本	12 000	6 750	2 500	0

这四种方案的总成本计算结果如表 9-2 所示。

表 9-2 现金持有总成本

单位:元

方案项目	甲	乙	丙	丁
机会成本	3 000	6 000	9 000	12 000
管理成本	20 000	20 000	20 000	20 000
短缺成本	12 000	6 750	2 500	0
总成本	35 000	32 750	31 500	32 000

将以上各方案的总成本加以比较可知,丙方案的总成本最低,故 75 000 元是该企业的最佳现金持有量。

(二) 存货模型

企业平时持有较多的现金,会降低现金的短缺成本,但也会增加现金占用的机会成本;平时持有较少的现金,则会增加现金的短缺成本,却能减少现金占用的机会成本。如果企业平时只持有较少的现金,在有现金需要时(如手头的现金用尽),通过出售有价证券换回现金(或从银行借入现金),既能满足现金的需要,避免短缺成本,又能减少机会成本。因此,适当的现金与有价证券之间的转换,是企业提高资金使用效率的有效途径。这与企业奉行的营运资金政策有关。采用宽松的流动资产投资政策时,保留较多的现金则转换次数少;如果经常进行大量的有价证券与现金的转换,则会加大转换交易成本。因此,如何确定有价证券与现金的每次转换量,是一个需要研究的问题。这可以应用现金持有量的存货模型解决。

有价证券转换回现金所付出的代价(如支付手续费用),称为现金的交易成本。现金的交易成本与现金转换次数、每次的转换量有关。假定现金每次的交易成本是固定的,在企业一定时期现金使用量确定的前提下,每次以有价证券转换回现金的金额越大,企业平时持有的现金量便越高,转换的次数便越少,现金的交易成本就越低;反之,每次转换回现金的金额越低,企业平时持有的现金量便越低,转换的次数便越多,现金的交易成本就越高。可见,现金交易成本与持有量成反比。现金的交易成本与现金的机会成本所组成的相关总成本曲线,如图 9-3 所示。

在图 9-3 中,现金的机会成本和交易成本是两条随现金持有量呈不同方向发展的曲线,两条曲线交叉点相应的现金持有量,即为相关总成本最低的现金持有量。

于是,企业需要合理地确定现金持有量 C,以使现金的相关总成本最低。解决这一问题先要明确三点:

(1) 一定期间的现金需求量,用 T 表示。

(2) 每次出售有价证券以补充现金所需的交易成本,用 F 表示。

一定时期内出售有价证券的总交易成本为:

$$交易成本 = (T/C) \times F$$

(3) 持有现金的机会成本率,用 K 表示。

一定时期内持有现金的总机会成本表示为:

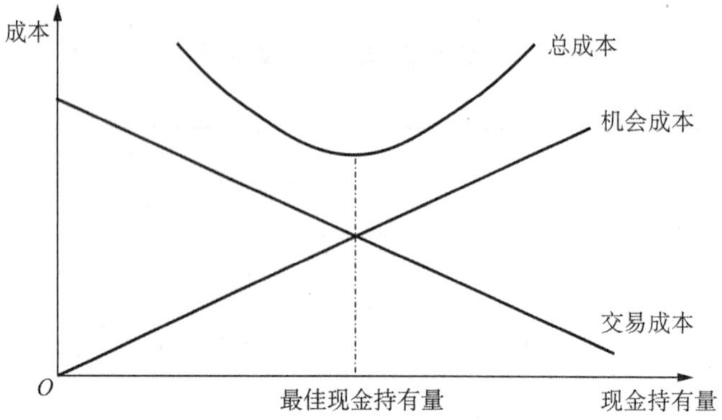

图 9-3　存货模式最佳现金持有量模型

$$\text{机会成本} = (C/2) \times K$$

则：

$$\text{相关总成本} = \text{机会成本} + \text{交易成本} = (C/2) \times K + (T/C) \times F$$

从图 9-3 可知，最佳现金持有量 C^* 是机会成本线与交易成本线交叉点所对应的现金持有量(数学推理过程与本章"经济订货基本模型"中经济订货批量的计算一致)，因此 C 应满足：机会成本＝交易成本，即 $(C^*/2) \times K = (T/C^*) \times F$。 整理可知：

$$C^* = \sqrt{(2T \times F)/K}$$

［**例 9-2**］　华南有限公司每月现金需求总量为 5 200 000 元，每次现金转换的成本为 1 000 元，持有现金的机会成本率约为 10%，则该企业的最佳现金持有量为多少？

$$C^* = \sqrt{(2 \times 5\,200\,000 \times 1\,000)/10\%} = 322\,490(\text{元})$$

该企业最佳现金持有量为 322 400 元，持有超过 322 490 元则会降低现金的投资收益率，低于 322 490 元则会加大企业正常现金支付的风险。

(三) 随机模型

在实际工作中，企业现金流量往往有很大的不确定性。假定每日现金流量的分布接近正态分布，每日现金流量可能低于或高于期望值，其变化是随机的。由于现金流量波动是随机的，只能对现金持有量确定一个控制区域，定出上限和下限。当企业现金余额在上限和下限之间波动时，表明企业现金持有量处于合理的水平，无须进行调整。当现金余额达到上限时，则将部分现金转换为有价证券；当现金余额下降到下限时，则卖出部分证券。

图 9-4 是现金管理随机模型(米勒—奥尔模型)，该模型有两条控制线和一条回归线。最低控制线 L 取决于模型之外的因素，其数额是由现金管理部经理在综合考虑短缺现金的风险程度、企业借款能力、企业日常周转所需资金、银行要求的补偿性余额等因素的基础上确定的。

回归线 R 可按下列公式计算：

$$R = \sqrt[3]{\frac{3b \times \delta^2}{4i}} + L$$

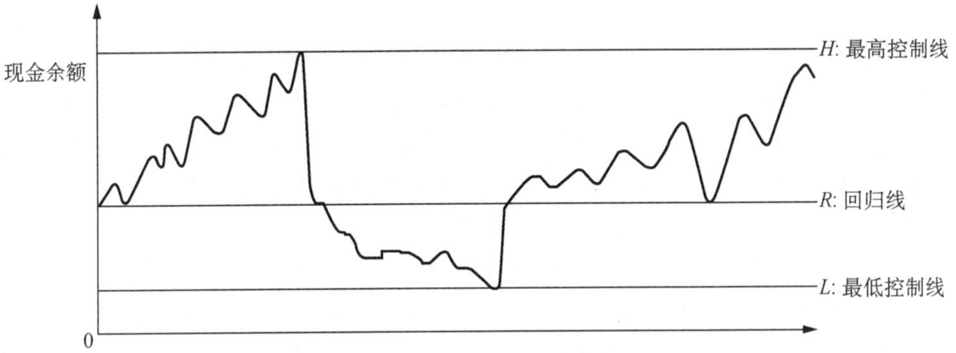

图 9-4 现金管理随机模型

式中：b——证券转换为现金或现金转换为证券的成本；

δ——企业每日现金流量变动的标准差；

i——以日为基础计算的现金机会成本。

最高控制线 H 的计算公式为：

$$H = 3R - 2L$$

［例 9-3］ 某企业现金部经理决定 L 值应为 10 000 元，估计企业现金流量标准差 δ 为 1 000 元，持有现金的年机会成本率为 15%，换算为 i 值是 0.000 39，b=150 元。根据随机模型，可求得：

$$R = \sqrt[3]{\frac{3 \times 150 \times 1\,000^2}{4 \times 0.000\,39}} + 10\,000 = 16\,607(\text{元})$$

$$H = 3 \times 16\,607 - 2 \times 10\,000 = 29\,821(\text{元})$$

该企业目标现金余额为 16 607 元。若现金持有量达到 29 821 元，则买进 13 214 元的证券；若现金持有量降至 10 000 元，则卖出 6 607 元的证券。

运用随机模型求现金最佳持有量符合随机思想，即企业现金支出是随机的，收入是无法预知的，所以，适用于所有企业现金最佳持有量的测算。另外，随机模型建立在企业的现金未来需求总量和收支不可预测的前提下，因此，计算出来的现金持有量比较保守。

三、现金管理模式

(一) 收支两条线的管理模式

"收支两条线"原本是政府为了加强财政管理和整顿财政秩序，对财政资金采取的一种管理模式。当前的企业，特别是大型集团企业，也纷纷采用"收支两条线"资金管理模式。

1. 企业实行收支两条线管理模式的目的

企业作为追求价值最大化的营利组织，实施"收支两条线"主要出于两个目的：第一，对企业范围内的现金进行集中管理，减少现金持有成本，加速资金周转，提高资金使用效率；第二，以实施收支两条线为切入点，通过高效的价值化管理来提高企业效益。

2. 收支两条线资金管理模式的构建

构建企业"收支两条线"资金管理模式，可从规范资金的流向、流量和流程三个方面入手：

(1) 资金的流向方面：企业“收支两条线”要求各部门或分支机构在内部银行或当地银行设立两个账户（收入户和支出户），并规定所有收入的现金都必须进入收入户（外地分支机构的收入户资金还必须及时、足额地回笼到总部），收入户资金由企业资金管理部门（内部银行或财务结算中心）统一管理，而所有的货币性支出都必须从支出户里支付，支出户里的资金只能根据一定的程序由收入户划拨而来，严禁现金坐支。

(2) 资金的流量方面：在收入环节上要确保所有收入的资金都进入收入户，不允许有私设的“账外小金库”。另外，还要加快资金的结算速度，尽量压缩资金在结算环节的沉淀量；在调度环节上通过动态的现金流量预算和资金收支计划实现对资金的精确调度；在支出环节上，根据“以收定支”和“最低限额资金占用”的原则从收入户按照支出预算安排将资金定期划拨到支出户，支出户平均资金占用额应压缩到最低限度。有效的资金流量管理将有助于确保及时、足额地收入资金，合理控制各项费用支出和有效调剂内部资金。

(3) 资金的流程方面：资金流程是指与资金流动有关的程序和规定。它是收支两条线内部控制体系的重要组成部分，主要包括以下几个部分：①关于账户管理、货币资金安全性等规定；②收入资金管理与控制；③支出资金管理与控制；④资金内部结算与信贷管理与控制；⑤收支两条线的组织保障等。

需要说明的是，收支两条线作为一种企业的内部资金管理模式，与企业的性质、战略、管理文化和组织架构都有很大的关系。因此，企业在构建收支两条线管理模式时，一定要注意与自己的实际相结合，以管理有效性为导向。

（二）集团企业资金集中管理模式

企业集团下属机构多，地域分布广，如果分、子公司多头开户，资金存放分散，会大大降低资金的使用效率。通过资金的集中管理，统一筹集、合理分配、有序调度，能够降低融资成本，提高资金使用效率，确保集团战略目标的实现，实现整体利益的最大化。

资金集中管理，是指集团公司借助商业银行网上银行功能及其他信息技术手段，将分散在集团各所属企业的资金集中到总部，由总部统一调度、统一管理和统一运用。资金集中管理在各个集团的具体运用可能会有所差异，但一般包括以下主要内容：资金集中、内部结算、融资管理、外汇管理、支付管理等。其中，资金集中是基础，其他各方面均建立在此基础之上。目前，资金集中管理模式逐渐被我国企业集团所采用。

资金集中管理模式的选择，实质上是集团管理采用集权或分权管理体制的体现。也就是说，在企业集团内部所属各子公司或分部是否有货币资金使用的决策权、经营权，这是由行业特点和本集团资金运行规律决定的。现行的资金集中管理模式大致可以分为以下几种。

1. 统收统支模式

在该模式下，企业的一切现金收入都集中在集团总部的财务部门，各分支机构或子公司不单独设立账号，一切现金支出都通过集团总部财务部门付出，现金收支的批准权高度集中。统收统支模式有利于企业集团实现全面收支平衡，提高资金的周转效率，减少资金沉淀，监控现金收支，降低资金成本。但是该模式不利于调动成员企业开源节流的积极性，影响成员企业经营的灵活性，以致降低整个集团经营活动和财务活动的效率，而且在制度的管理上欠缺一定的合理性，如果每笔收支都要经过总部财务部门之手，那么总部财务部门的工作量就大了很多。因此，这种模式通常适用于企业规模比较小的企业。

2. 拨付备用金模式

拨付备用金模式是指集团按照一定的期限统拨给所有所属分支机构或子企业备其使用的一定数额的现金。各分支机构或子企业发生现金支出后，持有关凭证到集团财务部门报销以补足备用金。拨付备用金模式相比统收统支模式具有一定的灵活性，但这种模式也通常适用于那些经营规模比较小的企业。

3. 结算中心模式

结算中心通常是企业集团内部设立的，办理内部各成员现金收付和往来结算业务的专门机构。结算中心通常设于财务部门内，是一个独立运行的职能机构。结算中心是企业集团发展到一定阶段，应企业内部资金管理需求而生成的一个内部资金管理机构，是根据集团财务管理和控制的需要在集团内部设立的，为成员企业办理资金融通和结算，以降低企业成本、提高资金使用效率的服务机构。结算中心帮助企业集中管理各分、子公司的现金收入和支出。分、子公司收到现金后就直接转账存入结算中心在银行开立的账户。当需要资金的时候，再进行统一的拨付，有助于企业监控资金的流向。

4. 内部银行模式

内部银行是将商业银行的基本职能上与管理方式引入企业内部管理机制而建立起来的一种内部资金管理机构，它将“企业管理”“金融信贷”和“财务管理”三者融为一体，一般是将企业的自有资金和商业银行的信贷资金统筹运作，在内部银行统一调剂运用。内部银行通常具有三大职能：结算、融资信贷和监督控制。内部银行一般适用于具有较多责任中心的企事业单位。

5. 财务公司模式

财务公司是一种经营部分银行业务的非银行金融机构，它一般是集团公司发展到一定水平后，需要经过人民银行审核批准才能设立的。其主要职责是开展集团内部资金集中结算，同时为集团成员企业提供包括存贷款、融资租赁、担保、信用鉴证、债券承销、财务顾问等在内的全方位金融服务。集团设立财务公司是把一种市场化的企业关系或银企关系引入集团资金管理中，使得集团各子公司具有完全独立的财权，可以自行经营自身的现金，对现金的使用行使决策权。另外，集团对各子公司的现金控制是通过财务公司进行的，财务公司对集团各子公司进行专门约束，而且这种约束是建立在各自具有独立的经济利益基础上的。集团公司经营者（或最高决策机构）不再直接干预子公司的现金使用和取得。

四、现金收支日常管理

中国铁建的财务公司模式

（一）现金周转期

企业的经营周期是指从取得存货开始到销售存货并收回现金为止的时期。其中，从收到原材料，加工原材料，形成产成品，到将产成品卖出的这一时期，称为存货周转期；产品卖出后到收到顾客支付的货款的这一时期，称为应收账款周转期或收账期。

但是企业购买原材料不用立即付款，这一延迟的付款时间段就是应付账款周转期或收账期。现金周转期，是指介于企业支付现金与收到现金之间的时间段，它等于经营周期减去应付账款周转期。具体循环过程如图 9-5 所示。

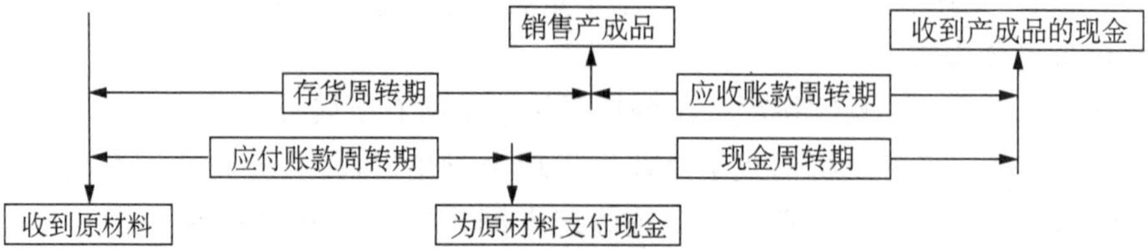

图 9-5　现金周转期

上述周转过程用公式来表示就是：

经营周期 = 存货周转期 + 应收账款周转期

现金周转期 = 经营周期 − 应付账款周转期

其中：

存货周转期 = 存货平均余额/每天的销货成本

应收账款周转期 = 应收账款平均余额/每天的销货收入

应付账款周转期 = 应付账款平均余额/每天的购货成本

所以，如果要减少现金周转期，可以从以下方面着手：加快制造与销售产成品来缩短存货周转期；加速应收账款的回收来缩短应收账款周转期；延缓支付应付账款来延长应付账款周转期。

(二) 收款管理

1. 收款系统

一个高效率的收款系统能够使收款成本和收款浮动期达到最小，同时能够保证与客户汇款及其他现金流入来源相关的信息的质量。

(1) 收款成本。收款成本包括浮动期成本、管理收款系统的相关费用(例如银行手续费)及第三方处理费用或清算相关费用。在获得资金之前，收款在途项目使企业无法利用这些资金，也会产生机会成本。

(2) 收款浮动期。收款浮动期是指从支付开始到企业收到资金的时间间隔。收款浮动期主要是由纸基支付工具导致的，有下列三种类型：

一是邮寄浮动期，是指从付款人寄出支票到收款人或收款人的处理系统收到支票的时间间隔。

二是处理浮动期，是指支票的接受方处理支票和将支票存银行以收回现金所花的时间。

三是结算浮动期，是指通过银行系统进行支票结算所需的时间。

(3) 信息的质量包括收款方得到的付款人的姓名、付款的内容和付款时间。信息要求及时、准确地到达收款人一方，以便收款人及时处理资金，作出发货的安排。

2. 收款方式的改善

电子支付方式对比纸基(或称纸质)支付方式是种改进。电子支付方式提供了如下好处：

(1) 结算时间和资金可用性可以预计。

(2) 向任何一个账户或任何金融机构的支付具有灵活性，不受人工干扰。

(3) 客户的汇款信息可与支付同时传送，更容易更新应收账款。

(4) 客户的汇款从纸基方式转向电子方式，减少或消除了收款浮动期，降低了收款成本，收款过程更容易控制，并且提高了预测精度。

(三) 付款管理

现金支出管理的主要任务是尽可能延缓现金的支出时间。当然，这种延缓必须是合理合法的。控制现金支出的目标是在不损害企业信誉条件下，尽可能推迟现金的支出。

1. 使用现金浮游量

现金浮游量是指由于企业提高收款效率和延长付款时间所产生的企业账户上的现金余额和银行账户上的企业存款余额之间的差额。

2. 推迟应付款的支付

推迟应付款的支付，是指企业在不影响自己信誉的前提下，充分运用供货方所提供的信用优惠，尽可能地推迟应付款的支付期。

3. 汇票代替支票

汇票分为商业承兑汇票和银行承兑汇票，与支票不同的是，承兑汇票并不是见票即付。这一方式的优点是它推迟了企业调入资金支付汇票的实际所需时间。这样企业就只需在银行中保持较少的现金余额。它的缺点是某些供应商可能并不喜欢用汇票付款，银行也不喜欢处理汇票，它们通常需要耗费更多的人力。同支票相比，银行会收取较高的手续费。

4. 改进员工工资支付模式

企业可以为支付工资专门设立一个工资账户，通过银行向职工支付工资。为了最大限度地减少工资账户的存款余额，企业要合理预测开出支付工资的支票到职工去银行兑现的具体时间。

5. 透支

企业开出支票的金额大于活期存款余额。它实际上是银行向企业提供的信用。透支的限额，由银行和企业共同商定。

6. 争取现金流出与现金流入同步

企业应尽量使现金流出与流入同步，这样，就可以降低交易性现金余额，同时可以减少有价证券转换为现金的次数，提高现金的利用效率，节约转换成本。

7. 使用零余额账户

即企业与银行合作，保持一个主账户和一系列子账户。企业只在主账户保持一定的安全储备，而在系列子账户不需要保持安全储备。当从某个子账户签发的支票需要现金时，所需要的资金立即从主账户划拨过来，从而使更多的资金可以用作他用。

第三节　应收账款管理

一、应收账款的功能

企业通过提供商业信用，采取赊销、分期付款等方式可以扩大销售，增强竞争力，获得利润。应收账款作为企业为扩大销售和盈利的一项投资，也会发生一定的成本，所以企业需要在应收账款所增加的盈利和所增加的成本之间做出权衡。应收账款管理就是分析赊销的条件，使赊销带来的盈利增加大于应收账款投资产生的成本费用增加，最终使企业利润增加，企业价值上升。

应收账款的功能是指应收账款在生产经营中的作用，主要有以下两方面。

（一）增加销售的功能

在激烈的市场竞争中，通过提供赊销可有效地促进销售。因为企业提供赊销不仅向顾客提供了商品，也在一定时间内向顾客提供了购买该商品的资金，顾客将从赊销中得到好处。所以赊销会带来企业销售收入和利润的增加，特别在企业销售新产品、开拓新市场时，赊销更具有重要的意义。

提供赊销所增加的产品一般不增加固定成本，因此，赊销所增加的收益计算公式如下：

$$\text{增加的收益} = \text{增加的销售量} \times \text{单位边际贡献}$$

（二）减少存货的功能

企业持有一定量产成品存货会相应地占用资金，形成仓储费用、管理费用等，产生成本；而赊销则可避免这些成本的产生。所以，无论是季节性生产企业还是非季节性生产企业，当产成品存货较多时，一般会采用优惠的信用条件进行赊销，将存货转化为应收账款，减少产成品存货，存货资金占用成本、仓储与管理费用等会相应减少，从而提高企业收益。

二、应收账款的成本

应收账款作为企业为增加销售和盈利进行的投资，会发生一定的成本。应收账款的成本主要有以下几方面。

（一）应收账款的机会成本

应收账款会占用企业一定量的资金，而企业若不把这部分资金投放于应收账款，便可以用于其他投资并可能获得收益，例如投资债券获得利息收入。这种因投放于应收账款而放弃其他投资所带来的收益，即为应收账款的机会成本。其计算公式如下：

$$\text{应收账款平均余额} = \text{日销售额} \times \text{平均收现期}$$

$$\text{应收账款占用资金} = \text{应收账款平均余额} \times \text{变动成本率}$$

$$\begin{aligned}
&\text{应收账款占用资金的应计利息（即机会成本）}\\
&= \text{应收账款占用资金} \times \text{资本成本}\\
&= \text{应收账款平均余额} \times \text{变动成本率} \times \text{资本成本}\\
&= \text{日销售额} \times \text{平均收现期} \times \text{变动成本率} \times \text{资本成本}\\
&= \text{全年销售额}/360 \times \text{平均收现期} \times \text{变动成本率} \times \text{资本成本}\\
&= (\text{全年销售额} \times \text{变动成本率})/360 \times \text{平均收现期} \times \text{资本成本}\\
&= \text{全年变动成本}/360 \times \text{平均收现期} \times \text{资本成本}
\end{aligned}$$

式中：平均收现期是指各种收现期的加权平均数。

（二）应收账款的管理成本

应收账款的管理成本主要是指在进行应收账款管理时，所增加的费用，主要包括：调查顾客信用状况的费用、收集各种信息的费用、账簿的记录费用、收账费用、数据处理成本、相关管理人员成本和从第三方购买信用信息的成本等。

(三) 应收账款的坏账成本

在赊销交易中,债务人由于种种原因无力偿还债务,债权人就有可能因无法收回应收账款而发生损失,这种损失就是坏账成本。可以说,企业发生坏账成本是不可避免的,而此项成本一般与应收账款发生的数量成正比。

坏账成本一般用下列公式测算:

$$应收账款的坏账成本 = 赊销额 \times 预计坏账损失率$$

三、信用政策

有许多因素会影响企业的信用政策。在许多行业,信用条件和政策已经成为标准化的惯例,因此,某一家企业很难采取与其竞争对手不同的信用条件。企业还必须考虑提供商业信用对现有贷款契约的影响,因为应收账款的变化可能会影响流动比率,导致违反贷款契约中有关流动比率的约定。

企业的信用条件、销售额和收账方式决定了其应收账款的水平。应收账款的占用必须有相应的资金来源,因此,企业对客户提供信用的能力与其自身的借款能力相关。不适当地管理应收账款可能会导致顾客延期付款进而导致流动性问题。然而,当应收账款被用于抵押贷款或作为债务担保工具出售时,应收账款也可以成为流动性的来源。信用政策包括信用标准、信用条件和收账政策三个方面。

(一) 信用标准

信用标准是指信用申请者获得企业提供信用所必须达到的最低信用水平,通常以预期的坏账损失作为判别标准。如果企业执行的信用标准过于严格,可能会降低对符合可接受信用风险标准客户的赊销额,减少坏账损失,减少应收账款的机会成本,但不利于扩大企业销售量,甚至会因此减少企业的销售机会;如果企业执行的信用标准过于宽松,可能会对不符合可接受信用风险标准的客户提供赊销,因此,会增加随后还款的风险并增加应收账款的管理成本与坏账成本。

1. 信息来源

企业进行信用分析时,必须考虑信息的类型、数量和成本。信息既可以从企业内部收集,也可以从企业外部收集。无论信用信息从哪儿收集,都必须将成本与预期的收益进行对比。企业内部产生的最重要的信用信息来源是信用申请人执行信用申请(协议)的情况和企业自己保存的有关信用申请人还款历史记录。

企业可以使用各种外部信息来源来帮助其确定申请人的信誉。申请人的财务报表是该种信息主要来源之一,由于可以将这些财务报表及其相关比率与行业平均数进行对比,因此,它们都提供了有关信用申请人的重要信息。获得申请人付款状况的第二个信息来源是一些商业参考资料或申请人过去获得赊购的供货商。另外,银行或其他贷款机构(如商业贷款机构或租赁公司)可以提供申请人财务状况和有关信用额度方面的标准化信息。最后,一些地方性和全国性的信用评级机构收集、评价和报告有关申请人信用状况的历史信息。这些信用报告包括诸如以下内容的信息：还款历史、财务信息、最高信用额度、可获得的最长信用期限和所有未了结的债务诉讼。

2. 信用的定性分析

信用的定性分析是指对申请人“质”的方面的分析。常用的信用定性分析法是“5C”信用评价系统，即评估申请人信用品质的五个方面：品质、能力、资本、抵押和条件。

(1) 品质(Character)：品质是指个人申请人或企业申请人管理者的诚实和正直表现。品质，反映了个人或企业在过去的还款中所体现的还款意图和愿望，这是5C中最主要的因素。通常要根据过去的记录结合现状调查来进行分析，包括企业经营者的年龄、文化、技术结构、遵纪守法情况，开拓进取及领导能力，有无获得荣誉奖励或纪律处分，团结协作精神及组织管理能力。

(2) 能力(Capacity)：能力是指经营能力，通常通过分析申请者的生产经营能力及获利情况，管理制度是否健全，管理手段是否先进，产品生产销售是否正常，在市场上有无竞争力，经营规模和经营实力是否逐年增长等来评估。

(3) 资本(Capital)：资本是指如果企业或个人当前的现金流不足以还债，他们在短期和长期内可供使用的财务资源。企业资本雄厚，说明企业具有强大的物质基础和抗风险能力。因此，信用分析必须调查了解企业资本规模和负债比率，反映企业资产或资本对于负债的保障程度。

(4) 抵押(Collateral)：抵押是指当企业或个人不能满足还款条款时，可以用作债务担保的资产或其他担保物。信用分析必须分析担保抵押手续是否齐备，抵押品的估值和出售有无问题，担保人的信誉是否可靠等。

(5) 条件(Condition)：条件是指影响申请者还款能力和还款意愿的经济环境。经济环境对企业发展前途具有一定影响，也是影响企业信用的一项重要的外部因素。信用分析必须对企业的经济环境，包括对企业发展前景、行业发展趋势、市场需求变化等进行分析，预测其对企业经营效益的影响。

3. 信用的定量分析

进行商业信用的定量分析可以从考察信用申请人的财务报表开始，通常使用比率分析法评价顾客的财务状况。常用的指标有：流动性和营运资本比率(如流动比率、速动比率以及现金对负债总额比率)、债务管理和支付比率(利息保障倍数、长期债务对资本比率、带息债务对资产总额比率，以及负债总额对资产总额比率)和盈利能力指标(销售回报率、总资产回报率和净资产收益率)。

将这些指标和信用评级机构及其他协会发布的行业标准进行比较，可以观察申请人的信用状况。

(二) 信用条件

信用条件是销货企业要求赊购客户支付货款的条件，由信用期间、折扣期限和现金折扣三个要素组成。

1. 信用期间

信用期间是企业允许顾客从购货到付款之间的时间，或者说是企业给予顾客的付款期间，一般简称信用期。

信用期的确定，主要是分析改变现行信用期对收入和成本的影响。延长信用期，会使销售额增加，产生有利影响；与此同时，应收账款、收账费用和坏账损失增加，会产生不利影响。当前者大于后者时，可以延长信用期，否则不宜延长。如果缩短信用期，情况则与此相反。

[例 9-4] 华联公司目前采用 30 天按发票全额(即无现金折扣)付款的信用政策，拟将信用期间放宽至 60 天，仍按发票全额付款。假设风险投资的最低报酬率为 15%，其他有关数据如表 9-3 所示。

表 9-3 信用期决策数据

项目	信用期间(30 天)	信用期间(60 天)
全年销售量(件)	100 000	120 000
全年销售额(单价 5 元)	500 000	600 000
变动成本(每件 4 元)	400 000	480 000
固定成本	50 000	52 000
可能发生的收账费用(元)	3 000	4 000
可能发生的坏账损失(元)	5 000	9 000

在分析时，先计算放宽信用期带来的盈利增加，然后计算增加应收账款投资产生的成本费用增加，最后计算放宽信用期增加的税前损益，并做出判断。

1. 计算盈利增加

$$\begin{aligned}\text{盈利增加} &= \text{增加的边际贡献} - \text{增加的固定成本}\\ &= (120\,000 - 100\,000) - (52\,000 - 50\,000)\\ &= 18\,000(\text{元})\end{aligned}$$

2. 计算增加的成本费用

(1) 计算应收账款机会成本的增加。

$$\text{变动成本率} = 4 \div 5 \times 100\% = 80\%$$

$$\begin{aligned}\text{改变信用期间导致的机会成本增加} &= 60\text{ 天信用期应计利息} - 30\text{ 天信用期应计利息}\\ &= 600\,000 \div 360 \times 60 \times 80\% \times 15\% - 500\,000 \div 360 \times 30 \times 80\% \times 15\%\\ &= 7\,000(\text{元})\end{aligned}$$

(2) 计算收账费用和坏账损失增加。

$$\text{收账费用增加} = 4\,000 - 3\,000 = 1\,000(\text{元})$$

$$\text{坏账损失增加} = 9\,000 - 5\,000 = 4\,000(\text{元})$$

3. 计算增加的税前损益

$$\begin{aligned}\text{放宽信用期增加的税前损益} &= \text{盈利增加} - \text{成本费用增加}\\ &= 18\,000 - 7\,000 - 1\,000 - 4\,000\\ &= 6\,000(\text{元})\end{aligned}$$

由于放宽信用期增加的税前损益大于0，故应放宽信用期，即采用60天信用期。

上述信用期决策方法比较简便，可以满足一般制定信用政策的需要。如有必要，也可以进行更细致的分析，如进一步考虑销售增加引起存货增加而占用的资金。

[例9-5] 承[例9-4]，假设上述30天信用期变为60天后，因销售量增加，年平均存货水平从9 000件上升到20 000件，每件存货按变动成本4元计算，其他情况不变。

由于增添了新的存货增加因素，需要在原来分析的基础上，再考虑存货增加而多占资金所带来的影响，重新计算放宽信用期增加的税前损益。

$$\text{存货增加占用资金的应计利息} = (20\,000 - 9\,000) \times 4 \times 15\% = 6\,600(\text{元})$$

$$\text{放宽信用期增加的税前损益} = 6\,000 - 6\,600 = -600(\text{元})$$

因为放宽信用期增加的税前损益小于0，所以考虑增加平均存货这个因素后，不应该采用60天的信用期。

更进一步地分析，还应考虑存货增加引起的应付账款的增加。这种负债的增加会节约企业的资金占用，减少资金占用的“应计利息”。因此，信用期变动的分析，一方面要考虑对损益表的影响(包括收入、成本和费用)；另一方面要考虑对资产负债表的影响(包括应收账款、存货、应付账款)，并且要将对资金占用的影响由“资本成本”转化为“应计利息”，以便进行统一的得失比较。

2. 折扣条件

折扣条件包括现金折扣和折扣期两个方面。如果企业给顾客提供现金折扣，那么顾客在折扣期付款时少付的金额所产生的“成本”将影响企业收益。当顾客利用了企业提供的现金折扣，而现金折扣又没有促使销售额增长时，则企业的净收益会下降。当然，上述收入方面的损失可能会全部或部分地由应收账款持有成本的下降所补偿。

现金折扣是企业对顾客在商品价格上的扣减。向顾客提供这种价格上的优惠，主要目的在于吸引顾客为享受优惠而提前付款，缩短企业的平均收款期。另外，现金折扣也能招揽一些视折扣为减价出售的顾客前来购货，借此扩大销售量。

现金折扣的表示常用如“5/10，3/20，*N*/30”这样的符号。其含义为：5/10表示10天内付款，可享受5%的价格优惠，即只需支原价的95%，如原价为10 000元，只需支付9 500元；3/20表示20天内付款可享受3%的价格优惠，即只需支付原价的97%，如原价为10 000元，则只需支付9 700元；*N*/30表示付款的最后期限为30天，此时付款无优惠。

企业采用什么程度的现金折扣，要与信用期间结合起来考虑。不论是信用期间还是现金折扣，都可能给企业带来收益，但也会增加成本。现金折扣带给企业的好处前面已经讲过，它使企业增加的成本，则是指价格折扣损失。当企业给予顾客某种现金折扣时，应当考虑折扣所能带来的收益与成本孰高孰低，权衡利弊。

因为现金折扣是与信用期间结合使用的，所以确定折扣程度的方法与程序实际上与前述确定信用期间的方法与程序一致，只不过要把所提供的延期付款时间和折扣综合起来，计算各方案的延期与折扣能取得多大的收益增量，再计算各方案带来的成本变化，最终确定最佳方案。

现金折扣决策

(三) 收账政策

收账政策是指信用条件被违反时，企业采取的收账策略。企业如果采取较积极的收账政策，可能会减少应收账款，减少坏账损失，但要增加收账成本。如果采用较消极的收账政策，则可能会增加应收账款，增加坏账损失，但会减少收账费用。企业需要做出适当的权衡。一般来说，可以参照评价信用标准、信用条件的方法来评价收账政策。

四、应收账款的监控

实施信用政策时，企业需监督和控制每一笔应收账款和应收账款总额。例如，可以运用应收账款周转天数衡量企业需要多长时间收回应收账款，可以通过账龄分析表追踪每一笔应收账款，可以采用 ABC 分析法来确定重点监控的对象等。监督每笔应收账款的理由是：第一，在开票或收款过程中可能会发生错误或延迟；第二，有些客户可能故意拖欠到企业采取追款行动才付款；第三，客户财务状况的变化可能会改变其按时付款的能力，并且需要缩减该客户未来的赊销额度。

企业也必须对应收账款的总体水平加以监督，因为应收账款的增加会影响企业的流动性，还可能导致额外融资的需要。此外，应收账款总体水平的显著变化可能表明业务方面发生了改变，这可能影响企业的融资需要和现金水平。企业管理部门需要分析这些变化以确定其起因并采取纠正措施。可能引起重大变化的事件包括销售量的变化、季节性、信用政策的修改、经济状况的波动，以及竞争对手采取的促销等行动。最后，对应收账款总额进行分析还有助于预测未来现金流入的金额和时间。

（一）应收账款周转天数

应收账款周转天数或平均收账期是衡量应收账款管理状况的一个指标。将企业当前的应收账款周转天数与规定的信用期限、历史趋势，以及行业正常水平进行比较，可以反映企业整体的收款效率。然而，应收账款周转天数可能会被销售量的变动趋势和剧烈的销售季节性所破坏。

[例 9-6] 华联公司 2020 年第一季度应收账款平均余额为 285 000 元，信用条件为在 60 天内按全额付清款项，3 个月的赊销情况为：1 月份 90 000 元；2 月份 105 000 元；3 月份 115 000 元。

应收账款周转天数的计算：

$$平均日销售额 = \frac{90\,000 + 105\,000 + 115\,000}{90} = 3\,444.44(元)$$

$$应收账款周转天数 = \frac{应收账款平均余额}{平均日销售额} = 285\,000 \div 3\,444.44 = 82.74(天)$$

平均逾期天数的计算：

$$平均逾期天数 = 应收账款周转天数 - 平均信用期天数 = 82.74 - 60 = 22.74(天)$$

（二）账龄分析表

账龄分析表将应收账款划分为未到信用期的应收账款和以 30 天为间隔的逾期应收账款，这是衡量应收账款管理状况的另外一种方法。企业既可以按照应收账款总额进行账龄分析，也可以分顾客进行账龄分析。账龄分析法可以确定逾期应收账款，随着逾期时间的增加，应收账款收回的可能性变小。假定信用期限为 30 天，表 9-4 中的账龄分析反映出 30% 的应收账款为逾期账款。

表 9-4　账龄分析表

账龄/天	应收账款金额/天	占应收账款总额的百分比
0～30	1 750 000	70%
31～60	375 000	15%
61～90	250 000	10%
91 以上	125 000	5%
合计	2 500 000	100%

账龄分析表比计算应收账款周转天数更能揭示应收账款的变化趋势，因为账龄分析表给出了应收账款分布的模式，而不仅仅是一个平均数。应收账款周转天数有可能与信用期限一致，但是有一些账户可能拖欠很严重。因此，应收账款周转天数不能明确地表现出账款拖欠情况。当各个月之间的销售额变化很大时，账龄分析表和应收账款周转天数都可能发出类似的错误信号。

（三）应收账款账户余额的模式

账龄分析表可以用于进一步建立应收账款余额的模式，这是重要的现金流预测工具。应收账款账户余额的模式反映一定期间（如 1 个月）的赊销额，在发生赊销的当月月末及随后的各月仍未偿还的百分比。企业收款的历史决定了其正常的应收账款余额的模式，企业管理部门通过将当前的模式和过去的模式进行对比来评价应收账款余额模式的任何变化。企业还可以运用应收账款账户余额的模式来计划应收账款金额水平，衡量应收账款的收账效率，以及预测未来的现金流。

[例 9-7]　下面的例子说明 1 月份的销售在 3 月末的时候（未收回）应收账款为 50 000 元（见表 9-5）。

表 9-5　账龄分析表

1 月份销售：		250 000
1 月份收款（销售额的 5%）	0.05×250 000	12 500
2 月份收款（销售额的 40%）	0.40×250 000	100 000
3 月份收款（销售额的 35%）	0.35×250 000	87 500
收款合计：		200 000
1 月份的销售仍未回收的应收账款：	250 000－200 000	50 000

计算未收回应收账款的另外一个方法是将销售 3 个月后未收回销售额的百分比（20%）乘以销售额（250 000 元），即：0.2×250 000＝50 000（元）。

上述例子假设能按时收回应收账款。然而，在现实中，有一定比例的应收账款会逾期或者发生坏账，对应收账款账户余额的模式稍做调整可以反映这些项目。

[例 9-8]　在应收账款账户余额模式（见表 9-6）下，为了简便体现，假设没有坏账费用。假定收款模式如下：

（1）销售的当月收回销售额的 5%。

(2) 销售后的第一个月收回销售额的 40%。

(3) 销售后的第二个月收回销售额的 35%。

(4) 销售后的第三个月收回销售额的 20%。

表 9-6 1～4 月份应收账款账户余额模式

单位:元

月份	销售额	1 月销售额中于 3 月底未收回的金额	1 月销售额中于 3 月底未收回的百分比
1	250 000	50 000	20%
2	300 000	165 000	55%
3	400 000	380 000	95%
4	500 000		

3 月底未收回应收账款余额合计为:50 000+165 000+380 000=595 000(元)。

4 月现金流入估计=4 月销售额的 5%+3 月销售额的 40% +2 月销售额的 35% +1 月销售额的 20%

估计的 4 月现金流入=(5%×500 000)+(40%×400 000)+(35%×300 000)+(20%×250 000)=340 000(元)

(四) ABC 分析法

ABC 分析法是现代经济管理中广泛应用的一种“抓重点、照顾一般”的管理方法,又称重点管理法。它是将企业的所有欠款客户按其金额的多少进行分类排序,然后分别采用不同的收账策略的一种方法。它一方面能加快应收账款收回,另一方面能将收账费用与预期收益联系起来。

五、应收账款日常管理

ABC 存货决策

应收账款的管理难度比较大,在确定合理的信用政策之后,还要做好应收账款的日常管理工作,包括对客户的信用调查和分析评价、应收账款的催收工作等。

(一) 调查客户信用

信用调查是指收集和整理反映客户信用状况有关资料的工作。信用调查是企业应收账款日常管理的基础,是正确评价客户信用的前提条件。企业对顾客进行信用调查主要通过以下两种方法。

1. 直接调查

直接调查是指调查人员通过与被调查单位进行直接接触,以当面采访、询问、观看等方式获取信用资料的一种方法。直接调查可以保证收集资料的准确性和及时性,但也有一定的局限性,其获得的往往是感性资料,同时若不能得到被调查单位的配合,则会使调查工作难以开展。

2. 间接调查

间接调查是以被调查单位以及其他单位保存的有关原始记录和核算资料为基础,通过加工整理获得被调查单位信用资料的一种方法。这些资料主要来自以下几个方面:

(1) 财务报表。通过财务报表分析,可以基本掌握一个企业的财务状况和信用状况。

(2) 信用评级机构。专门的信用评级部门,因为它们的评估方法先进,评估调查细致,评估程序合理,所以可信度较高。在我国,目前的信用评级机构有三种形式:第一种是独立的社会评级机构,它们只根据自身的业务吸收有关专家参加,不受行政干预和集团利益的牵制,独立自主地开办信用评级业务;第二种是政策性银行、政策性保险公司负责组织的评级机构,一般由银行、保险公司有关人员和各部门专家进行评估;第三种是由商业银行、商业性保险公司组织的评级机构,由商业性银行、商业性保险公司组织专家对其客户进行评估。

(3) 银行。银行是信用资料的一个重要来源,许多银行都设有信用部,为其顾客服务,并负责对其顾客信用状况进行记录、评估。但银行的资料一般仅愿意在内部及同行间进行交流,而不愿向其他单位提供。

(4) 其他途径。如财税部门、市场监督管理部门、消费者协会等机构都可能提供相关的信用状况资料。

(二) 收账的日常管理

应收账款发生后,企业应采取各种措施,尽量争取按期收回款项,否则会因拖欠时间过长而发生坏账,使企业蒙受损失。因此,企业必须在对收账的收益与成本进行比较分析的基础上,制订切实可行的收账政策。通常企业可以采取寄发账单、电话催收、派人上门催收、法律诉讼等方式进行催收应收账款,然而催收账款要发生费用,某些催款方式的费用还会很高。一般来说,收账的花费越大,收账措施越有力,可收回的账款就越多,坏账损失也就越小。因此,制订收账政策,又要在收账费用和所减少坏账损失之间做出权衡。制定有效、得当的收账政策很大程度上要依靠有关人员的经验。从财务管理的角度讲,也有一些数量化的方法可以参照。根据应收账款管理总成本最小化的原则,可以通过比较各收账方案成本的大小对其加以选择。

第四节　存 货 管 理

一、存货管理的目标

存货是指企业在生产经营过程中为销售或者耗用而储备的物资,包括材料、燃料、低值易耗品、在产品、半成品、产成品、协作件、商品等。存货管理水平的高低直接影响着企业的生产经营能否顺利进行,并最终影响企业的收益、风险等状况。因此,存货管理是财务管理的一项重要内容。

企业持有存货的原因,一方面是为了保证生产或销售的经营需要;另一方面是出自价格的考虑,零购物资的价格往往较高,而整批购买在价格上有优惠。但是,过多的存货要占用较多资金,并且会增加包括仓储费、保险费、维护费、管理人员工资在内的各项开支,因此,存货管理的目标,就是在保证生产或销售经营需要的前提下,最大限度地降低存货成本。具体包括以下几个方面。

(一) 保证生产正常进行

生产过程中需要的原材料和在产品,是生产的物质保证。为保障生产的正常进行,必须储备一定量的原材料，否则可能会造成生产中断、停工待料现象。尽管当前部分企业的存货管理已经实现计算机自动化管理，但要实现存货为零的目标实属不易。

（二）有利于销售

一定数量的存货储备能够增加企业在生产和销售方面的机动性和适应市场变化的能力。当企业市场需求量增加时，若产品储备不足就有可能失去销售良机。同时，由于顾客为节约采购成本和其他费用，一般可能成批采购；企业为了达到运输上的最优批量也会组织成批发运。所以保持一定量的存货是有利于市场销售的。

（三）便于维持均衡生产，降低产品成本

有些企业产品属于季节性产品或者需求波动较大的产品，此时若根据需求状况组织生产，则可能有时生产能力得不到充分利用，有时又超负荷生产，造成产品成本的上升。为了实现均衡生产，企业就要储备一定的产成品存货，并相应地保持一定的原材料存货。

（四）降低存货取得成本

一般情况下，当企业进行采购时，进货总成本与采购物资的单价和采购次数有密切关系。而许多供应商为鼓励客户多购买其产品，往往在客户采购量达到一定数量时，给予价格折扣，所以企业通过大批量集中进货，既可以享受价格折扣，降低购置成本，也因减少订货次数，降低了订货成本，使总的进货成本降低。

（五）防止意外事件的发生

企业在采购、运输、生产和销售过程中，都可能发生意料之外的事故，保持必要的存货保险储备，可以避免和减少意外事件的损失。

二、存货的成本

（一）取得成本

取得成本是指为取得某种存货而支出的成本，通常用 TC_a 来表示，其又分为订货成本和购置成本。

1. 订货成本

订货成本是指取得订单的成本，如办公费、差旅费、邮资、电话费、运输费等支出。订货成本中有一部分与订货次数无关，如常设采购机构的基本开支等，称为固定的订货成本，用 F_1 表示；另一部分与订货次数有关，如差旅费、邮资等，称为订货的变动成本。每次订货的变动成本用 K 表示；订货次数等于存货年需要量 D 与每次进货量 Q 之商。订货成本的计算公式为：

$$\text{订货成本} = F_1 + \frac{D}{Q}K$$

2. 购置成本

购置成本是指为购买存货本身所支出的成本，即存货本身的价值，经常用数量与单价的乘积来确定。年需要量用 D 表示，单价用 U 表示，于是购置成本为 DU。

订货成本加上购置成本，就等于存货的取得成本。其公式可表达为：

$$\begin{aligned}\text{取得成本} &= \text{订货成本} + \text{购置成本}\\ &= \text{订货固定成本} + \text{订货变动成本} + \text{购置成本}\end{aligned}$$

$$TC_a = F_1 + \frac{D}{Q}K + DU$$

(二)储存成本

储存成本是指为保持存货而发生的成本,包括存货占用资金所应计的利息、仓库费用、保险费用、存货破损和变质损失等,通常用 TC_c 来表示。

储存成本也分为固定成本和变动成本。固定储存成本与存货数量的多少无关,如仓库折旧、仓库职工的固定工资等,常用 F_2 表示。变动储存成本与存货的数量有关,如存货资金的应计利息、存货的破损和变质损失、存货的保险费用等,单位变动储存成本用 K_C 来表示。用公式表达的储存成本为:

$$储存成本 = 固定储存成本 + 变动储存成本$$

$$TC_c = F_2 + K_c \frac{Q}{2}$$

(三)缺货成本

缺货成本指由于存货供应中断而造成的损失,包括材料供应中断造成的停工损失、产成品库存缺货造成的拖欠发货损失和丧失销售机会的损失及造成的商誉损失等。如果生产企业以紧急采购代用材料解决库存材料中断之急,那么缺货成本表现为紧急额外购入成本。缺货成本用 TC_S 表示。

如果以 TC 来表示储备存货的总成本,它的计算公式为:

$$TC = TC_a + TC_c + TC_s = F_1 + \frac{D}{Q}K + DU + F_2 + K_c \frac{Q}{2} + TC_s$$

企业存货的最优化,就是使企业存货总成本即上式 TC 值最小。

三、最优存货量的确定

存货的决策涉及四项内容:决定进货项目、选择供应单位、决定进货时间和决定进货批量。按照存货管理的目的,需要安排合理的进货批量和进货时间,使存货的总成本最低,这个批量就是经济订货量或经济批量,主要采取经济订货模型加以计算。

(一)经济订货基本模型

经济订货基本模型是建立在一系列严格假设基础上的。这些假设包括:①存货总需求量是已知常数;②订货提前期是常数;③货物是一次性入库;④单位货物成本为常数,无批量折扣;⑤库存储存成本与库存水平呈线性关系;⑥货物是一种独立需求的物品,不受其他货物影响;⑦不允许缺货,即无缺货成本,TC_s 为零。

设立上述假设后,前述的总成本公式可以简化为:

$$TC = F_1 + \frac{D}{Q}K + DU + F_2 + \frac{Q}{2} \times K_c$$

当 F_1、K、D、U、F_2、K_C 为常数时,TC 的大小取决于 Q。

为了求出 TC 的极小值,对其进行求导演算,根据一阶导数等于 0,可以得出经济订货基本模型,公式如下:

$$EOQ = \sqrt{\frac{2KD}{K_c}}$$

式中：EOQ——经济订货批量；

D——存货年需要量；

K——每次订货的变动成本；

K_c——单位变动储存成本。

另外，还可以得出下列结论：

$$每年最佳订货次数=\frac{存货年需求总量}{经济订货批量}$$

$$最佳订货周期(年)=\frac{1}{每年最佳订货次数}$$

由于存货是陆续耗用的，所以：

$$经济订货量平均占用资金=\frac{经济订货量}{2\times 存货单价}$$

当 F_1、K、D、U、F_2、K_c 为常数时：

$$与批量相关的存货总成本=变动订货成本+变动储存成本=\frac{D}{Q}K+K_c\frac{Q}{2}$$

把 $EOQ=\sqrt{\frac{2KD}{K_c}}$ 代入 $\frac{D}{Q}K+K_c\frac{Q}{2}$ 可得：

与经济订货批量相关的存货总成本 $TC(EOQ)=\sqrt{2KDK_c}$

在经济订货批量下，变动订货成本＝变动储存成本＝$\frac{\sqrt{2KDK_c}}{2}$

［例 9-9］ 假设某企业每年所需的原材料 80 000 千克，单位成本为 15 元/千克。每次订货的变动成本为 20 元，单位变动储存成本为 0.8 元/千克。一年按 360 天计算。则：

经济订货批量＝$\sqrt{\frac{2\times 80\,000\times 20}{0.8}}=2\,000$(千克)

每年最佳订货次数＝$\frac{80\,000}{2\,000}=40$(次)

最佳订货周期＝$\frac{360}{40}=9$(天)

经济订货量平均占用资金＝$2\,000\times 15=15\,000$(元)

与经济订货批量相关的存货总成本＝$\sqrt{2\times 80\,000\times 20\times 0.8}=1\,600$(元)

在经济订货批量下，变动订货成本＝$40\times 20=800$(元)

变动储存成本＝$2\,000\div 2\times 0.8=800$(元)

(二) 经济订货基本模型的扩展

放宽经济订货基本模型的相关假设，就可以扩展经济订货模型，以扩大其适用范围。

1. 再订货点

一般情况下，企业的存货不能做到随用随时补充，因此需要在没有用完时提前订货。再订货点就是在提前订货的情况下，为确保存货用完时订货刚好到达，企业再次发出订货单时应保持的存货库存量，它的数量等于平均交货时间和每日平均需用量的乘积：

$$R = L \times d$$

式中，R 表示再订货点，L 表示平均交货时间，d 表示每日平均需用量。

例如，企业订货日至到货期日的时间为 5 天，每日存货需用量为 20 千克，那么：

$$R = L \times d = 5 \times 20 = 100(\text{千克})$$

企业在尚存 100 千克存货时，就应当再次订货，等到下批订货到达时(再次发出订货单 5 天后)，原有库存刚好用完。此时，订货提前期的情形如图 9-6 所示。这就是说，订货提前期对经济订货量并无影响，每次订货批量、订货次数、订货间隔时间等与瞬时补充相同。

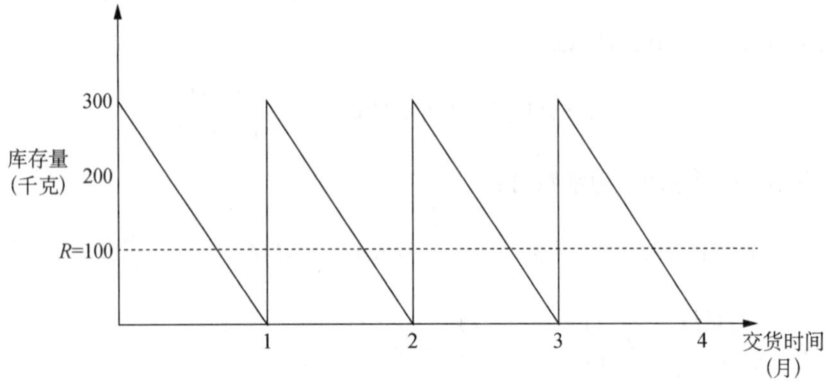

图 9-6　订货提前期

2. 存货陆续供应和使用模型

经济订货基本模型是建立在存货一次全部入库的假设之上的。事实上，各批存货一般都是存货陆续入库，库存量陆续增加。特别是产成品入库和在产品转移，几乎总是陆续供应和陆续耗用的。在这种情况下，需要对经济订货的基本模型做一些修正。

假设每批订货数为 Q，每日送货量为 P，则该批货全部送达所需日数即送货期为：

$$\text{送货期} = \frac{Q}{P}$$

假设每日耗用量为 d，则送货期内的全部耗用量为：

$$\text{送货期耗用量} = \frac{Q}{P} \times d$$

由于零件边送边用，所以每批送完时，送货期内平均库存量为：

$$\text{送货期内平均库存量} = \frac{1}{2}\left(Q - \frac{Q}{P} \times d\right)$$

假设存货年需用量为 D，每次订货费用为 K，单位储存费率为 K_c，则与批量有关的总成本为：

$$TC(Q) = \frac{D}{Q}K + \frac{1}{2} \times \left(Q - \frac{Q}{P} \times d\right) \times K_c$$

在订货变动成本与储存变动成本相等时，$TC(Q)$ 有最小值，故存货陆续供应和使用的经济订货量公式为：

$$EOQ=\sqrt{\frac{2KD}{K_c}\times\frac{P}{P-d}}$$

将这一公式代入 TC(Q)公式，可得出存货陆续供应和使用的经济订货量相关总成本公式为：

$$TC(EOQ)=\sqrt{2KDK_c\times\left(1-\frac{d}{P}\right)}$$

[例 9-10]　某零件年需用量 D 为 3 600 件，每日送货量 P 为 30 件，每日耗用量 d 为 10 件，单价 U 为 10 元，一次订货成本(生产准备成本)K 为 25 元，单位储存变动成本 K_c 为 2 元。要求计算该零件的经济订货量和相关总成本。

将例中数据代入相关公式，则：

$$EOQ=367(\text{件})$$
$$TC(EOQ)=490(\text{元})$$

(三) 保险储备

前面讨论的经济订货量是以供需稳定为前提的。但实际情况并非完全如此，企业对存货的需求量可能发生变化，交货时间也可能会延误。在交货期内，如果发生需求量增大或交货时间延误，就会发生缺货。为防止由此造成的损失，企业应有一定的保险储备。图 9-7 显示了在具有保险储备时的存货水平。图 9-7 中，在订货点，企业按 EOQ 订货。在交货期内，如果对存货的需求量很大，或交货时间由于某种原因被延误，企业可能发生缺货。为防止存货中断，再订货点应等于交货期内的预计需求与保险储备之和。即：

再订货点 = 预计交货期内的需求 + 保险储备

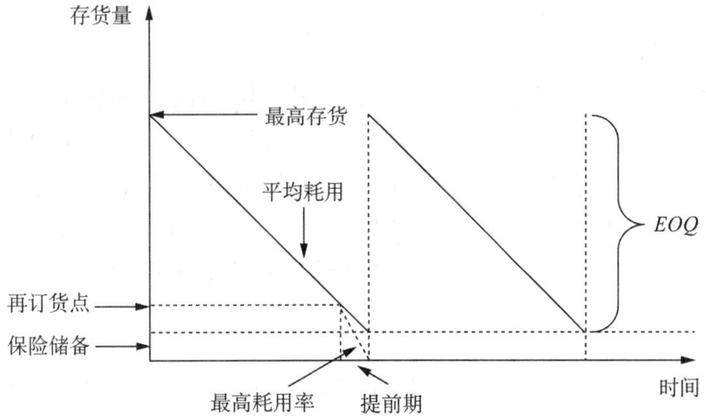

图 9-7　不确定需求和保险储备下的存货水平

企业应保持多少保险储备才合适？这取决于存货中断的概率和存货中断的损失。较高的保险储备可降低缺货损失，但也增加了存货的储存成本。因此，最佳的保险储备应该是使缺货损失和保险储备的储存成本之和达到最低。

第五节　流动负债管理

流动负债主要有三种主要来源:短期借款、短期融资券和商业信用。不同的来源具有不同的获取速度、灵活性、成本和风险。

一、短期借款

企业的借款通常按其流动性或偿还时间的长短,划分为短期借款和长期借款。短期借款是指企业向银行或其他金融机构借入的期限在1年以内(含1年)的各种借款。

目前,我国短期借款按照目的和用途分为生产周转借款、临时借款、结算借款、票据贴现借款等。按照国际惯例,短期借款往往按偿还方式不同分为一次性偿还借款和分期偿还借款;按利息支付方式不同分为收款法借款、贴现法借款和加息法借款;按有无担保分为抵押借款和信用借款。

短期借款可以随企业的需要安排,便于灵活使用,但其突出的缺点是短期内要归还,且可能会附带很多附加条件。

(一) 短期借款的信用条件

银行等金融机构对企业贷款时,通常会附带一定的信用条件。短期借款所附带的一些信用条件主要有以下几种。

1. 信贷额度

信贷额度也称贷款限额,是借款企业与银行在协议中规定的借款最高限额,信贷额度的有效期限通常为1年。一般情况下,在信贷额度内,企业可以随时按需要支用借款。但是,银行并不承担必须支付全部信贷数额的义务。如果企业信誉恶化,即使在信贷限额内,企业也可能得不到借款。此时,银行不会承担法律责任。

2. 周转信贷协定

周转信贷协定是银行承诺提供不超过某一最高限额的贷款协定。在协定的有效期内,只要企业借款总额未超过最高限额,银行必须满足企业任何时候提出借款的要求。企业要享用周转信贷协定,通常要对贷款限额的未使用部分付给银行一笔承诺费用。

[例9-11]　某企业与银行商定的周转信贷额度为5 000万元,年度内实际使用了2 800万元,承诺率为0.5%,则企业应向银行支付的承诺费为多少?

$$信贷承诺费 = (5\,000 - 2\,800) \times 0.5\% = 11(万元)$$

周转信贷协定的有效期通常超过1年,但实际上贷款每几个月发放一次,所以这种信贷具有短期借款和长期借款的双重特点。

3. 补偿性余额

补偿性余额是银行要求借款企业在银行中保持按贷款限额或实际借用额一定比例(通常为10%～20%)计算的最低存款余额。对于银行来说,补偿性余额有助于降低贷款风险,补偿其可能要遭受的风险;对借款企业来说,补偿性余额则提高了借款的实际利率,加重了企业负担。

[例 9-12]　某企业向银行借款 800 万元，利率为 6%；银行要求保留 10%的补偿性余额，则企业实际可动用的贷款为 720 万元，该借款的实际利率为多少？

$$借款实际利率 = 800 \times 6\% \div 720 = 6\% \div (1-10\%) = 6.67\%$$

4. 借款抵押

为了降低风险，银行发放贷款时往往需要有抵押品担保。短期借款的抵押品主要有应收账款、存货、应收票据、债券等。银行将根据抵押品面值的 30%～90%发放贷款，具体比例取决于抵押品的变现能力和银行对风险的态度。

5. 偿还条件

贷款的偿还有到期一次偿还和在贷款期内定期(每月、季)等额偿还两种方式。一般来讲，企业不希望采用后一种偿还方式，因为这会提高借款的实际年利率；而银行不希望采用前一种偿还方式，是因为这会加重企业的财务负担，增加企业的拒付风险，同时会降低实际贷款利率。

6. 其他承诺

银行有时还会要求企业为取得贷款而作出其他承诺，如及时提供财务报表、保持适当的财务水平(如特定的流动比率)等。如企业违背所作出的承诺，银行可要求企业立即偿还全部贷款。

(二) 短期借款的成本

短期借款的成本主要包括利息、手续费等。短期借款成本的高低主要取决于贷款利率的高低和利息的支付方式。短期贷款利息的支付方式有收款法、贴现法和加息法三种，付息方式不同，短期借款成本计算也有所不同。

1. 收款法

收款法是在借款到期时向银行支付利息的方法。银行向企业贷款一般都是采用这种方法收取利息。采用收款法时，短期贷款的实际利率就是名义利率。

2. 贴现法

贴现法又称折价法，是指银行向企业发放贷款时，先从本金中扣除利息部分，到期时借款企业偿还全部贷款本金的一种利息支付方法。在这种利息支付方式下，企业可以利用的贷款只是本金减去利息部分后的差额，因此，贷款的实际利率要高于名义利率。

[例 9-13]　某企业从银行取得借款 200 万元，期限 1 年，利率 6%，利息 12 万元。按贴现法付息，企业实际可动用的贷款为 188 万元，则该借款的实际利率为多少？

$$借款实际利率 = 200 \times 6\% \div (200-12) = 200 \times 6\% \div (1-6\%) = 6.38\%$$

3. 加息法

加息法是银行发放分期等额偿还贷款时采用的利息收取方法。在分期等额偿还贷款情况下，银行将根据名义利率计算的利息加到贷款本金上，计算出贷款的本息和，要求企业在贷款期内分期偿还本息之和。由于贷款本金分期均衡偿还，借款企业实际上只平均使用了贷款本金的一半，却支付了全额利息。这样企业所负担的实际利率便要高于名义利率大约 1 倍。

[例 9-14]　某企业借入(名义)年利率为 12%的贷款 20 000 元，分 12 个月等额偿还本息。该项借款的实际年利率为：

$$\text{实际年利率} = 20\ 000 \times 12\% \div (20\ 000 \div 2) = 24\%$$

二、短期融资券

短期融资券是由企业依法发行的无担保短期本票。在我国，短期融资券是指企业依照《银行间债券市场非金融企业债务融资工具管理办法》的条件和程序，在银行间债券市场发行和交易并约定在一定期限内还本付息的有价证券，是企业筹措短期（1 年以内）资金的直接融资方式。

（一）发行短期融资券的相关规定

（1）发行人为非金融企业，发行企业均应经过在中国境内工商注册且具备债券评级能力的评级机构的信用评级，并将评级结果向银行间债券市场公示。

（2）发行和交易的对象是银行间债券市场的机构投资者，不向社会公众发行和交易。

（3）融资券的发行由符合条件的金融机构承销，企业不得自行销售融资券，发行融资券募集的资金用于本企业的生产经营。

（4）融资券采用实名记账方式在中央国债登记结算有限责任公司（简称中央结算公司）登记托管，中央结算公司负责提供有关服务。

（5）债务融资工具发行利率、发行价格和所涉费率以市场化方式确定，任何商业机构不得以欺诈、操纵市场等行为获取不正当利益。

（二）短期融资券的种类

（1）按发行人分类，短期融资券分为金融企业的融资券和非金融企业的融资券。在我国，目前发行和交易的是非金融企业的融资券。

（2）按发行方式分类，短期融资券分为经纪人承销的融资券和直接销售的融资券。非金融企业发行融资券一般采用间接承销方式进行，金融企业发行融资券一般采用直接发行方式进行。

（三）短期融资券的筹资特点

（1）短期融资券的筹资成本较低。相对于发行企业债券筹资而言，发行短期融资券的筹资成本较低。

（2）短期融资券筹资数额比较大。相对于银行借款筹资而言，短期融资券一次性的筹资数额比较大。

（3）发行短期融资券的条件比较严格。只有具备一定的信用等级的实力较强的企业，才能发行短期融资券筹资。

三、商业信用

商业信用是指企业在商品或劳务交易中，以延期付款或预收货款方式进行购销活动而形成的借贷关系，是企业之间的直接信用行为，也是企业短期资金的重要来源。商业信用产生于企业生产经营的商品、劳务交易之中，是一种自动性筹资。

（一）商业信用的形式

1. 应付账款

应付账款是供应商给企业提供的一种商业信用。由于购买者往往在到货一段时间后才付款，商业信用就成为企业短期资金的来源。如企业规定对所有账单均见票后若干日付款，商业信用就成为随生产周转而变化的一项内在的资金来源。当企业扩大生产规模时，其进货和应付账款相应增长，商业信用就提供了增产需要的部分资金。

商业信用条件通常包括以下两种：第一，有信用期，但无现金折扣。第二，有信用期和现金折扣。供应商在信用条件中规定现金折扣的目的主要在于加速资金回收。企业在决定是否享受现金折扣时，应仔细考虑。通常，放弃现金折扣的成本是很高的。

(1) 放弃现金折扣的信用成本。倘若买方企业购买货物后在卖方规定的折扣期内付款，可以获得免费信用，这种情况下企业没有因为取得延期付款信用而付出代价。

[例 9-15] 某企业按“2/10，N/30”的付款条件购入货物 60 万元。如果企业在 10 天以后付款，便放弃了现金折扣 1.2 万元(60×2%)，信用额为 58.8 万元(60−1.2)。放弃现金折扣的信用成本率为：

$$\text{放弃折扣的信用成本率}=\frac{\text{折扣}\ \%}{1-\text{折扣}\ \%}\times\frac{360\ \text{天}}{\text{付款期}-\text{折扣期}}=\frac{2\%}{1-2\%}\times\frac{360}{30-10}=36.73\%$$

公式表明，放弃现金折扣的信用成本率与折扣百分比大小、折扣期长短和付款期长短有关系，与货款额和折扣额没有关系。企业在放弃折扣的情况下，推迟付款的时间越长，其信用成本便会越小，但展期信用的结果是企业信誉恶化导致信用度的严重下降，日后可能招致更加苛刻的信用条件。

(2) 放弃现金折扣的信用决策。企业放弃应付账款现金折扣的原因，可能是企业资金暂时的缺乏，也可能是基于将应付的账款用于临时性短期投资，以获得更高的投资收益。如果企业将应付账款额用于短期投资，所获得的投资报酬率高于放弃折扣的信用成本率，则应当放弃现金折扣。

[例 9-16] 企业采购一批材料，供应商报价为 10 000 元，付款条件为：3/10、2.5/30、1.8/50、N/90。目前，企业用于支付账款的资金需要在 90 天时才能周转回来，在 90 天内付款，只能通过银行借款解决。如果银行利率为 12%，确定企业材料采购款的付款时间和价格。

根据放弃折扣的信用成本率计算公式，10 天付款方案，放弃折扣的信用成本率为 13.92%；30 天付款方案，放弃折扣的信用成本率为 15.38%；50 天付款方案，放弃折扣的信用成本率为 16.50%。由于各种方案放弃折扣的信用成本率均高于借款利息率，因此初步结论是要取得现金折扣，借入银行借款以偿还货款。

10 天付款方案，得折扣 300 元，用资 9 700 元，借款 80 天，利息 258.67 元，净收益 41.33 元；30 天付款方案，得折扣 250 元，用资 9 750 元，借款 60 天，利息 195 元，净收益 55 元；50 天付款方案，得折扣 180 元，用资 9 820 元，借款 40 天，利息 130.93 元，净收益 49.07 元。结论：第 30 天付款是最佳方案，其净收益最大。

2. 应付票据

应付票据是指企业在商品购销活动和对工程价款进行结算中，因采用商业汇票结算方式而产生的商业信用。商业汇票是指由付款人或存款人(或承兑申请人)签发，由承兑人承兑，并于到期日向收款人或被背书人支付款项的一种票据，它包括商业承兑汇票和银行承兑汇票。应付票据按是否带息分为带息应付票据和不带息应付票据两种。

3. 预收货款

预收货款，是指销货单位按照合同和协议规定，在发出货物之前向购货单位预先收取部分或全部货款的信用行为。购买单位对于紧俏商品往往乐于采用这种方式购货；销货方对于生产周期长，造价较高的商品，往往采用预收货款方式销货，以缓和本企业因资金占用过多产生的矛盾。

4. 应计未付款

应计未付款是企业在生产经营和利润分配过程中已经计提但尚未以货币支付的款项，主要包括应付职工薪酬、应交税费、应付利润或应付股利等。以应付职工薪酬为例，企业通常以半月或月为单位支付职工薪酬，在应付职工薪酬已计但未付的这段时间，就会形成应计未付款。它相当于职工给企业的一个信用。应交税费、应付利润或应付股利也有类似的性质。应计未付款随着企业规模的扩大而增加，企业使用这些自然形成的资金无须付出任何代价。但企业不是总能控制这些款项，因为其支付是有一定时间的限制，企业不能总拖欠这些款项。所以，企业尽管可以充分利用应计未付款项，但并不能控制这些账目的水平。

（二）商业信用筹资的优缺点

1. 商业信用筹资的优点

（1）商业信用容易获得。商业信用的载体是商品购销行为，企业总有一批既有供需关系又有相互信用基础的客户，所以对大多数企业而言，应付账款和预收账款是自然的、持续的信贷形式。商业信用的提供方一般不会对企业的经营状况和风险作严格的考量，企业无须办理像银行借款那样复杂的手续便可取得商业信用，有利于应对企业生产经营之急需。

（2）企业有较大的机动权。企业能够根据需要，选择决定筹资的金额大小和期限长短，同样要比银行借款等其他方式灵活得多，甚至如果在期限内不能付款或交货时，一般还可以通过与客户的协商，请求延长时限。

（3）企业一般不用提供担保。通常，商业信用筹资不需要第三方担保，也不会要求筹资企业用资产进行抵押。这样，在出现逾期付款或交货的情况时，可以避免像银行借款那样面临抵押资产被处置的风险，企业的生产经营能力在相当长的一段时间内不会受到限制。

2. 商业信用筹资的缺点

（1）商业信用筹资成本高。在附有现金折扣条件的应付账款融资方式下，其筹资成本与银行信用相比较高。

（2）容易恶化企业的信用水平。商业信用的期限短，还款压力大，对企业现金流量管理的要求很高。如果长期和经常性地拖欠账款，会造成企业的信誉恶化。

（3）受外部环境影响较大。商业信用筹资受外部环境影响较大，稳定性较差，即使不考虑机会成本，也是不能无限利用的。一是受商品市场的影响，如当求大于供时，卖方可能停止提供信用。二是受资金市场的影响，当市场资金供应紧张或有更好的投资方向时，商业信用筹资就可能遇到障碍。

四、流动负债的利弊

（一）流动负债的经营优势

流动负债容易获得，具有灵活性，能够有效地满足企业季节性信贷需求。这创造了需要融资和获得融资之间的同步性。另外，短期借款一般比长期借款具有更少的约束性条款。如果仅在一个短期内需要资金，以短期为基础进行借款可以使企业维持未来借款决策的灵活性。如果一个企业签订了长期借款协议，该协议具有约束性条款、大量的预付成本和(或)信贷合约的初始费用，那么就不具备灵活性。

流动负债的一个主要作用是为季节性行业的流动资产进行融资。为了满足增长的需要，一个季节性企业必须增加存货和(或)应收账款。流动负债是为流动资产中的临时性的、季节性的增长进行融资的主要工具。

(二) 流动负债的经营劣势

流动负债的一个经营劣势是需要持续地重新谈判或滚动安排负债。贷款人由于企业财务状况的变化，或整体经济环境的变化，可能在到期日不愿滚动贷款，或重新设定信贷额度。而且，提供信贷额度的贷款人一般要求，用于为短期营运资金缺口而筹集的贷款，必须每年支付至少1～3个月的全额款项，这1～3个月称为结清期。贷款人之所以这么做，是为了确认企业是否在适合采用长期负债融资时仍然使用流动负债。许多企业的实践证明，使用短期贷款来为永久性流动资产融资是一件危险的事情。

本章小结

营运资金是指流动资产减去流动负债后的余额。营运资金的管理既包括流动资产的管理，也包括流动负债的管理。人们出于交易、预防和投机动机而持有现金，而持有现金会产生机会成本、管理成本和短缺成本，最佳现金持有量是使得现金持有成本最小化的持有量。信用政策主要包括信用标准、信用条件、收账政策三部分内容，需要掌握改变信用政策给企业带来的损益变化。除此以外，本章还介绍了应收账款管理、存货持有成本、最优存货量、保险储备、放弃现金折扣信用成本计算、流动负债管理等知识。

复习思考题

1. 什么是营运资本？它与现金周转之间的关系是怎样的？
2. 企业为什么要持有现金？现金管理的内容包括哪些？
3. 现金预算的编制方法有哪些？
4. 持有短期金融资产的目的是什么？说出几种常见的短期金融资产。
5. 应收账款的管理目标有哪些？应收账款政策包括哪些主要内容？
6. 说明存货规划需要考虑的主要问题。
7. 在选择贷款银行时，应该考虑的因素有哪些？
8. 商业信用筹资有哪些特点？
9. 发行短期融资券的优点有哪些？

案例分析

苏宁易购的"傲娇":资产年平均增长38%,付款账期仅行业一半

苏宁易购于1990年在南京成立,经过30年的发展,苏宁易购已经成长为中国领先的智慧零售服务商。在互联网零售时代,苏宁易购持续推进智慧零售、场景互联战略,全品类拓展,全渠道在线,全客群融合,并通过开放供应云、用户云、物流云、金融云、营销云,实现从线上到线下,从城市到县镇,从购物中心到社区全覆盖,为消费者提供无处不在的1小时场景生活圈解决方案,全方位覆盖消费者的生活所需。2020年,苏宁易购再次位列《财富》全球500强,并且在2020年《中国500最具价值品牌》中,以2 968.15亿元的品牌价值稳居零售业第一位。

苏宁易购自2004年上市以来,其资产规模一直保持快速扩张,远超A股零售行业平均水平。通过拆解苏宁易购的资产分布及增长情况,可以发现苏宁易购始终围绕零售核心能力进行持续性的高投入。无论是在固定资产、无形资产还是预付款项方面,苏宁易购都保持着年均超过20%的增长。

苏宁易购的大多数投入,修炼的都是内功。比如针对物流、仓储、IT能力的建设,短时间内很难看到收益,却决定了一家零售企业能够走多远。而在大家都不看好实体零售的时候,苏宁依然坚持探索线上线下融合的模式,投入重金进行场景塑造。

打造了以中心仓、城市仓、门店仓、前置仓为一体的全国仓储网络布局,通过数字技术串联,为商品的快速流通提供支撑。在此基础上苏宁易购还加大了预付供应商货款的力度,用于加大对供应商的支持,苏宁易购2018年应付账款周转天数为28.56天,远低于行业平均水平。2019年第四季度,苏宁易购强化了商品供应链管理,优化账期及支付方式,积极推动供应链金融业务,运营资金效率有所提升,实现经营性现金流净额20.99亿元。2019年苏宁易购实现营业收入2 692.29亿元,同比增长9.91%。

案例思考题:

1. 苏宁易购为什么要支持供应商的资金支出,加大预付款力度?
2. 对于新零售企业,有哪些方法可以提高资金运转,增强企业运营能力?

参考答案

第十章
股利理论与实践

教学目的与要求

1. 了解各种股利理论的核心思想、股票回购的定义及意义。
2. 理解股利的发放程序、股利政策的影响因素。
3. 理解发放股票股利对公司财务的影响。
4. 理解股票股利和股票分割的区别与联系。
5. 掌握各种股利政策的特点、评价及适用条件。
6. 理解利润分配的程序、股利的种类。

引导案例

30 家上市公司 20 年未分红为哪般

随着年报季高峰期即将到来,沪深两市 4 000 多家上市公司将密集披露 2020 年年报和主要经营业绩,向投资者展示过去一年的经营成果。而作为长期看好公司发展的回报,上市公司会推出现金分红方案,与投资者分享业绩增长的红利。现金分红是上市公司回报投资者的重要途径。但《华夏时报》记者梳理发现,剔除退市股和 ST 股,有 30 家上市公司自 2001 年以来已经 20 年"一毛不拔",成为"老大难"。特别是海航集团、北汽新能源等 7 家公司自从上市以来没有推出过一次分红派息计划,而其中不少公司多年来营收和盈利能力都正常,也多次通过各种形式从市场进行再融资,可谓是资本市场的"铁公鸡"。30 家公司均匀地分布在多个行业中,涉及交通运输、酒店、教育、汽车等大消费行业,也包括建筑材料、装饰和机械设备等传统工业行业,以及电子、计算机等科技型行业。从市值来看,30 家公司以小盘子为主,2/3 集中在 50 亿元以下,但也不乏贝瑞基因、广晟有色、北汽蓝谷等市值在 100 亿元以上的公司,特别是后者市值超过 300 亿元。一位市场人士告诉记者,如果公司正处于高速增长期,更适合把盈利投入到再生产中,能为股东产生更多效益;增长稳定,而且利润很丰厚的成熟型企业更适合分红。Wind数据显示，在上述30家公司中，截至2019年末，过去10年收入、净利润复合增速均为正向的有22家，超过20%的有7家。即使放在全球市场，10年来两项数据增速均超过20%的公司也不过585家，这7家公司在整个市场的前20%之列。排除掉爆发式增长后陷入停滞的情况，近3年来，两项数据均为正的有24家，超过20%的有12家。虽然30家公司中增速维持正向的居多，但从收入和盈利的增速来看，基本都不属于高速增长阶段。川财证券研究所所长、首席经济学家陈雳在接受《华夏时报》记者采访时表示，一般来说，公司如果当年出现亏损，或是可分配累积利润未达到章程约定的分红线，就不会进行分红派息。

资料来源：https://new.qq.com/omn/20210306/20210306A012GG00.html

重点知识思维导图

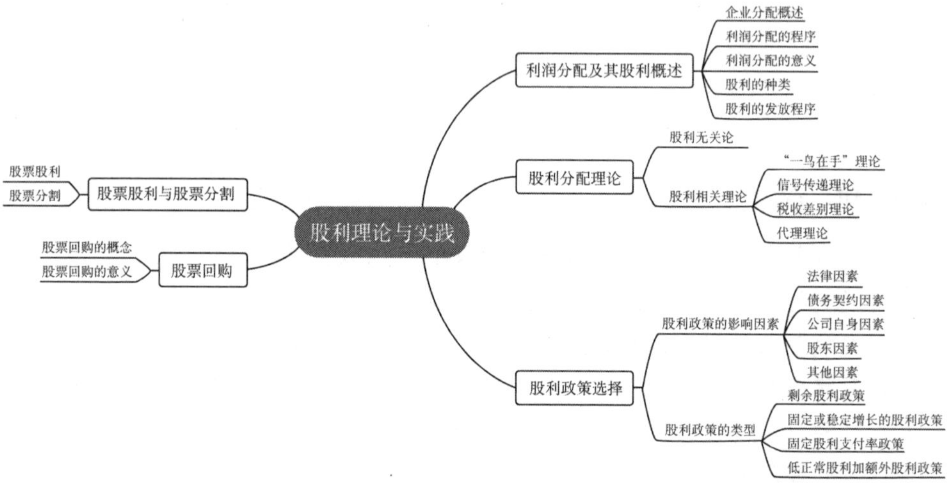

第一节　利润分配及其股利概述

股利分配是财务管理重要的财务活动内容，是对投资的回报，也是连接资金运动起点和终点的重要纽带，科学、合理制订股利分配政策对资金运动和财务关系的运行具有重要的影响。

一、企业分配概述

按照现代企业理论，企业是不同的利益主体（如股东、员工、债权人）之间达成的一组契约关系，不同的利益主体将自己拥有的资源投入企业，目的就是从企业的生产经营中获得收益。因此，企业分配就是界定企业在生产经营过程中的经营成果如何在相关利益主体之间进行分配的一种行为。

企业分配的对象是指企业在生产经营中的经营成果，即企业收益。在实践中，企业的分配对象有广义和狭义之分。狭义的分配对象是指企业的税后利润，在这种口径下，企业分配主要探讨企业税后利润如何在股东和企业之间分配，即股利政策的制定。西方财务管理采取的就是这种狭义的概念。广义的分配对象是指企业在一定时期内实现的总收入在扣除必要的生产资料成本后的余额，即企业在生产经营活动中新创造的价值。从会计核算的角度来看，广义的分配对象等同于企业的息税前利润，即支付工薪、利息和所得税之前的利润。显然，以广义的分配对象为口径，企业分配主要是研究企业的息税前利润如何在股东、员工、政府、债权人等相关利益主体之间进行分配。本书采用狭义的分配概念，即主要针对企业税后利润的分配。

二、利润分配的程序

明星艺人偷逃税

利润分配就是对企业所实现的经营成果进行分割与派发的活动。利润分配关系着国家、企业及所有者等各方的利益，必须严格按照国家的法令和制度执行。根据我国《公司法》及相关法律制度的规定，公司净利润的分配应按照下列顺序进行，并构成了分配管理的主要内容。

(一) 弥补以前年度亏损

企业在提取法定公积金之前，应先用当年利润弥补以前年度亏损。企业年度亏损，可以用下一年度的税前利润弥补，下一年度不足弥补的，可以在 5 年之内用税前利润连续弥补，连续 5 年未弥补的亏损则用税后利润弥补。其中，税后利润弥补亏损，可以用当年实现的净利润，也可以用盈余公积转入。

(二) 提取法定公积金

根据《公司法》的规定，法定公积金的提取比例为当年税后利润(弥补亏损后)的 10%。当年法定公积金的累积额已达注册资本的 50%时，可以不再提取。法定公积金提取后，根据企业的需要，可用于弥补亏损或转增资本，但企业用法定公积金转增资本后，法定公积金的余额不得低于转增前公司注册资本的 25%。提取法定公积金的主要目的是增加企业内部积累，以利于企业扩大再生产。

(三) 提取任意公积金

根据《公司法》的规定，公司从税后利润中提取法定公积金后，经股东会或股东大会决议，还可从税后利润中提取任意公积金。这是为了满足企业经营管理的需要，控制向投资者分配利润的水平，以及调整各年度利润分配的波动。

(四) 向股东(投资者)分配股利(利润)

根据《公司法》的规定，公司弥补亏损和提取公积金后所余税后利润，可以向股东(投资者)分配。其中，有限责任公司股东按照实缴的出资比例分取红利，全体股东约定不按照出资比例分取红利的除外；股份有限公司按照股东持有的股份比例分配，但股份有限公司章程规定不按照持股比例分配的除外。

此外，近年来，以期权形式或类似期权形式进行的股权激励在一些大公司逐渐流行起来，从本质上来说，股权激励是企业对管理层或者员工进行的一种经济利益分配。

三、利润分配的意义

利润作为企业生产经营的成果，在两权分离的背景下与受托责任观的理念下，是职业经理人尽职履责的结果，可以反映经理人的努力程度与能力水平。企业进行利润分配是股东投资回报的直接体现，稳定的利润分配一方面有利于促进股东对企业经营的信心，给予企业更多的支持；另一方面，将企业经营计划外的闲置资金分配给股东，可以有效地降低职业经理人的“滥用”现金行为，减少相应的非必要投资和经理人的自利行为，促进企业健康发展。

四、股利的种类

股份有限公司分派股利的形式一般有现金股利、股票股利、财产股利和负债股利。

（一）现金股利

现金股利是以现金支付的股利，它是股利支付的主要方式。公司支付现金股利除了要有累计盈余（特殊情况下可用弥补亏损后的盈余公积金支付）外，还要有足够的现金，因此，公司在支付现金股利前需筹备充足的现金。

（二）股票股利

股票股利是公司以增发的股票作为股利的支付方式。发放股票股利，有利于节约现金支出，有助于股本扩张，把股票市价维持在希望的范围内；但是也可能传递公司面临财务困境的坏消息，使投资者失去信心，导致股价下跌。

（三）财产股利

财产股利是以现金以外的资产支付的股利，主要是以公司所拥有的其他企业的有价证券，如债券、股票，作为股利支付给股东。

（四）负债股利

负债股利是公司以负债支付的股利，通常以公司的应付票据支付给股东，在不得已的情况下也有发行公司债券抵付股利的。

财产股利和负债股利方式目前在我国公司实务中很少使用。在我国上市公司的股利分配实践中，股利支付方式主要是现金股利、股票股利或者是两种方式兼有的组合分配方式。部分上市公司在实施现金股利和股票股利的利润分配方案时，有时也会同时实施从资本公积转增股本的方案。

五、股利的发放程序

股份有限公司分配股利必须遵循法定的程序，一般是先由董事会提出股利分配预案，然后提交股东大会决议通过才能进行分配。股东大会决议通过股利分配预案之后，要向股东宣布发放股利的方案，并确定股权登记日、除息日、股利支付日，这几个日期对分配股利是非常重要的。

（一）股利宣告日

股利宣告日，即公司董事会将股东大会通过本年度利润分配方案的情况，以及股利支付情况予以公告的日期。公告中将宣布每股派发股利、股权登记日、除息日、股利支付日以及派发对象等事项。

（二）股权登记日

股权登记日，即有权领取本期股利的股东资格登记截止日期。只有在股权登记日这一天登记在册的股东（即在此日及之前持有或买入股票的股东）才有资格领取本期股利，而在这一天之后登记在册的股东，即使是在股利支付日之前买入的股票，也无权领取本期分配的股利。此外，我国部分上市公司在进行利润分配时除了分派现金股利，还会送股或转增股，在股权登记日这一天仍持有或买进该公司的股票的投资者是可以享有此次分红、送股或转增股的股东，这部分股东名册由证券登记公司统计在案，届时将应支付的现金红利、应送的红股或转增股划到这部分股东的账上。

(三) 除息日

除息日，也称除权日，是指股利所有权与股票本身分离的日期，将股票中含有的股利分配权利予以解除，即在除息日当日及以后买入的股票不再享有本次股利分配的权利。我国上市公司的除息日通常是在登记日的下一个交易日。由于在除息日之前的股票价格中包含了本次派发的股利，而自除息日起的股票价格中则不包含本次派发的股利。通过除权调整上市公司每股股票对应的价值，以便投资者对股价进行对比分析。

(四) 股利支付日

股利支付日，是公司确定的向股东正式发放股利的日期。公司通过资金清算系统或其他方式将股利支付给股东。

[例 10-1] 万科 A2020 年现金股利支付程序如图 10-1 所示。

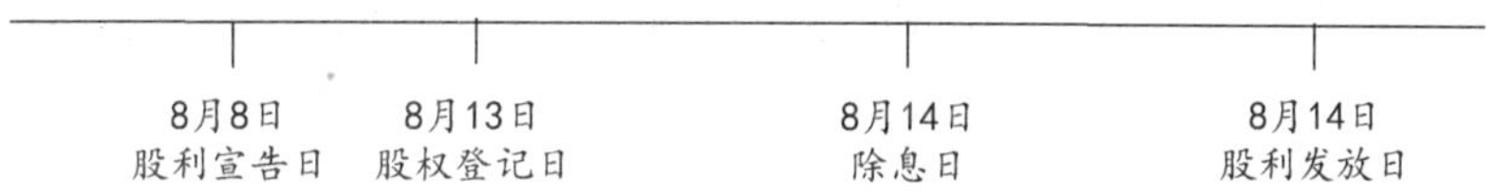

图 10-1 万科 A 2020 年现金股利支付程序

第二节 股利分配理论

企业的股利分配方案既取决于企业的股利政策，又取决于决策者对股利分配的理解与认识，即股利分配理论。股利分配理论是指人们对股利分配的客观规律的科学认识与总结，其核心问题是股利政策与公司价值的关系问题。在市场经济条件下，股利分配要符合财务管理目标。人们对股利分配与财务目标之间关系的认识存在不同的流派与观念，还没有一种被大多数人所接受的权威观点和结论，但主要有以下两种较流行的观点。

一、股利无关论

股利无关论认为股利分配对公司的市场价值(或股票价格)不会产生影响。这一理论是米勒(Merton Miller)与莫迪利安尼(Franco Modigliani)于 1961 年在下面列举的一些假设之上提出的：①公司的投资政策已确定并且已经为投资者所理解；②不存在股票的发行和交易费用；③不存在个人或公司所得税；④不存在信息不对称；⑤经理与外部投资者之间不存在代理成本。上述假设描述的是一种完美资本市场，因而股利无关论又称为完全市场理论。

股利无关论有以下观点。

(一) 投资者并不关心公司股利的分配

若公司留存较多的利润用于再投资，会导致公司股票价格上升；此时尽管股利较低，但需用现金的投资者可以出售股票换取现金。若公司发放较多的股利，投资者又可以用现金再买入一些股票以扩大投资。也就是说，投资者对股利和资本利得并无偏好。

（二）股利的支付比率不影响公司的价值

既然投资者不关心股利的分配，公司的价值就完全由其投资政策及其获利能力所决定，公司的盈余在股利和保留盈余之间的分配并不影响公司的价值，既不会使公司价值增加，也不会使公司价值降低（即使公司有理想的投资机会而又支付了高额股利，也可以募集新股，新投资者会认可公司的投资机会）。

二、股利相关理论

股利分红

与股利无关论相反，股利相关理论认为，企业的股利政策会影响股票价格和公司价值，主要观点有以下几种。

（一）“一鸟在手”理论

股东的投资收益来自当期股利和资本利得两个方面，利润分配决策的核心问题是在当期股利收益与未来预期资本利得之间进行权衡。企业的当期股利支付率升高时，企业盈余用于未来发展的留存资金会减少，虽然股东在当期获得了较高的股利，但未来的资本利得则有可能降低；而当企业的股利支付率下降时，用于发展企业的留存资金会增加，未来股东的资本利得将有可能提高。

由于企业在经营过程中存在着诸多的不确定性因素，股东会认为现实的现金股利要比未来的资本利得更为可靠，会更偏好于确定的股利收益。因此，资本利得好像林中之鸟，虽然看上去很多，但却不一定抓得到。而现金股利则好像在手之鸟，是股东有把握按时、按量得到的现实收益。股东在对待股利分配政策态度上表现出来的这种宁愿现在取得确定的股利收益，而不愿将同等的资金放在未来价值不确定性投资上的态度偏好，即“一鸟在手，强于二鸟在林”。

根据“一鸟在手”理论所体现的收益与风险的选择偏好，股东更偏好于现金股利而非资本利得，倾向于选择股利支付率高的股票。当公司支付较少的现金股利而留用利润较多时，就会增加投资的风险，股东要求的必要投资报酬率就会提高，从而导致公司价值和股票价格下降；当公司支付较多的现金股利而留用利润较少时，就会降低投资风险，股东要求的必要投资报酬率就会降低，从而促使公司价值和股票价格上升。

（二）信号传递理论

股利无关论假设不存在信息不对称，即外部投资者与企业经理人员拥有企业投资机会与收益能力的相同信息。但在现实条件下，企业经理人员比外部投资者拥有更多的相关信息，这说明在企业经理人员与外部投资者之间存在信息不对称。在这种情形下，可以推测分配股利可以作为一种信息传递机制，使企业股东或市场中的投资者依据股利信息对企业经营状况与发展前景作出判断。企业经理人也认为股利分配政策具有信息含量，特别是股利支付信息向市场传递了企业的盈利能力能够为其项目投资和股利分配提供充分的内部融资，特别是本期与以前期间的股利支付水平，以及变化程度的信息，甚至能够使投资者从中对企业盈利持续性及增长做出合理判断。

信号传递理论认为股利向市场传递企业信息可以表现为两个方面：一是股利增长的信号

作用，即如果企业股利支付率提高，被认为是经理人员对企业发展前景作出良好预期的结果，表明企业未来业绩将大幅度增长，通过增加发放股利的方式向股东与投资者传递了这一信息。此时，随着股利支付率提高，企业股票价格应该是上升的。二是股利减少的信号作用，即如果企业股利支付率下降，股东与投资者会感受到这是企业经理人员对未来发展前景作出无法避免衰退预期的结果。显然，随着股利支付率下降，企业股票价格应该是下降的。

当然，增发股利是否一定向股东与投资者传递了好消息，对这一点的认识是不同的。如果考虑处于成熟期的企业，其盈利能力相对稳定，此时企业宣布增发股利特别是发放高额股利，可能意味着该企业目前没有新的前景很好的投资项目，预示着企业成长性趋缓甚至下降，此时，随着股利支付率提高，股票价格应该是下降的；而当宣布减少股利，则意味着企业需要通过增加留存收益为新增投资项目提供融资，预示着未来前景较好，显然，随着股利支付率下降，企业股票价格应该是上升的。

信号传递理论为解释股利是否具有信息含量提供了一个基本分析逻辑，鉴于股东与投资者对股利信号信息的理解不同，所作出的对企业价值的判断也不同。

（三）税收差别理论

格力电器
不分红啦

一般来说，股利收入的所得税税率要高于资本利得的所得税税率。例如我国税法规定，个人从公开发行和转让市场取得的上市公司股票的股息红利所得，按 20%的税率计征个人所得税，而资本利得暂免征收个人所得税。因此，税收差别理论认为，由于股利收入的所得税税率要高于资本利得的所得税税率，这种差异会对股东财富产生不同影响。出于避税的考虑，投资者更偏爱低股利支付率政策，公司实行较低的股利支付率可以为股东带来税收利益，有利于增加股东财富，促进股票价格上涨，而高股利支付率政策将导致股票价格下跌。再者，即使股利收入和资本利得没有税率上的差异，由于投资者对资本利得收益的纳税时间选择更具有弹性，投资者仍可以享受延迟纳税带来的收益差异，因此，低股利支付率政策仍然是较好的选择。

（四）代理理论

代理理论认为，股利政策有助于减缓管理者与股东之间的代理冲突，即股利政策是协调股东与管理者之间代理关系的一种约束机制。该理论认为，股利的支付能够有效地降低代理成本。首先，股利的支付减少了管理者对自由现金流量的支配权，这在一定程度上可以抑制公司管理者的过度投资或在职消费行为，从而保护外部投资者的利益；其次，较多的现金股利发放，减少了内部融资，导致公司进入资本市场寻求外部融资，从而公司将接受资本市场上更多的、更严格的监督，这样便通过资本市场的监督减少了代理成本。因此，高水平的股利政策降低了企业的代理成本，但同时增加了外部融资成本，理想的股利政策应当使两种成本之和最小。

第三节　股利政策选择

一、股利政策的影响因素

一般来说，影响股利政策的主要因素有法律因素、债务契约因素、公司自身因素、股东因素、其他因素等。

（一）法律因素

为了保护投资者的利益，各国法律（如公司法、证券法等）都会对公司的股利分配进行一定的限制。影响股利政策的法律因素主要有以下四项。

1. 资本保全的约束

资本保全是指股份公司只能用当期利润或留用利润来分配股利，不能用公司募集的资本发放股利，公司支付股利不能侵蚀公司的资本。这样的限制规定是为了保全公司的股本资本，以维护债权人的利益。

2. 企业积累的约束

这一规定要求股份公司在分配股利之前，应当按法定的程序先提公积金。我国有关法律法规明确规定，股份公司应按税后利润的10%提取法定公积金，并且鼓励企业在分配普通股股利之前提取任意盈余公积金，只有当公积金累计数额达到公司注册资本的50%时，才可以不再计提。法律法规有关企业积累的规定有利于提高企业的生产经营能力，增强企业抵御风险的能力，维护债权人的利益。

3. 企业利润的约束

利润是发放股利的基础。公司可以用当年利润或以前年度的利润发放股利。但是，在公司以前年度的亏损没有全部弥补时，不能发放股利。按照我国法律法规的规定，只有在以前年度亏损弥补完之后还有剩余利润的情况下，才能用于分配股利。

4. 偿债能力的约束

这是规定公司在分配股利时，必须保持充分的偿债能力。公司分配股利不能只看利润表上的净利润的数额，还必须考虑到公司的现金是否充足。如果因分配现金股利而影响了公司的偿债能力或正常的经营活动，股利分配就要受到限制。

（二）债务契约因素

债权人为了防止公司过多发放现金股利，影响其偿债能力、增加债务风险，会在债务契约中规定限制公司发放现金股利的条款。这些限制性条款通常包括：①公司的盈利必须达到某一水平才能发放股利；②营运资金低于某一特定金额时不得发放股利；③将利润的一部分以偿债基金的形式留存下来；④利息保障倍数低于一定水平时不得支付股利等。

（三）公司自身因素

公司自身因素的影响是指公司内部的各种因素及其面临的各种环境、机会对其股利政策产生的影响，主要包括现金流量、筹资能力、投资机会、资本成本、盈利状况、公司所处的生命周期等。

1. 现金流量

公司在经营活动中必须有充足的现金流量，否则就会发生支付困难。公司在分配现金股利时，必须考虑到现金流量以及资产的流动性。如果公司的现金流量充足，特别是在满足投资所需资本后，仍然有剩余的自由现金量时，就应当适当提高股利支付水平；反之，如果现金流量不足，即使公司当期利润较多，也应当限制现金股利的支付。过多地分配现金股利会减少公司的现金持有量，影响未来的支付能力，甚至可能导致公司出现财务困难。

2. 筹资能力

筹资能力是影响股利政策的一个重要因素。不同的企业在资本市场上的筹资能力会有一定的差异,公司在分配现金股利时,应当根据自身的筹资能力来确定股利支付水平。如果公司筹资能力较强,能够较容易地在资本市场上筹集到资本,就可以采取比较宽松的股利政策,适当提高股利支付水平;如果筹资能力较弱,就应当采取比较紧缩的股利政策,少发放现金股利,增加留存收益。

3. 投资机会

公司在制订股利政策时会考虑未来投资对资本的需求。在公司有良好的投资机会时,就应当考虑少发放现金股利,增加留存收益,将资本用于再投资,这样可以加速企业的发展,增加未来的收益,这种股利政策往往也易于为股东所接受。在公司没有良好的投资机会时,往往倾向于多发放现金股利。理论研究表明,成长快的公司经常采用低股利支付率政策,就是因为这样的公司有较多的投资机会,增加留存收益可以保证有更多的资本用于再投资。

4. 资本成本

资本成本是企业选择筹资方式的基本依据。留存收益是企业内部筹资的一种重要方式,同发行新股相比,其具有资本成本低的优点。如果公司一方面大量发放现金股利,另一方面又要通过资本市场发行新股筹资资本,由于存在交易费用和所得税,就会增加公司的综合资本成本,减少股东财富。因此,在制定股利政策时,应当充分考虑到公司对资本的需求以及资本成本等问题。

5. 盈利状况

公司的股利政策在很大程度上会受其盈利能力的影响。如果公司未来的盈利能力较强,并且盈利稳定性较好,就倾向于采用高股利支付率政策;反之,如果公司盈利能力较弱,盈利的稳定性较差,则出于应对未来经营和财务风险的需要,常常采用低股利支付率政策。

6. 公司所处的生命周期

公司的生命周期主要包括初创阶段、成长阶段、成熟阶段和衰退阶段四个时期。在不同的发展阶段,由于公司的经营状况和经营风险不同,对资本的需求情况会有很大差异,这必然会影响到公司股利政策的选择。公司所采取的股利政策理所当然地要符合其所处的发展阶段。一般来说,初创阶段通常不发放股利;成长阶段不发放股利或者采用低股利支付率政策;成熟阶段可以增加股利分配,采用稳定的股利支付率政策;衰退阶段可以考虑采用回购股票这种特殊的方式来回馈股东。

(四) 股东因素

公司股利政策最终由代表股东利益的董事会决定,因此,股东的要求不可忽视。而股东自身的经济利益,对公司的股利分配往往会产生影响。

1. 追求稳定的收入,有规避风险的需要

有的股东依赖于公司发放的现金股利维持生活,如一些退休者,他们往往要求公司能够定期支付稳定的现金股利,反对公司留用过多的利润。还有一些股东是"一鸟在手"理论的支持者,他们认为留用过多的利润进行再投资,尽管可能使股票价格上升,但是所带来的收益具有较大的不确定性,还是取得现实的现金股利比较稳妥,这样可以规避较大的风险,因此这些股东也倾向于多分配现金股利。

2. 担心控制权被稀释

所有者权益由资本金、资本公积和留存收益等组成。如果分利较多，留存收益将相应减少，企业将来依靠增加投资、发行股票等方式筹资的可能性加大，而追加投资或发行新股，意味着企业控制权有落入他人或其他公司的可能。因此，如果原投资者拿不出更多的资金投入企业或购买公司新股时，他们宁愿不分配利润。

3. 规避所得税

多数国家的股息红利所得税率都高于资本利得税率。一些高股利收入的股东出于避税的考虑往往反对公司发放较多的现金股利。例如，我国税法规定，我国个人从公开发行和转让市场取得的上市公司股票的股息红利所得，适用20%的税率计征个人所得税，而资本利得暂免征收个人所得税。因此，对股东来说，股票价格上涨获得的收益比分得现金股利更有利于避税。

（五）其他因素

其他因素主要包括通货膨胀、行业等。在通货膨胀时期，由于物价上涨，公司需要更多的资金，公司股利政策往往偏紧。不同行业的股利支付率往往也会存在系统性差异。调查研究显示，成熟行业的股利支付率通常比新兴行业的高；公用事业的公司大多实行高股利支付率政策，而高科技行业的公司股利支付率通常较低。这说明股利政策具有明显的行业特征。

二、股利政策的类型

股利政策由企业在不违反国家有关法律、法规的前提下，根据本企业具体情况制定。股利政策既要保持相对稳定又要符合公司财务目标和发展目标。在实际工作中，通常有以下几种股利政策可供选择。

（一）剩余股利政策

剩余股利政策是指公司在有良好的投资机会时，根据目标资本结构，测算出投资所需的权益资本额，先从盈余中留用，然后将剩余的盈余作为股利来分配，即净利润要先满足公司的权益资金需求，如果还有剩余，就派发股利；如果没有，则不派发股利。剩余股利政策的理论依据是股利无关理论。根据股利无关理论，在完全理想的资本市场中，公司的股利政策与普通股每股市价无关，故而股利政策只需随着公司投资、融资方案的制定而自然确定。因此，采用剩余股利政策时，公司要遵循如下四个步骤：

（1）设定目标资本结构，在此资本结构下，公司的加权平均资本成本将达最低水平。

（2）确定公司的最佳资本预算，并根据公司的目标资本结构预计资金需求中所需增加的权益资本数额。

（3）最大限度地使用留存收益来满足资金需求中所需增加的权益资本数额。

（4）留存收益在满足公司权益资本增加需求后，若还有剩余再用来发放股利。

[例 10-2] 启新公司 2020 年税后净利润为 2 500 万元，2021 年的投资计划需要资金 3 000 万元，目标资本结构为权益资本占 60%，债务资本占 40%。

按照目标资本结构的要求，投资方案所需的权益资本数额为：

$$3\,000 \times 60\% = 1\,800\text{(万元)}$$

当年税后净利润为 2 500 万元，除了满足上述投资方案所需的权益资本数额外，还有剩余可用于发放股利。2020 年，可以发放的股利额为：

$$2\,500 - 1\,800 = 700(\text{万元})$$

假设该公司当年流通在外的普通股为 1 000 万股，那么，每股股利为：

$$700 \div 1\,000 = 0.7(\text{元/股})$$

剩余股利政策的优点是：留存收益优先满足再投资的需要，有助于降低再投资的资金成本，保持最佳的资本结构，实现企业价值的长期最大化。

剩余股利政策的缺陷是：若完全遵照执行剩余股利政策，股利发放额就会每年随着投资机会和盈利水平的波动而波动。在盈利水平不变的前提下，股利发放额与投资机会的多寡呈反方向变动；而在投资机会维持不变的情况下，股利发放额将与公司盈利呈同方向波动。剩余股利政策不利于投资者安排股利收入与支出，也不利于公司树立良好的形象，一般适用于公司初创阶段。

（二）固定或稳定增长的股利政策

固定或稳定增长的股利政策是指公司将每年派发的股利额固定在某一特定水平或是在此基础上维持某一固定比率逐年稳定增长，如图 10-2 中虚线所示。公司只有在确信未来盈余不会发生逆转时才会宣布实施固定或稳定增长的股利政策。在这一政策下，应确定股利分配额，而且该分配额一般不随资金需求的波动而波动。

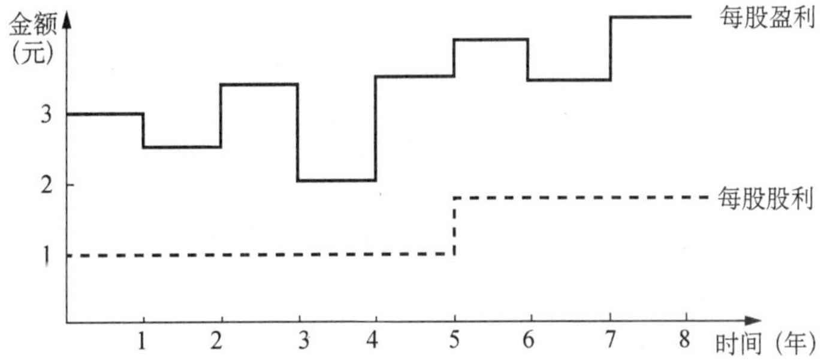

图 10-2　固定股利政策

固定或稳定增长的股利政策的优点有：①稳定的股利向市场传递着公司正常发展的信号，有利于树立公司的良好形象，增强投资者对公司的信心，稳定股票的价格；②稳定的股利有助于投资者安排股利收入和支出，有利于吸引那些打算进行长期投资并对股利有很高依赖性的股东；③固定或稳定增长的股利政策可能会不符合剩余股利理论，但考虑到股票市场会受多种因素影响（包括股东的心理状态和其他要求），为了将股利或股利增长率维持在稳定的水平上，即使推迟某些投资方案或暂时偏离了目标资本结构，也可能比降低股利或股利增长率更为有利。

固定或稳定增长的股利政策的缺点有：股利的支付与企业的盈利相脱节，即不论公司盈利多少，均要支付固定的或按固定比率增长的股利，这可能会导致企业资金紧缺，财务状况恶化。此外，在企业无利可分的情况下，若依然实施固定或稳定增长的股利政策，也属于违反《公司法》的行为。

因此,采用固定或稳定增长的股利政策,要求公司对未来的盈利和支付能力能做出准确的判断。一般来说,公司确定的固定股利额不宜太高,以免陷入无力支付的被动局面。固定或稳定增长股利政策一般适用于经营比较稳定的企业,但很难被长期采用。公共事业行业的公司经营活动比较稳定,受经济周期影响较小,比较适合这种股利政策,而一些竞争非常激烈的行业一般不适合采用。

(三) 固定股利支付率政策

固定股利支付率政策,是公司确定一个股利占盈余的比率,长期按此比率支付股利的政策。在这一股利政策下,各年股利额随公司经营的好坏而上下波动,获得较多盈余的年份股利额较高,获得盈余少的年份股利额较低。具体如图 10-3 中的虚线所示。

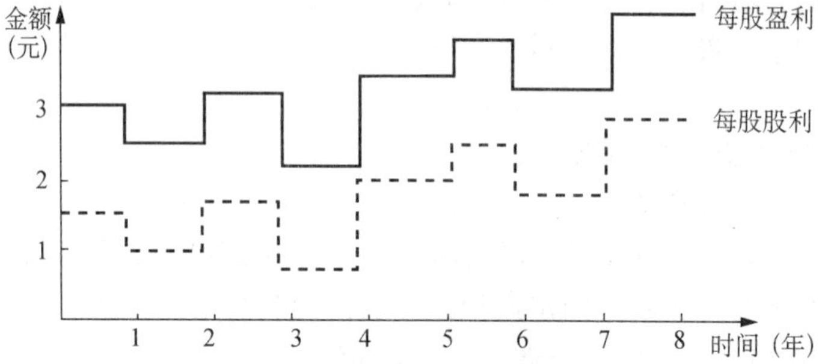

图 10-3　固定股利支付率政策

固定股利支付率政策的优点包括:①采用固定股利支付率政策,股利与公司盈余紧密地配合,体现了“多盈多分、少盈少分、无盈不分”的股利分配原则;②由于公司的获利能力在年度间是经常变动的,因此,每年的股利也应当随着公司收益的变动而变动。采用固定股利支付率政策,公司每年按固定的比例从税后利润中支付现金股利。

固定股利支付率政策的缺点包括:①大多数公司每年的收益很难保持稳定不变,导致年度间的股利波动较大,由于股利的信号传递作用,波动的股利很容易给投资者带来经营状况不稳定、投资风险较大的不良印象,成为影响股价的不利因素;②容易使公司面临较大的财务压力,这是因为公司实现的盈利多,并不代表公司有足够的现金流用来支付较多的股利;③合适的固定股利支付率的确定难度比较大。

由于公司每年面临的投资机会、筹资渠道都不同,而这些都可以影响公司的股利分派,所以,一成不变地奉行固定股利支付率政策的公司在实际中并不多见,固定股利支付率政策只是较适用于那些处于稳定发展且财务状况也较稳定的公司。

(四) 低正常股利加额外股利政策

低正常股利加额外股利政策,是指公司事先设定一个较低的正常股利额,每年除了按正常股利额向股东发放股利外,还在公司盈余较多、资金较为充裕的年份向股东发放额外股利。但是,额外股利并不固定化,不意味着公司永久地提高了股利支付额,如图 10-4 中的虚线所示。

该股利政策具有较大的灵活性,既可以使公司保持固定股利的稳定记录,又可以使股东

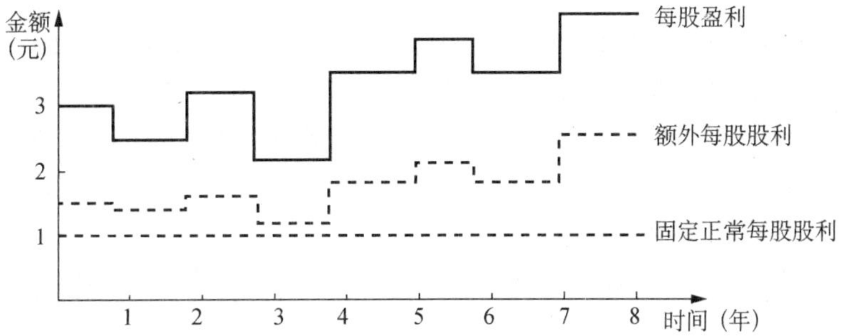

图 10-4 低正常股利加额外股利政策

分享公司繁荣的好处,使灵活性与稳定性较好地结合起来。该股利政策适用于那些随着经济周期波动较大的公司或者盈利与现金流量不太稳定的公司。

[例 10-3] 某公司本年实现的净利润为 200 万元,年初未分配利润为 600 万元,现公司讨论决定股利分配的数额。上年实现净利润 180 万元,分配的股利为 108 万元。

要求:计算回答下列互不关联的问题:

(1) 预计明年需要投资 300 万元。该公司的目标资本结构为权益资本占 55%,债务资本占 45%。该公司采用剩余股利政策,则本年应发放多少股利?

(2) 该公司采用固定股利政策,则本年应发放多少股利?

(3) 该公司采用固定股利支付率政策,则本年应发放多少股利?

(4) 该公司采用正常股利加额外股利政策,规定每股正常股利为 0.1 元,按当年净利润超过最低股利部分的 30%发放额外股利,该公司普通股股数为 500 万股,则本年应发放多少股利?

解析:

(1) 预计明年投资所需的权益资金 =300×55%=165(万元);

本年发放的股利=200—165=35(万元)。

(2) 本年发放的股利=上年发放的股利=108(万元)。

(3) 固定股利支付率=108÷180×100%=60%;

本年发放的股利=200×60%=120(万元)。

(4) 最低股利额=500×0.1=50(万元);

额外股利=(200—50)×30%=45(万元)。

第四节 股票股利与股票分割

一、股票股利

(一) 股票股利的概念

股票股利,是公司以增发股票的方式所支付的股利,我国实务中也称为“红股”。股票股利对公司来说，并没有现金流出企业，也不会导致公司的财产减少，而只是将公司的留存收益转化为股本和资本公积。但股票权利会增加流通在外的股票数量，同时降低股票的每股价值。发放股票股利，公司股东权益总额不变，股东的持股比例也不变，但股东权益的内部结构发生了变化。西方很多国家股票股利以市价计算价格，但在我国，股票股利价格则是按照股票面值来计算的。

（二）股票股利的优缺点

发放股票股利虽不直接增加股东的财富，也不增加公司的价值，但对股东和公司都有特殊意义。

对股东来讲，股票股利的优点主要有：

第一，派发股票股利后，理论上每股市价会成比例下降，但实务中这并非必然结果。因为市场和投资者普遍认为，发放股票股利往往预示着公司会有较大的发展和成长，这样的信息传递会稳定股价或使股价下降比例减少甚至不降反升，股东便可以获得股票价值相对上升的好处。

第二，由于股利收入和资本利得税率的差异，如果股东把股票股利出售，还会给他带来资本利得纳税上的好处。

对公司来讲，股票股利的优点主要有：

第一，发放股票股利不需要向股东支付现金，在再投资机会较多的情况下，公司就可以为再投资提供成本较低的资金，从而有助于公司的发展。

第二，发放股票股利可以降低公司股票的市场价格，既有利于促进股票的交易和流通，又有利于吸引更多的投资者成为公司股东，进而使股权更为分散，有效地防止公司被恶意控制。

第三，股票股利的发放可以传递公司未来发展前景良好的信息，从而增强投资者的信心，在一定程度上稳定股票价格。

但是，如果长期发股票股利，不发现金股利，也可能传递公司面临财务困境的坏消息，使投资者失去信心，导致股价下跌。

二、股票分割

（一）股票分割的概念

股票分割又称拆股，即将一股股票拆分成多股股票的行为。股票分割一般只会增加发行在外的股票总数，但不会对公司的资本结构产生任何影响。股票分割与股票股利非常相似，都是在不增加股东权益的情况下增加了股份的数量，所不同的是，股票股利虽不会引起股东权益总额的改变，但股东权益的内部结构会发生变化，而股票分割之后，股东权益总额及其内部结构都不会发生任何变化，变化的只是股票面值。

（二）股票分割的作用

（1）降低股票价格。股票分割会使每股市价降低，买卖该股票所需资金量减少，从而可以促进股票的流通和交易。流通性的提高和股东数量的增加，会在一定程度上加大对公司股票恶意收购的难度。此外，降低股票价格还可以为公司发行新股做准备，因为股价太高会使许多潜在投资者力不从心而不敢轻易对公司股票进行投资。

（2）向市场和投资者传递“公司发展前景良好”的信号，有助于提高投资者对公司股票的信心。

[例 10-4] A 公司是一家小型的信息技术公司,目前公司普通股股数为 5 000 万股,每股面值为 10 元。由于公司正处于快速成长时期,每年盈利的增长都高于行业平均水平,股票上市 3 年来股价不断上涨,已由 3 年前上市时的 12 元/股上涨到目前的 58 元/股。

由于股价较高且股票数量较少,已经影响到股票在市场上的流动性,因此公司董事会决定进行股票分割,按照 1∶2 的比例将 1 股分割为 2 股,每股面值降至 5 元,普通股股数增加到 10 000 万股,这样就可吸引更多的投资者购买公司股票。通过这样的股票分割,股价会相应地降低到 29 元/股,而股东所持有的股票数量会增加 1 倍。

(三) 股票分割和股票股利的比较

股票股利和股票分割有很多相似点,例如都可以达到扩大股本的目的,但是两者之间也存在一些区别,两者的比较如表 10-1 所示。

表 10-1 股票股利和股票分割的比较

内容	股票股利	股票分割
不同点	(1) 面值不变; (2) 股东权益结构改变; (3) 属于股利支付方式	(1) 面值变小; (2) 股东权益结构不变; (3) 不属于股利支付方式
相同点	(1) 普通股股数增加(股票分割增加更多); (2) 理论上每股收益和每股市价下降(股票分割下降更多); (3) 股东持股比例不变; (4) 资产总额、负债总额、股东权益总额不变	

我国股份公司发行的普通股一般面值为 1 元,所以通常不进行股票分割。在实践中,我国公司常采用资本公积转增股本和发放股票股利的方式来进行股本扩张,基本能够与股票分割达到同样的目的。

[例 10-5] A 公司是一家商业连锁企业,近年来公司营业收入和利润都快速增长,2020 年度的股东权益如表 10-2 所示。由于该公司目前的股价达到了 60 元/股,影响股票的流动性,公司决定增加股本总额,以使股价降低。

表 10-2 A 公司 2020 年度股东权益表

单位:万元

股本(每股面值 10 元,2 000 万股)	20 000
资本公积	50 000
盈余公积	30 000
未分配利润	40 000
股东权益总额	140 000

现有两个备选方案可以选择:方案一,按照 1∶2 的比例实施股票分割;方案二,实施每 10 股用资本公积转增 6 股,并派发 4 股股票股利的股利分配方案。

方案一实施后 A 公司的股东权益如表 10-3 所示。

表 10-3　方案一实施后 A 公司的股东权益　　单位：万元

股本（每股面值 5 元，4 000 万股）	20 000
资本公积	50 000
盈余公积	30 000
未分配利润	40 000
股东权益总额	140 000

方案二实施后 A 公司的股东权益如表 10-4 所示。

表 10-4　方案二实施后 A 公司的股东权益　　单位：万元

股本（每股面值 10 元，4 000 万股）	40 000
资本公积	38 000
盈余公积	30 000
未分配利润	32 000
股东权益总额	140 000

由此看出，两个方案达到的效果基本相同，只是两个方案实施后股东权益的各项金额不同。

第五节　股 票 回 购

（一）股票回购的概念

股票回购是股份公司出资购回本公司发行在外的股票，将其作为库存股或进行注销的行为。公司以多余现金购回股东所持有的股份，使流通在外的股份减少，每股股利增加，从而会使股价上升，股东能因此获得资本利得，这相当于公司支付给股东现金股利。所以，可以将股票回购看作是一种现金股利的替代方式。

（二）股票回购的意义

《公司法》修订对股份回购的修改

股票回购常被看作是对股东的一种特殊回报方式。然而，股票回购却有着与发放现金股利不同的意义。

（1）对股东而言，股票回购后股东得到的资本利得需缴纳资本利得税，发放现金股利后股东则需缴纳股息税。在前者低于后者的情况下，股东将得到纳税上的好处。但同时，很多因素是很可能因股票回购而发生变化的，其结果是否对股东有利难以预料。也就是说，股票回购对股东利益具有不确定的影响。

（2）对公司而言，股票回购有利于增加公司的价值：

第一，公司进行股票回购的目的之一是向市场传递股价被低估的信号。股票回购有着与股票发行相反的作用。股票发行被认为是公司股票被高估的信号，如果公司管理层认为公司目前的股价被低估，通过股票回购，可以向市场传递积极信息。股票回购的市场反应通常是提升了股价，有利于稳定公司股票价格。如果回购以后股票仍被低估，剩余股东也可以从低价回购中获利。

第二，当公司可支配的现金流明显超过投资项目所需的现金流时，可以用自由现金流进行股票回购，有助于增加每股盈利水平。股票回购减少了公司自由现金流，起到了降低管理层代理成本的作用。管理层通过股票回购试图使投资者相信公司的股票是具有投资吸引力的，公司没有把股东的钱浪费在收益不好的投资中。

第三，避免股利波动带来的负面影响。当公司剩余现金流是暂时的或者是不稳定的，没有把握能够长期维持高股利政策时，可以在维持一个相对稳定的股利支付率的基础上，通过股票回购发放股利。

第四，发挥财务杠杆的作用。如果公司认为资本结构中权益资本的比例较高，可以通过股票回购提高负债比率，改变公司的资本结构，并有助于降低加权平均资本成本。虽然发放现金股利也可以减少股东权益，增加财务杠杆，但两者在收益相同情形下的每股收益不同。特别是如果是通过发行债券融资回购本公司的股票，可以快速提高负债比率。

第五，通过股票回购，可以减少外部流通股的数量，提高股票价格，在一定程度上降低了公司被收购的风险。

第六，调节所有权结构。公司拥有回购的股票(库存股)，可以用来交换被收购或被兼并公司的股票，也可以在执行管理层与员工股票期权时使用，避免发行新股而稀释收益。

本章小结

利润分配要按弥补以前年度亏损、提取法定公积金、提取任意公积金、向股东分配股利的顺序进行。股份有限公司分派股利的形式一般包括现金股利、股票股利、财产股利和负债股利。股份有限公司分配股利必须遵循法定的程序，股利宣告日、股权登记日、除息日、股利支付日，这几个日期对分配股利是非常重要的。股利理论主要有股利无关论和股利相关论等。其中，股利相关论又包括“一鸟在手”理论、信号传递理论、税收差别理论、代理理论。一般来说，影响股利政策的主要因素有法律因素、债务契约因素、公司自身因素、股东因素、其他因素等。股利政策的类型主要有剩余股利政策、固定或稳定增长的股利政策、固定股利支付率政策、低正常股利加额外股利政策。每种股利政策都有利弊。除此以外，本章还介绍了股票股利和股票分割的区别，以及股票回购的概念和意义。

复习思考题

1. 为什么在完全资本市场条件下，股利政策与股价无关？

2. 结合我国上市公司的实际情况，分析公司在确定股利分配政策时是否存在代理问题。如果存在，主要表现在哪些方面？

3. 你认为公司的股利政策是否必须保持稳定？如何评价股利政策是否合理？

4. 结合我国资本市场的实际情况，分析我国上市公司股利分配政策的特点，并分析股利分配与股票价格之间是否存在相关性。

5. 股利无关论、“一鸟在手”理论和税收差别理论分别支持何种股利政策？其理论依据是什么？

6. 股票分割与股票股利有何异同？股票分割的动机有哪些？

7. 股票回购的动机有哪些？其利弊何在？

8. 发放股票股利的动机有哪些？其缺点是什么？

案例分析

在发布业绩超过华尔街预期的2020年第三财季财报和宣布拆股计划后，盘后交易中苹果股价首次突破400美元大关。苹果称公司将于8月31日按1∶4的比例进行拆股，这将是其历史上第五次拆股，最近一次是2014年，拆股比例是1∶7。虽然从逻辑上说拆股对股价没有影响，但会提高对投资者的吸引力，刺激股价短期内上涨。按照这一计划，每拥有1股苹果股票的投资者都将额外获得3股股票。

以往，当股价超过大约100美元时，大多数公司几乎都会选择拆股。但是自从2000年互联网泡沫破裂后，标普500指数成分股公司的拆股案例越来越少。道琼斯工业平均指数成分股公司的拆股案例更是罕见。苹果同时是两个股指的成分股。

苹果股票的一个大型投资者对苹果此举拍手叫好，并预计苹果股价将会在2020年为止的31%涨幅基础上继续上扬。这一消息似乎备受市场欢迎，苹果股价在盘后交易中上涨了近6%。

自从1980年上市以来，苹果先是在1987年6月16日、2000年6月21日、2005年2月28日分别实施了1∶2拆股。2014年6月9日，苹果又进行了1∶7拆股。

对于截至2020年8月24日股市收盘登记在册的所有苹果股东，他们在登记日所持有的每1股股票都将额外获得3股股票，拆股调整后的股票交易将于2020年8月31日开始。

拆股有助于吸引投资者，因为后者可能会被高股价挡在门外。但是，苹果这次拆股的重要性可能不如上次。嘉信理财等券商已经为他们的客户推出了零散投资功能，只需5美元就能购买大型公司的昂贵股票，大大降低了散户投资者的入场成本。

苹果股票在周四盘后的交易价超过400美元。按照1∶4拆分后，苹果股票的股价将降至大约100美元。除了更低的股价，几乎没有任何影响。拆股不会从根本上改变一家公司或其估值，尽管历史经验表明它会在短期内促进股价的上涨。

近几年，拆股已经成为华尔街的罕见现象。标普、道琼斯指数公司的数据显示，2020年，只有三家标普500指数成分股公司宣布拆股，低于过去10年每年10家的平均值。

案例思考题：

1. 苹果此次拆股会对哪些人产生影响？

2. 拆股对苹果公司会产生什么影响？会使得股价持续上涨吗？为什么？
3. 为什么拆股成为华尔街的罕见现象？拆股的实质是什么？
4. 试从股利相关理论的角度解释苹果公司在拆股后的股价变动情况。

参考答案

第十一章 财务分析与评价

教学目的与要求

1. 了解财务分析与评价的内容、意义和方法。
2. 理解财务分析的局限性。
3. 理解财务报表分析的内容。
4. 理解上市公司特殊的财务分析指标。
5. 理解传统财务分析体系的局限与改进。
6. 理解财务评价的方法与体系。

引导案例

临近年底，一年一度的董事会年会即将召开，A公司的总经理找来企业的财务经理，要求财务经理做出本年度的财务总结，并对下一年企业的EPS(每股盈余)做出预测，作为向董事会汇报的重要内容之一。财务经理搜集了生产部门和销售部门提供的相关预测资料，并根据这些资料测算了下一年的EPS。据预测，下一年度中企业产品的售价、变动成本和固定成本均会保持不变，但是销售额可以增长10%，据此计算出的EPS增长将达到80%。财务经理将预测结果报告给了总经理，总经理将其提交董事会。董事会对EPS的增长幅度表示满意。一年后，又到了年底，企业的财务数据表明，企业的EPS增长率只达到56%，比预测值低了24个百分点。总经理觉得难以向董事会交代，对此大为不快。财务经理辩解说，财务工作只是处理数据，出现这一后果的责任在于销售部门没能实现预期销售目标。销售经理也十分委屈，说今年市场不好，但是销售部门的工作还是十分有成效的，销售仍然实现了7%的增长，仅比计划少了3个百分点而已，EPS比计划数低24%不能都记在销售部门的头上。

由此案例，我们可以对以下问题展开分析：为何销售只少完成了3%，A公司的EPS就下降了24%？财务经理的辩解合理吗？为什么？销售经理的辩解合理吗？为什么？如何正确看待该公司出现的这种结果？

财务分析与评价是以财务报告和其他有关数据资料，采用专门方法，系统分析和评价企业过去和现在的经营成果、财务状况及其变动的重要工作，有助于财务人员了解过去、评价现在、预测未来，帮助利益相关者改善决策，增加收益。

重点知识思维导图

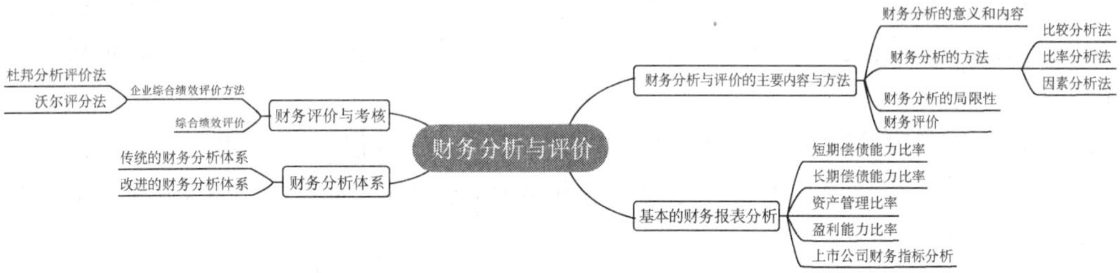

第一节　财务分析与评价的主要内容与方法

一、财务分析的意义和内容

财务分析是根据企业财务报表等信息资料，采用专门方法，系统分析和评价企业财务状况、经营成果以及未来发展趋势的过程。财务分析以企业财务报告及其他相关资料为主要依据，对企业的财务状况和经营成果进行评价和剖析，反映企业在运营过程中的利弊得失和发展趋势，从而为改进企业财务管理工作和优化经济决策提供重要财务信息。

（一）财务分析的意义

财务分析对不同的信息使用者具有不同的意义。具体来说，财务分析的意义主要体现在如下几个方面。

（1）可以判断企业的财务实力。通过对资产负债表和利润表有关资料进行分析，计算相关指标，可以了解企业的资产结构和负债水平是否合理，从而判断企业的偿债能力、营运能力及盈利能力等财务实力，揭示企业在财务状况方面可能存在的问题。

（2）可以评价和考核企业的经营业绩，揭示财务活动存在的问题。通过指标的计算、分析和比较，能够评价和考核企业的盈利能力和资金周转状况，揭示其经营管理的各个方面和各个环节问题，找出差距，得出分析结论。

（3）可以挖掘企业潜力，寻求提高企业经营管理水平和经济效益的途径。企业进行财务分析的目的不仅仅是发现问题，更重要的是分析问题和解决问题。通过财务分析，应保持和进一步发挥生产经营管理中成功的经验，对存在的问题应提出解决的策略和措施，以达到扬长避短、提高经营管理水平和经济效益的目的。

（4）可以评价企业的发展趋势。通过各种财务分析，可以判断企业的发展趋势，预测其生产经营的前景及偿债能力，从而为企业领导层进行生产经营决策、投资者进行投资决策和债权人进行信贷决策提供重要的依据，避免因决策错误给其带来重大的损失。

(二) 财务分析的内容

财务分析信息的需求者主要包括企业所有者、企业债权人、企业经营决策者和政府等。不同主体出于不同的利益考虑，对财务分析信息有着各自不同的要求。

(1) 企业所有者作为投资人，关心其资本的保值和增值状况，因此较为重视企业盈利能力指标，主要进行企业盈利能力分析。

(2) 企业债权人因不能参与企业剩余收益分享，所以重点关注的是其投资的安全性，因此更重视企业偿债能力指标，主要进行企业偿债能力分析，同时也关注企业盈利能力分析。

(3) 企业经营决策者必须对企业经营理财的各个方面，包括营运能力、偿债能力、盈利能力及发展能力的全部信息予以详尽地了解和掌握，进行各方面综合分析，并关注企业财务风险和经营风险。

(4) 政府兼具多重身份，既是宏观经济管理者，又是国有企业的所有者和重要的市场参与者，因此政府对企业财务分析的关注点因所具身份不同而异。

为了满足不同需求者的需求，财务分析一般应包括偿债能力分析、营运能力分析、盈利能力分析、发展能力分析和现金流量分析等方面。

二、财务分析的方法

(一) 比较分析法

比较分析法是按照特定的指标将客观事物加以比较，从而认识事物的本质和规律并做出正确的评价。财务报表的比较分析法，是指对两个或两个以上的可比数据进行对比，找出企业财务状况、经营成果中的差异与问题。

根据比较对象的不同，比较分析法分为趋势分析法、横向比较法和预算差异分析法。趋势分析法的比较对象是本企业的历史；横向比较法比较的对象是同类企业，如行业平均水平或竞争对手；预算差异分析法的比较对象是预算数据。在财务分析中，最常用的比较分析法是趋势分析法。

趋势分析法，是通过对比两期或连续数期财务报告中的相同指标，确定其增减变动的方向、数额和幅度，来说明企业财务状况或经营成果变动趋势的一种方法。采用这种方法，可以分析引起变化的主要原因、变动的性质，并预测企业未来的发展趋势。

比较分析法的具体运用主要有重要财务指标的比较、会计报表的比较和会计报表项目构成的比较三种方式。下面以趋势分析法为例进行进一步阐述。

1. 重要财务指标的比较

这种方法是指将不同时期财务报告中的相同指标或比率进行纵向比较，直接观察其增减变动情况及变动幅度，考察其发展趋势，预测其发展前景。用于不同时期财务指标比较的比率主要有以下两种。

(1) 定基动态比率，是以某一时期的数额为固定的基期数额而计算出来的动态比率。其计算公式为：

$$定基动态比率 = \frac{分析期数额}{固定基期数} \times 100\%$$

(2) 环比动态比率,是以每一分析期的数据与上期数据相比较计算出来的动态比率其计算公式为:

$$环比动态比率 = \frac{分析期数额}{前期数额} \times 100\%$$

2. 会计报表的比较

会计报表的比较是指将连续数期的会计报表的金额并列起来,比较各指标不同期间的增减变动金额和幅度,据以判断企业财务状况和经营成果发展变化的一种方法。具体包括资产负债表比较、利润表比较和现金流量表比较等。

3. 会计报表项目构成的比较

这种方法是在会计报表比较的基础上发展而来的,是以会计报表中的某个总体指标作为 100%,再计算出各组成项目占该总体指标的百分比,从而比较各个项目百分比的增减变动,以此来判断有关财务活动的变化趋势。

采用比较分析法时,应当注意以下问题:①用于对比的各个时期的指标,其计算口径必须保持一致;②应剔除偶发性项目的影响,使分析所利用的数据能反映正常的生产经营状况;③应运用例外原则对某项有显著变动的指标作重点分析,研究其产生的原因,以便采取对策,趋利避害。

(二) 比率分析法

比率分析法是通过计算各种比率指标来确定财务活动变动程度的方法。比率指标的类型主要有构成比率、效率比率和相关比率三类。

1. 构成比率

构成比率又称结构比率,是某项财务指标的各组成部分数值占总体数值的百分比,反映部分与总体的关系。其计算公式为:

$$构成比率 = \frac{某个组成部分数值}{总体数值} \times 100\%$$

比如,企业资产中流动资产、固定资产和无形资产占资产总额的百分比(资产构成比率),企业负债中流动负债和长期负债占负债总额的百分比(负债构成比率)等。利用构成比率,可以考察总体中某个部分的形成和安排是否合理,以便协调各项财务活动。

2. 效率比率

效率比率是某项财务活动中所费与所得的比率,反映投入与产出的关系。利用效率比率指标,可以进行得失比较,考察经营成果,评价经济效益。

比如,将利润项目与营业成本、营业收入、资本金等项目加以对比,可以计算出成本利润率、营业利润率和资本金利润率等指标,从不同角度观察比较企业盈利能力的高低及其增减变化情况。

3. 相关比率

相关比率是以某个项目和与其有关但又不同的项目加以对比所得的比率,反映有关经济活动的相互关系。利用相关比率指标，可以考察企业相互关联的业务安排得是否合理，以保障经营活动顺畅进行。

比如，将流动资产与流动负债进行对比，计算出流动比率，可以判断企业的短期偿债能力；将负债总额与资产总额进行对比，可以判断企业长期偿债能力。

采用比率分析法时，应当注意以下几点：①对比项目的相关性；②对比口径的一致性；③衡量标准的科学性。

（三）因素分析法

因素分析法是依据分析指标与其影响因素的关系，从数量上确定各因素对分析指标影响方向和影响程度的一种方法。

因素分析法具体有两种：连环替代法和差额分析法。

1. 连环替代法

连环替代法是将分析指标分解为各个可以计量的因素，并根据各个因素之间的依存关系，依次用各因素的比较值（通常为实际值）替代基准值（通常为标准值或计划值），据以测定各因素对分析指标的影响。

［例 11-1］ 华联公司 2020 年 10 月某种原材料费用的实际数是 5 280 元，而其计划数是 4 500 元，实际比计划增加 780 元。由于原材料费用是由产品产量、单位产品材料消耗量和材料单价三个因素的乘积组成，因此就可以把材料费用这一总指标分解为三个因素，然后逐个分析它们对材料费用总额的影响程度。现假设这三个因素的数值如表 11-1 所示。

表 11-1 三个因素的数值

项目	单位	计划数	实际数
产品产量	件	100	110
单位产品材料消耗量	千克	9	8
材料单价	元	5	6
材料费用总额	元	4 500	5 280

根据表 11-1 中资料，材料费用总额实际数较计划数增加 780 元。运用连环替代法可以计算各因素变动对材料费用总额的影响。

计划指标：100×9×5＝4 500（元） ①

第一次替代：110×9×5＝4 950（元） ②

第二次替代：110×8×5＝4 400（元） ③

第三次替代：110×8×6＝5 280（元） ④

实际指标：

②－①＝4 950－4 500＝450（元） 产量增加的影响

③－②＝4 400－4 950＝－550（元） 材料节约的影响

④－③＝5 280－4 400＝880（元） 价格提高的影响

450－550＋880＝780（元） 全部因素的影响

2. 差额分析法

差额分析法是连环替代法的一种简化形式，是利用各个因素的比较值与基准值之间差额分析法的差额，来计算各因素对分析指标的影响。

[例 11-2] 承[例 11-1]，可采用差额分析法计算确定各因素变动对材料费用的影响。

(1) 产量增加对材料费用的影响为：(110－100)×9×5＝450(元)。

(2) 材料消耗节约对材料费用的影响为：(8－9)×110×5＝－550(元)。

(3) 价格提高对材料费用的影响为：(6－5)×110×8＝880(元)。

采用因素分析法时，必须注意以下问题：①因素分解的关联性。构成经济指标的因素，必须客观上存在着因果关系，并能够反映形成该项指标差异的内在构成原因，否则就失去了应用价值。②因素替代的顺序性。确定替代因素时，必须根据各因素的依存关系，遵循一定的顺序并依次替代，不可随意加以颠倒，否则就会得出不同的计算结果。③顺序替代的连环性。因素分析法在计算每一因素变动的影响时，都是在前一次计算的基础上进行，并采用连环比较的方法确定因素变化的影响结果。④计算结果的假定性。由于因素分析法计算的各因素变动的影响数会因替代顺序不同而有差别，因而计算结果不免带有假定性，即它不可能使每个因素计算的结果都达到绝对的准确。为此，分析时应力求使这种假定合乎逻辑，具有实际经济意义。这样，计算结果的假定性才不至于妨碍分析的有效性。

三、财务分析的局限性

财务分析对于了解企业的财务状况和经营成绩，评价企业的偿债能力和经营能力，帮助做出经济决策，有着显著的作用。但由于种种因素的影响，财务分析也存在着一定的局限性。在分析中，应注意这些局限性的影响，以保证分析结果的正确性。

(一) 资料来源的局限性

1. 报表数据的时效性问题

财务报表中的数据均是企业过去经济活动的结果和总结，用于预测未来发展趋势，只有参考价值，并非绝对合理。

2. 报表数据的真实性问题

在企业形成其财务报表之前，信息提供者往往对信息使用者所关注的财务状况以及对信息的偏好进行仔细分析与研究，并尽力满足信息使用者对企业财务状况和经营成果信息的期望。其结果极有可能使信息使用者所看到的报表信息与企业实际状况相距甚远，从而误导信息使用者的决策。

3. 报表数据的客观性问题

财务报表虽然是按照会计准则编制的，但不一定能准确地反映企业的客观实际。例如，报表数据未按通货膨胀进行调整；某些资产以成本计价，并不代表其现在的真实价值；许多支出在记账时存在灵活性，既可以作为当期费用，也可以作为资本项目在以后年度摊销；很多资产以估计值入账，但未必客观；偶然事件可能歪曲本期的损益，不能反映盈利的正常水平。

4. 报表数据的可比性问题

根据会计准则的规定，不同的企业或同一个企业的不同时期都可以根据情况采用不同的会计政策和会计处理方法，使得报表上的数据在企业不同时期和不同企业之间的对比在很多时候失去意义。

5. 报表数据的完整性问题

由于报表本身的原因，其提供的数据是有限的。对报表使用者来说，可能不少需要的信息在报表或附注中根本找不到。

（二）财务分析方法的局限性

对于比较分析法来说，在实际操作时，比较的双方必须具备可比性才有意义。对于比率分析法来说，比率分析是针对单个指标进行分析，综合程度较低，在某些情况下无法得出令人满意的结论；比率指标的计算一般都是建立在以历史数据为基础的财务报表之上的，这使比率指标提供的信息与决策之间的相关性大打折扣。对于因素分析法来说，在计算各因素对综合经济指标的影响额时，主观假定各因素的变化顺序而且规定每次只有一个因素发生变化，这些假定往往与事实不符。并且，无论何种分析法均是对过去经济事项的反映。随着环境的变化，这些比较标准也会发生变化。而在分析时，分析者往往只注重数据的比较，而忽略经营环境的变化，这样得出的分析结论也是不全面的。

（三）财务分析指标的局限性

1. 财务指标体系不严密

每一个财务指标只能反映企业的财务状况或经营状况的某一方面，每一类指标都过分强调本身所反映的方面，导致整个指标体系不严密。

2. 财务指标所反映的情况具有相对性

在判断某个具体财务指标是好还是坏，或根据一系列指标形成对企业的综合判断时，必须注意财务指标本身所反映情况的相对性。因此，在利用财务指标进行分析时，要掌握好财务指标的“信任度”。

3. 财务指标的评价标准不统一

比如，对流动比率，人们一般认为指标值为 2 比较合理，速动比率则认为 1 比较合适，但许多成功企业的流动比率都低于 2，不同行业的速动比率也有很大差别，如采用大量现金销售的企业，几乎没有应收账款，速动比率大大低于 1 是很正常的。相反，一些应收账款较多的企业，速动比率可能要大于 1。因此，在不同企业之间用财务指标进行评价时没有一个统一标准，不便于不同行业间的对比。

4. 财务指标的比较基础不统一

在对财务指标进行比较分析时，需要选择适当的参照标准，包括同业数据、本企业历史数据和计划预算数据。横向比较时需要使用同业标准。但同业平均数只有一般性的指导作用，不一定有代表性，也不一定是合理性的标志。选择同行业一组有代表性的企业计算平均数作为同业标准，可能比整个行业的平均数更有意义。近年来，分析人员更重视以竞争对手的数据作为分析基础。不少企业实行多种经营，没有明确的行业归属，对此类企业进行同业比较更加困难。

趋势分析应以本企业历史数据作为比较基础，而历史数据代表过去，并不代表合理性。经营环境变化后，今年比上年利润提高了，并不一定说明已经达到了应该达到的水平，甚至不一定说明管理有了改进。会计标准、会计规范的改变会使财务数据失去直接可比性，而恢复可比性的成本很大，也可能缺乏必要的信息。

实际与计划的差异分析应以预算为比较基础。实际和预算出现差异，可能是执行中有问题，也可能是预算不合理，两者的区分并非易事。

总之，对比较基础本身要准确理解，并且要在限定意义上使用分析结论，避免简单化和绝对化。

四、财务评价

财务评价是对企业财务状况和经营情况进行的总结、考核和评价。它以企业的财务报表和其他财务分析资料为依据，注重对企业财务分析指标的综合考核。

财务综合评价的方法有很多，包括杜邦分析法、沃尔评分法等。

2002 年财政部等五部委联合发布了《企业绩效评价操作细则(修订)》，其中提到的效绩评价体系，既包括财务评价指标，又包括非财务评价指标，避免了单纯从财务方面评价绩效的片面性。

运用科学的财务绩效评价手段，实施财务绩效综合评价，不仅可以真实反映企业经营绩效状况，判断企业的财务管理水平，而且有利于适时揭示财务风险，引导企业持续、快速、健康地发展。

第二节　基本的财务报表分析

财务报表分析的目的是将财务报表数据转换成有用的信息，帮助报表使用人改善决策。

基本的财务报表分析方法是财务比率分析法，是指通过财务报表数据的相对关系来揭示企业经营管理的各方面问题的一种方法，是最主要的财务分析方法。基本的财务报表分析内容包括偿债能力分析、营运能力分析、盈利能力分析、发展能力分析和现金流量分析五个方面，以下分别加以介绍。

为了便于说明财务比率的计算和分析方法，本章将使用华联公司的财务报表数据作为举例。该公司的资产负债表、利润表、现金流量表和股东权益变动表如表 11-2 至表 11-5 所示。为计算简便，这些数据是假设的。

表 11-2　资产负债表

编制单位:华联公司　　20××年 12 月 31 日　　单位:万元

资产	上年实际	本年预算	负债和股东权益	上年实际	本年预算
流动资产:			流动负债:		
货币资金	50	25	短期借款	60	45
交易性金融资产	6	12	交易性金融负债	—	—
衍生金融资产	—	—	衍生金融负债	—	—
应收票据	8	11	应付票据	5	4
应收账款	398	199	应付账款	100	109

（续表）

资产	上年实际	本年预算	负债和股东权益	上年实际	本年预算
预付款项	22	4	预收款项	10	4
应收股利	0	0	合同负债	—	—
应收利息	0	0	应付职工薪酬	2	0
其他应收款	12	22	应交税费	5	4
存货	119	326	其他应付款	14	13
持有待售资产	32	7	持有待售负债	49	31
一年内到期的非流动资产	45	4	一年内到期的非流动负债	50	0
其他流动资产	8	0	其他流动负债	3	5
流动资产合计	700	610	流动负债合计	300	220
非流动资产：			非流动负债：		
债权投资	0	45	长期借款	450	245
其他债权投资	—	—	应付债券	240	260
长期应收款	—	—	长期应付款	50	60
长期股权投资	30	0	专项应付款	—	—
其他权益工具投资	—	—	预计负债	—	—
其他非流动金融资产	—	—	递延收益	—	—
投资性房地产	—	—	递延所得税负债	—	—
固定资产	1 238	967	其他非流动负债	—	15
在建工程	18	35	非流动负债合计	750	580
生产性生物资产	—	—	负债合计	1 040	800
油气资产	—	—	股东权益：		
无形资产	6	8	股本	100	100
开发支出	—	—	其他权益工具	—	—
商誉	—	—	资本公积	10	10
长期待摊费用	5	15	其他综合收益	—	—
递延所得税资产	—	—	盈余公积	100	40
其他非流动资产	3	0	未分配利润	750	730
非流动资产合计	1 300	1 070	股东权益合计	960	880
资产总计	2 000	1 680	负债和股东权益合计	2 000	1 680

表 11-3 利润表

编制单位：华联公司　　20××年度　　单位：万元

项目	本年金额	上年金额
一、营业收入	3 000	2 850
减：营业成本	2 644	2 503
税金及附加	28	28
销售费用	22	20
管理费用	46	40
研发费用	—	—
财务费用	110	96
其中：利息费用	110	96
利息收入	—	—
加：其他收益	—	—
投资收益（损失以"－"号填列）	6	0
其中：对联营企业和合营企业的投资收益	—	—
以摊余成本计量的金融资产终止确认收益（损失以"－"号填列）	—	—
净敞口套期收益（损失以"－"号填列）	—	—
公允价值变动收益（损失以"－"号填列）	—	—
信用减值损失（损失以"－"号填列）	—	—
资产减值损失（损失以"－"号填列）	—	—
资产处置收益（损失以"－"号填列）	—	—
二、营业利润	156	163
加：营业外收入	45	72
减：营业外支出	1	0
三、利润总额	200	235
减：所得税费用	64	75
四、净利润	136	100
（一）持续经营净利润（净亏损以"－"号填列）	136	100
（二）终止经营净利润（净亏损以"－"号填列）	—	—

表 11-4 现金流量表

编制单位:华联公司　　20××年度　　单位:万元

项　　目	金　额
一、经营活动产生的现金流量:	
销售商品、提供劳务收到的现金	2 810
收到的税费返还	
收到其他与经营活动有关的现金	10
经营活动现金流入小计	2 820
购买商品、接受劳务支付的现金	2 363
支付给职工以及为职工支付的现金	29
支付的各项税费	91
支付其他与经营活动有关的现金	14
经营活动现金流出小计	2 497
经营活动产生的现金流量净额	323
二、投资活动产生的现金流量:	
收回投资收到的现金	4
取得投资收益收到的现金	6
处置固定资产、无形资产和其他长期资产收回的现金净额	12
处置子公司及其他营业单位收到的现金净额	
收到其他与投资活动有关的现金	
投资活动现金流入小计	22
购建固定资产、无形资产和其他长期资产支付的现金	369
投资支付的现金	30
取得子公司及其他营业单位支付的现金净额	
支付其他与投资活动有关的现金	
投资活动现金流出小计	399
投资活动产生的现金流量净额	−377
三、筹资活动产生的现金流量:	
吸收投资收到的现金	
取得借款收到的现金	270
收到其他与筹资活动有关的现金	
筹资活动现金流入小计	270
偿还债务支付的现金	20

（续表）

项　　目	金　额
分配股利、利润或偿付利息支付的现金	152
支付其他与筹资活动有关的现金	25
筹资活动现金流出小计	197
筹资活动产生的现金流量净额	73
四、汇率变动对现金及现金等价物的影响	
五、现金及现金等价物净增加额	19
加：期初现金及现金等价物余额	37
六、期末现金及现金等价物余额	56
补充资料	
1. 将净利润调节为经营活动现金流量：	
净利润	136
加：资产减值准备	
信用损失准备	
固定资产折旧、油气资产折耗、生产性生物资产折旧	100
无形资产摊销	2
长期待摊费用摊销	−11
处置固定资产、无形资产和其他长期资产的损失（收益以“－”号填列）	
固定资产报废损失（收益以“－”号填列）	
净敞口套期损失（收益以“－”号填列）	
公允价值变动损失（收益以“－”号填列）	
财务费用（收益以“－”号填列）	110
投资损失（收益以“－”号填列）	−6
递延所得税资产减少（增加以“－”号填列）	
递延所得税负债增加（减少以“－”号填列）	
存货的减少（增加以“－”号填列）	207
经营性应收项目的减少（增加以“－”号填列）	−212
经营性应付项目的增加（减少以“－”号填列）	−3
其他	
经营活动产生的现金流量净额	323
2. 不涉及现金收支的重大投资和筹资活动：	
债务转为资本	

（续表）

项　　目	金　额
一年内到期的可转换公司债券	
融资租入固定资产	
3. 现金及现金等价物净变动情况：	
现金的期末余额	56
减：现金的期初余额	37
加：现金等价物的期末余额	
减：现金等价物的期初余额	
现金及现金等价物净增加额	19

表 11-5　股东权益变动表

编制单位：华联公司　　　　20××年度　　　　单位：万元

项　　目	本年金额						上年金额
	股本	资本公积	减：库存股	盈余公积	未分配利润	股东权益合计	（略）
一、上年年末余额	100	10		40	730	880	
加：会计政策变更							
前期差错更正							
二、本年年初余额	100	10		40	730	880	
三、本年增减变动金额							
（一）净利润					136	136	
（二）直接计入股东权益的利得和损失							
上述（一）和（二）小计					136	136	
（三）所有者投入和减少资本							
1. 所有者投入资本							
2. 股份支付计入股东权益的金额							
3. 其他							
（四）利润分配							
1. 提取盈余公积				60	−60	0	
2. 对股东的分配					−56	−56	
3. 其他							
（五）股东权益的内部结转							
1. 资本公积转增股本							

（续表）

项　目	本年金额						上年金额
	股本	资本公积	减:库存股	盈余公积	未分配利润	股东权益合计	(略)
2. 盈余公积转增股本							
3. 盈余公积弥补亏损							
4. 其他							
四、本年年末余额	100	10	0	100	750	900	

一、短期偿债能力比率

由于债务按到期时间分为短期债务和长期债务，所以偿债能力也分为短期偿债能力和长期偿债能力两部分。

偿债能力的衡量方法有两种：一种是比较债务与可供偿债资产的存量，资产存量超过债务存量较多，则认为偿债能力强；另一种是比较偿债所需现金和经营活动产生的现金流量，如果产生的现金超过需要的现金较多，则认为偿债能力强。

（一）短期债务的存量比率

短期债务的存量比率包括流动比率、速动比率和现金比率。

1. 流动比率

流动比率是全部流动资产与流动负债的比值。其计算公式如下：

$$流动比率 = 流动资产 \div 流动负债$$

根据华联公司的财务报表数据：

$$本年流动比率 = 700 \div 300 \approx 2.33$$
$$上年流动比率 = 610 \div 220 \approx 2.77$$

流动比率假设全部流动资产都可以用于偿还短期债务，表明每1元流动负债有多少流动资产作为偿债的保障。华联公司的流动比率降低了0.44(2.77－2.33)，即为每1元流动负债提供的流动资产保障减少了0.44元。

流动比率是相对数，排除了企业规模不同的影响，更适合同业比较以及本企业不同历史时期的比较。流动比率的计算简单，得到广泛应用。

不同行业的流动比率，通常有明显差别。营业周期越短的行业，合理的流动比率越低。过去很长时期，人们认为生产型企业合理的最低流动比率是2。这是因为流动资产中变现能力最差的存货金额约占流动资产总额的一半，剩下的流动性较好的流动资产至少要等于流动负债，才能保证企业最低的短期偿债能力。这种认识一直未能从理论上证明。最近几十年，企业的经营方式和金融环境发生很大变化，流动比率有降低的趋势，许多成功企业的流动比率都低于2。

如果流动比率比上年发生较大变动，或与行业平均值出现重大偏离，就应对构成流动比率的流动资产和流动负债各项目逐一进行分析，寻找形成差异的原因。为了考察流动资产的变现能力，有时还需要分析其周转率。

流动比率有某些局限性，在使用时应注意：流动比率假设全部流动资产都可以变为现金并用于偿债，全部流动负债都需要还清。实际上，有些流动资产的账面金额与变现金额有较大差异，如产成品等；经营性流动资产是企业持续经营所必需的，不能全部用于偿债；经营性应付项目可以滚动存续，无需动用现金全部结清。因此，流动比率是对短期偿债能力的粗略估计。

2. 速动比率

构成流动资产的各个项目的流动性有很大差别。其中的货币资金、交易性金融资产和各种应收、预付款项等，可以在较短时间内变现，称为速动资产。另外的流动资产，包括存货、待摊费用、一年内到期的非流动资产及其他流动资产等，称为非速动资产。

非速动资产的变现时间和数量具有较大的不确定性：①存货的变现速度比应收款项要慢得多；部分存货可能已损失报废还没做处理，或者已抵押给某债权人，不能用于偿债；存货估价有多种方法，可能与变现金额相差悬殊。②待摊费用不能出售变现。③一年内到期的非流动资产和其他流动资产的数额有偶然性，不代表正常的变现能力。因此，将可偿债资产定义为速动资产，计算出来的短期债务存量比率更令人信服。

速动资产与流动负债的比值，称为速动比率，其计算公式为：

$$速动比率 = 速动资产 \div 流动负债$$

根据华联公司的财务报表数据：

$$本年速动比率 = (50 + 6 + 8 + 398 + 22 + 12) \div 300 \approx 1.65$$
$$上年速动比率 = (25 + 12 + 11 + 199 + 4 + 22) \div 220 \approx 1.24$$

速动比率假设速动资产是可以用于偿债的资产，表明每 1 元流动负债有多少速动资产作为偿还保障。华联公司的速动比率比上年提高了 0.41(1.65－1.24)，说明为每 1 元流动负债提供的速动资产保障增加了 0.41 元。

和流动比率一样，不同行业的速动比率有很大差别。例如，采用大量现金销售的商店，几乎没有应收账款，速动比率大大低于 1 是很正常的；相反，一些应收账款较多的企业，速动比率可能要大于 1。

影响速动比率可信性的重要因素是应收账款的变现能力。账面上的应收账款不一定都能变成现金，实际坏账可能比计提的准备要多；季节性的变化，可能使报表上的应收账款数额不能反映平均水平。这些情况，外部分析人员不易了解，而内部人员却有可能做出估计。

3. 现金比率

速动资产中，流动性最强、可直接用于偿债的资产称为现金资产。现金资产包括货币资金、交易性金融资产等。它们与其他速动资产有区别，其本身就是可以直接偿债的资产，而非速动资产，需要等待不确定的时间才能转换为不确定数额的现金。

现金资产与流动负债的比值称为现金比率，其计算公式如下：

$$现金比率 = (货币资金 + 交易性金融资产) \div 流动负债$$

根据华联公司的财务报表数据：

$$本年现金比率 = (50 + 6) \div 300 \approx 0.19$$

$$上年现金比率 = (25 + 12) \div 220 \approx 0.17$$

现金比率假设现金资产是可偿债资产，表明 1 元流动负债有多少现金资产作为偿还保障。华联公司的现金比率比上年增加 0.02，说明企业为每 1 元流动负债提供的现金资产保障增加了 0.02 元。

(二) 短期债务与现金流量的比较

短期债务的数额是偿债需要的现金流量，经营活动产生的现金流量是可以偿债的现金流量，两者相除称为现金流量比率。其计算公式为：

$$现金流量比率 = 经营现金流量 \div 流动负债$$

根据华联公司的财务报表数据：

$$现金流量比率(平均负债) = 323 \div [(300 + 220) \div 2] \approx 1.24$$

$$现金流量比率(期末负债) = 323 \div 300 \approx 1.08$$

公式中的“经营现金流量”，通常使用现金流量表中的“经营活动产生的现金流量净额”。它代表了企业产生现金的能力，已经扣除了经营活动自身所需的现金流出，是可以用来偿债的现金流量。

公式中的“流动负债”，通常使用资产负债表中的“流动负债”的年初与年末的平均数。为了简便，也可以使用期末数。

现金流量比率表明每 1 元流动负债的经营现金流量保障程度。该比率越高，偿债越有保障。

(三) 影响短期偿债能力的其他因素

上述短期偿债能力比率，都是根据财务报表计算的。还有一些表外因素也会影响企业的短期偿债能力，甚至影响相当大。财务报表的使用人应尽可能了解这方面的信息，有利于做出正确的判断。

1. 增强短期偿债能力的因素

增强短期偿债能力的表外因素主要有：

(1) 可动用的银行贷款指标：银行已同意、企业未办理贷款手续的银行贷款限额，可以随时增加企业的现金，提高支付能力。这一数据不反映在财务报表中，但会在董事会决议中披露。

(2) 准备很快变现的非流动资产：企业可能有一些长期资产可以随时出售变现，而不出现在“一年内到期的非流动资产”项目中。例如，储备的土地、未开采的采矿权、目前出租的房产等，在企业发生周转困难时，将其出售并不影响企业的持续经营。

(3) 偿债能力的声誉：如果企业的信用很好，在短期偿债方面出现暂时困难比较容易筹集到短缺的现金。

2. 降低短期偿债能力的因素

降低短期偿债能力的表外因素有：

(1) 与担保有关的或有负债，如果它的数额较大并且可能发生，就应在评价偿债能力时给予关注。

(2) 经营租赁合同中承诺的付款，很可能是需要偿付的义务。

(3) 建造合同、长期资产购置合同中的分阶段付款，也是一种承诺，应视同需要偿还的债务。

二、长期偿债能力比率

衡量长期偿债能力的财务比率，也分为存量比率和流量比率两类。

(一) 总债务存量比率

从长期来看，所有的债务都要偿还。因此，反映长期偿债能力的存量比率是总债务、总资产和股东权益之间的比例关系。常用比率包括：资产负债率、产权比率、权益乘数和长期资本负债率。

1. 资产负债率

资产负债率是负债总额占资产总额的百分比，其计算公式如下：

$$资产负债率 = (负债 \div 资产) \times 100\%$$

根据华联公司的财务报表数据：

$$本年资产负债率 = (1\ 040 \div 2\ 000) \times 100\% = 52\%$$
$$上年资产负债率 = (800 \div 1\ 680) \times 100\% \approx 48\%$$

资产负债率反映总资产中有多大比例是通过负债取得的。它可以衡量企业在清算时保护债权人利益的程度。资产负债率越低，企业偿债越有保证，贷款越安全。资产负债率还代表企业的举债能力。一个企业的资产负债率越低，举债越容易。如果资产负债率高到一定程度，没有人愿意提供贷款了，则表明企业的举债能力已经用尽。

通常，资产在破产拍卖时的售价不到账面价值的 50%，因此，资产负债率高于 50%则债权人的利益就缺乏保障。各类资产变现能力有显著区别，房地产变现的价值损失小，专用设备则难以变现。不同企业的资产负债率不同，与其持有的资产类别有关。

2. 产权比率和权益乘数

产权比率和权益乘数是资产负债率的另外两种表现形式，它和资产负债率的性质一样，其计算公式如下：

$$产权比率 = 负债总额 \div 股东权益$$
$$权益乘数 = 总资产 \div 股东权益$$

产权比率表明 1 元股东权益借入的债务数额。权益乘数表明 1 元股东权益拥有的总资产。它们是两种常用的财务杠杆计量方法，可以反映特定情况下资产利润率和权益利润率之间的倍数关系。财务杠杆表明债务的多少，与偿债能力有关，并且可以表明权益净利率的风险，也与盈利能力有关。

3. 长期资本负债率

长期资本负债率是指非流动负债占长期资本的百分比，其计算公式如下：

$$长期资本负债率 = [非流动负债 \div (非流动负债 + 股东权益)] \times 100\%$$

根据华联公司的财务报表数据：

$$本年长期资本负债率 = [740 \div (740 + 960)] \times 100\% \approx 44\%$$
$$上年长期资本负债率 = [580 \div (580 + 880)] \times 100\% \approx 40\%$$

长期资本负债率反映企业长期资本的结构。由于流动负债的数额经常变化，资本结构管理大多使用长期资本结构。

（二）总债务流量比率

1. 利息保障倍数

利息保障倍数是指息税前利润为利息费用的倍数。其计算公式如下：

$$\begin{aligned}利息保障倍数 &= 息税前利润 \div 利息费用\\ &= (净利润 + 利息费用 + 所得税费用) \div 利息费用\end{aligned}$$

根据华联公司的财务报表数据：

$$本年利息保障倍数 = (136 + 110 + 64) \div 110 \approx 2.82$$
$$上年利息保障倍数 = (160 + 96 + 75) \div 96 \approx 3.45$$

通常，可以用财务费用的数额作为利息费用，也可以根据报表附注资料确定更准确的利息费用数额。

长期债务不需要每年还本，却需要每年付息。利息保障倍数表明1元债务利息有多少倍的息税前收益作保障，它可以反映债务政策的风险大小。如果企业一直保持按时付息的信誉，则长期负债可以延续，举借新债也比较容易。利息保障倍数越大，利息支付越有保障。如果利息支付尚且缺乏保障，归还本金就很难指望。因此，利息保障倍数可以反映长期偿债能力。

如果利息保障倍数小于1，表明自身产生的经营收益不能支持现有的债务规模。利息保障倍数等于1也是很危险的，因为息税前利润受经营风险的影响，是不稳定的，而利息的支付却是固定的。利息保障倍数越大，公司拥有的偿还利息的缓冲资金越多。

2. 现金流量利息保障倍数

现金流量利息保障倍数，是指经营活动所产生的现金流量为利息费用的倍数。其计算公式如下：

$$现金流量利息保障倍数 = 现金流量 \div 利息费用$$

根据华联公司的财务报表数据：

$$本年现金流量利息保障倍数 = 323 \div 110 \approx 2.94$$

现金基础的利息保障倍数表明，1元的利息费用有多少倍的经营现金流量作保障。它比收益基础的利息保障倍数更可靠，因为实际用以支付利息的是现金，而不是收益。

3. 现金流量债务比

现金流量债务比，是指经营活动所产生的现金净流量与债务总额的比率。其计算公式为：

$$现金流量债务比 = (现金流量 \div 债务总额) \times 100\%$$

根据华联公司的财务报表数据：

$$本年现金流量债务比 = (323 \div 1\,040) \times 100\% \approx 31\%$$

公式中的“债务总额”，一般情况下使用年末和年初的加权平均数。为了简便，也可以使用期末数。

该比率表明企业用现金流量偿付全部债务的能力。比率越高，承担债务总额的能力越强。

（三）影响长期偿债能力的其他因素

上述衡量长期偿债能力的财务比率是根据财务报表数据计算的，还有一些表外因素影响企业的长期偿债能力，必须引起足够的重视。

1. 长期租赁

当企业急需某种设备或厂房而又缺乏足够的资金时，可以通过租赁的方式解决。财产租赁的形式包括融资租赁和经营租赁。融资租赁形成的负债大多会反映于资产负债表，而经营租赁则没有反映于资产负债表。当企业的经营租赁量比较大、期限比较长或具有经常性时，就形成了一种长期性筹资，这种长期性筹资，到期时必须支付租金，会对企业的偿债能力产生影响。因此，如果企业经常发生经营租赁业务，应考虑租赁费用对偿债能力的影响。

2. 债务担保

担保项目的时间长短不一，有的涉及企业的长期负债，有的涉及企业的流动负债。在分析企业长期偿债能力时，应根据有关资料判断担保责任带来的潜在长期负债问题。

3. 未决诉讼

未决诉讼一旦判决败诉，便会影响企业的偿债能力，因此，在评价企业长期偿债能力时要考虑其潜在影响。

三、资产管理比率

资产管理比率是衡量公司资产管理效率的财务比率，常用的有应收账款周转率、存货周转率、流动资产周转率、非流动资产周转率、总资产周转率等。

（一）应收账款周转率

应收账款周转率是应收账款与销售收入的比率。它有三种表示形式：应收账款周转次数、应收账款周转天数和应收账款与收入比。其计算公式如下：

$$\text{应收账款周转次数} = \text{销售收入} \div \text{应收账款}$$

$$\text{应收账款周转天数} = 365 \div (\text{销售收入} \div \text{应收账款})$$

$$\text{应收账款与收入比} = \text{应收账款} \div \text{销售收入}$$

根据华联公司的财务报表数据：

$$\text{本年应收账款周转天数} = 365 \div (3\,000 \div 398) \approx 48.4(\text{天})$$

$$\text{上年应收账款周转天数} = 365 \div (2\,850 \div 199) \approx 25.5(\text{天})$$

应收账款周转次数，表明应收账款一年中周转的次数，或者说明1元应收账款投资支持的销售收入。应收账款周转天数，也称为应收账款的收现期，表明从销售开始到回收现金平均需要的天数。应收账款与收入比，可以表明1元销售收入需要的应收账款投资。

在计算和使用应收账款周转率时，应注意以下问题。

1. 销售收入的赊销比例问题

从理论上说，应收账款是赊销引起的，其对应的流量是赊销额，而非全部销售收入。因此，计算时，应使用赊销额取代销售收入。但是，外部分析人无法取得赊销的数据，只能直接使用销售收入计算。实际上相当于假设现金销售是收现时间等于零的应收账款。只要现金销售与赊销的比例是稳定的，不妨碍与上期数据的可比性，只是一贯高估了周转次数。问题是与其他企业比较时，不知道可比企业的赊销比例，也就无从知道应收账款是否可比。

2. 应收账款年末余额的可靠性问题

应收账款是特定时点的存量，容易受季节性、偶然性和人为因素影响。在应收账款周转率用于业绩评价时，最好使用多个时点的平均数，以减少这些因素的影响。

3. 应收账款的减值准备问题

统一财务报表上列示的应收账款是已经提取减值准备后的净额，而销售收入并没有相应减少。其结果是，提取的减值准备越多，应收账款周转天数越少。这种周转天数的减少不是好的业绩，反而说明应收账款管理欠佳。如果减值准备的数额较大，就应进行调整，使用未提取坏账准备的应收账款计算周转天数。报表附注中应披露应收账款减值的信息，可作为调整的依据。

4. 应收票据是否计入应收账款周转率

大部分应收票据是销售形成的，是应收账款的另一种形式，应将其纳入应收账款周转天数的计算，称为“应收账款及应收票据周转天数”。

5. 应收账款周转天数是否越少越好

应收账款是赊销引起的，如果赊销有可能比现金销售更有利，周转天数就不是越少越好。收现时间的长短与企业的信用政策有关。例如，甲企业的应收账款周转天数是 18 天，信用期是 20 天；乙企业的应收账款周转天数是 15 天，信用期是 10 天。前者的收款业绩优于后者，尽管其周转天数较多。改变信用政策，通常会引起企业应收账款周转天数的变化。信用政策的评价涉及多种因素，不能仅仅考虑周转天数的缩短。

6. 应收账款分析应与销售额分析、现金分析联系起来

应收账款的起点是销售，终点是现金。正常的情况是销售增加引起应收账款增加，现金的存量和经营现金流量也会随之增加。如果一个企业应收账款日益增加，而销售和现金日益减少，则可能是销售出了比较严重的问题，促使放宽信用政策，甚至随意发货，而现金收不回来。

(二) 存货周转率

存货周转率是销售收入与存货的比值。也有三种计量方式，其计算公式如下：

$$存货周转次数 = 销售收入 \div 存货$$
$$存货周转天数 = 365 \div (销售收入 \div 存货)$$
$$存货与收入比 = 存货 \div 销售收入$$

根据华联公司的财务报表数据：

$$本年存货周转天数 = 365 \div (3\,000 \div 119) \approx 14.5(天)$$
$$上年存货周转天数 = 365 \div (2\,850 \div 326) \approx 41.8(天)$$

在计算和使用存货周转率时，应注意以下问题。

1. 周转额的确定

计算存货周转率时，使用“销售收入”还是“销售成本”作为周转额，要看分析的目的。在短期偿债能力分析中，为了评估资产的变现能力需要计量存货转换为现金的数量和时间，应采用“销售收入”。在分解总资产周转率时，为系统分析各项资产的周转情况并识别主要的影响因素，应统一使用“销售收入”计算周转率。如果是为了评估存货管理的业绩，应当使用“销售成本”计算存货周转率，使其分子和分母保持口径一致。实际上，两种周转率的差额是由毛利引起的，用哪一种计算都能达到分析目的。

根据华联公司的数据，两种计算方法可以转换如下：

$$本年存货(成本)周转次数 = 销售成本 \div 存货 = 2\,644 \div 119 \approx 22.22(次)$$
$$本年存货(收入)周转次数 \times 成本率 = 25.21 \times 88.13\% \approx 22.22(次)$$

2. 存货周转天数不是越低越好

存货过多会浪费资金，存货过少不能满足流转需要，也就是说，在特定的生产经营条件下存在一个最佳的存货水平，所以存货不是越少越好。

3. 应注意应付款项、存货和应收账款(或销售)之间的关系

一般说来，销售增加会拉动应收账款、存货、应付账款的增加，并不会引起周转率的明显变化。但是，当企业接受一个大的订单时，先要增加采购，然后依次推动存货和应收账款增加，最后才引起收入上升。因此，在该订单没有实现销售以前，先表现为存货等周转天数增加。这种周转天数增加，没有什么不好。与此相反，预见到销售会萎缩时，先行减少采购，依次引起存货周转天数等下降。这种周转天数下降不是什么好事，并非资产管理的改善。因此，任何财务分析都以认识经营活动的本来面目为目的，不可根据数据的高低作简单结论。

4. 关注各类存货之间的比例关系

应关注构成存货的产成品、自制半成品、原材料、在产品和低值易耗品之间的比例关系。各类存货的明细资料以及存货重大变动的解释，在报表附注中应有披露。正常的情况下，它们之间存在某种比例关系。如果产成品大量增加，其他项目减少，很可能是销售不畅，放慢了生产节奏。此时，总的存货金额可能并没有显著变动，甚至尚未引起存货周转率的显著变化。因此，在分析时既要重点关注变化大的项目，也不能完全忽视变化不大的项目，其内部可能隐藏着重要问题。

(三) 流动资产周转率

流动资产周转率是销售收入与流动资产的比值，有三种计量方式，其计算公式为：

$$流动资产周转次数 = 销售收入 \div 流动资产$$
$$\begin{aligned}流动资产周转天数 &= 365 \div (销售收入 \div 流动资产)\\ &= 365 \div 流动资产周转次数\end{aligned}$$
$$流动资产与收入比 = 流动资产 \div 销售收入$$

根据华联公司的财务报表数据：

$$本年流动资产周转天数 = 365 \div (3\,000 \div 700) = 85.2(天)$$
$$上年流动资产周转天数 = 365 \div (2\,850 \div 610) = 78.1(天)$$

流动资产周转次数，表明流动资产一年中周转的次数，或者说是1元流动资产所支持的销售收入。流动资产周转天数表明流动资产周转一次所需要的时间，也就是期末流动资产转换成现金平均所需要的时间。流动资产与收入比，表明1元收入所需要的流动资产投资。

通常，流动资产中应收账款和存货占绝大部分，因此，它们的周转状况对流动资产周转具有决定性影响。

(四) 非流动资产周转率

非流动资产周转率是销售收入与非流动资产的比值，有三种计量方式，其计算公式为：

非流动资产周转次数 = 销售收入 ÷ 非流动资产

非流动资产周转天数 = 365 ÷ (销售收入 ÷ 非流动资产)

= 365 ÷ 非流动资产周转次数

非流动资产与收入比 = 非流动资产 ÷ 销售收入

根据华联公司的财务报表数据：

本年非流动资产周转天数 = 365 ÷ (3 000 ÷ 1 300) = 158.2(天)

上年非流动资产周转天数 = 365 ÷ (2 850 ÷ 1 070) = 137(天)

非流动资产周转率反映非流动资产的管理效率。分析时主要是针对投资预算和项目管理，分析投资与其竞争战略是否一致，收购和剥离政策是否合理等。

(五) 总资产周转率

总资产周转率是销售收入与总资产之间的比率。它有三种表示方式：总资产周转次数、总资产周转天数、总资产与收入比。总资产周转次数表示总资产在一年中周转的次数。其计算公式为：

总资产周转次数 = 销售收入 ÷ 总资产

例如，华联公司本年资产周转次数＝3 000÷2 000＝1.5(次)。

在销售利润率不变的条件下，周转的次数越多，形成的利润越多，所以它可以反映企业的盈利能力。它也可以理解为1元资产投资所产生的销售额。产生的销售额越多，说明资产的使用和管理效率越高。习惯上，总资产周转次数又称为总资产周转率。

以时间长度表示的总资产周转率，称为总资产周转天数。其计算公式为：

总资产周转天数 = 365 ÷ (销售收入 ÷ 总资产) = 365 ÷ 总资产周转次数

总资产周转天数表示总资产周转一次所需要的时间。时间越短，总资产的使用效率越高，企业的盈利性越好。

总资产周转次数的倒数，称为总资产与收入比。其计算公式为：

总资产与收入比 = 总资产 ÷ 销售收入 = 1 ÷ 总资产周转次数

总资产与收入比表示1元收入需要的总资产投资。收入相同时，需要的投资越少，说明总资产的盈利性越好或者说总资产的使用效率越高。

四、盈利能力比率

(一) 销售利润率

1. 销售利润率及其计算

销售利润率是指净利润与销售收入的比率，通常用百分数表示，其计算公式为：

$$销售利润率 = 净利润 \div 销售收入 \times 100\%$$

根据华联公司的财务报表数据：

$$本年销售利润率 = 136 \div 3\ 000 \times 100\% = 4.533\ 3\%$$
$$上年销售利润率 = 160 \div 2\ 850 \times 100\% = 5.614\ 0\%$$
$$变动部分 = 4.533\ 33\% - 5.614\ 0\% = -1.080\ 7\%$$

"销售收入"是利润表的第一行数字，"净利润"是利润表的最后一行数字，两者相除可以概括企业的全部经营成果。它表明1元销售收入与其成本费用之间可以"挤"出来的净利润。该比率越大则企业的盈利能力越强。

销售利润率又称为销售净利率或利润率。通常，在"利润"前面没有加任何定语，就是指"净利润"；某个利润率，如果前面没有指明计算比率使用的分母，则是指以销售收入为分母。

2. 销售利润率的驱动因素

销售利润率的变动，是由利润表的各个项目金额变动引起的。表11-6列示了华联公司利润表各项目的金额变动和结构变动数据。其中，"本年结构"和"上年结构"，是各项目除以销售收入得出的百分比，"百分比变动"是指"本年结构"百分比与"上年结构"百分比的差额。该表称为利润表的同型报表。它排除了规模差异的影响，提高了数据的可比性。

表11-6 利润表结构百分比变动

单位：万元

项目	本年金额	上年金额	变动金额	本年结构	上年结构	百分比变动
一、营业收入	3 000	2 850	150	100.00%	100.00%	0.00
减：营业成本	2 644	2 503	141	88.13%	87.82%	0.31%
税金及附加	28	28	0	0.93%	0.98%	-0.05%
销售费用	22	20	2	0.73%	0.70%	0.03%
管理费用	46	40	6	1.53%	1.40%	0.13%
财务费用	110	96	14	3.67%	3.37%	0.30%
资产减值损失	0	0	0	0.00	0.00	0.00
加：公允价值变动收益	0	0	0	0.00	0.00	0.00
投资收益	6	0	6	0.20%	0.00	0.20%
二、营业利润	156	163	-7	5.20%	5.72%	-0.52%
加：营业外收入	45	72	-27	1.50%	2.53%	-1.03%
减：营业外支出	1	0	1	0.03%	0.00	0.03%
三、利润总额	200	235	-35	6.67%	8.25%	-1.58%
减：所得税费用	64	75	-11	2.13%	2.63%	0.50%
四、净利润	136	160	-24	4.53%	5.61%	-1.08%

(1) 金额变动分析：本年净利润减少24万元。影响较大的不利因素是销售成本增加141万元和营业外收入减少27万元；影响较大的有利因素是销售收入增加150万元。

(2) 结构比率分析：销售利润率减少了 1.08%。影响较大的不利因素是销售成本率上升 0.31%，以及营业外收入比率减少 1.03%。

进一步的分析应重点关注金额变动和结构百分比变动较大的项目，如华联公司的销售成本和营业外收入。

3. 利润表各项目分析

确定分析的重点项目之后，需要深入到各项目的内部进一步分析。此时，需要依靠财务报表附注提供的资料，以及其他可以收集到的资料。

毛利率的变动原因可以分部门、分产品，分顾客群、分销售区域或分推销员进行分析，视分析的目的以及可以取得的资料而定。

华联公司的报表附注显示的分产品的毛利资料，如表 11-7 所示。

表 11-7 报表附注中分产品的毛利资料

单位：万元

产品类别	营业收入		营业成本		营业毛利		毛利率	
	本期数	上期数	本期数	上期数	本期数	上期数	本期数	上期数
音响类产品	1 589	1 881	1 882	1 964	−293	−83	−18.44%	−4.41%
软件类产品	508	475	312	295	196	180	38.58%	37.89%
数码类产品	903	494	450	244	453	250	50.17%	50.61%
合计	3 000	2 850	2 644	2 503	356	347	11.87%	12.18%

通过表 11-7 和其他背景资料可知：音响类产品是该公司的传统产品，目前仍占销售收入的大部分，其毛利率是负值，已失去继续产销的经济价值。软件类产品毛利率基本持平，销售额略有增长，其毛利约占公司的一半。数码类产品销售迅速增长，毛利率很高，其毛利占公司的大部分。应结合市场竞争和公司资源的情况，分析是否可以扩大数码产品和软件产品的产销规模，以及音响产品能否更新换代。如果均无可能，音响类产品的亏损可能继续增加，而数码产品的高毛利可能引来竞争者，预期盈利能力还可能进一步下降。

通常，销售费用和管理费用的公开披露信息十分有限，外部分析人员很难将其深入下去。财务费用、资产公允价值变动损益、资产减值损失、投资收益和营业外收入的明细资料，在报表附注中均有较详细的披露，为进一步分析提供了信息。

(二) 资产利润率

1. 资产利润率及其计算

资产利润率是指净利润与总资产的比率，它反映公司从 1 元受托资产(不管资金来源)中得到的净利润。其计算公式为：

$$资产利润率 = 净利润 \div 总资产 \times 100\%$$

根据华联公司的财务报表数据：

$$本年资产利润率 = 136 \div 2\,000 \times 100\% = 6.8\%$$

$$上年资产利润率 = 160 \div 1\,680 \times 100\% = 9.52\%$$

$$变动 = 6.8\% - 9.52\% = -2.72\%$$

资产利润率是企业盈利能力的关键。虽然股东的报酬由资产利润率和财务杠杆共同决定，但提高财务杠杆会同时增加企业风险，而并不增加企业价值。此外，财务杠杆的提高有诸多限制，企业经常处于财务杠杆不可能再提高的临界状态。因此，驱动权益净利率的基本动力是资产利润率。

公式中“总资产”的计量有三种选择：①使用年末总资产。其缺点是年内变化大时不具有代表性；②使用年末与年初平均数，季节性企业的期末数较低，代表性也不理想；③使用12个月末的平均数，外部分析人员的数据来源有问题，也比较麻烦。凡是财务比率的分子和分母，一个是期间流量数据，另一个是期末存量数据，在确定存量数据时都会遇到类似问题。本书举例时使用期末数据只是为了简便，不如平均数合理。

2. 资产利润率的驱动因素

影响资产利润率的驱动因素是销售利润率和资产周转率。其中：

$$\text{资产利润率}=\frac{\text{净利润}}{\text{总资产}}=\frac{\text{净利润}}{\text{销售收入}}\times\frac{\text{销售收入}}{\text{总资产}}$$
$$=\text{销售利润率}\times\text{总资产周转次数}$$

总资产周转次数是1元资产创造的销售收入，销售利润率是1元销售收入创造的利润，两者共同决定了资产利润率，即1元资产创造的利润。

有关资产利润率因素分解的数据准备，如表11-8所示。

表 11-8 资产利润率的分解

单位：万元

项目	本 年	上 年	变 动
销售收入	3 000	2 850	150
净利润	136	160	−24
总资产	2 000	1 680	320
资产利润率	6.800 0%	9.523 8%	−2.723 8%
销售利润率	4.533 3%	5.614 0%	−1.080 7%
总资产周转次数/次	1.500 0	1.696 4	0.196 4

华联公司的资产利润率比上年降低2.72%。其原因是销售净利率和资产周转率都降低了。哪一个原因更重要呢？可以使用连环替代法进行定量分析。

$$\text{销售利润率变动影响}=\text{销售利润率变动}\times\text{上年资产周转次数}$$
$$=-1.08\%\times1.70$$
$$=-1.83\%$$
$$\text{资产周转次数变动影响}=\text{本年销售利润率}\times\text{资产周转次数变动}$$
$$=4.53\%\times(-0.1964)$$
$$=-0.89\%$$
$$\text{合计}=-1.83\%-0.89\%=-2.72\%$$

由于销售净利率降低，使资产利润率下降1.83%；由于资产周转率下降，使资产利润率下降 0.89%。两者共同作用使资产利润率下降 2.72%，其中，销售利润率下降是主要影响因素。

(三) 权益净利率

权益净利率是净利润与股东权益的比率，它反映1元股东资本赚取的净收益，可以衡量企业的总体盈利能力。

$$权益净利率=(净利润\div股东权益)\times100\%$$

根据华联公司财务报表的数据：

$$本年权益净利率=(136\div960)\times100\%=14.17\%$$
$$上年权益净利率=(160\div880)\times100\%=18.18\%$$

权益净利率的分母是股东的投入，分子是股东的所得。对于股权投资人来说，具有非常好的综合性，概括了企业的全部经营业绩和财务业绩。华联公司本年股东的回报率减少了，总体上看不如上一年。

五、上市公司财务指标分析

(一) 每股收益

每股收益是综合反映企业盈利能力的重要指标，可以用来判断和评价管理层的经营业绩。每股收益概念包括基本每股收益和稀释每股收益。

1. 基本每股收益

基本每股收益的计算公式为：

$$基本每股收益=归属于公司普通股股东的净利润\div发行在外的普通股加权平均数$$

其中：发行在外普通股的加权平均数＝期初发行在外普通股股数＋当期新发普通股股数×已发行时间÷报告期时间－当期回购普通股股数×已回购时间÷报告期时间

[例 11-3]　某上市公司 2018 年度归属于普通股股东的净利润为 25 000 万元。2018 年年末的股数为 8 000 万股，2019 年 2 月 8 日，经公司 2018 年度股东大会决议，以截至 2018 年末的公司总股数为基础，向全体股东每 10 股送红股 10 股，工商注册登记变更完成后公司总股数变为 16 000 万股。2019 年 11 月 29 日发行新股 6 000 万股。

$$基本每股收益=\frac{25\,000}{8\,000+8\,000+6\,000\times\frac{1}{12}}\approx1.52(元/股)$$

该公司 2018 年度分配 10 股送 10 股导致股数增加 8 000 万股，由于送红股是将公司以前年度的未分配利润转为普通股，转化与否都一直作为资本使用，因此新增的这8 000 万股不需要按照实际增加的月份加权计算，可以直接计入分母；而公司发行新股 6 000 万股，这部分股份由于在 11 月底增加，对全年的利润贡献只有 1 个月，因此，应该按照 1/12 的权数进行加权计算。

2. 稀释每股收益

企业存在稀释性潜在普通股的，应当计算稀释每股收益。稀释性潜在普通股指假设当期转换为普通股会减少每股收益的潜在普通股。潜在普通股主要包括可转换公司债券、认股权证和股份期权等。

(1) 可转换公司债券。对于可转换公司债券,计算稀释每股收益时,分子的调整项目为可转换公司债券当期已确认为费用的利息等的税后影响额;分母的调整项目为假定可转换公司债券当期期初或发行日转换为普通股股数的加权平均数。

(2) 认股权证和股份期权。认股权证、股份期权等的行权价格低于当期普通股平均市场价格时,应当考虑其稀释性。

计算稀释每股收益时,作为分子的净利润金额一般不变;分母的调整项目为增加的普通股股数,同时还应考虑时间权数。

$$\text{认股权证或股份期权行权增加的普通股股数} = \text{行权认购的股数} \times \left(1 - \frac{\text{行权价格}}{\text{普通股平均市价}}\right)$$

行权价格和拟行权时转换的普通股股数,按照有关认股权证合同和股份期权合约确定。公式中的普通股平均市场价格,通常按照每周或每月具有代表性的股票交易价格进行简单算术平均计算。在股票价格比较平稳的情况下,可以采用每周或每月股票的收盘价作为代表性价格;在股票价格波动较大的情况下,可以采用每周或每月股票最高价与最低价的平均值作为代表性价格。无论采用何种方法计算平均市场价格,一经确定,不得随意变更,除非有确凿证据表明原计算方法不再适用。当期发行认股权证或股份期权的,普通股平均市场价格应当自认股权证或股份期权的发行日起计算。

[例 11-4] 某上市公司 2019 年 7 月 1 日按面值发行年利率 3%的可转换公司债券,面值 10 000 万元,期限为 5 年,利息每年末支付一次,发行结束一年后可以转换股票,转换价格为每股 5 元,即每 100 元债券可转换为 1 元面值的普通股 20 股。2019 年该公司归属于普通股股东的净利润为 30 000 万元,2019 年发行在外的普通股加权平均数为 40 000 万股,债券利息不符合资本化条件,直接计入当期损益,所得税税率为 25%。假设不考虑可转换公司债券在负债成分和权益成分之间的分拆,且债券票面利率等于实际利率,则稀释每股收益计算如下:

$$\text{基本每股收益} = 30\,000 \div 40\,000 = 0.75(\text{元})$$

$$\text{假设全部转股,所增加的净利润} = 10\,000 \times 3\% \times \frac{6}{12} \times (1 - 25\%) = 112.5(\text{万元})$$

$$\text{假设全部转股,所增加的年加权平均普通股股数} = \frac{10\,000}{100} \times 20 \times \frac{6}{12} = 1\,000\ (\text{万股})$$

$$\text{增量股的每股收益} = \frac{112.5}{1\,000} = 0.112\,5(\text{元})$$

增量股的每股收益小于原每股收益,可转换债券具有稀释作用。

$$\text{稀释每股收益} = \frac{30\,000 + 112.5}{40\,000 + 1\,000} \approx 0.73(\text{元})$$

在分析每股收益指标时,应注意企业利用回购的方式减少发行在外的普通股股数,使每股收益简单增加。另外,如果企业将盈利用于派发股票股利或配售股票,就会使企业流通在外的股票数量增加,这样将会大量稀释每股收益。在分析上市公司公布的信息时,投资者应注意区分公布的每股收益是按原始股股数还是按完全稀释后的股份计算规则计算,以免受到误导。

对投资者来说，每股收益是一个综合性的盈利概念，在不同行业、不同规模的上市公司之间具有相当大的可比性，因而在各上市公司之间的业绩比较中被广泛应用。人们一般将每股收益视为企业能否成功地达到其利润目标的标志，也可以将其看成一家企业管理效率、盈利能力和股利来源的标志。理论上，每股收益反映了投资者可望获得的最高股利收益，因而是衡量股票投资价值的重要指标。每股收益越高，表明投资价值越大；否则反之。但是每股收益多并不意味着每股股利多，此外，每股收益不能反映股票的风险水平。

（二）每股股利

每股股利是企业股利总额与普通股股数的比值。其计算公式为：

$$每股股利 = 现金股利总额 \div 期末发行在外的普通股股数$$

［例 11-5］ 某上市公司 2019 年度发放普通股股利 3 600 万元，年末发行在外的普通股股数为 12 000 万股。每股股利计算如下：

$$每股股利 = 3\ 600 \div 12\ 000 = 0.3(元)$$

每股股利反映的是普通股股东每持有上市公司一股普通股获取的股利大小，是投资者股票投资收益的重要来源之一。由于净利润是股利分配的来源，因此，每股股利的多少很大程度取决于每股收益的多少。但上市公司每股股利发放多少，除了受上市公司盈利能力大小影响，还取决于企业的股利分配政策和投资机会。投资者使用每股股利分析上市公司的投资回报时，应比较连续几个期间的每股股利，以评估股利回报的稳定性并做出收益预期。

反映每股股利和每股收益之间关系的一个重要指标是股利发放率，即每股股利分配额与当期的每股收益之比。其计算公式为：

$$股利发放率 = 每股股利 \div 每股收益$$

股利发放率反映每 1 元净利润有多少用于普通股股东的现金股利发放，反映普通股股东的当期收益水平。借助于该指标，投资者可以了解一家上市公司的股利发放政策。

（三）市盈率

市盈率是股票每股市价与每股收益的比率，反映普通股股东为获取 1 元净利润所愿意支付的股票价格。其计算公式如下：

$$市盈率 = 每股市价 \div 每股收益$$

［例 11-6］ 承［例 11-3］，同时假定该上市公司 2020 年末每股市价 30.4 元。则该公司 2020 年末市盈率计算如下

$$市盈率 = 30.4 \div 1.52 = 20(倍)$$

市盈率是股票市场上反映股票投资价值的重要指标，该比率的高低反映了市场上投资者对股票投资收益和投资风险的预期。一方面，市盈率越高，意味着投资者对股票的收益预期越看好，投资价值越大；反之，投资者对该股票评价越低。另一方面，市盈率越高，也说明获得一定的预期利润投资者需要支付更高的价格，因此，投资于该股票的风险也越大；市盈率越低，说明投资于该股票的风险越小。

（四）每股净资产

每股净资产，又称每股账面价值，是指企业期末普通股净资产与期末发行在外的普通股

股数之间的比率。用公式表示为：

$$每股净资产 = 期末普通股净资产 \div 期末发行在外的普通股股数$$
$$期末普通股净资产 = 期末股东权益 - 期末优先股股东权益$$

[例 11-7] 某上市公司 2019 年年末股东权益为 156 000 万元，全部为普通股，年末发行在外的普通股股数为 120 000 万股。则每股净资产计算如下：

$$每股净资产 = 156\ 000 \div 120\ 000 = 1.3(元)$$

每股净资产显示了发行在外的每一普通股份所能分配的企业账面净资产的价值。这里所说的账面净资产是指企业账面上的总资产减去负债后的余额，即股东权益总额。每股净资产指标反映了在会计期末每一股份在企业账面上到底值多少钱，它与股票面值发行价格、每股市场价值乃至每股清算价值等往往有较大差距，是理论上股票的最低价值。

利用该指标进行横向和纵向对比，可以衡量上市公司股票的投资价值。如在企业性质相同、股票市价相近的条件下，某一企业股票的每股净资产越高，则企业发展潜力与其股票的投资价值越大，投资者所承担的投资风险越小。但是也不能一概而论，在市场投机气氛较浓的情况下，每股净资产指标往往不太受重视。投资者，特别是短线投资者注重股票市价的变动，有的企业股票市价低于其每股账面价值，投资者会认为这个企业没有前景，从而失去对该企业股票的兴趣；如果市价高于其账面价值，而且差距较大，投资者会认为企业前景良好、有潜力，因而甘愿承担较大的风险购进该企业股票。

（五）市净率

市净率是每股市价与每股净资产的比率，是投资者用以衡量、分析个股是否具有投资价值的工具之一。市净率的计算公式如下：

$$市净率 = 每股市价 \div 每股净资产$$

[例 11-8] 承[例 11-7]，同时假定该上市公司 2019 年年末每股市价为 3.9 元，则该公司 2019 年年末市净率计算如下：

$$市净率 = 3.9 \div 1.3 = 3(倍)$$

净资产代表的是全体股东共同享有的权益，是股东拥有公司财产和公司投资价值最基本的体现。一般来说，市净率较低的股票，投资价值较高；反之，则投资价值较低。但有时较低的市净率反映的可能是投资者对公司前景的不良预期，而较高市净率则相反。因此，在判断某只股票的投资价值时，还要综合考虑当时的市场环境，以及公司经营情况、资产质量和盈利能力等因素。

第三节　财务分析体系

一、传统的财务分析体系

传统的财务分析体系，由美国杜邦公司在 20 世纪 20 年代首创，经过多次改进，逐渐把各种财务比率结合成一个体系。

(一) 传统财务分析体系的核心比率

权益净利率是传统财务分析体系的核心比率，它有很好的可比性，可以用于不同企业之间的比较。由于资本具有逐利性，总是流向投资报酬率高的行业和企业，使得各企业的权益净利率趋于接近。如果一个企业的权益净利率经常高于其他企业，就会引来竞争者，迫使该企业的权益净利率回到平均水平。如果一个企业的权益净利率经常低于其他企业，就得不到资金，会被市场驱逐，使得幸存企业的股东权益净利率提升到平均水平。

权益净利率不仅有很好的可比性，而且有很强的综合性。为了提高股东权益净利率，管理者有三个可以使用的杠杆：

$$\begin{aligned}\text{权益净利率} &= \frac{\text{净利润}}{\text{销售收入}} \times \frac{\text{销售收入}}{\text{总资产}} \times \frac{\text{总资产}}{\text{股东权益}} \\ &= \text{销售净利率} \times \text{总资产周转率} \times \text{权益乘数}\end{aligned}$$

无论提高其中的哪一个比率，权益净利率都会提升。其中，“销售净利率”是利润表的概括，“销售收入”在利润表的第一行，“净利润”在利润表的最后一行，两者相除可以概括全部经营成果；“权益乘数”是资产负债表的概括，表明资产、负债和股东权益的比例关系，可以反映最基本的财务状况；“总资产周转率”把利润表和资产负债表联系起来，使权益净利率可以综合整个企业的经营活动和财务活动的业绩。

(二) 传统财务分析体系的基本框架

该体系是一个多层次的财务比率分解体系。各项财务比率，在每个层次上与本企业历史或同业的财务比率比较，比较之后向下一级分解。逐级向下分解，逐步覆盖企业经营活动的每一个环节，可以实现系统、全面评价企业经营成果和财务状况的目的，如图 11-1 所示。

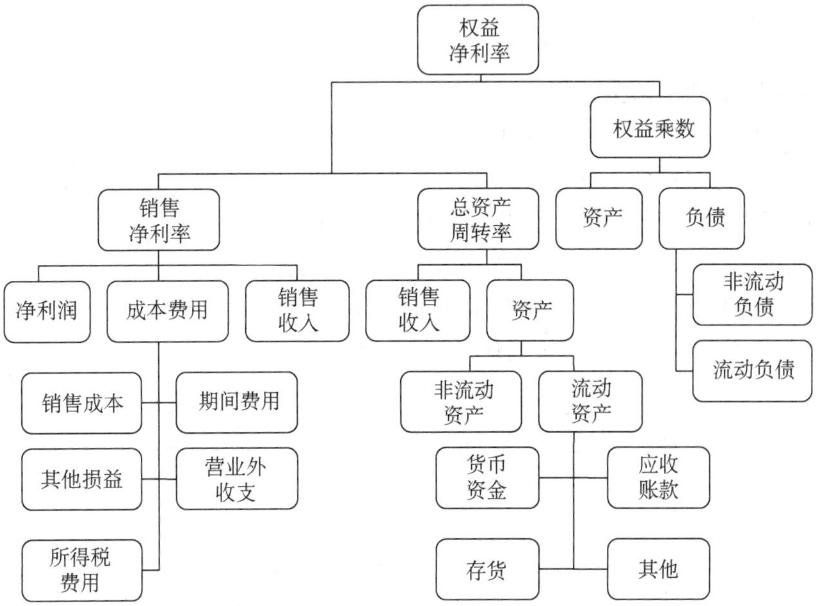

图 11-1　传统财务分析体系的基本框架

第一层次的分解，是把权益净利率分解为销售利润率、总资产周转率和权益乘数。这三个比率在各企业之间可能存在显著差异。通过对其差异的比较，可以观察本企业与其他企业的经营战略和财务政策有什么不同。分解出来的销售利润率和总资产周转率，可以反映企业的经营战略。一些企业销售净利率较高，而总资产周转率较低；另一些企业与之相反，总资产周转率较高而销售净利率较低。两者经常呈反方向变化。这种现象不是偶然的。为了提高销售利润率，就要增加产品的附加值，此时往往需要增加投资，引起总资产周转率的下降。与此相反，为了加快周转，就要降低价格，引起销售净利率下降。通常，销售净利率较高的制造业，其总资产周转率都较低；总资产周转率很高的零售商业，销售净利率很低。采取"高盈利、低周转"还是"低盈利、高周转"的方针，是企业根据外部环境和自身资源做出的战略选择。正因为如此，仅从销售净利率的高低并不能看出业绩好坏，把它与总资产周转率联系起来可以考察企业经营战略。真正重要的是，两者共同作用而得到的资产利润率。资产利润率可以反映管理者运用受托资产赚取盈利的业绩，是最重要的盈利能力。

分解出来的财务杠杆可以反映企业的财务政策。在资产利润率不变的情况下，提高财务杠杆可以提高权益净利率，但同时也会增加财务风险。如何配置财务杠杆是企业最重要的财务政策。一般说来，资产利润率较高的企业，财务杠杆较低；反之则较高。这种现象也不是偶然的。可以设想，为了提高权益净利率，企业倾向于尽可能提高财务杠杆。但是，贷款提供者不一定会同意这种做法。贷款提供者不分享超过利息的收益，更倾向于为预期未来经营现金流量比较稳定的企业提供贷款。为了稳定现金流量，企业的一种选择是降低价格以减少竞争，另一种选择是增加营运资本以防止现金流中断，这都会导致资产利润率下降。这就是说，为了提高流动性，只能降低盈利性。因此，我们实际看到的是，经营风险低的企业可以得到较多的贷款，其财务杠杆较高；经营风险高的企业，只能得到较少的贷款，其财务杠杆较低。资产利润率与财务杠杆呈现负相关，共同决定了企业的权益净利率。企业必须使其经营战略和财务政策相匹配。

（三）财务比率的比较和分解

该分析体系要求，在每一个层次上进行财务比率的比较和分解。通过与上年比较可以识别变动的趋势，通过同业的比较可以识别存在的差距。分解的目的是识别引起变动（或产生差距）的原因，并计量其重要性，为后续分析指明方向。

下面以华联公司权益净利率的比较和分解为例，说明其一般方法。

权益净利率的比较对象，可以是其他企业的同期数据，也可以是本企业的历史数据，这里仅以本企业的本年与上年的比较为例。

权益净利率 = 销售净利率 × 资产周转率 × 权益乘数

即本年权益净利率 14.167% = 4.533% × 15 × 2.083 3

上年权益净利率 18.181 8% = 5.614% × 16 964 × 1.909 1

权益净利率变动 = −4.014 8%

与上年相比，股东的报酬率降低了，公司整体业绩不如上年。影响权益净利率变动的不利因素是销售净利率和资产周转率下降；有利因素是财务杠杆提高。

利用连环替代法可以定量分析它们对权益净利率变动的影响程度：

（1）销售净利率变动的影响：

按本年销售净利率计算的上年权益净利率 = 4.533% × 16 964 × 1.909 1 = 14.682%
销售净利率变动的影响 = 14.682% − 18.181 8% = −3.5%

（2）资产周转率变动的影响：

按本年销售净利率、资产周转率计算的上年权益净利率 = 4.533% × 15 × 1.909 1 = 12.982%
资产周转率变动的影响 = 12.982% − 14.682% = −1.7%

（3）财务杠杆变动的影响：

财务杠杆变动的影响 = 14.167% − 12.982% = 1.185%

通过分析可知，最重要的不利因素是销售净利率降低使权益净利率减少3.5%；然后是资产周转率降低使权益净利率减少1.7%。有利的因素是权益乘数提高使权益净利率增加1.185%。不利因素超过有利因素，所以权益净利率减少4.015%。由此应重点关注销售净利率降低的原因。

（四）传统财务分析体系的局限性

传统财务分析体系虽然被广泛使用，但是也存在某些局限性。

1. 计算总资产利润率的“总资产”与“净利润”不匹配

总资产是全部资产提供者享有的权利，而净利润是专门属于股东的，两者不匹配。由于总资产净利率的“投入与产出”不匹配，该指标不能反映实际的回报率。为了改善该比率的配比，要重新调整其分子和分母。

为公司提供资产的人包括股东、有息负债的债权人和无息负债的债权人，后者不要求分享收益。要求分享收益的是股东、有息负债的债权人。因此，需要计量股东和有息负债债权人投入的资本，并且计量这些资本产生的收益，两者相除才是合乎逻辑的资产报酬率，才能准确反映企业的基础盈利能力。

2. 没有区分经营活动损益和金融活动损益

对于多数企业来说，金融活动是净筹资，它们从金融市场上主要是筹资，而不是投资。筹资活动没有产生净利润，而是支出净费用。这种筹资费用是否属于经营活动的费用，即使在会计规范的制定中也存在争议，各国的会计规范对其处理也不尽相同。从财务管理的基本理念看，企业的金融资产是投资活动的剩余，是尚未投入实际经营活动的资产，应将其从经营资产中剔除。与此相适应，金融费用也应从经营收益中剔除，才能使经营资产和经营收益相匹配。因此，正确计量基础盈利能力的前提是区分经营资产和金融资产，区分经营收益与金融收益（费用）。

3. 没有区分有息负债与无息负债

既然要把金融（筹资）活动分离出来单独考察，就会涉及单独计量筹资活动的成本。负债的成本（利息支出）仅仅是有息负债的成本。因此，必须区分有息负债与无息负债。利息与有息负债相除，才是实际的平均利息率。此外，区分有息负债与无息负债后，有息负债与股东权益相除，可以得到更符合实际的财务杠杆。无息负债没有固定成本，本来就没有杠杆作用，将其计入财务杠杆，会歪曲杠杆的实际作用。

针对上述问题，人们对传统的财务分析体系做了一系列的改进，逐步形成了一个新的分析体系。

二、改进的财务分析体系

（一）改进的财务分析体系的主要概念

1. 资产负债表的有关概念

基本等式：

$$净经营资产 = 净金融负债 + 股东权益$$

其中：

$$净经营资产 = 经营资产 - 经营负债$$
$$净金融负债 = 金融负债 - 金融资产$$

与传统财务分析体系相比，主要有以下区别：

（1）区分经营资产和金融资产。经营资产是指用于生产经营活动的资产，与总资产相比，它不包括没有被用于生产经营活动的金融资产。严格来说，保持一定数额的现金是生产经营活动所必需的，但是外部分析人员无法区分哪些金融资产是必需的，哪些是投资的剩余，为了简化，都列为金融资产，视为未投入运营的资产。应收项目大部分是无息的，应列入经营资产。区分经营资产和金融资产的主要标志是有无利息，如果能够取得利息则列为金融资产。例如，短期应收票据如果以市场利率计息就属于金融资产；否则应归入经营资产，至于长期权益性投资，则属于经营资产。

（2）区分经营负债和金融负债。经营负债是指在生产经营中形成的短期和长期无息负债。这些负债不要求利息回报，是伴随经营活动出现的，而非金融活动的结果。金融负债是公司筹资活动形成的有息负债。划分经营负债与金融负债的一般标准是有无利息要求。应付项目的大部分是无息的，故将其列入经营负债；如果是有息的，则属于金融活动，应列为金融负债。

金融负债减去金融资产，是公司的净金融负债，简称净负债。这里有一个重要的概念，就是金融资产是“负”的金融负债。它可以立即偿债并使金融负债减少。公司真正背负的偿债压力是借入后已经用掉的钱，即净负债。净负债是债权人实际上已投入生产经营的债务资本。

2. 利润表的有关概念

基本等式：

$$净利润 = 经营利润 - 净利息费用$$

其中：

$$经营利润 = 税前经营利润 \times (1 - 所得税税率)$$
$$净利息费用 = 利息费用 \times (1 - 所得税税率)$$

改进的财务分析体系对收益分类的主要特点如下：

（1）区分经营活动损益和金融活动损益。金融活动的损益是净利息费用，即利息收支的净额。金融活动收益和成本，不应列入经营活动损益，两者应加以区分。利息支出包括借款和其他有息负债的利息。从理论上说，利息支出应包括会计上已经资本化的利息，但是实务上很难这样去处理，因为分析时找不到有关的数据。资本化利息不但计入了资产成本，而且通过折旧的形式列入费用，要进行调整是极其困难的。利息收入包括银行存款利息收入和债权投资利息收入。如果没有债权投资利息收入，则可以用"财务费用"作为税前"利息费用"的估计值。金融活动损益以外的损益，全部视为经营活动损益。经营活动损益与金融活动损益的划分，应与资产负债表对经营资产与金融资产的划分保持对应。

(2) 经营活动损益内部可以进一步区分主要经营利润、其他营业利润和营业外收支。主要经营利润是指企业日常活动产生的利润，它等于销售收入减去销售成本及有关的期间费用，是最具持续性和预测性的收益。其他营业利润，包括资产减值、公允价值变动和投资收益，它们的持续性不易判定，但肯定低于主要经营利润。营业外收支不具有持续性，没有预测价值。这样的区分，有利于评价企业的盈利能力。

(3) 法定利润表的所得税是统一扣除的。为了便于分析，需要将其分摊给经营利润和利息费用。分摊的简便方法是根据实际的所得税税率比例分摊。严格的办法是分别根据适用的税率计算应负担的所得税。后面的举例采用简单办法处理。

(二) 调整资产负债表和利润表

根据上述概念，重新编制的华联公司经调整的资产负债表和利润表如表 11-9 和表 11-10 所示。

表 11-9　调整资产负债表

编制单位：华联公司　　　　20××年 12 月 31 日　　　　单位：万元

经营资产	年末余额	年初余额	净负债及股东权益	年末余额	年初余额
经营资产：			金融负债：		
应收票据	8	11	短期借款	60	45
应收账款	398	199	交易性金融负债	0	0
预付款项	22	4	长期借款	450	245
应收股利	0	0	应付债券	240	260
应收利息	0	0	金融负债合计	750	550
其他应收款	12	22			
存货	119	326			
持有待售资产	32	7			
一年内到期的非流动资产	45	4			
其他流动资产	8	0			
其他债权投资	0	0			
长期股权投资	30	0			

（续表）

经营资产	年末余额	年初余额	净负债及股东权益	年末余额	年初余额
长期应收款	0	0			
固定资产	1 238	955			
在建工程	18	35			
固定资产清理	0	12			
无形资产	6	8			
开发支出	0	0			
商誉	0	0	金融资产：		
长期待摊费用	5	15	货币资金	50	25
递延所得税资产	0	0	交易性金融资产	6	12
其他非流动资产	3	0	债权投资	0	45
经营资产合计	1 944	1 598	金融资产合计	56	82
经营负债：			净负债	694	468
应付票据	5	4			
应付账款	100	109			
预收款项	10	4			
应付职工薪酬	2	1			
应交税费	5	4			
其他应付款	14	13			
持有待售负债	49	31			
预计负债	2	4			
一年内到期的非流动负债	50	0	股东权益：		
其他流动负债	3	5	股本	100	100
长期应付款	50	60	资本公积	10	10
专项应付款	0	0	盈余公积	100	40
递延所得税负债	0	0	未分配利润	750	730
其他非流动负债	0	15	减：库存股	0	0
经营负债合计	290	250	股东权益合计	960	880
净经营资产	1 654	1 348	净负债及股东权益	1 654	1 348

表 11-10　调整利润表

编制单位:华联公司　　　　20××年度　　　　单位:万元

项　　目	本年金额	上年金额
经营活动:		
一、营业收入	3 000	2 850
减:营业成本	2 644	2 503
二、毛利	356	347
减:税金及附加	28	28
销售费用	22	20
管理费用	46	40
三、主营业务利润	260	259
减:资产减值损失	0	0
加:公允价值变动收益	0	0
投资收益	6	0
四、税前营业利润	266	259
加:营业外收入	45	72
减:营业外支出	1	0
五、税前经营利润	310.00	331.00
减:经营利润所得税费用	99.20	105.64
六、经营利润	210.80	225.36
金融活动:		
一、税前利息费用	110	96
利息费用减少所得税	35.20	30.64
二、净利息费用	74.80	65.36
利润合计:		
税前利润合计	200	235
所得税费用合计	64	75
税后净利润合计	136	160
备注:平均所得税税率	32.00%	31.91%

(三) 改进的财务分析体系的核心公式

该体系的核心公式如下:

$$权益净利率=\frac{经营利润}{股东权益}-\frac{净利息}{股东权益}$$

$$=\frac{经营利润}{净经营资产}\times\frac{净经营资产}{股东权益}-\frac{净利息}{净负债}\times\frac{净负债}{股东权益}$$

$$= \frac{\text{经营利润}}{\text{净经营资产}} \times \left(1 + \frac{\text{净负债}}{\text{股东权益}}\right) - \frac{\text{净利息}}{\text{净负债}} \times \frac{\text{净负债}}{\text{股东权益}}$$

$$= \text{净经营资产利润率} + (\text{净经营资产利润率} - \text{净利息率}) \times \text{净财务杠杆}$$

根据该公式，权益净利率的高低取决于三个驱动因素：净经营资产利润率（可进一步分解为销售经营利润率和净经营资产周转率）、净利息率和净财务杠杆。根据调整财务报表计算的有关财务比率如表 11-11 所示。改进的财务分析体系的基本框架如图 11-2 所示。

表 11-11　主要财务比率及其变动

主要财务比率	本年	上年	变动
1. 经营利润率（经营利润/销售收入）	7.027%	7.907%	−0.880%
2. 净经营资产周转次数（销售收入/净经营资产）	1.813 8	2.114 2	−0.300 4
3. (1×2)净经营资产利润率（经营利润/净经营资产）	12.745%	16.718%	−3.973%
4. 净利息率（净利息/净负债）	10.778%	13.966%	−3.188%
5. (3−4)经营差异率（净经营资产利润率−净利息率）	1.967%	2.752%	−0.785%
6. 净财务杠杆（净负债/股东权益）	0.722 9	0.531 8	0.191 1
7. (5×6)杠杆贡献率（经营差异率×净财务杠杆）	1.422%	1.464%	−0.042%
8. (3+7)权益净利率	14.167%	18.182%	−4.015%

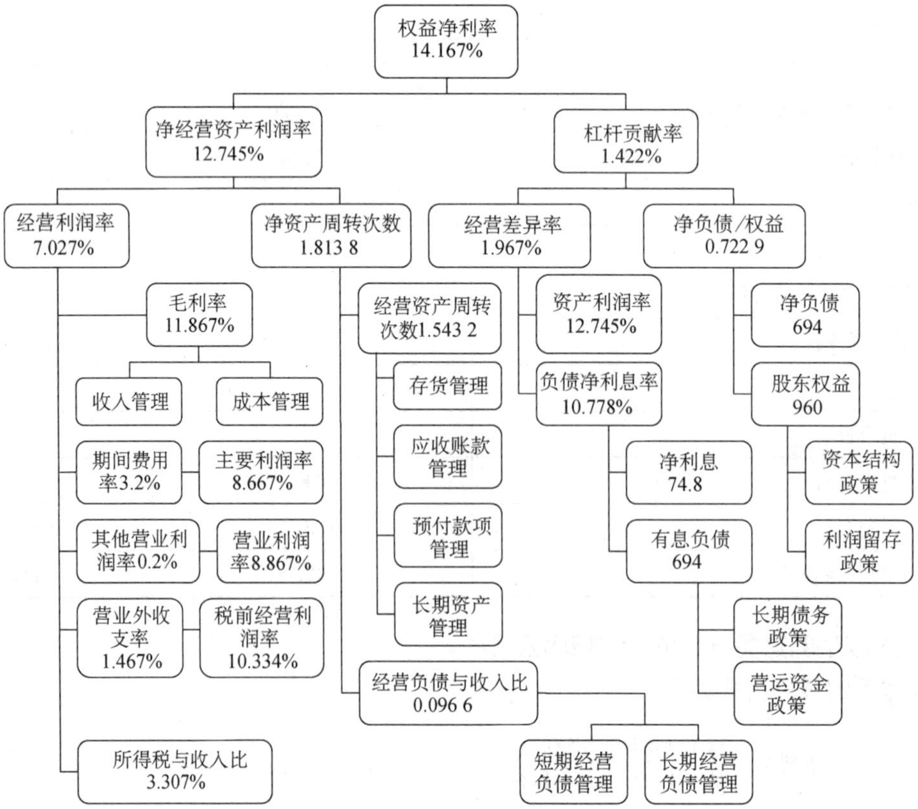

图 11-2　改进的财务分析体系的基本框架

(四) 权益净利率的驱动因素分解

各影响因素对权益净利率变动的影响程度，可使用连环代替法测定，如表 11-12 所示。

表 11-12 连环替代法的计算过程

变动影响因素	净经营资产利润率	净利息率	经营差异率	净财务杠杆	杠杆贡献率	权益净利率	变动影响
上年权益净利率	16.718%	13.966%	2.752%	0.531 8	1.464%	18.182%	
净经营资产利润率变动	12.745%	13.966%	-1.221%	0.531 8	-0.650%	12.095%	-6.086%
净利息率变动	12.745%	10.778%	1.967%	0.531 8	1.046%	13.791%	1.695%
财务杠杆变动	12.745%	10.778%	1.967%	0.722 9	1.422%	14.167%	0.376%

根据计算结果可以看出，权益净利率比上年降低 4.015%，其主要影响因素是：①经营资产利润率的降低，使权益净利率减少 6.086%；②净利息率降低，使权益净利率增加 1.695%；③净财务杠杆提高，使权益净利率增加 0.376%。因此，可以认为是企业的基础盈利能力出了问题。

对净经营资产利润率的分析与传统财务分析体系类似，只是数据更合理，得出的结论更准确。

第四节 财务评价与考核

财务分析的最终目的在于全面、准确、客观地揭示与披露企业财务状况和经营情况，并借以对企业经济效益优劣做出合理的评价。显然，要达到这样一个分析目的，仅仅测算几个简单、孤立的财务比率，或者将一些孤立的财务分析指标堆砌在一起，彼此毫无联系地考察，不可能得出合理、正确的综合性结论，有时甚至会得出错误的结论。因此，只有将企业偿债能力、营运能力、投资收益实现能力，以及发展趋势等各项分析指标有机地联系起来，作为一套完整的体系，相互配合使用，做出系统地综合评价，才能从总体意义上把握企业财务状况和经营情况的优劣。

综合分析的意义在于能够全面、正确地评价企业的财务状况和经营成果，因为局部不能替代整体，某项指标的好坏不能说明整个企业经济效益的高低。除此之外，综合分析的结果在进行企业不同时期比较分析和不同企业之间比较分析时，消除了时间上和空间上的差异，使之更具有可比性，有利于总结经验、吸取教训、发现差距、赶超先进。进而从整体上、本质上反映和把握企业生产经营的财务状况和经营成果。

一、企业综合绩效评价方法

企业综合绩效评价方法有很多，传统方法主要有杜邦分析法和沃尔评分法等。

(一) 杜邦分析法

杜邦分析法又称杜邦财务分析体系，简称杜邦体系，是利用各主要财务比率指标间的内在联系，对企业财务状况及经济效益进行综合系统分析评价的方法。该体系是以净资产收益率为起点，以总资产净利率和权益乘数为基础，重点揭示企业盈利能力及权益乘数对净资产收益率的影响，以及各相关指标间的相互影响和作用关系。因其最初由美国杜邦企业成功应用，故得名，详情见本章第三节内容。

杜邦分析法的关系式为：

$$净资产收益率 = 营业净利率 \times 总资产周转率 \times 权益乘数$$

运用杜邦分析法需要注意以下几点。

1. 净资产收益率是一个综合性最强的财务分析指标，是杜邦分析体系的起点

财务管理的目标之一是使股东财富最大化，净资产收益率反映了企业所有者投入资本的盈利能力，说明了企业筹资、投资、资产营运等各项财务及其管理活动的效率，而不断提高净资产收益率是使所有者权益最大化的基本保证。所以，这一财务分析指标是企业所有者、经营者都十分关心的。而净资产收益率高低的决定因素主要有三个，即营业净利率、总资产周转率和权益乘数。这样，在进行分解之后，就可以将净资产收益率这一综合性指标发生升降变化的原因具体化，从而比只用单项综合性指标更能说明问题。

2. 营业净利率反映了企业净利润与营业收入的关系，它的高低取决于营业收入与成本总额的高低

要想提高营业净利率，一是要扩大营业收入，二是要降低成本费用。扩大营业收入既有利于提高营业净利率，又有利于提高总资产周转率。降低成本费用是提高营业净利率的一个重要因素，从图 11-1 可以看出成本费用的基本结构是否合理，从而找出降低成本费用的途径和加强成本费用控制的办法。如果企业财务费用支出过高，就要进一步分析其负债比率是否过高；如果管理费用过高，就要进一步分析其资产周转情况；等等。从图 11-1 中还可以看出，提高营业净利率的另一途径是提高其他利润。为了详细地了解企业成本费用的发生情况，在具体列示成本总额时，还可根据重要性原则，将那些影响较大的费用单独列示，以便为寻求降低成本的途径提供依据。

3. 影响总资产周转率的一个重要因素是资产总额

资产总额由流动资产与长期资产组成，它们的结构合理与否将直接影响资产的周转速度。一般来说，流动资产直接体现企业的偿债能力和变现能力，而长期资产则体现了企业的经营规模、发展潜力。两者之间应该有一个合理的比例关系。如果发现某项资产比重过大，影响资金周转，就应深入分析其原因，例如，企业持有的货币资金超过业务需要，就会影响企业的盈利能力；如果企业占有过多的存货和应收账款，则既会影响盈利能力，又会影响偿债能力。因此，还应进一步分析各项资产的占用数额和周转速度。

4. 权益乘数主要受资产负债率指标的影响

资产负债率越高，权益乘数就越高，说明企业的负债程度比较高，给企业带来了较多的杠杆利益，同时，也带来了较大的风险。

(二) 沃尔评分法

企业财务综合分析的先驱者之一是亚历山大•沃尔。他在 20 世纪初出版的《信用晴雨表研究》和《财务报表比率分析》中提出了信用能力指数的概念，他把若干个财务比率用线性关系结合起来，以此来评价企业的信用水平，此法称为沃尔评分法。他选择了七种财务比率，分别给定了其在总评价中所占的比重，总和为100分；然后，确定标准比率，并与实际比率相比较，评出每项指标的得分，求出总评分。

[例11-9] 某企业是一家中型电力企业，2020年的财务状况评分的结果如表11-13所示。

表11-13 沃尔综合评分表

财务比率	比重	标准比率	实际比率	相对比率	综合指数
	1	2	3	4=3÷2	5=1×4
流动比率	25	2.00	1.66	0.83	20.75
净资产/负债	25	1.50	2.39	1.59	39.75
资产/固定资产	15	2.50	1.84	0.736	11.04
营业成本/存货	10	8	9.94	1.243	12.43
营业收入/应收账款	10	6	8.61	1.435	14.35
营业收入/固定资产	10	4	0.55	0.138	1.38
营业收入/净资产	5	3	0.40	0.133	0.67
合计	100				100.37

从表11-13可知，该企业的综合指数为100.37，总体财务状况是不错的，综合评分达到标准的要求。但由于该方法技术上的缺陷，夸大了达到标准的程度。尽管沃尔评分法在理论上还有待证明，在技术上也不完善，但它还是在实践中被广泛地加以应用。

沃尔评分法从理论上讲，有一个弱点，就是未能证明为什么要选择这七个指标，而不是更多些或更少些，或者选择别的财务比率，以及未能证明每个指标所占比重的合理性。沃尔分析法从技术上讲有一个问题，就是当某一个指标严重异常时，会对综合指数产生不合逻辑的重大影响。这个缺陷是由相对比率与比重“相乘”而引起的。财务比率提高一倍，其综合指数增加100%；而财务比率缩小一半，其综合指数只减少50%。

现代社会一般认为企业财务评价的内容首先是盈利能力，其次是偿债能力，再次是成长能力，它们之间大致可按5∶3∶2的比重来分配。盈利能力的主要指标是总资产报酬率、营业净利率和净资产收益率，这三个指标可按2∶2∶1的比重来安排；偿债能力有四个常用指标；成长能力有三个常用指标（都是本年增量与上年实际量的比值）。假定仍以100分为总评分。

[例11-10] 承[例11-9]，以中型电力生产企业的标准值为评价基础，则其综合评分标准如表11-14所示。

表11-14 综合评分表

指标	分值	标准比率	行业最高比率	最高评分	最低评分	每分比率的差
盈利能力：						
总资产报酬率	20	5.5%	15.8%	30	10	1.03%

（续表）

指标	分值	标准比率	行业最高比率	最高评分	最低评分	每分比率的差
营业净利率	20	26%	56.2%	30	10	3.02%
净资产收益率	10	4.4%	22.7%	15	5	3.66%
偿债能力：						
自有资产比率	8	25.9%	55.8%	12	4	7.475%
流动比率	8	95.7%	253.6%	12	4	39.475%
应收账款周转率	8	290%	960%	12	4	167.5%
存货周转率	8	800%	3 030%	12	4	557.5%
成长能力：						
销售增长率	6	2.5%	38.9%	9	3	12.13%
净利率增长率	6	10.1%	51.2%	9	3	13.7%
总资产增长率	6	7.3%	42.8%	9	3	11.83%
合　计	100			150	50	

标准比率以本行业平均数为基础，在给每个指标评分时，应规定其上限和下限，以减少个别指标异常对总评分造成不合理的影响。上限可定为正常评分值的1.5倍，下限可定为正常评分值的0.5倍。此外，评分不是采用“乘”的关系，而采用“加”或“减”的关系来处理，以克服沃尔评分法的缺点。例如，总资产报酬率每分比率的差为1.03%＝(15.8%－5.5%)/(30－20)。总资产报酬率每提高1.03%，多给1分，但该项得分不得超过30分。根据这种方法，对该企业的财务状况重新进行综合评价，得122.68分(见表11-15)，表明其是一个中等略偏上水平的企业。

表11-15　财务情况评分

指标	实际比率	标准比率	差异	每分比率	调整分	标准评分值	得分
	1	2	3=1－2	4	5=3÷4	6	7=5÷6
盈利能力：							
总资产报酬率	10.00%	5.50%	4.50%	1.03%	4.37	20	24.37
营业净利率	33.54%	26.00%	7.54%	3.02%	2.5	20	22.5
净资产收益率	13.83%	4.40%	9.43%	3.66%	2.58	10	12.58
偿债能力：							
自有资产比率	72.71%	25.90%	46.81%	7.475%	6.26	8	12
流动比率	166.00%	95.70%	70.30%	39.475%	1.78	8	9.78
应收账款周转率	861.00%	290.00%	571.00%	167.5%	3.41	8	11.41
存货周转率	994.00%	800.00%	194.00%	557.5%	0.35	8	8.35

（续表）

指标	实际比率	标准比率	差异	每分比率	调整分	标准评分值	得分
	1	2	3=1−2	4	5=3÷4	6	7=5÷6
成长能力：							
销售增长率	17.70%					6	7.25
净利率增长率	−1.74%	10.1%	11.84%	13.7%	−0.86	6	5.14
总资产增长率	46.36%	7.30%	39.06%	11.83%	3.3	6	9.3
合　计						100	122.68

二、综合绩效评价

综合绩效评价是综合分析的一种，一般是站在企业所有者（投资人）的角度进行的。综合绩效评价，是指运用数理统计和运筹学的方法，通过建立综合评价指标体系，对照相应的评价标准，定量分析与定性分析相结合，对企业一定经营期间的盈利能力、资产质量、债务风险，以及经营增长等经营业绩和努力程度等各方面进行的综合评判。

科学地评价企业绩效可以为出资人行使经营者的选择权提供重要依据；可以有效地加强对企业经营者的监管和约束；可以为有效激励企业经营者提供可靠依据；还可以为政府有关部门、债权人、企业职工等利益相关方提供有效的信息支持。

（一）综合绩效评价的内容

企业综合绩效评价由财务绩效定量评价和管理绩效定性评价两部分组成。

1. 财务绩效定量评价

财务绩效定量评价是指对企业一定期间的盈利能力、资产质量、债务风险和经营增长四个方面进行定量对比分析和评判。

（1）企业盈利能力分析与评判主要通过资本及资产报酬水平、成本费用控制水平和经营现金流量状况等方面的财务指标，综合反映企业的投入产出水平、盈利质量和现金保障状况。

（2）企业资产质量分析与评判主要通过资产周转速度、资产运行状态、资产结构、资产有效性等方面的财务指标，综合反映企业所占用经济资源的利用效率、资产管理水平与资产的安全性。

（3）企业债务风险分析与评判主要通过债务负担水平、资产负债结构、或有负债情况、现金偿债能力等方面的财务指标，综合反映企业的债务水平、偿债能力及其面临的债务风险。

（4）企业经营增长分析与评判主要通过销售增长、资本积累、效益变化、技术投入等方面的财务指标，综合反映企业的经营增长水平及发展后劲。

2. 管理绩效定性评价

管理绩效定性评价是指在企业财务绩效定量评价的基础上，通过采取专家评议的方式，对企业一定期间的经营管理水平进行定性分析与综合评判。

管理绩效定性评价指标包括企业发展战略的确立与执行、经营决策、发展创新、风险控制、基础管理、人力资源、行业影响、社会贡献等方面。

(二) 综合绩效评价指标

企业综合绩效评价指标由22个财务绩效定量评价指标和8个管理绩效定性评价指标组成。

1. 财务绩效定量评价指标

财务绩效定量评价指标由反映企业盈利能力状况、资产质量状况、债务风险状况和经营增长状况等四方面的基本指标和修正指标构成。其中，基本指标反映企业一定期间财务绩效的主要方面，并得出财务绩效定量评价的基本结果；修正指标是根据财务指标的差异性和互补性，对基于指标的评价结果作进一步的补充和矫正。

(1) 企业盈利能力状况以净资产收益率、总资产报酬率两个基本指标和销售(营业)利润率、利润现金保障倍数、成本费用利润率、资本收益率四个修正指标进行评价，主要反映企业一定经营期间的投入产出水平和盈利质量。

(2) 企业资产质量状况以总资产周转率、应收账款周转率两个基本指标和不良资产比率、流动资产周转率、资产现金回收率三个修正指标进行评价，主要反映企业所占用经济资源的利用效率、资产管理水平与资产的安全性。

(3) 企业债务风险状况以资产负债率、已获利息倍数两个基本指标和速动比率、现金流动负债比率、带息负债比率、或有负债比率四个修正指标进行评价，主要反映企业的债务负担水平、偿债能力及其面临的债务风险。

(4) 企业经营增长状况以销售(营业)增长率、资本保值增值率两个基本指标和销售(营业)利润增长率、总资产增长率、技术投入比率三个修正指标为依据进行评价，主要反映企业的经营增长水平、资本增值状况及发展后劲。

2. 管理绩效定性评价指标

企业管理绩效定性评价指标包括战略管理、发展创新、经营决策、风险控制、基础管理、人力资源、行业影响、社会贡献等八个方面的指标，主要反映企业在一定经营期间所采取的各项管理措施及其管理成效。

(1) 战略管理评价主要反映企业所制定战略规划的科学性，战略规划是否符合企业实际，员工对战略规划的认知程度，战略规划的保障措施及其执行力，战略规划的实施效果等方面的情况。

(2) 发展创新评价主要反映企业在经营管理创新、工艺革新、技术改造、新产品开发、品牌培育、市场拓展、专利申请及核心技术研发等方面的措施及成效。

(3) 经营决策评价主要反映企业在决策管理、决策程序、决策方法、决策执行、决策监督、责任追究等方面采取的措施及实施效果，重点反映企业是否存在重大经营决策失误。

(4) 风险控制评价主要反映企业在财务风险、市场风险、技术风险、管理风险、信用风险和道德风险等方面的管理与控制措施及效果，包括风险控制标准、风险评估程序、风险防范与化解措施等。

(5) 基础管理评价主要反映企业在制度建设、内部控制、重大小项管理、信息化建设、标准化管理等方面的情况，包括财务管理、对外投资、采购与销售、存货管理、质量管理、安全管理、法律事务等。

(6) 人力资源评价主要反映企业人才结构、人才培养、人才引进、人才储备、人事调配、员工绩效管理、分配与激励、企业文化建设、员工工作热情等方面的情况。

(7) 行业影响评价主要反映企业主营业务的市场占有率、对国民经济及区域经济的影响与带动力、主要产品的市场认可程度、是否具有核心竞争能力、产业引导能力等方面的情况。

(8) 社会贡献评价主要反映企业在资源节约、环境保护、吸纳就业、工资福利、安全生产、上缴税收、商业诚信、和谐社会建设等方面的贡献程度和社会责任的履行情况。各指标评价内容与权重如表 11-16 所示。

表 11-16　企业综合绩效评价指标及权重表

评价指标与权重		财务绩效(70%)				管理绩效(30%)	
		基本指标	权重	修正指标	权重	评议指标	权重
盈利能力状况	34	净资产收益率	20	销售(营运)利润率	10		
				利润现金保障倍数	9		
		总资产报酬率	14	成本费用利润率	8		
				成本收益率	7	战略管理	18
资产质量状况	22	总资产周转率	10	不良资产比率	9	发展创新	15
				流动资产周转率	7	经营决策	16
		应收账款周转率	12	资产现金回收率	6	风险控制	13
债务风险状况	22	资产负债率	12	速动比率	6	基础管理	14
				现金流动负债比率	6	人力资源	8
		已获利息倍数	10	带息负债比率	5	行业影响	8
				或有负债比率	5	社会贡献	8
经营增长状况	22	销售（营业）增长率	12	销售（营业）利润增长率	10		
				总资产增值率	7		
		资本保值增值率	10	技术投入比率	5		

(三) 企业综合绩效评价标准

综合绩效评价标准分为财务绩效定量评价标准和管理绩效定性评价标准。

1. 财务绩效定量评价标准

财务绩效定量评价标准包括国内行业标准和国际行业标准。国内行业标准根据国内企业年度财务和经营管理统计数据，运用数理统计方法，分年度、分行业、分规模统一测算。国际行业标准根据居于行业国际领先地位的大型企业相关财务指标实际值，或者根据同类型企业相关财务指标的先进值，在剔除会计核算差异后统一测算。其中，财务绩效定量评价标准的行业分类，按照国家统一颁布的国民经济行业分类标准，结合企业实际情况进行划分。

财务绩效定量评价标准按照不同行业、不同规模及指标类别，划分为优秀(A)、良好(B)、平均(C)、较低(D)、较差(E)五个档次，对应五档评价的标准系数分别为1.0、0.8、0.6、0.4、0.2，较差(E)以下为0。

2. 管理绩效定性评价标准

管理绩效定性评价标准分为优(A)、良(B)、中(C)、低(D)、差(E)五个档次。对应五档评价的标准系数分别为1.0、0.8、0.6、0.4、0.2，差(E)以下为0。

管理绩效定性评价标准具有行业普遍性和一般性，在进行评价时，应当根据不同行业的经营特点，灵活把握个别指标的标准尺度。对于定性评价标准没有列示，但对被评价企业经营绩效产生重要影响的因素，在评价时也应予以考虑。

(四) 企业综合绩效评价工作程序

1. 财务绩效评价工作程序

财务绩效定量评价工作具体包括提取评价基础数据、基础数据调整、评价计分、形成评价结果等内容。

(1) 提取评价基础数据。以经社会中介机构或内部审计机构审计并经评价组织机构核实确认的企业年度财务会计报表为基础提取评价基础数据。

(2) 基础数据调整。为客观、公正地评价企业经营绩效，对评价基础数据进行调整。

(3) 评价计分。根据调整后的评价基础数据，对照相关年度的行业评价标准值，利用绩效评价软件或手工评价计分。

(4) 形成评价结果。对任期财务绩效评价需要计算任期内平均财务绩效评价分数，并计算绩效改进度；对年度财务绩效评价除计算年度绩效改进度外，需要对定量评价得分深入分析，诊断企业经营管理存在的薄弱环节，并在财务决算批复中提示有关问题，同时进行所监管企业的分类排序分析，在一定范围内发布评价结果。

2. 管理绩效评价工作程序

管理绩效定性评价工作具体包括收集整理管理绩效评价资料、聘请咨询专家、召开专家评议会、形成定性评价结论等内容。

(1) 收集整理管理绩效评价资料。为了深入了解被评价企业的管理绩效状况，应当通过问卷调查、访谈等方式，充分收集并认真整理管理绩效评价的有关资料。

(2) 聘请咨询专家。根据所评价企业的行业情况，聘请不少于7名的管理绩效评价咨询专家，组成专家咨询组，并将被评价企业的有关资料提前送达咨询专家。

(3) 召开专家评议会。组织咨询专家对企业的管理绩效指标进行评议打分。

(4) 形成定性评价结论。汇总管理绩效定性评价指标得分，形成定性评价结论。

(五) 企业综合绩效评价计分方法

1. 财务绩效评价计分方法

(1) 基本指标计分。财务绩效定量评价基本指标计分是按照功效系数法计分原理，将评价指标实际值对照行业评价标准值，按照规定的计分公式计算各项基本指标得分。计算公式为：

$$基本指标总得分 = \sum 单项基本指标得分$$

$$单项基本指标得分 = 本档基础分 + 调整分$$

$$本档基础分 = 指标权数 \times 本档标准系数$$

$$调整分 = 功效系数 \times (上档基础分 - 本档基础分)$$

$$上档基础分 = 指标权数 \times 上档标准系数$$

$$功效系数 = \frac{实际值 - 本档标准值}{上档标准值 - 本档标准值}$$

本档标准值是指上下两档标准值居于较低等级的一档。

(2) 修正指标的计分。财务绩效定量评价修正指标的计分是在基本指标计分结果的基础上，运用功效系数法原理，分别计算盈利能力、资产质量、债务风险和经营增长四个部分的综合修正系数，再据此计算出修正后的分数。计算公式为：

$$修正后总得分 = \sum 各部分修正后得分$$

$$各部分修正后得分 = 各部分基本指标分数 \times 该部分综合修正系数$$

$$某部分综合修正系数 = \sum 该部分各修正指标加权修正系数$$

$$某指标加权修正系数 = \frac{修正指标权数}{该部分权数} \times 该指标单项修正系数$$

$$某指标单项修正系数 = 1.0 + (本档标准系数 + 功效系数 \times 0.2 - 该部分基本指标分析系数)$$

单项修正系数控制修正幅度为 0.7～1.3。

$$某部分基本指标分析系数 = \frac{该部分基本指标得分}{该部分权数}$$

在计算修正指标单项修正系数过程中，对于一些特殊情况应进行调整：

第一，如果修正指标实际值达到优秀值以上，其单项修正系数的计算公式如下：

$$单项修正系数 = 1.2 + 本档标准系数 - 该部分基本指标分析系数$$

第二，如果修正指标实际值处于较差值以下，其单项修正系数的计算公式如下：

$$单项修正系数 = 1.0 - 该部分基本指标分析系数$$

第三，如果资产负债率≥100%，指标得 0 分；其他情况按照规定的公式计分。

第四，如果盈余现金保障利润分子为正数，分母为负数，单项修正系数确定为 1.1；如果分子为负数，分母为正数，单项修正系数确定为 0.9；如果分子分母同为负数，单项修正系数确定为 0.8。

第五，如果不良资产比率≥100%，或分母为负数，单项修正系数确定为 0.8。

第六，对于销售(营业)利润增长率指标，如果上年营业利润为负数，本年为正数，单项修正系数为 1.1；如果上年营业利润为零，本年为正数，或者上年为负数，本年为零，单项修正系数确定为 1.0。

第七，如果个别指标难以确定行业标准，该指标单项修正系数确定为 1.0。

2. 管理绩效评价计分

管理绩效定性评价指标的计分一般通过专家评议打分形式完成，聘请的专家应不少于 7 名；评议专家应当在充分了解企业管理绩效状况的基础上，对照评价参考标准，采取综合分析判断法，对企业管理绩效指标做出分析评议，评判各项指标所处的水平档次，并直接给出评价分数。计分公式为：

$$管理绩效定性评价指标分数 = \sum 单项指标分数$$

$$单项指标分数 = \frac{\sum 每位专家给定的单项指标分数}{专家人数}$$

3. 综合绩效评价计分

在得出财务绩效定量评价分数和管理绩效定性评价分数后，应当按照规定的权重，耦合形成综合绩效评价分数。计算公式为：

$$企业综合绩效评价分数 = 财务绩效定量评价分数 \times 70\% + 管理绩效定性评价分数 \times 30\%$$

在得出评价分数以后，应当计算年度之间的绩效改进度，以反映企业年度之间经营绩效的变化状况。计算公式为：

$$绩效改进度 = \frac{本期绩效评价分数}{基期绩效评价分数}$$

绩效改进度大于1，说明经营绩效上升；绩效改进度小于1，说明经营绩效下滑。

（六）企业综合绩效评价结果与评价报告

企业综合绩效评价结果以评价得分、评价类型和评价级别表示。

评价类型是根据评价分数对企业综合绩效所划分的水平档次，用文字和字母表示，分为优(A)、良(B)、中(C)、低(D)、差(E)五种类型。

评价级别是对每种类型再划分级次，以体现同一评价类型的不同差异，采用在字母后标注“＋、－”号的方式表示。

企业综合绩效评价结果以85、70、50、40分作为类型判定的分数线。

(1) 评价得分达到85分以上(含85分)的评价类型为优(A)，在此基础上划分为三个级别，分别为：A＋＋≥95分；95分＞A＋≥90分；90分＞A≥85分。

(2) 评价得分达到70分以上(含70分)不足85分的评价类型为良(B)，在此基础上划分为三个级别，分别为：85分＞B＋≥80分；80分＞B≥75分；75分＞B－≥70分。

(3) 评价得分达到50分以上(含50分)不足70分的评价类型为中(C)，在此基础上划分为两个级别，分别为：70分＞C≥60分；60分＞C－≥50分。

(4) 评价得分在40分以上(含40分)不足50分的评价类型为低(D)。

(5) 评价得分在40分以下的评价类型为差(E)。

本章小结

财务分析与评价是以财务报告等会计资料为基础，对公司的财务状况和经营成果进行分析和评价的过程。通过本章学习，需要了解财务分析的方法，学会运用对比分析法和因素分析法进行分析，知道财务分析的基础是三大基本财务报表，学会财务比率的分析，能从偿债能力、资产管理能力、盈利能力、现金流量和市场价值方面对公司进行分析。此外，要掌握上市公司专有的财务指标，学会运用杜邦分析、沃尔评分法等评价方法对公司进行综合分析，全面了解公司的财务状况。

复习思考题

1. 财务分析的总体范畴包括哪些内容？

2. 负债结构分析应考虑的因素有哪些？

3. 企业经营者、投资者、债权人进行财务分析的目的分别是什么？

4. 常用的财务分析方法有哪些？运用时应注意什么问题？

5. 如何利用流动比率、速动比率和现金比率分析企业的短期偿债能力？

6. 为了全面评价企业的短期偿债能力，除利用比率指标进行分析外，还应考虑哪些因素的影响？

7. 存货周转率和应收账款周转率均是越高越好吗？为什么？

8. 如何分析投资者的获利水平？

案例分析

华泰公司 2020 年的有关财务比率如表 11-17 所示。

表 11-17 有关财务比率

指标	1月	2月	3月	4月	5月	6月	7月	8月	9月	10月	11月	12月
流动比率	2.2	2.3	2.4	2.2	2	1.9	1.8	1.9	2	2.1	2.2	2.2
速动比率	0.7	0.8	0.9	1	1.1	1.15	1.2	1.15	1.1	1	0.9	0.8
资产负债率	52%	55%	60%	55%	53%	50%	42%	45%	46%	48%	50%	52%
资产报酬率(ROE)	4%	6%	8%	13%	15%	16%	18%	16%	10%	6%	4%	2%
营业净利率	7%	8%	8%	9%	10%	11%	12%	11%	10%	8%	8%	7%

思考并回答：

(1) 华泰公司生产经营的特点是什么？

(2) 华泰公司流动比率和速动比率的变动趋势为何会产生差异？怎样消除这种差异？

(3) 华泰公司资产负债率的变动说明什么问题？

(4) 计算 6 月份和 12 月份的净资产收益率，并分析该指标期中与期末差异产生的原因（杜邦分析体系法）。

参考答案

第十二章 企业价值评估

教学目的与要求

1. 了解企业的性质、价值与企业价值的内涵。
2. 理解各种企业价值评估目的与作用。
3. 掌握企业价值评估各种方法的原理及应用。
4. 理解企业价值评估方法的优点与缺点。
5. 掌握以现金流量为基础的企业价值评估方法。

引导案例

某公司2020年12月31日的资产负债状况如表12-1和表12-2所示。

表12-1 资产负债表(账面价值)

单位:万元

项目	金额	项目	金额
资产	120	债券	60
		股票	60
合计	120		120

表12-2 资产负债表(市场价值)

单位:万元

项目	金额	项目	金额
资产	150	债券	40
		股票	10
合计	50		50

从表 12-1 和表 12-2 两张表中可以看出该公司其实已处于资不抵债的境地。若债券现在到期，则该公司价值为其清算价值 50 万元，且全归债权人所有(假设不考虑清算费用)，股票价值为零。但现在的情况是债券还有两年到期，两年后的本息和(连续复利)为 60 万元，因此，该公司还存在改善财务状况的机会，股票的价值就不等于零。启发思考：①企业价值一般由哪些因素构成？②进行企业价值估值的方法有哪些？③上述情形下，企业价值应该如何确定？

企业价值评估是财务管理的重要工具之一，具有广泛的用途，是现代财务的必要组成部分，是财务估价的一种特殊形式，因此本章内容是第七章证券投资管理中“证券估价”的延续。

重点知识思维导图

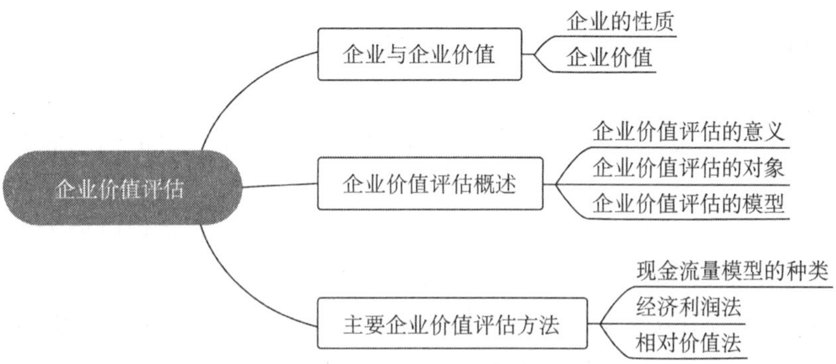

第一节 企业与企业价值

一、企业的性质

企业属性

企业的性质主要体现在以下三个方面：

(1) 企业是由于凭借其有效的(完全理性与充分信息下的决策)行政权威关系而更能节省交易费用的一种垂直一体化生产组织。

(2) 企业是综合了各生产要素所有者目标的一系列契约的组合。

(3) 企业是一种具有核心知识与能力、能为各生产要素所有者创造财富的资产组合。

二、企业价值

(一) 价值

价值是为了可靠地满足一个产品或一项服务规定的功能所需要支付的最低成本。

价值公式为：

$$V=\frac{F}{C}$$

式中：V——价值；

F——功能；

C——产品寿命周期费用。

由该公式可以得到提高价值的途径：

(1) 提高 F，同时降低 C，从而大幅度提高 V。

(2) 在保证价值工程对象必要功能的前提下，采取措施使 C 降低，从而提高 V。

(3) 在 F 与 C 都增加的情况下，大力提高 F，使 F 提高的程度大于 C 增加的程度，从而使 V 增加。

(4) 在 F 与 C 都降低的情况下，大力减少 C，使 C 的降低程度大于 F 降低的程度，使 V 增加。

但必须要明白的是，企业的生产才是价值的源泉，价值的评估必须与企业联系在一起。

(二) 企业价值

1. 企业价值的内涵

从前面概括出的企业三方面的性质及价值的概念可知，企业价值的内涵包括以下三个方面内容。

首先，企业价值与企业的生产组织效率有关。而所谓“效率”是指以最少的资源投入达到最大的产出。企业的管理过程也就是价值实现过程。

其次，企业价值与组成企业的各相关利益者的利益相联系。企业是各种契约的组合，是市场契约的一个“联结点”。因此，企业价值最大化也即契约各方的相关者利益最大化。

最后，企业价值还与创造财富的能力相关。现代企业存在的一个基本理由在于通过各要素的有效配置与管理能产生“集体生产力”，以创造财富。这种能创造财富的“集体生产力”，称为“组织资本”。

2. 企业价值的形式

(1) 账面价值。账面价值是指企业现有的净资产，它反映的是历史的、静态的企业资产情况，并没有反映企业未来的获利能力。它没有考虑通货膨胀、资产的功能性贬值和经济性贬值等重要因素的影响，企业的账面价值难以反映企业的真实价值。

(2) 持续经营价值。“持续经营”是企业赖以存在的前提，也是会计核算的重要假设之一。其价值是由企业营业所产生的未来现金流量(期望值)的现值。

(3) 清算价值。清算价值是指企业撤销或解散清算时将企业资产部分或整体变现出售的价值。企业发生清算，大部分情况为迫不得已，因此清算价值又称逼售价值。企业一旦发生清算，就丧失了整体的“集体生产力”，丧失了盈利能力及“组织资本”，清算时的企业价值仅指企业的有形资产及可识别的无形资产的净变现价值，商誉价值丧失殆尽。

(4) 公平市场价值。公平市场价值是指在公平的交易中，熟悉情况的双方，自愿进行资产交换或债务清偿的金额。一个企业的公平市场价值，应当是其持续经营价值与清算价值中较高的一个。

(5) 现时价值。现时价值有两方面的性质，一方面为现时变现价值，即当前市场价值；另一方面为现时购价，即重置成本。重置成本是指重新建造、制造或在现行市场上重新购置全新状态下的资产价值。重置成本又分复原重置成本与更新重置成本。复原重置成本是指按照现时市场价格，按照评估资产相同的材料和设计标准、制造工艺，重置一个功能完全相同的全新资产所需的全部成本。更新重置成本是指按照现时的市场价格，使用先进的材料、设计工艺，建造、制造或购买与评估资产具有相同功能的全新资产所需的全部成本。由于技术进步导致的新材料、新生产工艺的出现，一般不可能对评价资产完全复原，因此，重置成本通常指更新重置成本。

(6) 内在价值。内在价值又称真实价值，是指凭事实本身而具有的价值，这些事实包括资产、盈利、股息及管理的因素和理性的预期，即企业本身存在的合理性所产生的价值。它的基础是盈利能力价值，一般以公平市场价值为代表。内在价值只能逼近而不能达到，其难以精确之处表现在只要企业内的任何一种价值驱动因素(多层次的)变动，就会导致内在价值的变化。

综上所述，企业价值的本质为内在价值，但由于企业内在价值难以精确，通常用企业的公平市场价值代表。而企业的公平市场价值又常常用它的清算价值与持续经营价值中较高的一个，当未来现金流量现值很低时，企业消亡比存活更有价值，公平市场价值就等于清算价值。在较高的种种未来现金流量期望水平上，清算价值变得越来越不相干，从而公平市场价值几乎等于持续经营价值。当企业的某些资产在清算时较有价值，而其他资产持续经营则较有价值时，企业的公平市场价值就是分别用于各资产的清算价值和持续经营价值的总和。

同时，在即使企业消亡比存活更有价值的情况下，若控制公司的个别人不选择清算的话，则情况出现例外：由于少数股权不能强制清算，少数股权的公平市场价值可能降到清算价值之下，这时控制公司的个别人就在摧毁一部分企业价值。如果出现这种情况的话，少数投资者在这时所确定的价格就不反映企业的真实价值。若价值与销售价格统一的话，则公司价值的一个明显指标就是它的市场价值，即它的股票价值加上债务价值。然而，市场价值衡量的是公司对少数投资者的价值，是少数当前已交易股票的价格，不是控制股权可以交易的可靠价格指标。另外，账面价值虽然不能代表企业价值，但它时常提供给我们所能得到的最好的信息，是企业价值评估的第一步。而重置成本常常被用来与市场价值比较，反映企业的竞争力。

第二节　企业价值评估概述

一、企业价值评估的意义

企业价值评估简称价值评估，是一种经济评估方法，目的是分析和衡量企业(或者企业内部的一个经营单位、分支机构)的公平市场价值，并提供有关信息，以帮助投资人和管理当局改善决策。

正确理解价值评估的含义，需要注意以下几点。

(一) 价值评估使用的方法

价值评估是一种经济"评估"方法。"评估"一词不同于"计算"。评估是一种定量分析，但它并不是完全客观和科学的。一方面它使用许多定量分析模型，具有一定的科学性和客观性；另一方面它又使用许多主观估计的数据，带有一定的主观估计性质。评估的质量与评估人员的经验、责任心、投入的时间和精力等因素有关。评估不是随便找几个数据带入模型的计算工作。模型只是一种工具，并非模型越复杂评估结果必然越好。

价值评估既然带有主观估计的成分，其结论必然会存在一定误差，不可能绝对正确。在进行评估时，由于认识能力和成本的限制，人们不可能获得完全的信息，总要对未来做出某些假设，从而导致结论的不确定。因此，即使评估进行得非常认真，合理的误差也是不可避免的。

价值评估是一种"分析"方法，要通过符合逻辑的分析来完成。好的分析来源于好的理解，好的理解建立在正确的概念框架基础之上。企业价值评估涉及大量的信息，有了合理的概念框架，可以指导评估人员正确选择模型和有效地利用信息。因此，必须正确理解企业价值的有关概念。如果不能比较全面地理解价值评估原理，在一知半解的情况下随意套用模型很可能出错。

(二) 价值评估提供的信息

企业价值评估提供的信息不仅包括企业价值，还包括评估过程中产生的大量信息。例如，企业价值是由哪些因素驱动的，销售净利率对企业价值的影响有多大，提高投资资本报酬率对企业价值的影响有多大等。即使企业价值的最终评估值不那么准确，这些中间信息也是很有意义的。因此，不要过分关注最终结果而忽视评估过程产生的其他信息。

价值评估提供的是有关"公平市场价值"的信息。价值评估不否认市场的有效性，但是也不承认市场的完善性。在完善的市场中，企业只能取得投资者要求的风险调整后收益，市场价值与内在价值相等，价值评估没有什么实际意义。在这种情况下，企业无法为股东创造价值。股东价值的增加，只能利用市场的不完善才能实现。价值评估认为市场只在一定程度上有效，即并非完全有效。价值评估正是利用市场的缺陷寻找被低估的资产。当评估价值与市场价值相差悬殊时，必须十分慎重，评估人员必须令人信服地说明评估值比市场价值更好的原因。

企业价值受企业状况和市场状况的影响，随时都会变化。价值评估依赖的企业信息和市场信息也在不断流动，新信息的出现随时可能改变评估的结论。因此，企业价值评估提供的结论有很强的时效性。

(三) 价值评估的目的

价值评估的目的是帮助投资人和管理当局改善决策。它的主要用途表现在以下三个方面。

1. 价值评估可以用于投资分析

价值评估是基础分析的核心内容。投资人信奉不同的投资理念，有的人相信技术分析，有的人相信基础分析。相信基础分析的人认为企业价值与财务数据之间存在函数关系，这种关系在一定时间内是稳定的，证券价格与价值的偏离经过一段时间的调整会向价值回归。他们据此原理寻找并且购进被市场低估的证券或企业，以期获得高于市场平均报酬率的收益。

2. 价值评估可以用于战略分析

战略是指一整套的决策和行动方式，包括刻意安排的有计划的战略和非计划的突发应变战略。战略管理是指涉及企业目标和方向、带有长期性、关系企业全局的重大决策和管理。战略管理可以分为战略分析、战略选择和战略实施。战略分析是指使用定价模型清晰地说明经营设想和发现这些设想可能创造的价值，目的是评价企业目前和今后增加股东财富的关键因素是什么。价值评估在战略分析中起核心作用。例如，收购属于战略决策，收购企业要估计目标企业的合理价格，在决定收购价格时要对合并前后的价值变动进行评估，以判断收购能否增加股东财富，要依靠什么来增加股东财富。

3. 价值评估可以用于以价值为基础的管理

如果把企业的目标设定为增加股东财富，而股东财富就是企业的价值，那么，企业决策正确性的根本标志是能否增加企业价值。不了解一项决策对企业价值的影响，就无法对决策进行评价。从这种意义上说，价值评估是改进企业一切重大决策的手段。为了搞清楚财务决策对企业价值的影响，需要清晰描述财务决策、企业战略和企业价值之间的关系。在此基础上实行以价值为基础的管理，依据价值最大化原则制订和执行经营计划，通过度量价值增加来监控经营业绩并确定相应报酬。

二、企业价值评估的对象

企业价值评估的首要问题是明确“要评估的是什么”，也就是价值评估的对象是什么。价值评估的一般对象是企业整体的经济价值。企业整体的经济价值是指企业作为一个整体的公平市场价值。企业整体价值可以分为实体价值和股权价值、持续经营价值和清算价值、少数股权价值和控股权价值等类别，本书重点介绍实体价值和股权价值。

（一）企业的整体价值

企业的整体价值观念主要体现在以下四个方面。

1. 整体不是各部分的简单相加

企业作为整体虽然是由部分组成的，但是它不是各部分的简单相加，而是有机的结合。这种有机的结合，使得企业总体具有它各部分所没有的整体性功能，所以整体价值不同于各部分的价值。企业的整体性功能，表现为它可以通过特定的生产经营活动为股东增加财富，这是任何单项资产所不具有的。各种资源的结合方式不同就可以产生不同效率的企业。

企业单项资产价值的总和不等于企业整体价值。会计报表反映的资产价值，都是单项资产的价值。资产负债表的“资产总计”是单项资产价值的合计，而不是企业作为整体的价值。

企业整体能够具有价值，在于它可以为投资人带来现金流量。这些现金流量是所有资产联合起来运用的结果，而不是资产分别出售获得的现金流量。

2. 整体价值来源于要素的结合方式

企业的整体价值来源于各部分之间的联系，只有各部分之间建立有机联系，才能使企业成为一个有机整体。各部分之间的有机联系，是企业形成整体的关键。一堆建筑材料不能称为房子，厂房、机器和人简单加在一起也不能称为企业，关键是按一定的要求将它们有机地结合起来。相同的建筑材料,可以组成差别巨大的建筑物。因此,企业资源的重组即改变各要素之间的结合方式,可以改变企业的功能和效率。

3. 部分只有在整体中才能体现其价值

企业是整体和部分的统一。部分依赖整体,整体支配部分。部分只有在整体中才能体现出它的价值,一旦离开整体,这个部分就失去了作为整体中一部分的意义。企业的一个部分在企业整体中发挥它的特定作用,一旦将其从整体中剥离出来,它就具有了另外的意义。企业的有些部分是可以剥离出来单独存在的,如一台设备;有些部分是不能单独存在的,如商誉。可以单独存在的部分,其单独价值不同于作为整体一部分的价值。因此,一个部分被剥离出来,其功能会有别于它原来作为企业一部分时的功能和价值,剥离后的企业也会不同于原来的企业。

4. 整体价值只有在运行中才能体现出来

企业的整体功能,只有在运行中才能得以体现。企业是一个运行着的有机体,一旦成立,就有了独立的"生命"和特征,并维持它的整体功能。如果企业停止运营,整体功能随之丧失,不再具有整体价值,它就只剩下一堆机器、存货和厂房,此时企业的价值是这些财产的变现价值,即清算价值。

(二) 企业的经济价值

经济价值是经济学家所持的价值观念。它是指一项资产的公平市场价值,通常用该资产所产生的未来现金流量的现值来计量。

对于习惯于使用会计价值和历史成交价格的会计师,特别要注意区分会计价值与经济价值、现时市场价值与公平市场价值。

1. 会计价值与市场价值

会计价值是指资产、负债和所有者权益的账面价值。会计价值与市场价值是两回事。会计报表以交易价格为基础。例如,某项资产 1 000 万元的价格购入,该价格客观地计量了资产的价值,并且有原始凭证支持,会计师就将它记入账簿。过了几年,由于技术更新,该资产的市场价值已经大大低于 1 000 万元,或者由于通货膨胀其价值已远高于最初的购入价格,记录在账面上的历史成交价格与现实的市场价值已经毫不相关了,会计师仍然不修改他的记录。会计师只有在资产需要折旧或摊销时,才修改资产价值的记录。

会计师选择历史成本而舍弃现行市场价值的理由有两点:①历史成本具有客观性,可以重复验证,而这正是现行市场价值所缺乏的。会计师以及审计师的职业性质,需要客观性的支持。②如果说历史成本与投资人的决策不相关,那么现行市场价值也同样与投资人决策不相关。投资人购买股票的目的是获取未来收益,而不是企业资产的价值。企业的资产不是被出售,而是被使用并在产生未来收益的过程中消耗殆尽。与投资人决策相关的信息,是资产在使用中可以带来的未来收益,而不是其现行市场价值。

历史成本计价受到很多批评:①制定经营或投资决策必须以现实的和未来的信息为依据,历史成本会计提供的信息是面向过去的,与管理人员、投资人和债权人的决策缺乏相关性。②历史成本不能反映企业真实的财务状况,资产的报告价值是未分配的历史成本(或剩余部分),并不是可以支配的资产或可以抵偿债务的资产。③现实中的历史成本计价会计缺乏方法上的一致性,其货币性资产不按历史成本反映,非货币性资产在使用历史成本计价时也有很多例外，所以历史成本会计是各种计价方法的混合，不能为经营和投资决策提供有用的信息。④历史成本计价缺乏时间上的一致性。资产负债表把不同会计期间的资产购置价格混合在一起，使之缺乏明确的经济意义。因此，价值评估通常不使用历史购进价格，只有在其他方法无法获得恰当的数据时才将其作为质量不高的替代品。

按照未来售价计价，也称未来现金流量计价。从交易属性上看，未来售价计价属于产出计价类型；从时间属性上看，未来售价属于未来价格。它也称为资本化价值，即一项资产未来现金流量的现值。

未来价格计价有以下特点：未来现金流量现值面向的是未来，而不是历史或现在，符合决策面向未来的时间属性。经济学家认为，未来现金流量的现值是资产的一项最基本的属性，是资产的经济价值。只有未来售价计价符合企业价值评估的目的。因此，除非特别指明，企业价值评估的"价值"是指未来现金流量现值。

2. 现时市场价值与公平市场价值

企业价值评估的目的是确定一个企业的公平市场价值。所谓"公平市场价值"是指在公平的交易中，熟悉情况的双方，自愿进行资产交换或债务清偿的金额。资产被定义为未来的经济利益。所谓"经济利益"，其实就是现金流入。资产就是未来可以带来现金流入的东西。由于不同时间的现金不等价，需要通过折现处理，因此，资产的公平市场价值就是未来现金流入的现值。

企业价值评估时，要区分现时市场价值与公平市场价值。现时市场价值是指按现行市场价格计量的资产价值，它可能是公平的，也可能是不公平的。

首先，作为交易对象的企业，通常没有完善的市场，即没有现成的市场价格。非上市企业或者它的一个部门，由于没有在市场上出售，其价格也就不得而知。对于上市企业来说，每天参加交易的只是少数股权，多数股权不参加日常交易，因此市价只是少数股东认可的价格，未必代表公平价值。

其次，以企业为对象的交易双方，存在比较严重的信息不对称。人们对于企业的预期会有很大差距，成交的价格不一定是公平的。

再次，股票价格是经常变动的，人们不知道哪一个是公平的。

最后，评估的目的之一是寻找被低估的企业，也就是价格低于价值的企业。如果用现时市价作为企业的估价，则企业价值与价格相等，我们就得不到有意义的信息。

（三）实体价值与股权价值

我们已经明确了价值评估的对象是企业的总体价值，但这还不够，还需要进一步明确是"哪一种"整体价值。

当一家企业收购另一家企业的时候，可以收购卖方的资产，而不承担其债务；或者购买它的股份，同时承担其债务。例如，A企业以10亿元的价格买下了B企业的全部股份，并承担了B企业原有的5亿元的债务，收购的经济成本是15亿元。通常，人们说A企业以10亿元收购了B企业，其实并不准确。对于A企业的股东来说，他们不仅需要支付10亿元现金（或者印制价值10亿元的股票换取B企业的股票），而且要以书面契约形式承担5亿元债务。实际上他们需要支付15亿元，10亿元现在支付，另外5亿元将来支付，也就是说，他们用15亿元购买了B企业的全部资产。因此，企业的资产价值与股权价值是不同的。

企业全部资产的总体价值，称为企业实体价值。企业实体价值是股权价值与债务价值之和。其计算公式为：

$$企业实体价值 = 股权价值 + 债务价值$$

股权价值在这里不是所有者权益的会计价值（账面价值），而是股权的公平市场价值。债务价值也不是它们的会计价值（账面价值），而是债务的公平市场价值。

大多数企业并购是以购买股份的形式进行的，因此，评估的最终目标和双方谈判的焦点是卖方的股权价值。但是，买方的实际收购成本等于股权成本加上所承接的债务。

三、企业价值评估的模型

价值评估使用的模型通常称为定价模型，它的功能是把预测数据转换为企业价值。在实务中，可能使用大量不同的模型，这些模型有的很简单，有的非常复杂，大体上可以分为以下三种类型。

（一）现金流量折现模型

现金流量折现模型的基本思想是增量现金流量原则和时间价值原则，也就是任何资产（包括企业或股权）的价值是其产生的未来现金流量的现值。

企业也是资产，具有资产的一般特征。但是，它又与实物资产有区别，是一种特殊的资产。本书第五章曾讨论过项目评价，是实物资产的价值评估。企业价值评估与项目价值评估既有类似之处，也有明显区别。

从某种意义上看，企业也是一个大项目，是一个由若干个投资项目组成的复合项目，或者说是一个项目组合。因此，企业价值评估与前面讲的投资项目评价有许多类似之处：①无论是企业还是项目，都可以给投资主体带来现金流量，现金流越大则经济价值越大；②它们的现金流都具有不确定性，其价值计量都要使用风险概念；③它们的现金流都是陆续产生的，其价值计量都要使用现值概念。因此，我们可以使用折现现金流量法对企业价值进行评估。净现值不过是项目产生的企业价值增量，它们在理论上是完全一致的。

企业价值评估与项目价值评估也有许多明显区别：①投资项目的寿命是有限的，而企业的寿命是无限的，因此，要处理无限期现金流折现问题；②典型的项目投资有稳定的或下降的现金流，而企业通常将收益再投资并产生增长的现金流，它们的现金流分布有不同特征；③项目产生的现金流属于投资人，而企业产生的现金流仅在管理层决定分配它们时才流向所有者，如果管理层决定向较差的项目投资而不愿意支付股利，则少数股东除了将股票出售外别无选择。这些差别，也正是企业价值评估比项目评价更困难的地方，或者说是现金流量折现模型用于企业价值评估需要解决的问题。

在价值评估领域，现金流量折现模型曾风行一时，目前仍主导着理论和实务。

（二）经济利润模型

经济利润是企业的净经营资产产生的剩余收益，它反映了企业税后营业净利润与全部投入资本（借入资本和自有资本之和）之间的差额，是衡量经济组织价值和财富创造的度量标准。它实质上是一种超额利润。

经济利润是指从超过投资者要求的报酬率中得来的价值，也称经济增加值。其计算公式为：

经济利润＝期初投资资本×（期初投资资本报酬率－加权平均资本成本）
＝期初投资资本×期初投资资本报酬率－投资资本×加权平均资本成本
＝息前税后营业利润－资本费用

经济利润不同于会计利润，两者主要区别在于经济利润扣除了股权资本费用，而不仅仅是债务费用；会计利润仅扣除债务利息，而没有扣除股权资本成本。

企业价值评估的经济利润模型：

企业价值＝投资资本＋预计经济利润的现值

该模型的基本思想是：如果每年的息前税后利润正好等于债权人和股东要求的收益，即经济利润等于零，则企业的价值没有增加，也没有减少，仍然等于投资资本。

经济利润模型越来越受到重视，逐步成为最受推崇的模型，不仅受到理论家的赞同，而且许多有影响的咨询公司也在实务中使用这类模型。

（三）相对价值模型

这种模型是运用一些基本的财务比率评估一家企业相对于另一家企业的价值。

相对价值模型以市盈率模型为代表：

每股价值＝市盈率×目标企业每股收益

市盈率法的基本公式为：

市盈率(P/E)＝普通股每股市价÷普通股每股盈利(EPS)
V(目标公司)＝目标企业盈利×P/E(可比企业的)

市盈率法假设股票市价与每股盈利是成一定比例的。企业市盈率越大，企业的股票价值就越大。所以，目标企业的价值可以用企业当期的盈利与同类企业类似的平均市盈率相乘得到。其中，股息支付率、股权成本和预期增长率是影响市盈率的主要因素。市盈率法比较适用于能够连续盈利的企业，而且其风险与市场风险也比较接近。

第三节 主要企业价值评估方法

现金流量模型是企业价值评估使用最广泛、理论上最健全的模型。

一、现金流量模型的种类

任何资产都可以使用现金流量折现模型来估价，其价值都是以下三个变量的函数：

$$价值=\sum_{t=1}^{n}\frac{现金流量_t}{(1+资本成本)^t}$$

（一）现金流量模型

现金流量是指各期的预期现金流量。不同资产的未来现金流量表现形式不同，债券的现金流量是利息和本金，投资项目的现金流量是项目引起的增量现金流量。在价值评估中可供选择的企业现金流量有三种：股利现金流量、股权现金流量和实体现金流量。依据现金流量的不同种类，企业估价模型也分股利现金流量模型、股权现金流量模型和实体现金流量模型三种。

股权现金流量＝实体现金流量－债权人现金流量
＝税后经营利润＋折旧与摊销－经营营运资本增加－资本支出－税后利息费用＋债务净增加
＝(利润总额＋利息费用)×(1－税率)－净投资－税后利息费用＋债务净增加
＝(税后利润＋税后利息费用)－净投资－税后利息费用＋债务净增加
＝税后利润－(净投资－债务净增加)

1. 股利现金流量模型

股利现金流量模型的基本形式是：

$$股权价值=\sum_{t=1}^{\infty}\frac{股利现金流量_t}{(1+股权资本成本)^t}$$

股利现金流量是企业分配给股权投资人的现金流量。

2. 股权现金流量模型

股权现金流量模型的基本形式是：

$$股权价值=\sum_{t=1}^{\infty}\frac{股权现金流量_t}{(1+股权资本成本)^t}$$

股权现金流量是一定期间企业可以提供给股权投资人的现金流量，它等于企业实体现金流量扣除对债权人支付后剩余的部分。有多少股权现金流量会作为股利分配给股东，取决于企业的筹资和股利分配政策。如果把股权现金流量全部作为股利分配，则上述两个模型相同。

股权现金流量模型分为三种类型：永续增长模型、两阶段增长模型和三阶段增长模型。本书重点介绍永续增长模型和两阶段增长模型。

(1) 永续增长模型。永续增长模型假设企业未来长期稳定、可持续地增长。在永续增长的情况下，企业价值是下期现金流量的函数。

永续增长模型的一般表达式如下：

$$股权价值=\frac{下期股权现金流量}{股权资本成本-永续增长率}$$

永续增长模型的特例是永续增长率等于零，即零增长模型。

$$股权价值=\frac{下期股权现金流量}{股权资本成本}$$

永续增长模型的使用条件：企业必须处于永续状态。所谓永续状态是指企业有永续的增长率和投资资本回报率。使用永续增长模型，企业价值对增长率的估计值很敏感，当增长率接近折现率时，股票价值趋于无限大。因此，对于增长率和股权成本的预测质量要求很高。

［例 12-1］　华联公司是一个规模较大的跨国公司，目前处于稳定增长状态。2020 年每股净利润为 13.7 元。根据全球经济预期，长期增长率为 6%。预计该公司的长期增长率与宏观经济相同。为维持每年 6%的增长率，需要每股股权本年净投资 11.2 元。据估计，该企业的股权资本成本为 10%。请计算该企业 2020 年每股股权现金流量和每股股权价值。

$$每股股权现金流量 = 每股净利润 - 每股股权本年净投资 = 13.7 - 11.2 = 2.5(元/股)$$
$$每股股权价值 = (2.5 \times 1.06) \div (10\% - 6\%) = 66.25(元/股)$$

如果估计增长率为 8%，而本年净投资不变，则股权价值将发生很大变化：

$$每股股权价值 = (2.5 \times 1.08) \div (10\% - 8\%) = 135(元/股)$$

如果考虑到为支持 8%的增长率需要增加本年净投资，则股权价值不会增加很多。假设每股股权本年净投资需要相应地增加到 12.4731 元，则股权价值为：

$$每股股权现金流量 = 13.7 - 12.4731 = 1.2269(元/股)$$
$$每股股权价值 = (1.2269 \times 1.08) \div (10\% - 8\%) = 66.25(元/股)$$

因此，在估计增长率时，一定要考虑与之相适应的本年净投资。

(2) 两阶段增长模型。两阶段增长模型的一般表达式：

$$股权价值 = 预测期股权现金流量现值 + 后续期价值的现值$$

假设预测期为 n 则：

$$股权价值 = \sum_{t=1}^{n} \frac{股权现金流量^{t}}{(1+股权资本成本)^{t}} + \frac{股权现金流量^{n+1}/(股权资本成本-永续增长率)}{(1+股权资本成本)^{n}}$$

两阶段增长模型的使用条件：两阶段增长模型适用于增长呈现两个阶段的企业。第一个阶段为超常增长阶段，增长率明显快于永续增长阶段；第二个阶段具有永续增长的特征，增长率比较低，是正常的增长率。

［例 12-2］　华衡公司是一个高技术企业，具有领先同业的优势。2014 年每股销售收入 20 元，预计 2015—2020 年的销售收入增长率维持在 20%的水平，到 2020 年增长率下滑到 3%。目前，该公司经营营运资本占销售收入的 40%，销售增长时可以维持不变。目前，每股资本支出 3.7 元，每股折旧费 1.7 元，为支持销售每年增长 20%，资本支出需同比增长，折旧费也会同比增长。净资本中负债占 10%，销售增长时维持此资本结构不变。目前，每股净利润 4 元，预计与销售同步增长。

2014 年该企业的 β 值为 1.3，稳定阶段的 β 值为 1.1。国库券的利率为 3%，市场组合的预期报酬率为 12.2308%。

要求：计算目前的股票价值。

计算过程如表 12-3 所示。

表 12-3　华衡公司的股票价值评估

单位：万元

年　份	2014	2015	2016	2017	2018	2019	2020
经营营运资本增加：							
收入增长率		20%	20%	20%	20%	20%	3%
每股收入	20.00	24.00	28.80	34.56	41.47	49.77	51.26
经营营运资本/收入	40%	40%	40%	40%	40%	40%	40%
经营营运资本	8.00	9.60	11.52	13.82	16.59	19.91	20.50
经营营运资本增加	1.33	1.60	1.92	2.30	2.76	3.32	0.60
每股股权本年净投资：							
资本支出	3.70	4.44	5.33	6.39	7.67	9.21	9.48
减：折旧	1.70	2.04	2.45	2.94	3.53	4.23	4.36
加：经营营运资本增加	1.33	1.00	1.92	2.30	2.76	3.32	0.60
＝实体本年净投资	3.33	4.00	4.80	5.76	6.91	8.29	5.72
×(1－负债比例)	90%	90%	90%	90%	90%	90%	90%
＝股权本年净投资	3.00	3.60	4.32	5.18	6.22	7.46	5.15
每股股权现金流量：							
净利润	4.00	4.80	5.76	6.91	8.29	9.95	10.25
一股权本年净投资	3.00	3.60	4.32	5.18	6.22	7.46	5.15
＝股权现金流量	1.00	1.20	1.44	1.73	2.07	2.49	5.10
股权成本：							
无风险利率		3%	3%	3%	3%	3%	3%
市场组合报酬率		12.23%	12.23%	12.23%	12.23%	12.23%	12.23%
β		1.30	1.30	1.30	1.30	1.30	1.10
股权资本成本		15.00%	15.00%	15.00%	15.00%	15.00%	13.15%
每股股权价值计算：							
股权现金流量		1.20	1.44	1.73	2.07	2.49	5.10
折现系数		0.869 6	0.756 1	0.657 5	0.571 8	0.497 2	0.439 4
预测期现值	5.69	1.04	1.09	1.14	1.19	1.24	
后续期价值	24.98					50.24	
股权价值合计	30.67						

各项数据的计算过程简要说明如下：

(1) 根据给出资料确定各年的增长率：有限预测期增长率 20%，后续期增长率 3%。

(2) 计算各年销售收入：本年收入＝上年收入×(1＋增长率)。

(3) 计算经营营运资本：经营营运资本＝本年收入×经营营运资本百分比。

(4) 计算经营营运资本增加额：经营营运资本增加＝本年经营营运资本－上年经营营运资本。

(5) 计算本年净投资：本年净投资＝资本支出－折旧＋经营营运资本增加。

其中，各年的资本支出和折旧费按收入的增长率递增。

(6) 计算股权本年净投资：股权本年净投资＝实体本年净投资×(1－负债比例)。

(7) 计算股权现金流量：股权现金流量＝净利润－股权本年净投资。

(8) 计算资本成本：

第一阶段的资本成本＝3%＋1.3×(12.230 8%－3%)＝15%；

第二阶段的资本成本＝3%＋1.1×(12.230 8%－3%)＝13.1538%。

(9) 计算企业价值：

$$\begin{aligned}\text{后续期终值} &= \text{后续期第一年现金流量}/(\text{资本成本}-\text{永续增长率}) \\ &= 5.101\,1 \div (13.153\,8\% - 3\%) \\ &= 50.24(\text{元/股})\end{aligned}$$

$$\text{后续期现值} = 50.24 \times 0.497\,2 = 24.98(\text{元/股})$$

$$\text{预测期现值} = \sum \text{现金流量} \times \text{折现系数} = 5.69(\text{元/股})$$

$$\text{每股股权价值} = 24.98 + 5.69 = 30.67(\text{元/股})$$

3. 实体现金流量模型

实体现金流量模型的基本形式是：

$$\text{实体价值} = \sum_{t=1}^{\infty} \frac{\text{实体现金流量}_t}{(1+\text{加权平均资本成本})^t}$$

$$\text{股权价值} = \text{实体价值} - \text{债务价值}$$

$$\text{债务价值} = \sum_{t=1}^{n} \frac{\text{偿还债务现金流量}_t}{(1+\text{等风险债务成本})^t}$$

实体现金流量是企业全部现金流入扣除成本费用和必要的投资后的剩余部分，它是企业一定期间可以提供给所有投资人(包括股权投资人和债权投资人)的税后现金流量。

$$\text{实体现金流量} = \text{经营现金净流量} - \text{资本支出}$$

$$\text{经营现金净流量} = \text{经营现金毛流量} - \text{经营营运资本增加}$$

$$\text{经营现金毛流量} = \text{税后经营利润} + \text{折旧与摊销}$$

$$\text{经营营运资本} = (\text{经营现金} + \text{经营流动资产}) - \text{经营流动负债}$$

在数据假设相同的情况下，三种模型的评估结果是相同的。由于股利分配政策有较大变动，股利现金流量很难预计，所以股利现金流量模型在实务中很少被使用。如果假设企业不保留多余的现金，而将股权现金全部作为股利发放，则股权现金流量等于股利现金流量，股权现金流量模型可以取代股利现金流量模型，避免对股利政策进行估计的麻烦。因此，大多数的企业估价使用股权现金流量模型或实体现金流量模型。

(二) 资本成本

资本成本是计算现值使用的折现率。折现率是现金流量风险的函数，风险越大则折现率越大，因此折现率和现金流量要相互匹配。股权现金流量只能用股权资本成本来折现，实体现金流量只能用企业实体的加权平均资本成本来折现。

（三）现金流量的持续年数

“n”是指产生现金流量的时间，通常用年数来表示。从理论上说，现金流量的持续年数应当等于资源的寿命。企业的寿命是不确定的，通常采用持续经营假设，即假设企业将无限期地持续下去，但预测无限期的现金流量数据却是很困难的，时间越长，远期的预测越不可靠。为了避免预测无限期的现金流量，大部分估价将预测的时间分为两个阶段。第一阶段是有限的、明确的预测期，称为详细预测期，或简称预测期，在此期间需要对每年的现金流量进行详细预测，并根据现金流量模型计算其预测期价值；第二阶段是预测期以后的无限时期，称为后续期，或永续期，在此期间假设企业进入稳定状态，有一个稳定的增长率，可以用简便方法直接估计后续期价值。后续期价值也称为永续价值或残值。这样，企业价值被分为两部分：

$$\text{企业价值} = \text{预测期价值} + \text{后续期价值}$$

后续期价值的估计方法有许多种，包括永续增长模型、经济利润模型、价值驱动因素模型、价格乘数模型、延长预测期法、账面价值法、清算价值法和重置成本法等。这里只讨论现金流量折现的永续增长模型。

永续增长模型如下：

$$\text{后续期价值} = \frac{\text{现金流量}_{t+1}}{\text{资本成本} - \text{现金流量增长率}}$$

[例 12-3]　华衡公司是一家商业企业，主要从事商品批发业务，该公司 2020 年实际和 2021 年预计的主要财务数据如表 12-4 所示

表 12-4　2020 年与 2021 年财务数据

年份	2020 实际(基期)	2021 年预计
利润表项目		
一、销售收入	500	530
减：营业成本和费用(不含折旧)	380	400
折旧	25	30
二、息税前利润	95	100
减：财务费用	21	23
三、税前利润	74	77
减：所得税费用	14.8	15.4
四、净利润	59.2	61.6
资产负债表项目：		
流动资产	267	293
固定资产净值	265	281

（续表）

年份	2020 实际(基期)	2021 年预计
资产总计	532	574
流动负债	210	222
长期借款	164	173
债务合计	374	395
股本	100	100
期末未分配利润	58	79
股权权益合计	158	179
负债及股东权益总计	532	574

其他资料如下：

(1) 华衡公司的全部资产均为经营性资产，流动负债均为经营性负债，长期负债均为全融性负债，财务费用全部为利息费用。估计债务价值时采用账面价值法。

(2) 华衡公司预计从 2020 年开始实体现金流量以 6％的年增长率稳定增长。

(3) 加权平均资本成本为 12％。

(4) 华衡公司适用的企业所得税税率为 20％。

要求：

(1) 计算华衡公司 2021 年购置固定资产的现金流出、营业现金净流量和实体现金流量。

(2) 使用现金流量折现法估计华衡公司 2020 年底的公司实体价值和股权价值。

(3) 假设其他因素不变，为使 2020 年底的股权价值提高到 700 亿元，华衡公司 2021 年的实体现金流量应是多少？

(1) 2021 年税后经营净利润＝61.6＋23×(1－20％)＝80(亿元)

2021 年经营营运资本增加＝(293－222)－(267－210)＝14(亿元)

2021 年购置固定资产的现金流出＝资本支出＝净经营性长期资产增加额＋本期折旧与摊销＝(281－265)＋30＝46(亿元)

2021 年营业现金净流量＝80＋30－14＝96(亿元)

2021 年实体现金流量＝96－46＝50(亿元)

(2) 2020 年底华衡公司实体价值＝50÷(12％－6％)＝833.33(亿元)

股权价值＝833.33－164＝669.33(亿元)

(3) 2021 年底华衡公司实体价值＝700＋164＝864(亿元)

864＝2021 年实体现金流量÷(12％－6％)，所以，2021 年实体现金流量＝51.84(亿元)。

二、经济利润法

企业既然以增加价值为目标，计量其价值的增加额就成为非常重要的问题。考察企业价值增加最直接的方法是计算其市场增加值。计算公式为：

市场增加值 = 企业市值 − 总资本

企业市值是投资人按当时的市价出售企业可获得的现金流入，包括股本市值和债务市值。总资本是指投资人投入企业的总现金，包括股权资本和债务资本。但是，在日常决策中很少使用市场增加值。一个原因是，只有上市企业才有市场价格，才能计算市场增加值，而上市企业只是少数；另一个原因是，短期股市总水平的变化大于企业决策对企业价值的影响，股市行情湮没了管理作为。

经过大量的实证研究发现，经济利润（或称经济增加值、附加经济价值、剩余收益等）可以解释市场增加值的变动。经济利润不是什么新的理论，它的大部分内容已存在很长时间。现实中日益严重的代理问题，使它成为越来越热门的理财思想。它的诱人之处在于把投资决策、业绩评价和奖金激励统一起来。它把企业的目标定位为增加经济利润，并用经济利润的增加作为投资决策的标准和衡量经济业绩的尺度，奖金的发放也可以根据创造多少经济利润来确定。这就使得基于价值的管理变得简单、直接，具有了逻辑上的一致性。

（一）经济利润的概念

经济利润是指经济学家所持的利润概念。虽然经济学家的利润也是收入减去成本后的差额，但是经济收入不同于会计收入，经济成本不同于会计成本，因此，经济利润也不同于会计利润。

1. 经济收入的确认

经济收入是指期末和期初同样富有的前提下，一定期间的最大花费。这里的收入是按财产法计量的，如果没有任何花费则期末财产的市值超过期初财产市值的部分是本期收入。其计算公式为：

本期收入 = 期末财产 − 期初财产

例如，王某年初有资产 5 万元，在年末升值至 7 万元，本年工资收入 4 万元，经济学家认为王某的全年总收入为 6 万元，其中包括 2 万元的净资产增值。会计师则认为王某的全年总收入是 4 万元，2 万元的资产升值不能算收入，理由是它还没有通过销售而实现，缺乏记录为收入的客观证据。除交易频繁的资产外，绝大多数资产难以计量价值的期间变化。

会计师的做法有一个很麻烦的问题，就是王某如果把已经升值的资产出售，得到 7 万元，然后用 7 万元再将它们购回，则会计师承认资产的 2 万元增值收入实现了，王某的年收入就是 6 万元了。这种虚假交易可以改变收入的做法，不仅和经济理论相矛盾，也很难被非专业人士理解和使用。许多企业正是利用会计的这一缺点操纵利润的。

2. 经济成本的确认

经济成本不仅包括会计上实际支付的成本，而且还包括机会成本。

例如，股东投入企业的资本也是有成本的，是本期成本的一部分，在计算利润时应当扣除。这样做的理由是，股东投入的资本是生产经营不可缺少的条件之一，并且这笔钱也不是没有代价的。股东要求回报的正当性不亚于债权人的利息要求和雇员的工资要求。

会计师不确认对股东的应付义务，不将股权资本成本列入利润表的减项。其理由是没有证据表明应当支付给股东多少钱，会计师不愿意做没有根据的估计。

3. 经济利润的确认

计算经济利润的一种最简单的办法，是用息前税后营业利润减去企业的全部资本费用。复杂的方法是逐项调整会计收入使之变为经济收入，同时逐项调整会计成本使之变为经济成本，然后计算经济利润。斯特恩—斯图尔特公司设计了非常具体的经济增加值计算程序，以及向经理分配奖金的模型，被许多著名的公司采用。

［例 12-4］ 华安企业的期初投资资本为 1 000 万元，期初投资资本回报率（税后经营利润/投资资本）为 10%，加权平均资本成本为 9%，则该企业的经济利润为 10 万元。

经济利润＝税后经营利润－全部资本费用
＝1 000×10%－(1 000×9%)
＝100－90
＝10(万元)

计算经济利润的另一种办法是用投资资本回报率与资本成本之差，乘以投资资本。

经济利润＝期初投资资本×(期初投资资本回报率－加权平均资本成本)
＝1 000×(10%－9%)
＝10(万元)

这种方法得出的结果与前一种方法相同，其推导过程如下：

经济利润＝税后净利润－股权费用
＝税后经营利润－税后利息－股权费用
＝税后经营利润－全部资本费用
＝期初投资资本×期初投资资本回报率－期初投资资本×加权平均资本成本
＝期初投资资本×(期初投资资本回报率－加权平均资本成本)

按照最简单的经济利润计算办法，经济利润与会计利润的区别是它扣除了全部资本的费用，而会计利润仅仅扣除了债务利息。

（二）价值评估的经济利润模型

根据现金流量折现原理可知，如果某一年的投资资本回报率等于加权平均资本成本，则企业现金流量的净现值为零。此时，息前税后营业利润等于投资各方的期望报酬，经济利润也必然为零，企业的价值与期初相同，既没有增加也没有减少。如果某一年的投资资本回报率超过加权平均资本成本，则企业现金流量有正的净现值。此时，息前税后营业利润大于投资各方期望的报酬，也就是经济利润大于零，企业的价值将增加。如果某一年的投资资本回报率小于加权平均资本成本，则企业现金流量有负的净现值。此时，息前税后营业利润不能满足投资各方的期望报酬，也就是经济利润小于零，企业的价值将减少。

因此，企业价值等于期初投资资本加上经济利润的现值：

企业实体价值＝期初投资资本＋经济利润现值

公式中的期初投资资本是指企业在经营中投入的现金：

全部投资资本＝所有者权益＋净债务

[例 12-5] 华衡企业年初投资资本 1 000 万元。预计今后每年可取得税后经营利润 100 万元，每年净投资为零，资本成本为 8%，则：

每年经济利润=100-1 000×8%=20(万元)

经济利润现值=20÷8%=250(万元)

企业价值=1 000+250=1 250(万元)

如果用现金流量折现法，可以得出同样的结果：

实体现金流量现值=100÷8%=1 250(万元)

经济利润模型与现金流量模型在本质上是一致的，但是经济利润具有可以计量单一年份价值增加的优点，而现金流量法却做不到。因为，任何一年的现金流量都受到净投资的影响，加大投资会减少当年的现金流量，推迟投资可以增加当年的现金流量。投资不是业绩不良的表现，而找不到投资机会反而是不好的征兆。因此，某个年度的现金流量不能成为计量业绩的依据，管理层可以为了改善某一年的现金流量而推迟投资，而使企业的长期价值创造受到损失。

经济利润之所以受到重视，关键是它把投资决策必需的现金流量法与业绩考核必需的权责发生制统一起来了。它的出现，结束了投资决策用现金流量的净现值评价，而业绩考核用权责发生制的利润评价，决策与业绩考核的标准分离，甚至是冲突、混乱的局面。

三、相对价值法

现金流量法和经济利润法在概念上很健全，但是在应用时会碰到较多的技术问题。有一种相对容易的估价方法，就是相对价值法，也称价格乘数法或可比交易价值法等。

这种方法是利用类似企业的市场定价来估计目标企业价值的一种方法。它的假设前提是存在一个支配企业市场价值的主要变量(如净利等)。市场价值与该变量(如净利等)的比值，各企业是类似的、可以比较的。

其基本做法是：首先，寻找一个影响企业价值的关键变量(如净利)；其次，确定一组可以比较的类似企业，计算可比企业的市价/关键变量的平均值(如平均市盈率)；然后，根据目标企业的关键变量(如净利)乘以得到的平均值(平均市盈率)，计算目标企业的评估价值。相对价值法，是将目标企业与可比企业对比，用可比企业的价值衡量目标企业的价值。如果可比企业的价值被高估了，则目标企业的价值也会被高估。实际上，所得结论是相对于可比企业来说的，以可比企业价值为基准，是一种相对价值，而非目标企业的内在价值。

例如，王某准备购买商品住宅，出售者报价 50 万元，王某应该如何评估这个报价呢？一个简单的办法就是寻找一个类似地段、类似质量的商品住宅，计算每平方米的价格(价格与面积的比率)。假设单价是 0.5 万元/平方米，王某拟购置的住宅是 80 平方米，利用相对价值法评估它的价值是 40 万元，于是可以认为出售者的报价高了。王某对报价高低的判断是相对于类似商品住宅来说的。实际上，也可能是类似住宅的价格偏低。

这种做法很简单，真正使用起来却并不简单。因为类似商品住宅与拟购置的商品住宅总有“不类似”的地方，类似商品住宅的价格也不一定是公平市场价格。准确的评估还需要对计算结果进行另外的修正，而这种修正比一般人想象的要复杂，它涉及每平方米价格的决定因素问题。

现金流量法的假设是明确显示的，而相对价值法的假设是隐含在比率内部的。因此，它看起来简单，实际应用时并不简单。

相对价值模型分为两大类，一类是以股权市价为基础的模型，包括股权市价/净利、股权市价/净资产、股权市价/销售额等比率模型；另一类是以企业实体价值为基础的模型，包括实体价值/息前税后营业利润、实体价值/实体现金流量、实体价值/投资资本、实体价值/销售额等比率模型。我们这里只讨论两种最常用的股权市价比率模型。

(一) 市价/净利比率模型

1. 基本模型

市价/净利比率，通常称为市盈率。

$$\text{市盈率} = \frac{\text{每股市价}}{\text{每股净利}}$$

运用市盈率估价的模型如下：

$$\text{目标企业每股价值} = \text{可比企业平均市盈率} \times \text{目标企业的每股净利}$$

该模型假设股票市价是每股净利的一定倍数。每股净利越大，则股票价值越大。同类企业有类似的市盈率，所以，目标企业的股权价值可以用每股净利乘以可比企业的平均市盈率计算。

2. 模型原理

根据股利折现模型，处于稳定状态企业的股权价值为：

$$\text{股权价值} = P_0 = \frac{\text{股利}_1}{\text{股权成本} - \text{增长率}}$$

两边同时除以每股净利$_0$：

$$\begin{aligned}\frac{P_0}{\text{每股净利}_0} &= \frac{\dfrac{\text{股利}_1}{\text{每股净利}_0}}{\text{股权成本} - \text{增长率}} \\ &= \frac{\dfrac{\text{每股净利}_0 \times (1+\text{增长率}) \times \text{股利支付率}}{\text{每股净利}_0}}{\text{股权成本} - \text{增长率}} \\ &= \frac{\text{股利支付率} \times (1+\text{增长率})}{\text{股权成本} - \text{增长率}} \\ &= \text{本期市盈率}\end{aligned}$$

上述根据当前市价和同期净利计算的市盈率，称为本期市盈率，简称市盈。

这个公式表明，市盈率的驱动因素是企业的增长潜力、股利支付率和风险（股权资本成本）。这三个因素类似的企业，才会具有类似的市盈率。可比企业实际上应当是这三个比率类似的企业，同业企业不一定都具有这种类似性。

如果把公式两边同除的当前每股净利，换为预期下期每股净利，其结果称为内在市盈率或预期市盈率：

$$\frac{P_0}{每股净利_1}=\frac{\dfrac{股利_1}{每股净利_1}}{股权成本-增长率}$$

$$内在市盈率=\frac{股利支付率}{股权成本-增长率}$$

如果用内在市盈率为股票定价，其结果应与现金流量模型一致。你可能会想，如果知道了这三个比率就可以直接根据现金流量模型估价了，何必再计算市盈率用价格乘数模型定价？我们这样分析问题，不是为了重复演示现金流量模型，而是为了让你关注影响市盈率可比性的因素，以便合理选择可比企业，防止误用市盈率估价模型。市盈率估价模型被误用是很常见的事情。例如，有人认为市盈率低的股票更便宜，其实不一定。一个企业的市盈率比同行业高，可能是因为它有更高的增长率或者风险较低，而不是被市场高估了。再如，不管企业的这三个比率高低，用行业平均的市盈率为新股定价，也是很不科学的。这些误用都与不理解市盈率的原理有关。有些人只重视“如何做”，不重视“为什么”，其实，在不懂“为什么”的情况下去“做”，是很容易出错的。

在影响市盈率的三个因素中，关键是增长潜力。所谓“增长潜力”类似，不仅指具有相同的增长率，还包括增长模式的类似性，例如同为永续增长，还是同为由高增长转为永续低增长。

上述内在市盈率模型是根据永续增长模型推导的。如果企业符合两阶段模型的条件，也可以通过类似的方法推导出两阶段情况下的内在市盈率模型。它比永续增长的内在市盈率模型形式复杂，但是仍然由这三个因素驱动。

3. 模型的适用性

市盈率模型的优点：首先，计算市盈率的数据容易取得，并且计算简单；其次，市盈率把价格和收益联系起来，直观地反映投入和产出的关系；再次，市盈率涵盖了风险补偿率、增长率、股利支付率的影响，具有很高的综合性。

市盈率模型的局限性：如果收益是负值，市盈率就失去了意义。再有，市盈率除了受企业本身基本面的影响以外，还受到整个经济景气程度的影响。在整个经济繁荣时市盈率上升，整个经济衰退时市盈率下降；如果目标企业的 β 值为 1，则评估价值正确反映了对未来的预期。如果企业的 β 值显著大于 1，经济繁荣时评估价值被夸大，经济衰退时评估价值被缩小；如果 β 值明显小于 1，经济繁荣时评估价值偏低，经济衰退时评估价值偏高；如果是一个周期性的企业，则企业价值可能被歪曲。因此，市盈率模型最适合连续盈利，并且 β 值接近于 1 的企业。

[例 12-6]　甲企业今年的每股净利是 0.5 元，分配股利 0.35 元/股，该企业净利润和股利的增长率都是 6%，β 值为 0.75。政府长期债券利率为 7%，股票的风险附加率为 5.5%。该企业的本期净利市盈率和预期净利市盈率各是多少？

乙企业与甲企业是类似企业，今年实际净利为 1 元/股，根据甲企业的本期净利市盈率对乙企业估价，其股票价值是多少？乙企业预期明年净利是 1.06 元/股，根据甲企业的预期净利市盈率对乙企业估价，其股票价值是多少？

甲企业股利支付率＝每股股利÷每股净利＝0.35÷0.5＝70%

甲企业股权资本成本＝无风险利率＋β×风险附加率＝7%＋0.75×5.5%＝11.125%

甲企业本期市盈率＝[股利支付率×(1＋增长率)]÷(资本成本－增长率)

＝[70%×(1＋6%)]÷(11.125%－6%)

＝14.48

甲企业预期市盈率＝股利支付率÷(资本成本－增长率)＝70%÷(11.125%－6%)＝13.66

乙企业股票价值＝目标企业本期每股净利×可比企业本期市盈率＝1×14.48＝14.48(元/股)

乙企业股票价值＝目标企业预期每股净利×可比企业预期市盈率＝1.06×13.66＝14.48(元/股)

通过这个例子可知：如果目标企业的预期每股净利变动与可比企业相同，则根据本期市盈率和预期市盈率进行估价的结果相同。

值得注意的是：在估价时，目标企业本期净利必须乘以可比本期净利市盈率，目标企业预期净利必须乘以可比企业预期市盈率，两者必须匹配。这一原则不仅适用于市盈率，也适用于市净率和收入乘数；不仅适用于未修正价格乘数，也适用于后面所讲的各种修正的价格乘数。

(二) 市价/净资产比率模型

1. 基本模型

市价与净资产的比率，通常称为市净率。

$$市净率=\frac{市价}{净资产}$$

这种方法假设股权价值是净资产的函数，类似企业有相同的市净率，净资产越大则股权价值越大。因此，股权价值是净资产的一定倍数，目标企业的价值可以用每股净资产乘以平均市净率计算。

$$股权价值=可比企业平均市净率\times目标企业净资产$$

2. 市净率的驱动因素

如果把股利折现模型的两边同时除以同期股权账面价值，就可以得到市净率：

$$\frac{P_0}{股权账面价值_0}=\frac{\dfrac{股利_0\times(1+增长率)}{股权账面价值_0}}{股权成本-增长率}$$

$$=\frac{\dfrac{股利_0}{每股收益_0}\times\dfrac{每股收益_0}{股权账面价值_0}\times(1+增长率)}{股权成本-增长率}$$

$$=\frac{股东权益收益率\times股利支付率\times(1+增长率)}{股权成本-增长率}$$

$$=本期市净率$$

该公式表明，驱动市净率的因素有权益报酬率、股利支付率、增长率和风险。其中，权益报酬率是关键因素。这四个指标类似的企业，会有类似的市净率。不同企业市净率的差别，也是由于这四个指标不同引起的。

如果把公式中的“股权账面价值”换成预期下期的“股权账面价值”，则可以得出内在市净率，或称预期市净率。

$$\frac{P_0}{\text{股权账面价值}_1}=\frac{\dfrac{\text{股利}_0\times(1+\text{增长率})}{\text{股权账面价值}_1}}{\text{股权成本}-\text{增长率}}$$

$$=\frac{\dfrac{\text{股利}_0}{\text{每股收益}_1}\times\dfrac{\text{每股收益}_1}{\text{股权账面价值}_1}\times(1+\text{增长率})}{\text{股权成本}-\text{增长率}}$$

$$=\frac{\text{股利支付率}\times\text{股东权益收益率}_1}{\text{股权成本}-\text{增长率}}$$

$$=\text{内在市净率}$$

使用内在市净率作为价格乘数计算企业价值，所得结果与现金流量模型的结果应当一致。

3. 模型的适用性

市净率估价模型的优点：首先，净利为负值的企业不能用市盈率进行估价，而市净率极少为负值，可用于大多数企业；其次，净资产账面价值的数据容易取得，并且容易理解；再次，净资产账面价值比净利稳定，也不像利润那样经常被人为操纵；最后，如果会计标准合理并且各企业会计政策一致，市净率的变化可以反映企业价值的变化。

市净率的缺点：首先，账面价值受会计政策选择的影响，如果各企业执行不同的会计标准或会计政策，市净率会失去可比性；其次，固定资产很少的服务性企业和高科技企业，净资产与企业价值的关系不大，比较其市净率没有什么实际意义；最后，少数企业的净资产是负值，市净率没有意义，无法用于比较。

因此，这种方法主要适用于需要拥有大量资产、净资产为正值的企业。

[例 12-7] 在表 12-5 中，列出了某年汽车制造业 6 家上市企业的市盈率和市净率，以及全年平均实际股价。请用这 6 家企业的平均市盈率和市净率评价江铃汽车的股价，哪一个更接近实际价格？为什么？

表 12-5 相关市盈率和市净率数据 单位：元

公司名称	每股收益	每股净资产	平均每股价格	市盈率	市净率
上海汽车	0.53	3.43	11.98	22.60	3.49
东风汽车	0.37	2.69	6.26	16.92	2.33
一汽四环	0.52	4.75	15.40	29.62	3.24
一汽金杯	0.23	2.34	6.10	26.52	2.61
天津汽车	0.19	2.54	6.80	35.79	2.68
长安汽车	0.12	2.01	5.99	49.92	2.98
平均				30.23	2.89
江铃汽车	0.06	1.92	6.03		

按市盈率估价＝0.06×30.23＝1.81(元/股)

按市净率估价＝1.92×2.89＝5.55(元/股)

市净率的评价更接近实际价格。因为汽车制造业是一个需要大量资产的行业，由此可见，合理选择模型的种类对于正确估价是很重要的。

本章小结

企业价值评估是指资产评估师依据相关法律、法规和资产评估准则，对评估基准日特定目的下企业整体价值、股东全部权益价值或者股东部分权益价值等进行分析、估算并发表专业意见的行为和过程。从并购动机上看，并购企业一般是为获得管理、经营、财务上的协同效应，实现战略目标等，但在理论上，只要价格合理，就可以成交，因此双方对标的价值评估是决定是否成交的基础，也是谈判的焦点；企业价值评估有利于并购企业交易价值形成。本章基于企业本质属性，从逻辑角度阐释了企业的属性和本质，以此为起点分析了企业价值的内涵，最终分析企业价值评估的内涵及理念。常见的企业价值评估原理及方法有现金流量折现法、经济利润法和相对价值法。

复习思考题

1. 讨论价值的内涵。
2. 描述企业的各种价值形式，并讨论它们相互之间的关系。
3. 企业价值评估要评估什么价值？为什么？如何才能准确评估企业价值？
4. 如何确定自由现金流量、折现率与企业的持续期？
5. 如何确定经济利润？
6. 经济利润估价法与未来现金流量折现法有何联系与区别？

案例分析

请对华盛公司的股权价值进行评估。有关资料如下：

(1) 以 2020 年为预测基期，该年经修正的利润表和资产负债表如表 12-6 所示。

表 12-6　经修正的利润表和资产负债表

单位：万元

年份	2020
利润表项目(当年)：	
营业收入	10 000
税后经营利润	1 500
减：税后利息费用	275
净利润	1 225
减：应付股利	725

（续表）

年份	2020
本期利润留存	500
加:年初未分配利润	4 000
年末未分配利润	4 500
资产负债表项目(年末):	
经营营运资本净额	1 000
经营固定资产净额	10 000
净经营资产总计	11 000
净金融负债	5 500
股本	1 000
年末未分配利润	4 500
股东权益合计	5 500
净负债及股东权益总计	11 000

(2) 以 2021 年和 2022 年为详细预测期，2021 年的预计销售增长率为 10%，2022 年的预计销售增长率为 5%，以后各年的预计销售增长率稳定在 5%的水平。

(3) 假设华盛公司未来的“税后经营利润/营业收入”“经营营运资本净额/营业收入”“经营固定资产净额/营业收入”可以维持预测基期的水平。

(4) 假设华盛公司未来将维持基期的资本结构(净金融负债/净经营资产)，并持续采用剩余股利政策。华盛公司资金不足时，优先选择有息负债筹资；当进一步增加负债会超过目标资本结构限制时，将选择增发股份筹资。

(5) 假设华盛公司未来的“净金融负债平均利息率(税后)”为 5%，各年的“利息费用”按年初“净金融负债”的数额预计。

(6) 假设华盛公司未来的加权平均资本成本为 10%，股权资本成本为 12%。

要求：

① 编制价值评估所需的预计利润表和资产负债表(计算结果填入预计利润表和资产负债表中，不必列出计算过程)。

② 计算 2021 年和 2022 年的“实体现金流量”“股权现金流量”和“经济利润”。

③ 编制实体现金流量法、股权现金流量法和经济利润法的股权价值评估表。

参考答案

第十三章 企业重组、破产与清算

教学目的与要求

1. 了解重组、破产与清算的基本概念和法律规定。
2. 掌握破产危机的征兆与应对和管理。
3. 熟悉重整与和解财务管理的特点。
4. 理解破产财产、破产债权的范围与计价。
5. 掌握常见的财务预警管理方法。

引导案例

通用汽车破产

通用汽车成立于1908年9月，曾是世界上最大的汽车制造企业。在2008年以前，通用汽车连续77年蝉联全球汽车销量之冠。2009年6月1日，由于经营管理失误以及债务等问题，通用汽车正式递交破产保护申请。这是美国历史上第四大破产案，也是美国制造业最大的破产案。作为全球历史超过百年的为数不多的汽车厂家，通用汽车由杜兰特创建于1908年9月16日。而且，从一开始，通用汽车就通过联合兼并等现代工业发展的基本模式奠定了汽车产业的经济规模性。通用汽车组建当年的10月份，别克(Buick)加入通用，随后奥兹莫比尔(Oldsmobile)也并入通用汽车。1909年，庞迪亚克(Pontiac)和凯迪拉克(Cadillac)也加盟通用汽车。1911年，通用汽车组建了出口公司。1919年，为向经销商的消费者提供消费贷款的通用汽车承兑公司(即GMAC的前身)成立。通用汽车百年的发展历史中，大致经历了1910年至1929年“快速发展期”、1930年至1959年“黄金年代”、1969年至1979年“改革期”、1989年至1999年“全球化”、2000年至破产保护之前“创新与变革交错”等五个时期。除了销量上从1931年即成为全球“老大”和因设计与技术上的创新引领全球汽车工业数十年之外，通用汽车还因20世纪20年代至50年代小艾尔弗雷德·斯隆的领导为现代公司管理奠定了最全面的基础，从而成为现代公司管理的范本。1955 年，通用汽车的全球产销量超过 500 万辆，并于当年取得超过 10 亿美元的净利润，这也是世界上第一家年盈利超过 10 亿美元的企业。1967 年，通用汽车的累计销量超过了一亿辆。

但是，自 2005 年以来通用汽车的持续亏损，而且累计亏损超过 800 亿美元，这在其历史上是绝无仅有的。这一切，也许就是通用汽车帝国没落的征兆。美国政府重视汽车产业，2008 年，经济衰退和信贷萎缩令通用遭受重创，美国国会批准向通用汽车提供巨额紧急援助款。到申请破产保护前，通用汽车已从美国政府累计获得 194 亿美元贷款援助，同时，美国政府拒绝背锅。2009 年，美国政府任命弗里茨·亨德森为通用汽车新的首席执行官，并要求通用汽车 2009 年 6 月 1 日前提交政府满意、工会和 90%债权人认可的重组方案，否则只能破产重组。虽然美国政府投入巨资，但美国政府既不情愿担任通用汽车的股东，也无意插手通用汽车的日常运营。通用汽车计划通过破产重组，保留旗下有较大利润空间的别克、凯迪拉克、雪佛兰和吉姆西品牌，而悍马、萨博、土星和庞蒂亚克等品牌将面临出售或者停产的命运。通过此次的破产保护，通用汽车的员工和供应商遭受冲击：通用汽车宣布在 2010 年裁减 6 000 家经销商中的 40%。由于医疗保险和养老金计划的更改，近 50 万通用汽车退休员工和 15 万员工家属的生活也将被改变。在 2010 年以前，通用汽车将直接削减 2 万个工作岗位，关闭十多家工厂。

通用汽车 2011 年年底前关闭或停产的 14 家工厂，同时还宣布 2011 年 12 月将关闭 3 家零部件配送中心。这 14 家工厂包括装配、动力总成和冲压厂三类，其中 7 家位于密歇根州，关停工厂将使 1.8 万至 2 万人失去工作。工厂和零件配送中心关闭或停产完成后，通用汽车在美国的工厂数量将由 47 家减至 33 家。但是，美国的破产保护不同于中国人传统思维中的“破产”概念。在美国，申请破产保护的企业将会有一段时间来进行资产的重新整合，通过剥离不良资产，使公司重新走上正轨，甚至变得比以前更加强大。在美国历史上，通过破产保护走上“重生之路”的案例屡见不鲜。比如，美国大陆航空公司曾于 1983 年至 1986 年以及 1990 年至 1993 年期间经历了两次破产保护，而重组之后的大陆航空公司在实力和效率上均得到了极大提升，并一度成为盈利状况最佳的美国航空公司之一。但如果申请破产保护的公司重组失败，最后还是要破产清算。

通过启动破产保护，通用汽车如果能很好地利用其在技术研发、品牌运营、业务全球化等方面处于业界领先地位的“家底”，以及在美国就业和经济中的特殊地位，那么通用汽车可能不会就此“倒下”。通过以上案例介绍，让我们对通用汽车命运感到唏嘘，那么通用汽车破产保护的原因是什么呢？总结来说，一方面由于通用汽车冒进的全球扩张战略，有规模却不经济；另一方面，对市场需求判断不准，侧重于大型车、SUV 产品忽视小型车，发展轻视燃油经济性；最后，劳工成本过高，产品优质不廉价。

从经济学意义上看，破产是企业由于管理失败、过度扩展、激烈的竞争、过高的负债等原因造成的公司经营状况恶化，在市场竞争中被淘汰。破产意味着企业经济实体的解体，是企业的终结，又是企业经济资源重新分配的开始。

重点知识思维导图

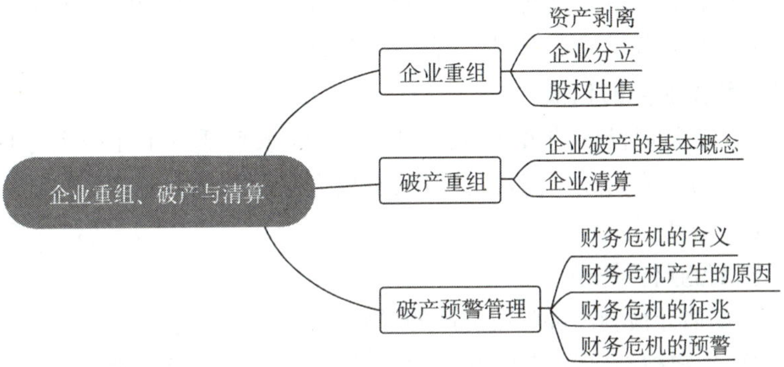

第一节　企 业 重 组

企业重组，是对企业的资金、资产、劳动力、技术、管理等要素进行重新配置，构建新的生产经营模式，是企业在变化中保持竞争优势的过程。公司重组有广义与狭义之分，广义的公司重组包括扩张重组、收缩重组和破产重组三种类型。扩张重组是指扩大公司经营规模和资产规模的重组活动，主要是通过公司并购实现规模的扩张；收缩重组是指对公司现有的经营业务或资产规模进行缩减的重组活动，主要包括资产剥离、公司分立、股权出售、股份置换等；破产重组是指对濒临破产的公司进行债务重整，以使其恢复正常的经营状况的重组活动。狭义的公司重组仅包括收缩重组。

一、资产剥离

(一) 资产剥离的概念

资产剥离是指企业将其拥有的某些子公司、部门或固定资产等出售给其他的经济主体，以获得现金或有价证券的经济活动。

企业通过剥离不适于企业长期战略、没有成长潜力或影响企业整体业务发展的部门、产品生产线或单项资产，可使资源集中于经营重点，从而更具有竞争力。同时，资产剥离还可以使企业资产获得更有效的配置，提高企业资产的质量和资本的市场价值。

(二) 资产剥离的动因

1. 满足经营环境和公司战略目标改变的需要

一个公司为了适应经营环境的变化，其经营方向和战略目标也要随之作出调整和改变，而资产剥离则是实现这一改变的有效手段。

2. 改变公司的市场形象，提高公司股票的市场价值

一些集团公司由于实行多元化经营，其业务范围往往涉及广泛的领域，可能使得市场投资者以及证券分析人员对其所涉及的复杂业务无法做到正确理解和分析，因此导致低估其股票的市场价值。

3. 满足公司的现金需求

有时公司需要大量现金来满足主营业务扩张和减少债务负担的需要，而通过借贷和发行股票的方式来筹集资金可能会面临着一系列的障碍，此时，通过出售公司部分非核心或非相关业务的方式来筹集所需的资金，是一种有效的选择。

4. 甩掉经营亏损业务的包袱

实现利润增长是公司发展的最终目标，因此，利润水平低或正在产生亏损，以及达不到初期利润增长预期的子公司或部门，往往成为剥离方案的首选目标，除非这些业务能满足公司长期发展战略的需要。

（三）资产剥离的财务估价

资产剥离后，要估计被剥离部门或资产的税后现金净流量，进而对剥离资产的价值进行估计和计算。首先要确定被剥离资产或部门所产生的现金流量；其次要确定被剥离部门或资产所适用的折现率；然后计算被剥离资产或部门的价值。被剥离部门的价值可用下面的公式计算：

$$V=\sum_{t=1}^{n}\frac{CFAT_t}{(1+k)^i}-MVL$$

式中，$CFAT_t$ 表示被剥离部门税后现金流量，k 表示贴现率，MVL 表示被剥离部门所负担的债务市场价值。

二、企业分立

（一）企业分立的概念

企业分立是企业收缩经营规模的一种重要方式。广义上的企业分立是指在不改变原公司股东持股比例的前提下，将一个企业分解成两个以上的各自独立的公司。狭义上的企业分立是指将母公司在子公司中所拥有的股份按比例分配给母公司的股东，形成与母公司股东相同的新公司，从而在法律上和组织上将子公司从母公司中分立出去。

企业分立中一般不发生现金交易，子公司资产也不需要重新评估，只涉及权益在两个独立实体之间的划分，不存在股权和控制权向第三者转移的情况，因为股东对母公司和分立出来的子公司仍然保留原有的权力。

（二）企业分立的动因

1. 通过消除“负协同效应”来提高企业的价值

一个企业的某些业务对实现企业整体战略目标来说，可能是不重要的，或者这些业务不适合于企业其他业务的发展，这时就会产生所谓的“负协同效应”，即 $1+1<2$。对一个大型企业来说，由于其经营的业务各有特点，不适合按照同样的管理模式来经营，因此，如果按照业务特点，将企业划分成两个或更多独立实体，配备不同类型的管理人员进行经营，可能会营造出更好的管理环境，减少甚至消除因管理原因而造成的低效率运作。

2. 企业分立可以满足企业适应经营环境变化的需要

企业的经营环境包括技术进步、产业发展趋势、国家有关法规和税收条例的变化、经济周期的变化等。这些因素经常随着经济形势的发展而变化，一旦这些因素发生变动，企业现有的战略安排可能会失效。因此，对于规模巨大的企业，由于其运转不如小企业灵活，如果不能随经营环境的变化而适时改变战略安排，可能会给企业带来不可估量的损失。所以，当企业规模超过适度的标准时，采取分立的策略，在保证取得规模效益的前提下，增强企业的灵活性，可以大大提高资本的运营效率。

3. 企业分立可以满足企业扩张的需要

实际上，企业分立也是扩张的一种重要手段。在通常情况下，企业作为一个整体，要扩张进入其他领域难度较大，而采取派生分立的方式，在目标地区或目标领域内设立一个新的企业，就可深入渗透进去，达到预期目的。

4. 分立可以帮助企业纠正错误的并购

企业实施的并购可能达到企业的某一方面的战略目标，但并购之后有可能出现这样或那样的问题。

例如，某跨国公司为了获得稳定增长的收入，相继通过并购远洋运输、金矿开采等业务来实现多元化经营。并购之后，虽然达到了多元化经营的战略目标，但在资本市场上，由于投资者及证券分析人员无法将其归入某一特定行业，使其在证券市场上表现出较低的股票价格和市盈率。该公司遂将其分立为 3 个公司，即远洋运输公司、电子设备公司和金矿开采公司。企业分立后，该公司股票价格大幅上升，远远超过了股票市场的平均收益。

5. 分立可以作为企业反并购的一项策略

并购企业可能因为看好目标公司的某项特定资产而实施并购策略。如果目标公司清楚地意识到这一点，就可以通过将这部分资产甚至某一子公司分立出去的方式避免整个公司被并购的风险。

（三）企业分立的程序

1. 董事会提出分立方案

当企业董事会初步达成企业分立的意向后，即应着手提出草案、起草分立方案，以便企业股东大会讨论。

2. 股东大会作出分立决定

有限责任公司做出分立决定，必须由代表 2/3 以上表决权的股东同意；股份有限公司的分立，必须经出席股东大会的，持 2/3 以上表决权的股东同意通过。

3. 签订分立合同

企业分立时，应当根据股东大会作出的决议签订分立合同，以便对原企业的债权、债务、权利、义务、职工安置等做出安排。分立合同应采用书面形式，一般应包括下列内容：分立后原公司存续与否；存续公司或新设公司的名称与地址；企业的财产如何分割；原企业债权、债务的处理方法；分立后各方的公司章程内容；分立时需要载明的其他事项（如企业职工的安置）等。

4. 编制资产负债表及财产清单

企业分立时，应将分立各方拥有的资产、负债及所有者权益记载于资产负债表中，并注意将各方分得的全部动产、不动产、债权、债务以及其他财产列入财产目录，编制财产清单。财产清单要准确、翔实、清楚，并要妥善保存。

5. 进行公告

企业应当在自做出分立决议之日起 10 天内，通知债权人，并于 30 天内在报纸上公告三次。债权人自接到通知之日起 30 天内，未接到通知书的自第一次公告之日起 30 天内，有权要求清偿债务或提供相应的担保。不清偿债务或者不提供相应担保的，企业不得分立。在法定期限内，如果债权人未提出异议，则视为同意企业分立。

6. 办理工商登记

派生分立时，新企业要履行注册登记手续，老企业如果因分立而导致有关工商登记事项变化的，也应到市场监督管理机关进行变更登记。

(四) 公司分立的财务可行性分析

公司在进行分立时，应充分考虑财务可行性，可以采用贴现现金流量法计算出分立前后的公司价值并进行比较，只有当分立后的各公司价值之和大于分立前的公司价值，公司分立方案才是可行的。

[**例 13-1**] 甲公司为了提高企业的营运效率，经董事会研究决定，将公司分立为乙和丙两个公司。经过预测，分立前甲公司今后 10 年经营活动产生的现金净流量的现值，即公司价值为 14 560 万元；分立后乙和丙两个公司今后 5 年的各年现金净流量如表 13-1 所示。从第 6 年起，乙公司每年的现金净流量为 850 万元，丙公司每年的现金净流量为 900 万元。假定市场利率为 10%。在分立过程中没有分立费用。

表 13-1 分立后乙、丙今后 5 年的现金净流量 单位：万元

年份	1	2	3	4	5
乙公司	520	580	640	700	750
丙公司	560	640	680	750	800
合计	1 080	1 220	1 320	1 450	1 550

分立后乙公司和丙公司的价值计算如下：

$$
\begin{aligned}
V &= 1\ 080 \times 0.909 + 1\ 220 \times 0.826 + 1\ 320 \times 0.751 + 1\ 450 \times 0.683 + \\
&\quad 1\ 550 \times 0.621 + 1\ 750 \times 5.867 \times 0.621 \\
&= 11\ 309.62(\text{万元})
\end{aligned}
$$

比较分立前后公司价值可知，分立前甲公司价值为 14 560 万元，比分立后多 3 250.38 万元，因此，该公司分立方案在财务上是不可行的。

三、股权出售

股权出售是指公司将持有的子公司的股份出售给其他投资者。与资产剥离，出售公司资产或部门不同，股权出售的对象是公司所持有的子公司的全部或部分股份。如果仅仅是出售部分股份，则公司将继续留在子公司所处的行业当中。股权出售的动因与资产剥离大致相同，所产生的效应也相近。股权出售能够给母公司股价带来积极影响，从而给股东带来正向的财务效应。

第二节 破产重组

一、企业破产的基本概念

企业破产是以法定事实的存在为前提破产是清偿债务的法律手段，必须由法院受理，并由法院指定管理人。企业破产是市场经济条件下的一种客观经济现象，它是指企业在市场竞争中，由于各种原因不能清偿到期债务，通过重整、和解或者清算等法律程序，使得债权债务关系依据重整计划或者和解协议得以调整，或者通过变卖债务人财产，使得债权人公平受偿。

（一）破产界限

破产界限是指法院据以宣告债务人破产的法律标准，在国际上称为法律破产原因。我国《破产法》规定的破产界限有两个，分别是当企业处于以下情况：

(1) 企业法人不能清偿到期债务，并且资产不足以清偿全部债务或者明显缺乏清偿能力的。

(2) 企业法人有前款规定情形，或者有明显丧失清偿能力可能的。

（二）破产程序

破产程序是指对资不抵债的企业进行破产处理的司法程序。法院审理破产案件的程序。在西方和其他一些国家中，债务人既不能以其现有财产清偿全部债务，又不能达成和解结束债务关系时，由法院强制执行其全部财产，使所有债权人平均受偿，而免除其余无法清偿的债务，称为破产。破产案件归法院审理，审理破产案件的法院称为破产法院。大陆法系和英美法系的破产程序基本相同。

破产程序包括三种：重整、和解和清算。不能把破产案件简单地归结为清算倒闭事件。破产清算是公平清理债务的一种方法。我国《破产法》鼓励当事人积极寻求以避免企业倒闭清算的方式来公平清理债务。

《破产法》设立的重整、和解和清算三种程序之间，存在一定的可转换性。在它们之间，当事人有一定程度的选择自由。具体说，包括以下要点：

(1) 债务人在提出破产申请时可以选择适用重整程序、和解程序或者清算程序，债权人在提出破产申请时可以选择适用重整程序或者清算程序。

(2) 债权人申请债务人破产清算的案件，在破产宣告前，债务人可以申请和解，债务人或者其出资人可以申请重整。

(3) 债务人申请适用破产清算的案件，在破产宣告前，债权人或者债务人的出资人可以申请重整，债务人也可以申请和解。

(4) 债务人进入重整程序或者和解程序后，可以在具备《破产法》规定的特定事由时，经破产宣告转入破产清算程序。

(5) 债务人一旦经破产宣告进入破产清算程序，则不得转入重整或者和解程序。

图 13-1 是企业破产的程序。

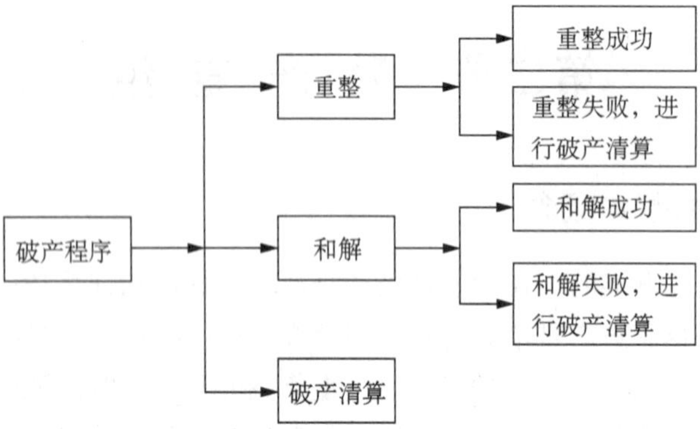

图 13-1　破产的程序

（三）破产重整流程

破产重整是指专门针对可能或已经具备破产原因但又有维持价值和再生希望的企业，经由各方利害关系人的申请，在法院的主持和利害关系人的参与下，进行业务上的重组和债务调整，以帮助债务人摆脱财务困境，恢复营业能力的法律制度。破产重整制度的实施，对于弥补破产和解、破产整顿制度的不足，防范大公司破产带来的社会问题，具有不可替代的作用。

企业法人不能清偿到期债务，并且资产不足以清偿全部债务或者明显缺乏清偿能力的，债权人和债务人可直接向法院提出重整申请，启动重整程序。在债权人申请对债务人进行破产清算，法院受理申请后宣告破产前，债务人或者出资额占债务人注册资本十分之一以上的出资人，可以向法院申请重整。

(1) 法院对重整申请进行审查，认为符合法律规定的，应当裁定债务人重整，并予以公告。法院指定管理人，与此同时，通知已知的债权人并公告通知未知的债权人。法院应当确定债权人申报债权的期限，并确定第一次债权人会议召开的时间和地点。

(2) 债权人向管理人申报债权，管理人收到债权申报材料后应当登记造册，并对申报的债权进行审查，编制债权表并提交第一次债权人会议核查。债权申报期满之日起 15 日内召开第一次债权人会议。

(3) 在破产重整中，进入重整期间后，经债务人申请法院批准，债务人可以在管理人的监督下自行管理财产和经营事务，管理人应当向债务人移交财产和经营事务。

(4) 债务人或者管理人应当自法院裁定之日起 6 个月内，同时向法院和债权人会议提交重整计划草案，其内容应当包括债务人的经营方案、债券分类、债权调整方案、债权受偿方案、重整计划的执行期限、重整计划执行的监督期限，以及有利于债务人重整的其他方案。经债务人或者管理人请求，法院可以裁定延期 3 个月。未按期提交的，法院应当裁定终止重整程序，并宣告破产。

(5) 法院应当自收到重整计划草案之日起 30 日内召开债权人会议，债权人参加会议进行讨论，并分组进行表决。各表决组通过重整计划草案的，重整计划即为通过。未获得通过的，依《破产法》进行处理。

(6) 自重整计划通过之日起 10 日内，债务人和管理人应当向法院提出批准重整计划的申请，法院审查认为合法的，应当自收到申请之日起 30 日内裁定批准，终止重整程序并予以公告。法院批准的重整计划对债务人和全体债权人均具有约束力。

(7) 重整计划获批准后，进入重整计划的执行程序，由债务人负责执行。此时，已经接管财产和营业事务的管理人应当向债务人移交财产和营业事务。在重整计划规定的监督期内，由管理人监督重整计划的执行。在监督期内，债务人应当向管理人报告重整计划的执行情况和收入财务情况。

(8) 监督期届满，管理人向法院提交监督报告。报告之日管理人监督职责终止。经管理人申请，法院可以裁定延长监督期限。

(9) 重整计划执行期限届满，债务人执行完毕，公司已恢复良好状态的，重整程序结束，公司恢复正常运行。债务人不能执行或者不执行重整计划的，法院经管理人或利害关系人的请求，应当裁定终止重整计划的执行，并宣告债务人破产，此后进入破产清算程序。

(四) 债务和解

债务和解是指在债务人发生财务危机的情况下，债权人按照其与债务人达成的协议或法院的裁定作出让步，使债务人减轻债务负担，渡过难关，从而解决债务人债务问题的行为。通过债务重组，债务人可以推迟债务的偿还期限，减轻债务负担，调节资本结构，从而帮助企业摆脱困境。

1. 债务和解的条件

并非所有的债务问题都可以通过债务和解的方式来解决，一般而言，债务和解必须具有以下条件：

(1) 债务人长期不能偿付债务当债务人因经营失败导致企业缺乏偿债能力，其债务总额已经大于资产的公允价值时，只能通过破产或债务和解的方式来解决债务问题。

(2) 债务和解必须在债权人和债务人双方一致同意的情况下，经双方共同协商来解决问题。只要有一方不同意进行债务和解，债务人就只能进入破产清算程序进行债务清偿。

(3) 债务人具备恢复正常经营的能力和良好的信誉。首先，债务人的债务问题必须是由经营失败导致的，不存在故意损害债权人合法利益的资产处置情况；其次，经过债务重组，债务人有能力恢复正常的生产经营活动，能够尽快改善企业的财务状况，并恢复偿债能力。

2. 债务和解的方式

债务和解的方式大致有以下三种，即以资产清偿债务、将债权转为股权、修改债务条件，三种债务和解方式可以组合使用。

(1) 以资产清偿债务。以资产清偿债务是指债权人和债务人达成协议或者经法院的裁定，由债务人用现金或非现金资产来清偿全部或部分债务。此时，债权人通常都要做出一些让步，如减免部分债务本金或利息等，这样可以缓解债务人的财务压力，有助于债务人摆脱困境，同时，债务人可以由此得到债务重组收益。

(2) 债权转为股权。债权转为股权的和解方式是指经债权人和债务人协商，债权人将全部或部分债权转为对债务人的股权，对于债务人来说，将负债转为了股东权益，不再需要偿还债务。这实际上是改变了负债企业的资本结构，也减轻了债务人的债务负担。

（3）修改债务条件。修改债务条件是指经债权人和债务人协商，对债务合同的某些条款进行修改，如延长偿还期限、降低利率、减免应付未付利息、减少本金等。这种方式主要是为了减轻债务人的债务负担，使其尽快走出困境。

二、企业清算

企业清算是企业在终止过程中，为终结现存的各种经济关系，对企业的财产进行清查、估值和变现，清理债权和债务，分配剩余财产的行为。企业的经济法律关系只有通过清算才能予以了结。

（一）破产清算程序

1. 进入破产清算程序

对于严重亏损、无力清偿到期债务的公司，由其债权人或债务人向公司所在地法院提交破产申请，人民法院依法裁定并宣告企业破产，企业由此正式进入破产清算程序。

2. 成立清算组

企业进入破产程序后，由人民法院自宣告之日起 15 日内成立清算组，清算组由人民法院与同级人民政府协商指定，由相关人员包括律师、会计师等专业人员组成。

3. 破产企业的全面接管

清算组正式成立并进驻破产企业后，便正式替代破产企业以其自身名义进行运作，对破产企业的全面接管，包括破产企业印章的接收，破产企业法人营业执照的接收，破产企业重要文件、合同的接收，破产企业财务的接收，破产企业财产的接收。

清算组作为替代破产企业运作的实体，还须对破产企业进行必要的管理，包括：①对破产企业的人事管理，如留守人员的确定、员工的安置及人事档案的管理；②对破产企业生产经营的管理；③对破产企业的资产管理，如固定资产的管理、流动资产的管理、无形资产的管理、投资资产的管理、在建工程的管理；④对破产企业的财务管理，如财务账册、财务凭证的管理，银行账号的管理，日常开销的管理和控制。

4. 破产企业的财务审计

对破产企业的财务审计包括：①破产企业的基本情况，如企业注册登记情况、股东情况及股权比例情况；②破产企业注册资本情况及到位情况；③破产企业财务管理情况；④破产企业财务人员情况和变动情况；⑤财务凭证及账册保存情况；⑥账目记录情况；⑦财务审批情况，如负责人、支出程序等；⑧财务账册及原始凭证的真实和完整情况；⑨破产企业负债情况；⑩破产企业涉诉案件情况，包括破产企业作为原、被告正于诉讼中的情况，败诉案件的执行情况及破产企业不作为原、被告，但为其他公司提供财产抵押或经营担保而涉诉的案件；破产企业的主要资产流向等。

5. 破产财产的清理、清算

破产企业财产的清理，主要是指清算组对破产企业的财产进行权属界定、范围界定、分类界定和登记造册的活动。由于企业的对外投资包括项目投资、证券投资和股权投资三种形式，因此，对破产企业的对外投资的清算也相应地分为对破产企业项目投资的清算、对破产企业的证券投资的清算，对破产企业的股权投资的清算。

对外债权的清算是将真正的对外债权清理出来，将所谓的对外债权清理出去，对已确认的对外债权进行实际追讨。

6. 破产财产分配

破产财产分配的程序是:①由清算组提出破产财产分配方案;②破产财产分配方案经债权人会议讨论通过后,报请法院裁定后执行;③清算组在破产财产分配方案经法院确认后三日内制作分配表;④清算组执行分配方案,并通知债权人限期领取财产。其中,破产财产分配方案包括破产财产总额及构成、应优先拨付的破产费用总额及构成、破产企业所欠员工工资和社会保险费用总额及构成、破产企业所欠税款总额及构成、提留款(暂不分配的款项)总额及构成、用于破产债权分配的财产总额及构成。

7. 终结破产程序

清算组完成破产财产分配后,应及时向法院提交破产财产分配报告,并提请法院裁定终结破产程序。法院应当自收到清算组终结破产程序的请求之日起 15 日内作出是否终结破产程序的裁定。裁定终结时,应当予以公告。清算组应当自破产程序终结之日起 10 日内,持法院终结破产程序的裁定,向破产人的原登记机关办理注销登记。

(二) 破产财产的界定

破产申请受理时属于债务人的全部财产,以及破产申请受理后至破产程序终结前债务人取得的财产,为债务人财产。债务人被宣告破产后,债务人财产即破产财产。

根据《破产法》的规定,破产财产由下列财产构成:①宣告破产时企业经营管理的全部财产;②破产企业在宣告破产后至破产程序终结前所取得的财产;③应当由破产企业行使的其他财产权利,如专利权等;④担保物的价款,超过其所担保的债务数额的,超过部分属于破产财产;⑤在法院受理破产案件前 6 个月至破产宣告之日的期限内,破产企业隐匿、私分、无偿转让、非法出售的财产,经追回后属于破产财产;⑥破产企业与其他单位联营时所投入的财产和应得收益。

破产财产确定以后,通常需要变卖为货币资金,以便清偿债务。其变卖方式应采取公开拍卖的形式。

(三) 破产债权的界定

法院受理破产申请时,对债务人享有的债权称为破产债权。破产债权可分为优先破产债权和普通破产债权。

对破产人的特定财产享有担保权的权利人,对该特定财产享有优先受偿的权利,该部分债权为优先破产债权。在破产宣告前成立的,对破产人发生的,依法在规定的申报期内申报确认,并且只能通过破产程序由破产财产中得到公平清偿的债权为普通破产债权。

在界定和确认普通破产债权时,应遵循以下标准:①破产宣告前成立的无财产担保的债权和放弃优先受偿权的有财产担保的债权为普通破产债权;②破产宣告前未到期的债权视为已到期债权,但应减去未到期利息;③破产宣告前成立的有财产担保的债权,债权人拥有就该担保品优先受偿的权利,其不能构成普通破产债权,但是,有财产担保的债权,其数额超过担保品价款的,未受偿部分应作为普通破产债权;④债权人对破产企业负有债务的,其债权可于破产清算之前抵销,抵销部分不能作为破产债权;⑤破产企业未履行合同的对方当事人,因清算组解除合同受到损害的,以损害赔偿额作为普通破产债权;⑥为破产企业债务提供保证者,因代替破产企业清偿债务所形成的担保债权为普通破产债权;

⑦债务人是委托合同的委托人，受托人不知债务人被法院裁定破产的事实，继续处理委托事务的，受托人由此产生的债权为普通破产债权；⑧债务人是票据的出票人，在债务人被法院裁定破产后，该票据的付款人继续付款或者承兑的，付款人由此产生的债权为普通破产债权。

(四) 破产费用和共益债务

(1) 破产费用是指在破产案件中，为破产债权人的共同利益而支出的费用。法院受理破产申请后发生的下列费用为破产费用：破产案件的诉讼费用、管理变价和分配债务人财产的费用、管理人执行职务的费用、报酬和聘用工作人员的费用。

(2) 共益债务是指在破产程序中为全体债权人共同利益所负担的各种债务的总称。法院受理破产申请后发生的下列债务为共益债务：因管理人或者债务人请求对方当事人履行双方均未履行完毕的合同所产生的债务、债务人财产受无因管理所产生的债务、因债务人不当得利所产生的债务、为债务人继续营业而应支付的劳动报酬和社会保险费用以及由此产生的其他债务、管理人或者相关人员执行职务致人损害所产生的债务、债务人财产致人损害所产生的债务。

《破产法》第五章“破产费用和共益债务”

第三节　破产预警管理

一、财务危机的含义

财务危机不是指企业的经济失败，而是指企业的财务失败。财务危机，也称为财务困境或财务失败，是指企业由于现金流量不足，无力偿还到期债务，而被迫采取非常措施的一种状态。

企业财务危机主要表现在以下几个方面：

(1) 企业的经营状况，表现为严重的生产与销售脱节，企业销售额和销售利润减少，在绩效评估中的一些严重恶化。

(2) 企业资产结构，表现为应收账款大幅增长的性能，产品库存数量增多。

(3) 企业的偿债能力，表现为丧失偿还到期债务的能力，目前的资产不足以偿还流动负债，总资产小于总负债。

(4) 企业的现金流，表现为缺乏偿还到期债务的现金流量，现金流入总额小于现金流出总额。

二、财务危机产生的原因

(一) 财务危机的成因

(1) 企业内部管理关系混乱，资金结构不合理。企业内部管理制度不完善，使得内部财务管理关系较为混乱，企业内部各部门之间以及企业与上级企业之间在资金使用管理、利益分配等方面存在权责不明、管理混乱的问题。这些问题造成资金使用效率低下、流失严重，资金安全性、完整性无法得到保障。

(2) 受关联企业倒闭的牵连。由于企业经营方式中赊销业务的大量存在，企业间相互形成了密切的债权债务关系，有的企业之间甚至形成了“三角债”关系。因此，一旦关联企业倒闭，必然产生一系列的财务危机，波及其他的关联企业。

(3) 过度经营，主营业务不明，追求外延扩张。企业为了防范和化解经营风险，往往开展多元化经营，不断开拓新市场，培育新的经济增长点，然而多元化经营并不意味着以主导产品为中心。有的企业表面上看是多元化经营，注重外延性扩张，实际上并无突出主营业务，没有企业特色形象，不能形成资金的合力，投资分散，机会成本增大，往往出现市场占有率下降的情况。这种情况势必导致企业现金流入量减少，支付能力弱化，最终难逃财务危机的厄运。

(4) 高财务杠杆，适度负债，企业可以获取财务杠杆利益，但过度负债则会使企业的支付能力变得极为脆弱，甚至发生支付危机。偏高的负债会弱化企业的支付能力，蕴含着财务危机；同时，一旦信用链条上某一环节出现故障，或实际现金流量比预期净流量相差较大，影响到期债务偿付，必然会出现财务危机。

(5) 效益急剧滑坡，表明企业经营不善，意味着投资回报率下降或无投资回报，这样必然影响投资者的信心；如果投资者产生不信任态度，就会严重影响企业吸纳资金的能力，融资能力锐减，也必然影响支付能力。长期下去，企业必然面临财务危机。

(二) 财务危机的形成过程

财务预警分析中的“四阶段症状”分析法认为，企业财务危机可分为四个阶段：

第一阶段为财务危机潜伏期，特征是盲目扩张、无效市场营销、疏于风险管理、缺乏有效的管理制度、企业资源分配不当、无视环境的重大变化。

第二阶段为财务危机发作期，特征是自有资本不足、过分依赖外部资金、利息负担过重、缺乏会计的预警作用、债务拖延偿付。

第三阶段为财务危机恶化期，特征是经营者无心经营业务和专心财务周转、资金周转困难、债务到期违约不支付。

第四阶段为财务危机实现期，特征是负债超过资产、丧失偿付能力、宣布倒闭。

显然，“四阶段症状”分析法认为企业财务危机的形成有一个时间过程，这个过程的起点是企业出现盲目扩张、无效市场营销、缺乏有效的管理制度、资源分配不当等管理问题。随后，如果企业不能及时采取有效措施改正上述问题，将出现自有资本不足、过分依赖外部资金、债务到期违约不支付等现象，发展到一定程度，丧失偿付能力，到达过程的终点，即企业宣布破产。

财务危机是一个长期的发展过程，四个阶段的界限并不是截然清晰的，企业应当在财务危机的第一阶段尽早采取预防措施。

三、财务危机的征兆

企业出现财务危机，主要体现在以下几个方面。

(一) 财务指标的征兆

主要表现为企业资产周转率、资本经营收益率等指标恶化等方面，如表 13-2 所示。

表 13-2　判断企业财务状况的主要指标

财务指标	计算公式	财务危机的征兆
资产周转率	销售净额/平均总资产×100%	大幅度下降
资本经营收益率	经营收益/资本平均总额×100%	大幅度下降或负数
销售经营收益率	经营收益/销售净额×100%	大幅度下降或负数
经营收益增长率	本期收益/前期收益×100%	小于1,并逐年下降
销售利息率	利息总额/销售净额×100%	接近或超过6%(统计数据)
资产负债率	负债总额/资产总额×100%	大幅度上升
权益与负债比率	权益总额/负债总额×100%	大幅度下降
长期适应比率	固定资产/(权益资本+固定负债)×100%	降低到100%以下
流动比率	流动资产/流动负债×100%	降低到150%以下
经营债务倍率	(应付账款+应付票据)/月销售额	接近或超过4倍(统计数据)

(二) 不同类型财务报表状况征兆

利润表和资产负债表对应的安全状态如表 13-3、表 13-4 所示。

表 13-3　不同类型财务状况对应的安全状态

类型	A	B	C	D	E	F
经营收益	亏损	亏损	盈利	盈利	盈利	盈利
经常收益	亏损	亏损	亏损	亏损	盈利	盈利
当期收益	亏损	亏损	亏损	盈利	盈利	盈利
说明	接近破产状态		若此状态继续，将会导破产			正常状态

表 13-4　不同类型的资产结构情况

X 型结构	
流动资产	流动负债
非流动资产	长期负债
	资本
Y 型结构	
流动资产	流动负债
非流动资产	长期负债
	资本
	损失

（续表）

Z 型结构	
流动资产	流动负债
非流动资产	长期负债
	损失

根据资产负债平衡关系和分类排序，可以将企业财务状况分为 X、Y、Z 三种类型。其中，X 型表示正常；Y 型表示企业已亏损一部分资本，财务危机显现；Z 型表示企业已亏损了全部资本和部分负债，企业临近破产。

（三）经营状况的征兆

企业盲目扩大规模、企业信誉不断降低、关联企业趋于倒闭、产品市场竞争力不断减弱、无法按时编制会计报表等。

（四）其他方面的征兆

企业人员大幅度变动、企业信用等级降低、资本注销、企业主要领导人的反常行为、组织士气低落、注册会计师出具保留意见的审计报告等。

四、财务危机的预警

（一）定性分析法

定性分析法是通过对企业的经济环境、经营状况和财务状况的判断与分析，预测企业发生财务危机的可能性。定性分析法主要从经济环境、经营状况和财务状况三个方面进行财务预警分析。

（二）单变量预警模型

单变量预警模型是指运用单一变量、个别财务比率来进行财务预警。单变量模型有以下缺点：企业的财务状况不可能通过单一财务比率就可以完全掌握，单变量的研究未能对所产生的结果做进一步解释，没有考察所有变量之间的相关程度，受到行业区别、通货膨胀、地区区别、虚假会计信息的影响，不能具体证明公司可能破产或何时破产。

（三）多变量预警模型

Z 计分模型（Z-score）：

$$Z = 0.012X_1 + 0.014X_2 + 0.033X_3 + 0.006X_4 + 0.999X_5$$

其中：X_1——流动资本/总资产（WC/TA）；

X_2——留存收益/总资产（RE/TA）；

X_3——息前税前收益/总资产（$EBIT/TA$）；

X_4——股权市值/总负债账面值（MVE/TL）；

X_5——销售收入/总资产（S/TA）。

当 Z 值大于 2.99 时，说明企业在短期内不会出现破产；当 Z 值小于 1.81 时，企业破产的可能性非常高；当 Z 值介于 1.81 和 2.99 之间时，属于“未知区域”或“灰色区域”，说明企业的财务状况不稳定，较难估计企业破产的可能性。

本章小结

企业重组是对企业的资金、资产、劳动力、技术、管理等要素进行重新配置，构建新的生产经营模式，使企业在变化中保持竞争优势的过程。资产剥离是指企业将其拥有的某些子公司、部门或固定资产等出售给其他的经济主体，以获得现金或有价证券的经济活动。企业分立是企业收缩经营规模的一种重要方式。股权出售是指公司将持有的子公司的股份出售给其他投资者。破产重整是指专门针对可能或已经具备破产原因但又有维持价值和再生希望的企业，经由各方利害关系人的申请，在法院的主持和利害关系人的参与下，进行业务上的重组和债务调整，以帮助债务人摆脱财务困境，恢复营业能力的法律制度。债务和解是指在债务人发生财务危机的情况下，债权人按照其与债务人达成的协议或法院的裁定做出让步，使债务人减轻债务负担，渡过难关，从而解决债务人债务问题的行为。企业清算是企业在终止过程中，为终结现存的各种经济关系，对企业的财产进行清查、估值和变现，清理债权和债务，分配剩余财产的行为。

破产从经济学角度和法学角度有两种不同的含义。在财务管理上为原有理财主体的消亡或再建恢复，强调市场的淘汰机制。破产企业财务管理着重从两个方面开展学习与研究，一方面是重整、和解、清算；另一方面是财务危机预警管理。

复习思考题

1. 公司为什么要进行资产剥离或股权出售？
2. 公司分立的主要动机有哪些？分立可以带来什么效应？
3. 如何理解负协同效应？存在负协同效应的子公司一定要出售或分立吗？
4. 联系我国企业的实际情况，分析企业产生财务危机的原因。
5. 企业发生财务危机之前可能会存在哪些征兆？
6. 我国《破产法》中规定重整的意义何在？
7. 企业重整与债务和解有何区别？
8. 企业破产清算过程中，存在哪些财务问题须解决？

案例分析

南通明德重工有限公司（以下简称明德重工）是以汽车滚动船、化学品船、海洋工程结构船等高端船型建造为主的大型船舶制造企业，具有建造30万吨级以上大型船舶，以及同时生产多种高技术、高难度船型的技术能力。公司拥有长江岸线1 600米，在册员工4 000多人，其中技术人员200余名。因造船行业整体陷入低谷，公司资金链断裂，生产经营难以为继。

2014 年 12 月 26 日，江苏省南通市通州区人民法院（以下简称通州法院）受理债权人对明德重工破产重整申请。后因公开招募投资人未果，且明德重工未能在法定重整期间内提交重整计划草案，法院于 2015 年 7 月裁定终止明德重工重整程序并宣告其破产。

经审查查明，明德重工现金流枯竭，可变现财产评估价值为 24 亿余元，负债 52 亿余元。破产清算程序启动不久，管理人将明德重工所有财产整体拍卖，但四拍流拍，资产报价骤降。由于船舶企业生产设备大部分系非通用性设备，买受人范围较窄，加之船舶制造行业处于低谷，管理人将明德重工可变现财产价值调整为 5 至 7 亿元，并参照重整程序中招募投资人方法推进资产变现，结合意向购买人的不同购买目的和意向，在报价较高的意向购买人中进行重点谈判，最终厦门象屿股份有限公司（厦门象屿）通过网络竞拍以 5.76 亿元购得全部破产财产。2016 年 12 月，厦门象屿在南通投资成立南通象屿海洋装备有限公司（以下简称南通象屿），新企业整体受让明德重工全部资产的同时，成功续聘 140 余名原企业生产管理骨干和技术人才，大部分在册职工和外包队伍来自原企业，实现营业、技术、人才整体转移。管理人在按比例清偿明德重工债务后，申请终结破产清算程序。2018 年 2 月，通州法院裁定终结破产程序。

破产重整后，南通象屿厂区内面貌焕然一新，成立后 12 个月首艘新造船舶即下水，17 个月实现首制船舶交付。公司总资产逾 23 亿元，手持生效船舶订单共 40 艘，合同总造价约 56 亿元，经营表计划已排满至 2020 年，接单总载重量位于全国船舶制造行业前列。

请分析回答下列问题：

1. 本案属于清算的哪一种类型？

2. 破产清算的通常流程是什么？

3. 本案例，法院是具体怎么落实破产清算？具有哪些重要意义？

参考答案

附　　录

附表 1　复利终值系数表　$(F/P,i,n)=(1+i)^n$

期数	1%	2%	3%	4%	5%	6%	7%	8%	9%	10%	11%	12%	13%	14%	15%	16%	17%	18%	19%	20%
1	1.01	1.02	1.03	1.04	1.05	1.06	1.07	1.08	1.09	1.1	1.11	1.12	1.13	1.14	1.15	1.16	1.17	1.18	1.19	1.2
2	1.020 1	1.040 4	1.060 9	1.081 6	1.102 5	1.123 6	1.144 9	1.166 4	1.188 1	1.21	1.232 1	1.254 4	1.276 9	1.299 6	1.322 5	1.345 6	1.368 9	1.392 4	1.416 1	1.44
3	1.030 3	1.061 2	1.092 7	1.124 9	1.157 6	1.191	1.225	1.259 7	1.295	1.331	1.367 6	1.404 9	1.442 9	1.481 5	1.520 9	1.560 9	1.601 6	1.643	1.685 2	1.728
4	1.040 6	1.082 4	1.125 5	1.169 9	1.215 5	1.262 5	1.310 8	1.360 5	1.411 6	1.464 1	1.518 1	1.573 5	1.630 5	1.689	1.749	1.810 6	1.873 9	1.938 8	2.005 3	2.073 6
5	1.051	1.104 1	1.159 3	1.216 7	1.276 3	1.338 2	1.402 6	1.469 3	1.538 6	1.610 5	1.685 1	1.762 3	1.842 4	1.925 4	2.011 4	2.100 3	2.192 4	2.287 8	2.386 4	2.488 3
6	1.061 5	1.126 2	1.194 1	1.265 3	1.340 1	1.418 5	1.500 7	1.586 9	1.677 1	1.771 6	1.870 4	1.973 8	2.082	2.195	2.313 1	2.436 4	2.565 2	2.699 6	2.839 8	2.986
7	1.072 1	1.148 7	1.229 9	1.315 9	1.407 1	1.503 6	1.605 8	1.713 8	1.828	1.948 7	2.076 2	2.210 7	2.352 6	2.502 3	2.66	2.826 2	3.001 2	3.185 5	3.379 3	3.583 2
8	1.082 9	1.171 7	1.266 8	1.368 6	1.477 5	1.593 8	1.718 2	1.850 9	1.992 6	2.143 6	2.304 5	2.476	2.658 4	2.852 6	3.059	3.278 4	3.511 5	3.758 9	4.021 4	4.299 8
9	1.093 7	1.195 1	1.304 8	1.423 3	1.551 3	1.689 5	1.838 5	1.999	2.171 9	2.357 9	2.558	2.773 1	3.004	3.251 9	3.517 9	3.803	4.108 4	4.435 5	4.785 4	5.159 8
10	1.104 6	1.219	1.343 9	1.480 2	1.628 9	1.790 8	1.967 2	2.158 9	2.367 4	2.593 7	2.839 4	3.105 8	3.394 6	3.707 2	4.045 6	4.411 4	4.806 8	5.233 8	5.694 7	6.191 7
11	1.115 7	1.243 4	1.384 2	1.539 5	1.710 3	1.898 3	2.104 9	2.331 6	2.580 4	2.853 1	3.151 8	3.478 6	3.835 9	4.226 2	4.652 4	5.117 3	5.624	6.175 9	6.776 7	7.430 1
12	1.126 8	1.268 2	1.425 8	1.601	1.795 9	2.012 2	2.252 2	2.518 2	2.812 7	3.138 4	3.498 5	3.896	4.334 5	4.817 9	5.350 3	5.936	6.580 1	7.287 6	8.064 2	8.916 1
13	1.138 1	1.293 6	1.468 5	1.665 1	1.885 6	2.132 9	2.409 8	2.719 6	3.065 8	3.452 3	3.883 3	4.363 5	4.898	5.492 4	6.152 8	6.885 8	7.698 7	8.599 4	9.596 4	10.699 3
14	1.149 5	1.319 5	1.512 6	1.731 7	1.979 9	2.260 9	2.578 5	2.937 2	3.341 7	3.797 5	4.310 4	4.887 1	5.534 8	6.261 3	7.075 7	7.987 5	9.007 5	10.147 2	11.419 8	12.839 2
15	1.161	1.345 9	1.558	1.800 9	2.078 9	2.396 6	2.759	3.172 2	3.642 5	4.177 2	4.784 6	5.473 6	6.254 3	7.137 9	8.137 1	9.265 5	10.538 7	11.973 7	13.589 5	15.407
16	1.172 6	1.372 8	1.604 7	1.873	2.182 9	2.540 4	2.952 2	3.425 9	3.970 3	4.595	5.310 9	6.130 4	7.067 3	8.137 2	9.357 6	10.748	12.330 3	14.129	16.171 5	18.488 4
17	1.184 3	1.400 2	1.652 8	1.947 9	2.292	2.692 8	3.158 8	3.7	4.327 6	5.054 5	5.895 1	6.866	7.986 1	9.276 5	10.761 3	12.467 7	14.426 5	16.672 2	19.244 1	22.186 1
18	1.196 1	1.428 2	1.702 4	2.025 8	2.406 6	2.854 3	3.379 9	3.996	4.717 1	5.559 9	6.543 6	7.69	9.024 3	10.575 2	12.375 5	14.462 5	16.879	19.673 3	22.900 5	26.623 3
19	1.208 1	1.456 8	1.753 5	2.106 8	2.527	3.025 6	3.616 5	4.315 7	5.141 7	6.115 9	7.263 3	8.612 8	10.197 4	12.055 7	14.231 8	16.776 5	19.748 4	23.214 4	27.251 6	31.948
20	1.220 2	1.485 9	1.806 1	2.191 1	2.653 3	3.207 1	3.869 7	4.661	5.604 4	6.727 5	8.062 3	9.646 3	11.523 1	13.743 5	16.366 5	19.460 8	23.105 6	27.393	32.429 4	38.337 6
21	1.232 4	1.515 7	1.860 3	2.278 8	2.786	3.399 6	4.140 6	5.033 8	6.108 8	7.400 2	8.949 2	10.803 8	13.021 1	15.667 6	18.821 5	22.574 5	27.033 6	32.323 8	38.591	46.005 1
22	1.244 7	1.546	1.916 1	2.369 9	2.925 3	3.603 5	4.430 4	5.436 5	6.658 6	8.140 3	9.933 6	12.100 3	14.713 8	17.861	21.644 7	26.186 4	31.629 3	38.142 1	45.923 3	55.206 1
23	1.257 2	1.576 9	1.973 6	2.464 7	3.071 5	3.819 7	4.740 5	5.871 5	7.257 9	8.954 3	11.026 3	13.552 3	16.626 6	20.361 6	24.891 5	30.376 2	37.006 2	45.007 6	54.648 7	66.247 4
24	1.269 7	1.608 4	2.032 8	2.563 3	3.225 1	4.048 9	5.072 4	6.341 2	7.911 1	9.849 7	12.239 2	15.178 6	18.788 1	23.212 2	28.625 2	35.236 4	43.297 3	53.109	65.032	79.496 8
25	1.282 4	1.640 6	2.093 8	2.665 8	3.386 4	4.291 9	5.427 4	6.848 5	8.623 1	10.834 7	13.585 5	17.000 1	21.230 5	26.461 9	32.919	40.874 2	50.657 8	62.668 6	77.388 1	95.396 2
26	1.295 3	1.673 4	2.156 6	2.772 5	3.555 7	4.549 4	5.807 4	7.396 4	9.399 2	11.918 2	15.079 9	19.040 1	23.990 5	30.166 6	37.856 8	47.414 1	59.269 7	73.949	92.091 8	114.475 5
27	1.308 2	1.706 9	2.221 3	2.883 4	3.733 5	4.822 3	6.213 9	7.988 1	10.245 1	13.11	16.738 7	21.324 9	27.109 3	34.389 9	43.535 3	55.000 4	69.345 5	87.259 8	109.589 3	137.370 6
28	1.321 3	1.741	2.287 9	2.998 7	3.920 1	5.111 7	6.648 8	8.627 1	11.167 1	14.421	18.579 9	23.883 9	30.633 5	39.204 5	50.065 6	63.800 4	81.134 2	102.966 6	130.411 2	164.844 7
29	1.334 5	1.775 8	2.356 6	3.118 7	4.116 1	5.418 4	7.114 3	9.317 3	12.172 2	15.863 1	20.623 7	26.749 9	34.615 8	44.693 1	57.575 5	74.008 5	94.927 1	121.500 5	155.189 3	197.813 6
30	1.347 8	1.811 4	2.427 3	3.243 4	4.321 9	5.743 5	7.612 3	10.062 7	13.267 7	17.449 4	22.892 3	29.959 9	39.115 9	50.950 2	66.211 8	85.849 9	111.064 7	143.370 6	184.675 3	237.376 3

附表 2　复利现值系数表$(P/F,i,n)=(1+i)^{-n}$

期数	1%	2%	3%	4%	5%	6%	7%	8%	9%	10%	11%	12%	13%	14%	15%	16%	17%	18%	19%	20%
1	0.990 1	0.980 4	0.970 9	0.961 5	0.952 4	0.943 4	0.934 6	0.925 9	0.917 4	0.909 1	0.900 9	0.892 9	0.885	0.877 2	0.869 6	0.862 1	0.854 7	0.847 5	0.840 3	0.833 3
2	0.980 3	0.961 2	0.942 6	0.924 6	0.907	0.89	0.873 4	0.857 3	0.841 7	0.826 4	0.811 6	0.797 2	0.783 1	0.769 5	0.756 1	0.743 2	0.730 5	0.718 2	0.706 2	0.694 4
3	0.970 6	0.942 3	0.915 1	0.889	0.863 8	0.839 6	0.816 3	0.793 8	0.772 2	0.751 3	0.731 2	0.711 8	0.693 1	0.675	0.657 5	0.640 7	0.624 4	0.608 6	0.593 4	0.578 7
4	0.961	0.923 8	0.888 5	0.854 8	0.822 7	0.792 1	0.762 9	0.735	0.708 4	0.683	0.658 7	0.635 5	0.613 3	0.592 1	0.571 8	0.552 3	0.533 7	0.515 8	0.498 7	0.482 3
5	0.951 5	0.905 7	0.862 6	0.821 9	0.783 5	0.747 3	0.713	0.680 6	0.649 9	0.620 9	0.593 5	0.567 4	0.542 8	0.519 4	0.497 2	0.476 1	0.456 1	0.437 1	0.419	0.401 9
6	0.942	0.888	0.837 5	0.790 3	0.746 2	0.705	0.666 3	0.630 2	0.596 3	0.564 5	0.534 6	0.506 6	0.480 3	0.455 6	0.432 3	0.410 4	0.389 8	0.370 4	0.352 1	0.334 9
7	0.932 7	0.870 6	0.813 1	0.759 9	0.710 7	0.665 1	0.622 7	0.583 5	0.547	0.513 2	0.481 7	0.452 3	0.425 1	0.399 6	0.375 9	0.353 8	0.333 2	0.313 9	0.295 9	0.279 1
8	0.923 5	0.853 5	0.789 4	0.730 7	0.676 8	0.627 4	0.582	0.540 3	0.501 9	0.466 5	0.433 9	0.403 9	0.376 2	0.350 6	0.326 9	0.305	0.284 8	0.266	0.248 7	0.232 6
9	0.914 3	0.836 8	0.766 4	0.702 6	0.644 6	0.591 9	0.543 9	0.500 2	0.460 4	0.424 1	0.390 9	0.360 6	0.332 9	0.307 5	0.284 3	0.263	0.243 4	0.225 5	0.209	0.193 8
10	0.905 3	0.820 3	0.744 1	0.675 6	0.613 9	0.558 4	0.508 3	0.463 2	0.422 4	0.385 5	0.352 2	0.322	0.294 6	0.269 7	0.247 2	0.226 7	0.208	0.191 1	0.175 6	0.161 5
11	0.896 3	0.804 3	0.722 4	0.649 6	0.584 7	0.526 8	0.475 1	0.428 9	0.387 5	0.350 5	0.317 3	0.287 5	0.260 7	0.236 6	0.214 9	0.195 4	0.177 8	0.161 9	0.147 6	0.134 6
12	0.887 4	0.788 5	0.701 4	0.624 6	0.556 8	0.497	0.444	0.397 1	0.355 5	0.318 6	0.285 8	0.256 7	0.230 7	0.207 6	0.186 9	0.168 5	0.152	0.137 2	0.124	0.112 2
13	0.878 7	0.773	0.681	0.600 6	0.530 3	0.468 8	0.415	0.367 7	0.326 2	0.289 7	0.257 5	0.229 2	0.204 2	0.182 1	0.162 5	0.145 2	0.129 9	0.116 3	0.104 2	0.093 5
14	0.877 1	0.757 9	0.661 1	0.577 5	0.505 1	0.442 3	0.387 8	0.340 5	0.299 2	0.263 3	0.232	0.204 6	0.180 7	0.159 7	0.141 3	0.125 2	0.111	0.098 5	0.087 6	0.077 9
15	0.861 3	0.743	0.641 9	0.555 3	0.481	0.417 3	0.362 4	0.315 2	0.274 5	0.239 4	0.209	0.182 7	0.159 9	0.140 1	0.122 9	0.107 9	0.094 9	0.083 5	0.073 6	0.064 9
16	0.852 8	0.728 4	0.623 2	0.533 9	0.458 1	0.393 6	0.338 7	0.291 9	0.251 9	0.217 6	0.188 3	0.163 1	0.141 5	0.122 9	0.106 9	0.093	0.081 1	0.070 8	0.061 8	0.054 1
17	0.844 4	0.714 2	0.605	0.513 4	0.436 3	0.371 4	0.316 6	0.270 3	0.231 1	0.197 8	0.169 6	0.145 6	0.125 2	0.107 8	0.092 9	0.080 2	0.069 3	0.06	0.052	0.045 1
18	0.836	0.700 2	0.587 4	0.493 6	0.415 5	0.350 3	0.295 9	0.250 2	0.212	0.179 9	0.152 8	0.13	0.110 8	0.094 6	0.080 8	0.069 1	0.059 2	0.050 8	0.043 7	0.037 6
19	0.827 7	0.686 4	0.570 3	0.474 6	0.395 7	0.330 5	0.276 5	0.231 7	0.194 5	0.163 5	0.137 7	0.116 1	0.098 1	0.082 9	0.070 3	0.059 6	0.050 6	0.043 1	0.036 7	0.031 3
20	0.819 5	0.673	0.553 7	0.456 4	0.376 9	0.311 8	0.258 4	0.214 5	0.178 4	0.148 6	0.124	0.103 7	0.086 8	0.072 8	0.061 1	0.051 4	0.043 3	0.036 5	0.030 8	0.026 1
21	0.811 4	0.659 8	0.537 5	0.438 8	0.358 9	0.294 2	0.241 5	0.198 7	0.163 7	0.135 1	0.111 7	0.092 6	0.076 8	0.063 8	0.053 1	0.044 3	0.037	0.030 9	0.025 9	0.021 7
22	0.803 4	0.646 8	0.521 9	0.422	0.341 8	0.277 5	0.225 7	0.183 9	0.150 2	0.122 8	0.100 7	0.082 6	0.068	0.056	0.046 2	0.038 2	0.031 6	0.026 2	0.021 8	0.018 1
23	0.795 4	0.634 2	0.506 7	0.405 7	0.325 6	0.261 8	0.210 9	0.170 3	0.137 8	0.111 7	0.090 7	0.073 8	0.060 1	0.049 1	0.040 2	0.032 9	0.027	0.022 2	0.018 3	0.015 1
24	0.787 6	0.621 7	0.491 9	0.390 1	0.310 1	0.247	0.197 1	0.157 7	0.126 4	0.101 5	0.081 7	0.065 9	0.053 2	0.043 1	0.034 9	0.028 4	0.023 1	0.018 8	0.015 4	0.012 6
25	0.779 8	0.609 5	0.477 6	0.375 1	0.295 3	0.233	0.184 2	0.146	0.116	0.092 3	0.073 6	0.058 8	0.047 1	0.037 8	0.030 4	0.024 5	0.019 7	0.016	0.012 9	0.010 5
26	0.772	0.597 6	0.463 7	0.360 7	0.281 2	0.219 8	0.172 2	0.135 2	0.106 4	0.083 9	0.066 3	0.052 5	0.041 7	0.033 1	0.026 4	0.021 1	0.016 9	0.013 5	0.010 9	0.008 7
27	0.764 4	0.585 9	0.450 2	0.346 8	0.267 8	0.207 4	0.160 9	0.125 2	0.097 6	0.076 3	0.059 7	0.046 9	0.036 9	0.029 1	0.023	0.018 2	0.014 4	0.011 5	0.009 1	0.007 3
28	0.756 8	0.574 4	0.437 1	0.333 5	0.255 1	0.195 6	0.150 4	0.115 9	0.089 5	0.069 3	0.053 8	0.041 9	0.032 6	0.025 5	0.02	0.015 7	0.012 3	0.009 7	0.007 7	0.006 1
29	0.749 3	0.563 1	0.424 3	0.320 7	0.242 9	0.184 6	0.140 6	0.107 3	0.082 2	0.063	0.048 5	0.037 4	0.028 9	0.022 4	0.017 4	0.013 5	0.010 5	0.008 2	0.006 4	0.005 1
30	0.741 9	0.552 1	0.412	0.308 3	0.231 4	0.174 1	0.131 4	0.099 4	0.075 4	0.057 3	0.043 7	0.033 4	0.025 6	0.019 6	0.015 1	0.011 6	0.009	0.007	0.005 4	0.004 2

附表 3　年金终值系数表 $(F/A,i,n)=[(1+i)^n-1]\div i$

期数	1%	2%	3%	4%	5%	6%	7%	8%	9%	10%	11%	12%	13%	14%	15%	16%	17%	18%	19%	20%
1	1	1	1	1	1	1	1	1	1	1	1	1	1	1	1	1	1	1	1	1
2	2.01	2.02	2.03	2.04	2.05	2.06	2.07	2.08	2.09	2.1	2.11	2.12	2.13	2.14	2.15	2.16	2.17	2.18	2.19	2.2
3	3.030 1	3.060 4	3.090 9	3.121 6	3.152 5	3.183 6	3.214 9	3.246 4	3.278 1	3.31	3.342 1	3.374 4	3.406 9	3.439 6	3.472 5	3.505 6	3.538 9	3.572 4	3.606 1	3.64
4	4.060 4	4.121 6	4.183 6	4.246 5	4.310 1	4.374 6	4.439 9	4.506 1	4.573 1	4.641	4.709 7	4.779 3	4.849 8	4.921 1	4.993 4	5.066 5	5.140 5	5.215 4	5.291 3	5.368
5	5.101	5.204	5.309 1	5.416 3	5.525 6	5.637 1	5.750 7	5.866 6	5.984 7	6.105 1	6.227 8	6.352 8	6.480 3	6.610 1	6.742 4	6.877 1	7.014 4	7.154 2	7.296 6	7.441 6
6	6.152	6.308 1	6.468 4	6.633	6.801 9	6.975 3	7.153 3	7.335 9	7.523 3	7.715 6	7.912 9	8.115 2	8.322 7	8.535 5	8.753 7	8.977 5	9.206 8	9.442	9.683	9.929 9
7	7.213 5	7.434 3	7.662 5	7.898 3	8.142	8.393 8	8.654	8.922 8	9.200 4	9.487 2	9.783 3	10.089	10.404 7	10.730 5	11.066 8	11.413 9	11.772	12.141 5	12.522 7	12.915 9
8	8.285 7	8.583	8.892 3	9.214 2	9.549 1	9.897 5	10.259 8	10.636 6	11.028 5	11.435 9	11.859 4	12.299 7	12.757 3	13.232 8	13.726 8	14.240 1	14.773 3	15.327	15.902	16.499 1
9	9.368 5	9.754 6	10.159 1	10.582 8	11.026 6	11.491 3	11.978	12.487 6	13.021	13.579 5	14.164	14.775 7	15.415 7	16.085 3	16.785 8	17.518 5	18.284 7	19.085 9	19.923 4	20.798 9
10	10.462 2	10.949 7	11.463 9	12.006 1	12.577 9	13.180 8	13.816 4	14.486 6	15.192 9	15.937 4	16.722	17.548 7	18.419 7	19.337 3	20.303 7	21.321 5	22.393 1	23.521 3	24.708 9	25.958 7
11	11.566 8	12.168 7	12.807 8	13.486 4	14.206 8	14.971 6	15.783 6	16.645 5	17.560 3	18.531 2	19.561 4	20.654 6	21.814 3	23.044 5	24.349 3	25.732 9	27.199 9	28.755 1	30.403 5	32.150 4
12	12.682 5	13.412 1	14.192	15.025 8	15.917 1	16.869 9	17.888 5	18.977 1	20.140 7	21.384 3	22.713 2	24.133 1	25.650 2	27.270 7	29.001 7	30.850 2	32.823 9	34.931 1	37.180 2	39.580 5
13	13.809 3	14.680 3	15.617 8	16.626 8	17.713	18.882 1	20.140 6	21.495 3	22.953 4	24.522 7	26.211 6	28.029 1	29.984 7	32.088 7	34.351 9	36.786 2	39.404	42.218 7	45.244 5	48.496 6
14	14.947 4	15.973 9	17.086 3	18.291 9	19.598 6	21.015 1	22.550 5	24.214 9	26.019 2	27.975	30.094 9	32.392 6	34.882 7	37.581 1	40.504 7	43.672	47.102 7	50.818	54.840 9	59.195 9
15	16.096 9	17.293 4	18.598 9	20.023 6	21.578 6	23.276	25.129	27.152 1	29.360 9	31.772 5	34.405 4	37.279 7	40.417 5	43.842 4	47.580 4	51.659 5	56.110 1	60.965 3	66.260 7	72.035 1
16	17.257 9	18.639 3	20.156 9	21.824 5	23.657 5	25.672 5	27.888 1	30.324 3	33.003 4	35.949 7	39.189 9	42.753 3	46.671 7	50.980 4	55.717 5	60.925	66.648 8	72.939	79.850 2	87.442 1
17	18.430 4	20.012 1	21.761 6	23.697 5	25.840 4	28.212 9	30.840 2	33.750 2	36.973 7	40.544 7	44.500 8	48.883 7	53.739 1	59.117 6	65.075 1	71.673	78.979 2	87.068	96.021 8	105.930 6
18	19.614 7	21.412 3	23.414 4	25.645 4	28.132 4	30.905 7	33.999	37.450 2	41.301 3	45.599 2	50.395 9	55.749 7	61.725 1	68.394 1	75.836 4	84.140 7	93.405 6	103.740 3	115.265 9	128.116 7
19	20.810 9	22.840 6	25.116 9	27.671 2	30.539	33.76	37.379	41.446 3	46.018 5	51.159 1	56.939 5	63.439 7	70.749 4	78.969 2	88.211 8	98.603 2	110.284 6	123.413 5	138.166 4	154.74
20	22.019	24.297 4	26.870 4	29.778 1	33.066	36.785 6	40.995 5	45.762	51.160 1	57.275	64.202 8	72.052 4	80.946 8	91.024 9	102.443 6	115.379 7	130.032 9	146.628	165.418	186.688
21	23.239 2	25.783 3	28.676 5	31.969 2	35.719 3	39.992 7	44.865 2	50.422 9	56.764 5	64.002 5	72.265 1	81.698 7	92.469 9	104.768 4	118.810 1	134.840 5	153.138 5	174.021	197.847 4	225.025 6
22	24.471 6	27.299	30.536 8	34.248	38.505 2	43.392 3	49.005 7	55.456 8	62.873 3	71.402 7	81.214 3	92.502 6	105.491	120.436	137.631 6	157.415	180.172 1	206.344 8	236.438 5	271.030 7
23	25.716 3	28.845	32.452 9	36.617 9	41.430 5	46.995 8	53.436 1	60.893 3	69.531 9	79.543	91.147 9	104.602 9	120.204 8	138.297	159.276 4	183.601 4	211.801 3	244.486 8	282.361 8	326.236 9
24	26.973 5	30.421 9	34.426 5	39.082 6	44.502	50.815 6	58.176 7	66.764 8	76.789 8	88.497 3	102.174 2	118.155 2	136.831 5	158.658 6	184.167 8	213.977 6	248.807 6	289.494 5	337.010 5	392.484 2
25	28.243 2	32.030 3	36.459 3	41.645 9	47.727 1	54.864 5	63.249	73.105 9	84.700 9	98.347 1	114.413 3	133.333 9	155.619 6	181.870 8	212.793	249.214	292.104 9	342.603 5	402.042 5	471.981 1
26	29.525 6	33.670 9	38.553	44.311 7	51.113 5	59.156 4	68.676 5	79.954 4	93.324	109.181 8	127.998 8	150.333 9	176.850 1	208.332 7	245.712	290.088 3	342.762 7	405.272 1	479.430 6	567.377 3
27	30.820 9	35.344 3	40.709 6	47.084 2	54.669 1	63.705 8	74.483 8	87.350 8	102.723 1	121.099 9	143.078 6	169.374	200.840 6	238.499 3	283.568 8	337.502 4	402.032 3	479.221 1	571.522 4	681.852 8
28	32.129 1	37.051 2	42.930 9	49.967 6	58.402 6	68.528 1	80.697 7	95.338 8	112.968 2	134.209 9	159.817 3	190.698 9	227.949 9	272.889 2	327.104 1	392.502 8	471.377 8	566.480 9	681.111 6	819.223 3
29	33.450 4	38.792 2	45.218 9	52.966 3	62.322 7	73.639 8	87.346 5	103.965 9	124.135 4	148.630 9	178.397 2	214.582 8	258.583 4	312.093 7	377.169 7	456.303 2	552.512 1	669.447 5	811.522 8	984.068
30	34.784 9	40.568 1	47.575 4	56.084 9	66.438 8	79.058 2	94.460 8	113.283 2	136.307 5	164.494	199.020 9	241.332 7	293.199 2	356.786 8	434.745 1	530.311 7	647.439 1	790.948	966.712 2	1 181.881 6

附表4 年金现值系数表$(P/A,i,n)=[1-(1+i)^{-n}]\div i$

期数	1%	2%	3%	4%	5%	6%	7%	8%	9%	10%	11%	12%	13%	14%	15%	16%	17%	18%	19%	20%
1	0.990 1	0.980 4	0.970 9	0.961 5	0.952 4	0.943 4	0.934 6	0.925 9	0.917 4	0.909 1	0.900 9	0.892 9	0.885	0.877 2	0.869 6	0.862 1	0.854 7	0.847 5	0.840 3	0.833 3
2	1.970 4	1.941 6	1.913 5	1.886 1	1.859 4	1.833 4	1.808	1.783 3	1.759 1	1.735 5	1.712 5	1.690 1	1.668 1	1.646 7	1.625 7	1.605 2	1.585 2	1.565 6	1.546 5	1.527 8
3	2.941	2.883 9	2.828 6	2.775 1	2.723 2	2.673	2.624 3	2.577 1	2.531 3	2.486 9	2.443 7	2.401 8	2.361 2	2.321 6	2.283 2	2.245 9	2.209 6	2.174 3	2.139 9	2.106 5
4	3.902	3.807 7	3.717 1	3.629 9	3.546	3.465 1	3.387 2	3.312 1	3.239 7	3.169 9	3.102 4	3.037 3	2.974 5	2.913 7	2.855	2.798 2	2.743 2	2.690 1	2.638 6	2.588 7
5	4.853 4	4.713 5	4.579 7	4.451 8	4.329 5	4.212 4	4.100 2	3.992 7	3.889 7	3.790 8	3.695 9	3.604 8	3.517 2	3.433 1	3.352 2	3.274 3	3.199 3	3.127 2	3.057 6	2.990 6
6	5.795 5	5.601 4	5.417 2	5.242 1	5.075 7	4.917 3	4.766 5	4.622 9	4.485 9	4.355 3	4.230 5	4.111 4	3.997 5	3.888 7	3.784 5	3.684 7	3.589 2	3.497 6	3.409 8	3.325 5
7	6.728 2	6.472	6.230 3	6.002 1	5.786 4	5.582 4	5.389 3	5.206 4	5.033	4.868 4	4.712 2	4.563 8	4.422 6	4.288 3	4.160 4	4.038 6	3.922 4	3.811 5	3.705 7	3.604 6
8	7.651 7	7.325 5	7.019 7	6.732 7	6.463 2	6.209 8	5.971 3	5.746 6	5.534 8	5.334 9	5.146 1	4.967 6	4.798 8	4.638 9	4.487 3	4.343 6	4.207 2	4.077 6	3.954 4	3.837 2
9	8.566	8.162 2	7.786 1	7.435 3	7.107 8	6.801 7	6.515 2	6.246 9	5.995 2	5.759	5.537	5.328 2	5.131 7	4.946 4	4.771 6	4.606 5	4.450 6	4.303	4.163 3	4.031
10	9.471 3	8.982 6	8.530 2	8.110 9	7.721 7	7.360 1	7.023 6	6.710 1	6.417 7	6.144 6	5.889 2	5.650 2	5.426 2	5.216 1	5.018 8	4.833 2	4.658 6	4.494 1	4.338 9	4.192 5
11	10.367 6	9.786 8	9.252 6	8.760 5	8.306 4	7.886 9	7.498 7	7.139	6.805 2	6.495 1	6.206 5	5.937 7	5.686 9	5.452 7	5.233 7	5.028 6	4.836 4	4.656	4.486 5	4.327 1
12	11.255 1	10.575 3	9.954	9.385 1	8.863 3	8.383 8	7.942 7	7.536 1	7.160 7	6.813 7	6.492 4	6.194 4	5.917 6	5.660 3	5.420 6	5.197 1	4.988 4	4.793 2	4.610 5	4.439 2
13	12.133 7	11.348 4	10.635	9.985 6	9.393 6	8.852 7	8.357 7	7.903 8	7.486 9	7.103 4	6.749 9	6.423 5	6.121 8	5.842 4	5.583 1	5.342 3	5.118 3	4.909 5	4.714 7	4.532 7
14	13.003 7	12.106 2	11.296 1	10.563 1	9.898 6	9.295	8.745 5	8.244 2	7.786 2	7.366 7	6.981 9	6.628 2	6.302 5	6.002 1	5.724 5	5.467 5	5.229 3	5.008 1	4.802 3	4.610 6
15	13.865 1	12.849 3	11.937 9	11.118 4	10.379 7	9.712 2	9.107 9	8.559 5	8.060 7	7.606 1	7.190 9	6.810 9	6.462 4	6.142 2	5.847 4	5.575 5	5.324 2	5.091 6	4.875 9	4.675 5
16	14.717 9	13.577 7	12.561 1	11.652 3	10.837 8	10.105 9	9.446 6	8.851 4	8.312 6	7.823 7	7.379 2	6.974	6.603 9	6.265 1	5.954 2	5.668 5	5.405 3	5.162 4	4.937 7	4.729 6
17	15.562 3	14.291 9	13.166 1	12.165 7	11.274 1	10.477 3	9.763 2	9.121 6	8.543 6	8.021 6	7.548 8	7.119 6	6.729 1	6.372 9	6.047 2	5.748 7	5.474 6	5.222 3	4.989 7	4.774 6
18	16.398 3	14.992	13.753 5	12.659 3	11.689 6	10.827 6	10.059 1	9.371 9	8.755 6	8.201 4	7.701 6	7.249 7	6.839 9	6.467 4	6.128	5.817 8	5.533 9	5.273 2	5.033 3	4.812 2
19	17.226	15.678 5	14.323 8	13.133 9	12.085 3	11.158 1	10.335 6	9.603 6	8.950 1	8.364 9	7.839 3	7.365 8	6.938	6.550 4	6.198 2	5.877 5	5.584 5	5.316 2	5.07	4.843 5
20	18.045 6	16.351 4	14.877 5	13.590 3	12.462 2	11.469 9	10.594	9.818 1	9.128 5	8.513 6	7.963 3	7.469 4	7.024 8	6.623 1	6.259 3	5.928 8	5.627 8	5.352 7	5.100 9	4.869 6
21	18.857	17.011 2	15.415	14.029 2	12.821 2	11.764 1	10.835 5	10.016 8	9.292 2	8.648 7	8.075 1	7.562	7.101 6	6.687	6.312 5	5.973 1	5.664 8	5.383 7	5.126 8	4.891 3
22	19.660 4	17.658	15.936 9	14.451 1	13.163	12.041 6	11.061 2	10.200 7	9.442 4	8.771 5	8.175 7	7.644 6	7.169 5	6.742 9	6.358 7	6.011 3	5.696 4	5.409 9	5.148 6	4.909 4
23	20.455 8	18.292 2	16.443 6	14.856 8	13.488 6	12.303 4	11.272 2	10.371 1	9.580 2	8.883 2	8.266 4	7.718 4	7.229 7	6.792 1	6.398 8	6.044 2	5.723 4	5.432 1	5.166 8	4.924 5
24	21.243 4	18.913 9	16.935 5	15.247	13.798 6	12.550 4	11.469 3	10.528 8	9.706 6	8.984 7	8.348 1	7.784 3	7.282 9	6.835 1	6.433 8	6.072 6	5.746 5	5.450 9	5.182 2	4.937 1
25	22.023 2	19.523 5	17.413 1	15.622 1	14.093 9	12.783 4	11.653 6	10.674 8	9.822 6	9.077	8.421 7	7.843 1	7.33	6.872 9	6.464 1	6.097 1	5.766 2	5.466 9	5.195 1	4.947 6
26	22.795 2	20.121	17.876 8	15.982 8	14.375 2	13.003 2	11.825 8	10.81	9.929	9.160 9	8.488 1	7.895 7	7.371 7	6.906 1	6.490 6	6.118 2	5.783 1	5.480 4	5.206	4.956 3
27	23.559 6	20.706 9	18.327	16.329 6	14.643	13.210 5	11.986 7	10.935 2	10.026 6	9.237 2	8.547 8	7.942 6	7.408 6	6.935 2	6.513 5	6.136 4	5.797 5	5.491 9	5.215 1	4.963 6
28	24.316 4	21.281 3	18.764 1	16.663 1	14.898 1	13.406 2	12.137 1	11.051 1	10.116 1	9.306 6	8.601 6	7.984 4	7.441 2	6.960 7	6.533 5	6.152	5.809 9	5.501 6	5.222 8	4.969 7
29	25.065 8	21.844 4	19.188 5	16.983 7	15.141 1	13.590 7	12.277 7	11.158 4	10.198 3	9.369 6	8.650 1	8.021 8	7.470 1	6.983	6.550 9	6.165 6	5.820 4	5.509 8	5.229 2	4.974 7
30	25.807 7	22.396 5	19.600 4	17.292	15.372 5	13.764 8	12.409	11.257 8	10.273 7	9.426 9	8.693 8	8.055 2	7.495 7	7.002 7	6.566	6.177 2	5.829 4	5.516 8	5.234 7	4.978 9

参考文献

[1] 凌春华.财务管理[M].杭州:浙江大学出版社,2006.
[2] 傅元略.财务管理理论[M].厦门:厦门大学出版社,2007.
[3] 张学功,王士伟.财务管理[M].2版.成都:西南财经大学出版社,2008.
[4] 孙琳,徐晔.财务管理[M].2版.上海:复旦大学出版社,2010.
[5] 刘力,唐国正.公司财务[M].北京:北京大学出版社,2014.
[6] 马忠.公司财务管理[M].2版.北京:机械工业出版社,2015.
[7] 漆凡.财务管理[M].上海:立信会计出版社,2016.
[8] 王化成.财务管理[M].7版.北京:中国人民大学出版社,2017.
[9] 荆新,王化成,刘俊彦[M].7版.北京:中国人民大学出版社,2015.
[10] 郑小平等.财务管理学习指导(修订版)[M].南昌:江西人民出版社,2005.
[11] 吴大军.管理会计学[M].2版.大连:东北财经大学出版社,2010.
[12] 王庆成.财务管理学[M].北京:中国财政经济出版社,2006.
[13] 王海鸥等.财务管理学[M].北京:人民日报出版社,2002.
[14] 王化成.财务管理教学案例[M].北京:中国人民大学出版社,2001.
[15] 王文华.公司理财案例[M].上海:上海大学出版社,2002.
[16] 中国注册会计师协会.财务成本管理[M].北京:中国财政经济出版社,2019.
[17] 财政部会计资格评价中心.财务管理[M].北京:中国财政经济出版社,2019.
[18] 财政部会计资格评价中心.财务管理[M].北京:中国财政经济出版社,2020.
[19] 王满,任翠玉.财务管理基础[M].4版.大连:东北财经大学出版社,2017.
[20] 刘淑莲,牛彦秀.公司理财[M].5版.大连:东北财经大学出版社,2020.
[21] 江少波.财务管理[M].北京:中国商务出版社 2018.